FRANCE COLONIALE
ET DROIT DE PROPRIÉTÉ

Fidèle à sa volonté de maintenir vivant l'ensemble du catalogue et de continuer à rendre accessible à tous la richesse de son contenu, Les marques du groupe L'Harmattan proposent les ouvrages, même s'ils sont épuisés dans leur premier tirage, et les impriment à la demande.
Au vu de l'ancienneté de ce titre, un exemplaire original a été numérisé pour être réimprimé, ce qui pourrait altérer légèrement la qualité de certains passages.

ISBN : 2-7475-6881-4
EAN : 9782747568814

Alexandre DEROCHE

FRANCE COLONIALE ET DROIT DE PROPRIÉTÉ

Les concessions en Indochine

Préface de
Maurice Quenet

L'Harmattan
5-7, rue de l'École-Polytechnique
75005 Paris
FRANCE

L'Harmattan Hongrie
Hargita u. 3
1026 Budapest
HONGRIE

L'Harmattan Italia
Via Bava, 37
10214 Torino
ITALIE

Logiques Juridiques
Collection dirigée par Gérard Marcou

Le droit n'est pas seulement un savoir, il est d'abord un ensemble de rapports et pratiques que l'on rencontre dans presque toutes les formes de sociétés. C'est pourquoi il a toujours donné lieu à la fois à une littérature de juristes professionnels, produisant le savoir juridique, et à une littérature sur le droit, produite par des philosophes, des sociologues ou des économistes notamment.
Parce que le domaine du droit s'étend sans cesse et rend de plus en plus souvent nécessaire le recours au savoir juridique spécialisé, même dans des matières où il n'avait jadis qu'une importance secondaire, les ouvrages juridiques à caractère professionnel ou pédagogique dominent l'édition, et ils tendent à réduire la recherche en droit à sa seule dimension positive. A l'inverse de cette tendance, la collection *Logiques juridiques* des Éditions L'Harmattan est ouverte à toutes les approches du droit. Tout en publiant aussi des ouvrages à vocation professionnelle ou pédagogique, elle se fixe avant tout pour but de contribuer à la publication et à la diffusion des recherches en droit, ainsi qu'au dialogue scientifique sur le droit. Comme son nom l'indique, elle se veut plurielle.

Déjà parus

Vivien ZALEWSKI, *Familles, devoirs et gratuité*, 2004.
Yves BATARD, *La protection sociale des agents publics et des salariés*, 2004.
Jérôme DRAHY, *Le droit contre l'état ? Droit et défense des étrangers, l'exemple de la CIMADE*, 2004.
Joseph BEMBA, *L'exercice occasionnel de la profession d'avocat dans l'Espace francophone*, 2004.
Pascal RICHARD, *Introduction au droit italien : institutions juridictionnellles et droit procédural*, 2004.
Franck LAFAILLE, *Le président du Sénat depuis 1875*, 2004.
Stéphanie HENNETTE-VAUCHEZ *Disposer de soi*, 2003.
Christophe FOUASSIER, *Le droit de la création cinématographique en France*, 2003
Patricia ROSIAK, *Les transformations du droit international économique,* 2003.
Jacques ZILLER (dir.), *L'européanisation des droits constitutionnels à la lumière de la constitution pour l'Europe*, 2003.

A Nhung,
A ma famille,
A mes professeurs d'histoire et de droit.

PREFACE

> « Que voulez-vous, je ne crois pas à l'avenir de nos trop lointaines conquêtes coloniales »
> Pierre LOTI, lettre à Paul DOUMER en préface au récit *Un pèlerin d'Angkor* publié en 1912.

Version enrichie d'un mémoire de DEA d'histoire du droit, l'ouvrage qu'Alexandre Deroche offre à la publication nous transporte sous des cieux aujourd'hui combien peu familiers aux historiens du droit : l'Indochine française, vue à travers son droit des concessions domaniales. Mais les chemins de traverse, loin des sentiers battus, conduisent souvent à de belles découvertes. Pour sa part, Alexandre Deroche y fut conduit au hasard d'une flânerie devant une vitrine de librairie de la rue Soufflot. Le recueil d'articles écrits par mon collègue et ami Jacques Lafon, rassemblés en guise d'hommage posthume sous le titre *Itinéraires, de l'histoire du droit à la diplomatie culturelle et à l'histoire coloniale*, devait en effet guider Alexandre Deroche sur la voie aux destinations imprévisibles du droit colonial, dont l'histoire, malgré les travaux notables déjà produits, ne fait que commencer. Il m'est particulièrement agréable d'avoir à présenter ici le premier ouvrage d'un jeune chercheur ayant mis ses pas, le temps d'une année bien fructueuse, dans ceux d'un éminent prédécesseur auquel il rend ainsi le plus bel hommage, celui de la transmission du goût pour la recherche.

A première vue cependant, peu d'arguments militaient en faveur d'un intérêt approfondi des historiens juristes pour le monde colonial. Emporté de plein fouet par le mouvement des indépendances alors qu'il était encore loin d'être solidement construit, le système colonial indochinois a duré à peine un siècle : de 1858 à 1954. Durée bien courte à l'échelle de l'historien juriste. Cette brièveté temporelle, associée à l'éloignement géographique et culturel de l'ancienne possession qui occupa néanmoins une place de choix dans notre imaginaire colonial, ne permit pas d'assurer au droit colonial cette postérité qui rend, en général, les droits anciens dignes d'intérêt. Cependant, la décolonisation et l'indépendance conquise de haute lutte par les peuples indochinois ne devaient pas s'accompagner d'une « *restitutio in integrum* » de leur passé colonial. Il s'ensuivit bien au contraire une assimilation définitive d'une bonne partie de l'héritage colonial, malgré la parenthèse communiste fortement enrobée de nationalisme que connurent tous les anciens pays de l'Indochine. L'ancienne métropole elle-même n'en finit pas vraiment avec son passé colonial, qu'il soit source de nostalgie ou de culpabilisation, pour s'en tenir aux positions extrêmes. Cet état de fait suffit à justifier l'engagement des historiens et des juristes, avec le centre d'intérêt et les méthodes qui sont les leurs, dans l'histoire coloniale. Alexandre Deroche s'est parfaitement appliqué à le faire dans cet ouvrage, consacré aux concessions domaniales, ces actes de disposition par lesquels l'administration transférait la propriété de terres aux colons qui désiraient les exploiter, sous la condition expresse et en principe résolutoire de leur mise en valeur.

Tout en illustrant le caractère original des concessions coloniales et celui d'un droit sans équivalent en métropole, construit pour les besoins de la cause, l'auteur n'oublie pas non plus que ce droit – et c'est même là tout son paradoxe – s'inscrit plus globalement dans la projection aux colonies du droit de propriété défini par le Code civil, considéré alors comme le fleuron de la civilisation juridique occidentale, ou plutôt de la Civilisation tout court. Mais cette optique de départ rejoint une seconde considération préalable, la base administrative du système colonial – qui conduit bien heureusement l'auteur à éclairer les sources jurisprudentielles et réglementaires par les archives des « bureaux » – pour constituer le fil directeur de toute la démonstration.

C'est donc avec un intérêt non dénué de surprise, que l'on suit les méandres de l'administration coloniale, que l'on découvre le doute quasi-permanent qui l'anime, mais aussi la certitude qui la fait avancer vers un compromis entre les forces en présence : la métropole, les colons, les groupes financiers, les peuples « indigènes »... A chaque fois, le droit change et s'adapte, mais pour quelle fin ? On croyait le savoir et du reste, on ne se trompait pas complètement. Mais, tout de même, ce bien curieux droit de propriété engendré de façon tout aussi spéciale par les concessions est original. Il semble garder une empreinte indélébile de son origine administrative. Droit de propriété privée et droit administratif se marient en Indochine, alors qu'ils sont conçus pour se distinguer, si ce n'est s'opposer, en métropole. Le recul de l'historien du droit permet de discerner cette singularité qui ne paraissait pas frapper les juristes de l'époque, attachés, il est vrai – et on le comprend –, aux seuls aspects utilitaires du système.

A l'heure de la mondialisation, dont la colonisation fut une forme bien particulière et qui fournit l'occasion de réactualiser l'histoire des relations entre l'Europe et le reste du monde, et à l'aune du cinquantenaire des accords de Genève, par lesquels la France se résigna à son divorce définitif d'avec l'Indochine, on appréciera de lire ce morceau d'histoire dans la perspective proposée par Alexandre Deroche. Son récit de nature à dérouter nombre de nos idées reçues sur la question, est le résultat d'une première recherche universitaire qui fut un succès que la présente publication couronne. Ce succès sera certainement amplifié par l'intérêt que les lecteurs prendront en découvrant cet ouvrage original et instructif.

Monsieur Maurice QUENET
Professeur à l'Université Paris II,
Recteur d'académie
Chancelier des Universités de Paris

INDICATIONS, ABRÉVIATIONS et REMERCIEMENTS

A) Indications

- Les parties en caractères gras dans les citations sont soulignées par nous.

- L'orthographe des mots et noms viêtnamiens correspond à une transcription francisée et par conséquent variable pour un même mot.

- Pour désigner les colonisés, nous reprenons l'expression de l'époque : "indigènes". Le caractère péjoratif de ce terme est évident mais dans la mesure où il s'agissait de l'expression juridiquement consacrée, nous estimons plus scientifique de ne pas la remplacer dans le cadre d'un travail d'histoire du droit. Elle est, en outre, indispensable pour bien distinguer le "droit indigène" du "droit autochtone" ou "précolonial". Le "droit indigène" n'est rien d'autre que le droit autochtone *tel que* le comprenait, le traduisait mais aussi le déformait, consciemment ou non, le colonisateur. S'il peut donc parfois être identique au droit précolonial, réellement autochtone, le droit indigène reste néanmoins un droit colonial.

Pour alléger la typographie, nous ne mettons pas l'expression "indigène" entre guillemets mais il va de soi qu'ils doivent être sous-entendus.

- Les sources coloniales employaient toutes l'expression "annamite" et non la version moderne "viêtnamien". Même si la convention des historiens est de préférer l'expression moderne, nous n'avons pas systématiquement opéré ce changement, lorsque l'expression "annamite" nous paraissait trop liée à la source historique pour être remplacée. Le maintien de cette expression est évidemment obligatoire lorsqu'elle se rattache à l'Annam au sens strict, c'est-à-dire au protectorat, par distinction des autres composantes coloniales du Viêtnam.

B) Abréviations

- AP. 1927 : *Annales de la Chambre des députés*, rapportant la séance des débats du 18 mars 1927 (archives parlementaires)

- CAI : Cour d'appel de l'Indochine
- DP : *Recueil périodique et critique Dalloz*
- JOIF : *Journal Officiel de l'Indochine Française*
- Leb. : *Recueil Lebon*
- P. : *Recueil Penant* (abréviation suivie de l'année et du numéro de la partie : I pour "jurisprudence", II pour "doctrine" et III pour "législation")
- Rec. Dar. : *Recueil Dareste* (abréviation suivie de l'année et de la lettre de la partie : J. pour "jurisprudence" et L. pour "législation")
- TPI : Tribunal de première instance.

Les sources d'archives sont toujours indiquées par l'abréviation : CAOM (Centre des Archives d'Outre-Mer), suivies de :

- FM : fonds ministériels
- FP et PA : fonds privés et papiers d'agents
- Ecol : fonds de l'Ecole coloniale
- Indo : fonds de l'Indochine
- AF : anciens fonds ministériels (avant 1920)
- NF : nouveaux fonds ministériels (après 1920)
- Affpol : fonds de la direction des affaires politiques du ministère des colonies
- Affeco : fonds de la direction des affaires économiques du ministère des colonies
- GGI : fonds du Gouvernement général de l'Indochine
- DPPC : dépôt des papiers publics des colonies.

Enfin, les chiffres qui terminent les références d'archives correspondent au numéro du carton ou du dossier.

Parmi les sources d'archives, il est un rapport de 1927 rédigé par une commission d'enquête, présidée par le conseiller d'Etat Richard. Comme ce rapport est paginé et que nous sommes souvent amené à le citer, nous l'intitulerons simplement "Rapport Richard", suivi du numéro de page. Toutefois, sa référence exacte est : CAOM Indo/NF/2197.

C) Remerciements

Avant de laisser le lecteur entamer sa lecture de l'ouvrage, nous tenons à remercier tout particulièrement nos directeurs de recherche, messieurs les professeurs Jean-Louis Harouel et Maurice

Quénet pour leurs conseils, ainsi que notre camarade Thomas Chevrier pour son aide précieuse dans la mise en page.

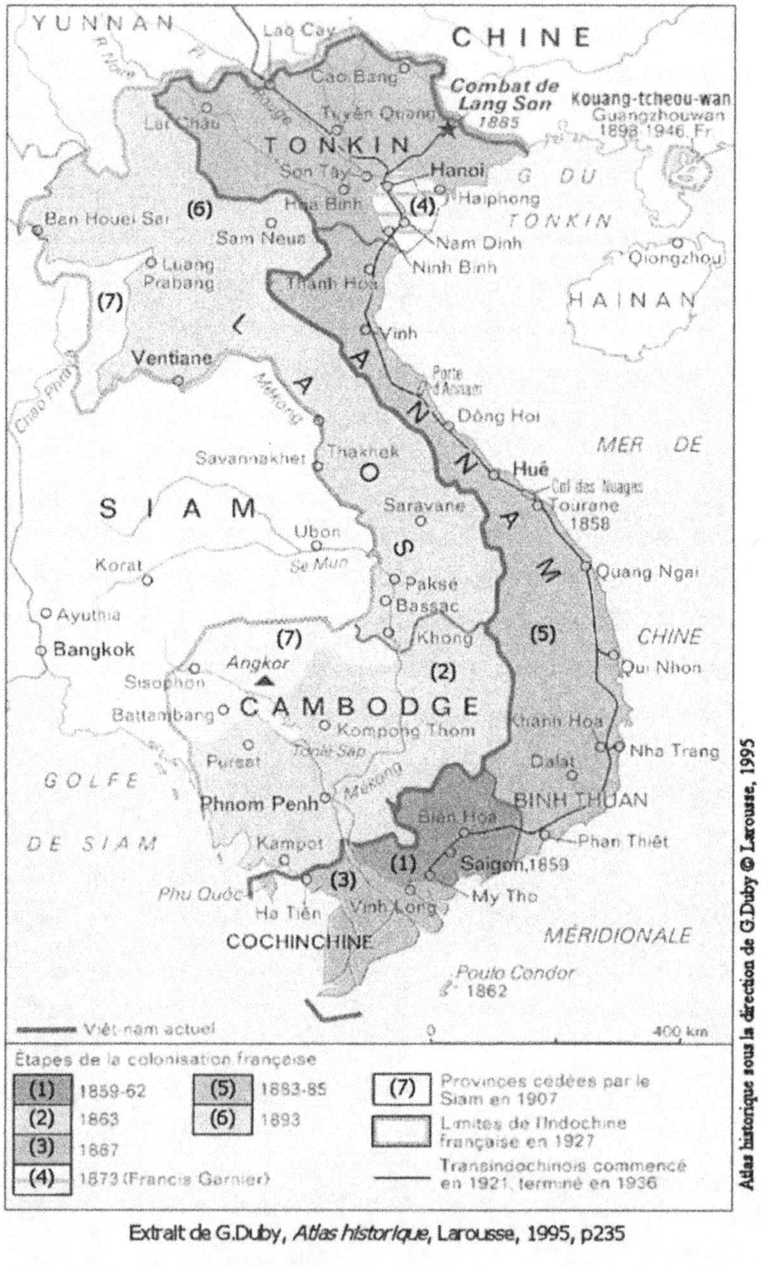

Extrait de G.Duby, *Atlas historique*, Larousse, 1995, p235

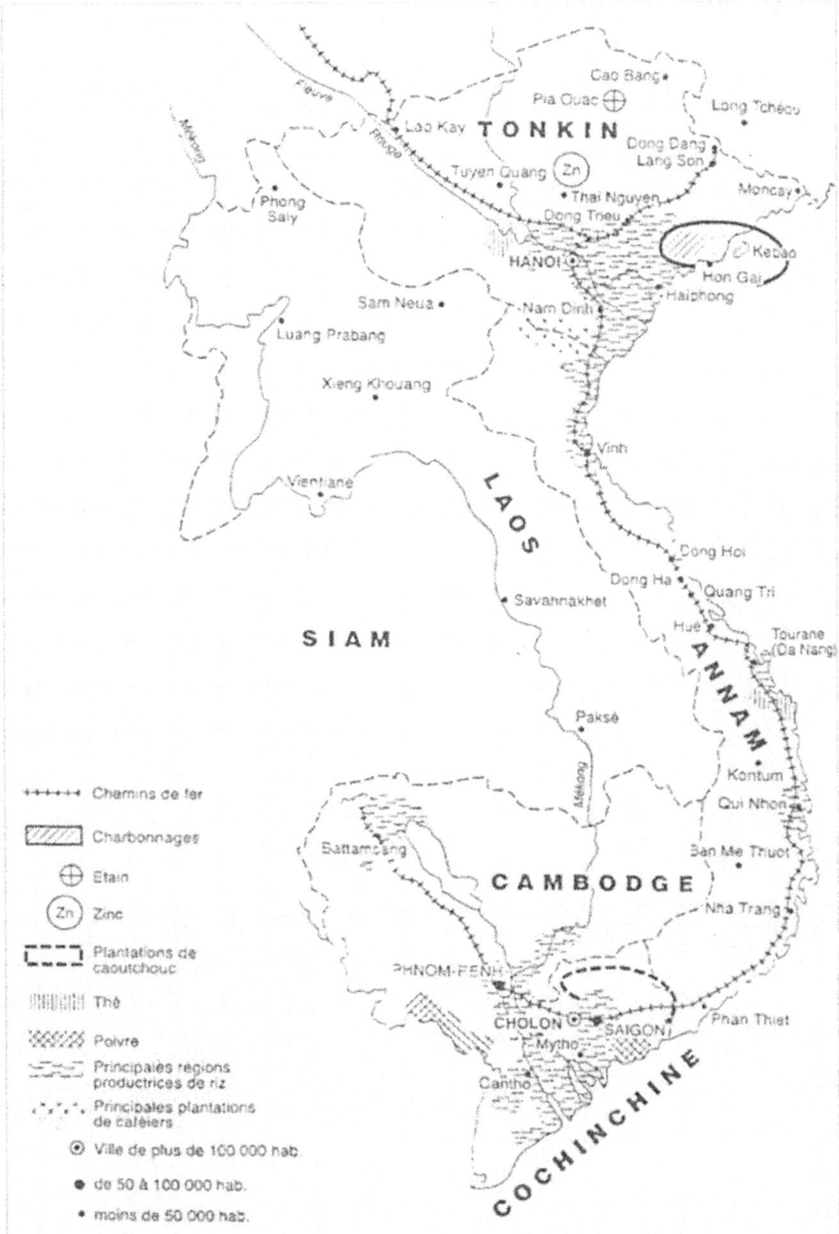

Carte économique. Extrait de P.Brocheux, D. Hémery, *Indochine la colinisation ambiguë*, La Découverte, 2001, p176

INTRODUCTION

L'histoire du droit colonial, sans être nulle – pensons, entre autres, aux recherches de Bernard Durand à l'université de Montpellier ou au projet malheureusement inachevé de Jacques Lafon – occupe encore une place marginale dans l'histoire du droit. Est-ce peut-être parce que ce droit fleure un peu trop « l'exotisme » ? Ou qu'il est encore trop récent, certains acteurs vivant toujours, les archives encore mal classées ou inaccessibles... ? Mais peut-être est-il aussi paradoxalement trop historique. Le droit colonial, comme le droit marxiste, fait partie de ces droits contemporains désuets, sans postérité actuelle, ou du moins, avec une postérité qui n'est plus la nôtre depuis la décolonisation. Qui plus est, il s'agit d'un droit qui disparut en pleine croissance, alors qu'il se trouvait encore largement « en chantier », dont il est impossible de connaître la fin réelle, de deviner quelles auraient pu être dans l'avenir ses inflexions voire ses révolutions.

Même au sein de l'histoire générale de la colonisation, sa place ne va pas de soi. L'historiographie contemporaine s'inscrit depuis quelques années dans une tendance que l'on pourrait qualifier, sans connotation péjorative aucune, de « moraliste ». Soit d'elle-même soit surtout à la sollicitation des médias, voire de la justice pénale à l'occasion de procès, l'histoire est souvent orientée vers le jugement ou encore la « repentance », pour emprunter un mot à la mode. Or, la colonisation représente le phénomène historique type appelé à entrer dans ce mouvement[1]. Cette tendance est problématique pour l'histoire du droit colonial, en raison de son objet : le droit. En effet, même en postulant une définition entièrement positiviste, c'est-à-dire neutre, du droit – ce que nous faisons naturellement dans le cadre du présent ouvrage – il sied toujours dans ce postulat une certaine limite : il n'est jamais possible de départir complètement le droit de son objet essentiel qu'est la légitimation. En étudiant le droit colonial, ne risque-t-on pas alors de se faire complice de cette légitimation, même *a posteriori* ? Le risque est incontestable et nous espérons l'avoir évité. Mais il fallait aussi contourner l'écueil inverse, celui d'écrire une histoire par trop « sarcastique » du droit colonial,

---

[1] Qu'il suffise par exemple de lire le titre, devenu maintenant formulaire, du récent ouvrage collectif dirigé par Marc Ferro et édité en 2003 par Robert Laffont : *Le livre noir du colonialisme, XVIe-XXIe siècles : de l'extermination à la repentance*. On y lira avec profit l'introduction de Marc Ferro et la contribution de Pierre Brocheux "Le colonialisme en Indochine" (p.351-372).

qui réduirait ce droit à un paravent cynique de la violence coloniale, au service illimité de l'intérêt du colonisateur. Si le droit colonial fut indubitablement cela en grande partie, il ne faudrait pas que ce constat donne un prétexte pour ne pas l'étudier de manière approfondie et pour n'y voir que des "*arguties juridiques*", selon l'expression fréquemment employée[2]. La question ici n'est pas seulement d'ordre épistémologique, elle touche aussi au fond du sujet : une approche trop méprisante du droit risquerait de passer à côté d'un pan de l'oeuvre coloniale, qui est sa représentation juridique ou le tableau que les juristes ont peint de cette oeuvre. Or, cette représentation révèle les croyances mais aussi les obstacles rencontrés par le colonisateur, et parfois quelques surprises, comme les moyens juridiques – certes relatifs mais en vigueur quand même – de protection des colonisés. Si le but du droit colonial fut de servir la colonisation, son cheminement et son élaboration n'ont pas été univoques.

Le droit colonial offre un vaste champ d'étude, qu'il est impossible d'embrasser tout entier. Il serait même plus juste de parler de « droits coloniaux », tant la diversité est grande, selon les branches du droit, les époques et les pays concernés : si le droit colonial a revêtu des caractères itératifs, c'est-à-dire des éléments que l'on retrouvait d'un pays de l'Empire à l'autre, il est difficile de parler de véritable « droit colonial général », comme si un tronc commun avait été consciemment et systématiquement élaboré par une volonté centrale, auquel on se serait contenté d'apporter quelques compléments ou dérogations locales. Il faut donc choisir un thème et un pays particuliers : ici, la propriété dans le droit des concessions domaniales en Indochine.

Les concessions domaniales désignaient l'acte juridique par lequel l'administration propriétaire aliénait des terrains de son domaine privé à un particulier mais sous conditions, dont la principale était la mise en valeur de la terre. La concession s'opérait donc en deux étapes : dans une première période de quelques années, la concession était dite "provisoire" et accordait au concessionnaire un certain délai pour remplir les conditions, après quoi, s'il les avait respectées, il pouvait prétendre à l'obtention du droit de propriété définitif sur les terres, cette seconde étape s'intitulant "concession définitive". L'avantage du droit des concessions est qu'il s'agit d'un droit authentiquement et exclusivement colonial. D'ailleurs, *stricto sensu*, le "colon" ne désigne rien d'autre que l'agriculteur qui s'installe sur une terre, le plus souvent délivrée par l'autorité

---

[2] Par exemple P.Guillaume, *Le monde colonial XIX*ᵉ*-XX*ᵉ *siècles*, Paris, 1999, p.215.

publique[3]. Les concessions domaniales sont intimement liées au projet principal de la colonisation qu'est l'exploitation économique, mais sans exclure pour autant la dimension politique : conflits de propriété et de législation, largement à l'oeuvre dans le droit des concessions, révèlent toute la violence qui résidait au coeur du projet colonial et les tentatives de la pallier. Comme l'exprimait déjà précocement un auteur, pourtant colonial, en 1912, "*la conquête pour le coolie, c'est-à-dire pour la masse du peuple a été un acte d'ordre en quelque sorte spéculatif, une affaire entre la France et cet être inabordable, demi divin, qu'est le roi ; mais la possession du sol par un Français marque, bien plus que la campagne et les traités, l'emprise de la nation étrangère ; le sentiment national naît de cette constatation que le sol échappe aux nationaux ; un courant politique antifrançais s'en suit inévitablement [...]. Le Français protecteur devient, plus que tout autre, l'étranger et le colon, c'est l'ennemi*"[4]. Ce droit des concessions fournit donc un bon étalon pour tenter de dégager une essence du droit colonial. Néanmoins, le thème reste encore trop vaste et il a fallu en sacrifier de nombreux pans, notamment les concessions urbaines, minières, forestières et les concessions exclusivement indigènes qui obéissaient toutes à une législation spéciale, pour se concentrer sur les concessions de terrains ruraux, destinées à l'agriculture et surtout conçues pour permettre aux Français d'accéder à la propriété.

Au sein du droit des concessions domaniales, le fil directeur ici choisi sera, encore plus particulièrement, la propriété, délaissant ainsi les autres thèmes de ce droit tels que les procédures d'octroi des concessions ou le droit de la main d'oeuvre. Ces problèmes, bien qu'importants et ardemment débattus à l'époque, demeurent annexes par rapport à l'objet juridique primordial de la concession : le transfert de propriété. Par conséquent, il conviendra de suivre les étapes et les conditions de cette transmission progressive de la propriété d'une terre, depuis le souverain, et parfois les particuliers indigènes, jusqu'au concessionnaire, en passant par l'autorité domaniale.

Quant à l'Indochine, il est vrai que les concessions n'y ont jamais atteint la taille de celles d'Afrique, étudiées par Catherine Coquery-Vidrovitch[5]. Mais le phénomène n'y était pas négligeable

---

[3] "*L'art de coloniser consiste, pour une nation, à mettre à la portée des colons ou des émigrants la libre disposition des forces naturelles dont les principales sont le sol, les eaux, les forêts, les carrières, les mines.*", P.Rougier, *Précis de législation et d'économie coloniale*, Paris, 1895, p.475. "*Le régime des terres vacantes et leur mode d'appropriation est peut-être le point principal de tout système colonial.*" P.Leroy-Beaulieu, cité par G.François et H.Mariol, *Législation coloniale*, Paris, 1929, p.249.

[4] J.Morel, *Les concessions de terre au Tonkin*, Thèse, Paris, 1912, p.216.

[5] *Le Congo au temps des grandes compagnies concessionnaires, 1898-1930*, Paris, 1972.

pour autant d'un point de vue quantitatif : bien qu'il n'ait jamais existé de statistiques fiables sur les concessions accordées aux Français, leur superficie totale était estimée à environ 800 000 hectares en 1927 et à 1 million d'hectares en 1937[6]. Rapporté à la superficie totale de l'Indochine, soit près de 75 millions d'hectares (742 000 km^2), ce chiffre indique donc que les concessions ne recouvraient qu'une petite partie du territoire. Cependant, cette comparaison ne doit pas cacher leur importance dans le projet de développement de la colonie et auprès de la société colonisée[7]. Le choix de l'Indochine se justifie aussi par la place et les spécificités de ce conglomérat de protectorats (le Tonkin, l'Annam, le Cambodge, le Laos) et d'une colonie (la Cochinchine) dans l'Empire[8]. Surnommée "*perle*" de l'Empire[9], l'Indochine présente en outre un intérêt majeur pour l'historien, comme l'indique Daniel Hémery : "*Plus que toute autre aire d'expansion virtuelle, elle condense [...] l'ensemble des données de la problématique coloniale*"[10]. Dans le même sens, on peut dire qu'avec des régions densément peuplées et d'autres quasiment désertes, des populations encore tribales et d'autres dotées d'une organisation administrative et politique complexe ou des zones déjà cultivées et d'autres en friche, l'Indochine condense aussi l'ensemble des données de la problématique des concessions domaniales. Il n'a malheureusement pas été possible, dans le cadre de cet ouvrage, de donner un traitement égal à toutes les parties de l'Indochine. Le fait des concessions, massivement concentré dans l'actuel Viêtnam, et nos sources nous ont guidé surtout vers les trois anciennes composantes

[6] Rapport Richard, p.76 ; P.Brocheux et D.Hémery, *Indochine, la colonisation ambiguë, 1858-1954*, Paris, 2001, p.125. Sur la critique des statistiques d'époque, pour le Tonkin, voir la thèse de madame Ta Thi Thuy, *Les concessions agricoles françaises au Tonkin de 1884 à 1918*, Paris, EHESS, 1993.

[7] L'agriculture était cependant loin derrière l'industrie : entre 1900 et 1905, elle pesait 10 % des placements privés contre 57 % pour l'industrie (Brocheux, Hémery, *op.cit.*, p.158) mais plus tard après le développement de l'hévéa, en 1940, l'agriculture captait 27,5 % des investissements français (Guillaume, *op.cit.*, p.262). Pour l'impact social et politique des concessions, voir Hô Chi Minh, *Oeuvres choisies, t.1, Le procès de la colonisation française*, Hanoï, 1960, p.278 : "*Après l'administration voleuse, viennent les concessionnaires voleurs. On donne à des Européens qui ne possèdent qu'un gros ventre et la peau blanche, des concessions dont l'étendue dépasse souvent 20000 hectares*".

[8] Pour être exact, il faudrait aussi ajouter la concession française de Chine, Kouang-tcheou-wan, rattachée administrativement à l'Indochine, mais qui obéissait, pour son développement, à une logique radicalement différente.

[9] J.Lafon, "Le bonheur colonial", *Itinéraires*, Paris, 2001 [réimp.], p.277. Cf. Rougier, *op.cit.*, p.454 : "*malgré les fautes commises, et les sommes dépensées, le Tonkin, et toute notre colonisation dans l'Indo-Chine, seront, dans notre histoire, une aussi fructueuse que glorieuse affaire*".

[10] Brocheux, Hémery, *op.cit.*, p.39.

coloniales de ce pays, avec une large domination du Tonkin et de l'Annam[11].

D'un point de vue chronologique, le sujet est moins facile à délimiter, tant le droit des concessions n'a jamais cessé de foisonner de textes depuis l'arrivée des Français en 1859. Le juriste Penant s'en plaignait déjà en 1908 : "*successivement, souvent à la diable, qu'on nous permette le mot, on se livra à une débauche telle de décrets, de circulaires, d'arrêtés, le jet ne s'arrête du reste pas, que le tout constitue aujourd'hui un labyrinthe inextricable au milieu duquel le plus malin ne se reconnaît pas*"[12]. Et Penant n'avait pourtant pas vu tous les changements qui devaient intervenir pendant encore plus de vingt ans... Le droit des concessions fut tâtonnant, édifié laborieusement et dépendant des cycles économiques. La petite colonisation a ainsi commencé en Cochinchine par des concessions comprises entre 10 et 50 hectares, avant de s'étendre au Tonkin et à l'Annam. Le rapport Richard dresse un portrait épique de ces premiers concessionnaires : "*Beaucoup de ces courageux ouvriers de la première heure ont succombé à une tâche trop dure*"[13]. Néanmoins, les héritiers de ces premiers colons ont agrandi progressivement les domaines, rejoints par les commerçants et fonctionnaires qui obtinrent des concessions moyennes d'environ 150 à 200 hectares. C'est à la fin des années 1890 que l'on tenta les premiers essais de grandes concessions, de plus de 1000 hectares, au Tonkin, avec constitution des premières sociétés à partir de 1900. Mais le grand *boom* des demandes de concessions et l'afflux de capitaux se produisirent après la première guerre, durant presque toute la décennie des années 20, avant de subir la grave crise des années 30[14]. Le droit a donc épousé ce mouvement, ce qui permet d'articuler la chronologie de son évolution autour de quelques règlements phares. Jusqu'en 1913, il n'existait aucune réglementation commune à l'Indochine. Le premier arrêté qui régissait vraiment les concessions rurales fut l'arrêté du gouverneur de

---

[11] Comme le précise Daniel Hémery, le Laos et le Cambodge furent des terres de déception pour les colons, l'Indochine utile, et donc l'essentiel des concessions, se cantonnant dans les hautes terres à caoutchouc et dans les deux deltas du Mékong au sud et du Fleuve Rouge au nord (*op.cit.*, p.119-120). C'est enfin au Tonkin et dans les hauts plateaux annamites que se sont élevés les litiges les plus graves.

[12] D.Penant, "La question foncière en Annam-Tonkin", P.1908, II, p.33. Penant était membre du Conseil supérieur des colonies, instance du ministère des colonies créée en 1883 consultable en théorie sur les projets de lois et de décrets, mais en pratique jamais sollicitée avant 1920 (J.de Galembert, *Les administrations et les services publics indochinois*, Hanoï, 1931, p.17-18. Nos brèves descriptions des institutions coloniales seront toutes tirées, pour l'essentiel, de cet ouvrage quasi-officiel).

[13] Rapport Richard, p.133.

[14] *Ibid.*

Cochinchine du 22 août 1882, modifié en 1886 et 1890[15], puis il eut son équivalent au Tonkin, l'arrêté du gouverneur général du 5 septembre 1888[16]. Ces arrêtés correspondaient à la phase de petite colonisation. La réglementation subit donc une deuxième vague de transformation à la fin des années 1890 destinée à favoriser les grandes concessions, phase incarnée, entre autres, par l'arrêté du gouverneur général du 18 août 1896 pour le Tonkin et l'arrêté du 28 avril 1899 pour l'Annam[17]. L'année 1913 marque une incontestable césure dans la forme : le 27 décembre de cette année, le gouverneur général signait le premier arrêté commun à toute l'Indochine, symbole évident de la volonté politique d'unification[18]. Ce processus restait certes tempéré par la pratique des règlements locaux d'application, auxquels il incombait d'apporter de nombreuses précisions et qui laissaient par là une marge de manoeuvre encore non négligeable aux autorités locales. Mais il n'en demeure pas moins qu'à partir de 1913, il exista toujours une réglementation générale en Indochine. Sur le fond, l'arrêté de 1913 se situait dans une période de transition : il reprenait encore beaucoup de dispositions qui l'avaient précédé mais posait déjà les jalons d'une réglementation plus adéquate aux transformations profondes qu'allait vivre la colonisation agricole. Le trait saillant de cette évolution fut l'investissement massif du capitalisme dans le secteur agricole indochinois au cours des années 20, avec des opérations spéculatives fortes, qui imposaient une révision complète des règles. La première de ces révisions fut engagée localement par le gouverneur général en 1926, au travers de l'arrêté du 19 septembre[19]. Mais la vie de cette réforme fut précocement interrompue deux ans plus tard, pour être supplantée par un décret du 4 novembre 1928, marquant la première intervention du gouvernement métropolitain dans le droit des concessions en Indochine[20]. Fruit d'une sorte de « scandale » qui avait résonné jusqu'à l'Assemblée nationale, cette intervention prolongea sur beaucoup d'éléments les orientations déjà lancées en 1926, mais elle ajoutait quand même des dispositions notoires intéressant la lutte contre la spéculation et une meilleure protection des indigènes. C'est donc jusqu'à 1928 et 1929, année où furent adoptés tous les règlements d'application du décret, qu'il convient d'étudier le droit des

[15] *Code Michel*, p.370.
[16] *Recueil Ganter*, p.94.
[17] JOIF 1896, p.657 ; Rec. Dar. 1900, L., p.96.
[18] JOIF 1914, p.74
[19] P.1928, III, p.441.
[20] P.1928, III, p.463.

concessions, sans néanmoins rendre cette limite étanche aux questions qui ont continué d'être débattues par la suite.

Au cours de ces décennies, comment s'est donc opéré le transfert de la propriété domaniale aux concessionnaires ? Le droit était-il entièrement conçu pour leur donner toute satisfaction, comme on s'y attendrait de prime abord ? Quelle était la nature du droit de propriété qui leur revenait finalement ? Et tout au long de ce processus, comment se comportait l'administration concédante : agissait-elle en acteur public du développement économique ou en simple propriétaire exigeant et soucieux de la gestion de son domaine privé ?

Pour élucider cette problématique de la propriété, les sources ne manquent pas et la sélection fut difficile. Pour une première approche, les manuels de droit colonial sont bien sûr irremplaçables mais la source primordiale consiste d'abord dans la réglementation, puisqu'on a vu qu'elle structurait l'évolution chronologique du sujet. Nous avons choisi de travailler sur les trois règlements généraux de 1913, 1926 et 1928 et avant eux, sur les règlements qui ont joué le rôle le plus important et ont ponctué l'histoire du droit : l'arrêté de 1882 de Cochinchine, celui de 1888 pour le Tonkin et plus encore ceux de 1896 et 1899 pour le Tonkin et l'Annam. Il eût été intéressant de comparer entre eux les arrêtés d'application des différents règlements généraux : cette exégèse comparative se fût fait le miroir de toutes les particularités locales et du poids relatif des intérêts locaux en présence, comme l'illustrait cette lettre du résident supérieur du Tonkin de 1928 : "*Si la réglementation générale prévoit des arrêtés d'application, c'est de toute évidence afin qu'il puisse être tenu compte des conditions locales de mise en valeur, de la fertilité relative des terrains, des modes de culture appropriés au sol et au climat, des nécessités de fait de la petite colonisation indigène. A tous ces points de vue, la situation du Tonkin est fort différente de celle de la Cochinchine ; l'unification absolue ne peut donc être obtenue qu'au détriment des intérêts de l'un de ces pays : dans le cas actuel, du Tonkin*"[21]. Malheureusement, une telle étude demandait trop de temps : nous nous sommes donc limité à quelques arrêtés d'application. La réglementation demandait ensuite à être éclairée par la jurisprudence, essentiellement puisée aux *Recueil Penant* et *Recueil Dareste*, dédiés au droit colonial. Ces recueils n'ont sûrement pas

[21] Lettre du résident supérieur du Tonkin au gouverneur général, le 15 février 1928, CAOM Indo GGI//60.878.

rendu la jurisprudence exhaustive produite sur les concessions. Malheureusement, une bonne partie de cette jurisprudence provenait des juridictions locales dont les décisions ne semblent pas avoir été rigoureusement archivées, notamment celles des juridictions administratives de premier degré. Ce droit ayant été façonné en grande partie par les bureaux de l'administration indochinoise, les archives sont aussi incontournables pour l'étudier correctement : ce droit se situe en effet à la lisière de la pratique administrative. Il est donc nécessaire d'éclairer les textes et les affaires contentieuses par les sources administratives correspondantes, aujourd'hui conservées à Aix-en-Provence. L'exploitation des archives indochinoises souffre toutefois d'un grand handicap : le partage opéré avec le Viêtnam au moment de l'indépendance. Officiellement, les archives dites "de souveraineté" sont retournées en France et celles dites "de gestion" sont restées au Viêtnam, à l'exception de la Cochinchine, dont toutes les archives, même de souveraineté, sont demeurées à Saïgon-Hô Chi Minh Ville, ce qui explique la pauvreté des sources sur cette région. La raison politique n'étant pas la raison scientifique, ce partage est particulièrement gênant pour l'étude du droit des concessions, qui chevauche continuellement la frontière entre souveraineté et gestion. Malgré cela, il fut possible de trouver les sources suffisantes pour la rédaction de l'ouvrage. A travers toutes ces archives, riches en notes administratives, en correspondances, en rapports et en projets divers et variés de réglementation, c'est au spectacle d'un *droit en construction* que l'historien peut assister, car le droit des concessions, comme certainement tout le droit colonial, fut un chantier permanent. Voir les administrateurs, véritables architectes du droit, à l'œuvre permet de mieux saisir la finalité primordiale des textes que leur seule lecture et plus encore leur application, souvent trompeuses, ne permettent pas de discerner. Enfin, pour les travaux contemporains, il n'existe que la thèse de Ta Thi Thuy, soutenue en 1993 à l'EHESS[22]. Contenant des données statistiques riches et ayant bénéficié d'archives viêtnamiennes, son exploitation est d'un profit évident[23] mais elle diffère de notre problématique sur trois points : son approche n'est pas exclusivement celle de l'histoire du droit, elle se limite au Tonkin et s'arrête en 1918, n'abordant donc pas la période des années 20,

---

[22] Ta Thi Thuy, *Les concessions agricoles françaises au Tonkin de 1884 à 1918*, Paris, thèse EHESS, 1993. Voir aussi sa contribution au colloque international Euroviet d'Aix-en-provence, *Vietnam. Sources et approches*, 1996, p.293 sqq.

[23] Nous remercions d'ailleurs son auteur pour l'encouragement qu'elle nous a prodigué, à l'occasion d'une rencontre fortuite aux Archives d'Outre-Mer d'Aix-en-Provence.

cruciale dans l'évolution du droit[24]. En résumé, aucun travail n'a été réalisé à ce jour, qui donne une vision d'ensemble des concessions domaniales dans toute l'Indochine et durant toute la période coloniale. Le présent ouvrage, ne pouvant combler ce manque, s'est donc appuyé sur les textes phares et quelques affaires particulières, sur lesquelles il a été possible de croiser différentes sources. A défaut de pouvoir affirmer que ces textes et ces affaires sont *représentatifs* du droit des concessions, ils sont au moins *significatifs* des problèmes qui se sont posés et des solutions qui y ont été apportées par les juristes.

La propriété dans le droit des concessions domaniales peut s'analyser en trois chapitres, qui suivent les étapes de la transmission du droit de propriété. Le premier chapitre met en scène l'autorité coloniale face aux Etats colonisés, qu'il a fallu « déposséder » de leur domaine, et face à l'Etat métropolitain, que l'autorité locale souhaitait garder à l'écart des affaires domaniales. En second lieu, intervient le futur concessionnaire qui formulait sa demande de terrain, mais il entrait bien souvent en conflit avec les indigènes qui occupait les terres prétendûment domaniales, conflit que l'autorité coloniale avait la charge de prévenir ou d'arbitrer. Une fois installé sur les terres, le concessionnaire était en prise avec l'autorité concédante à qui il devait rendre des comptes pour devenir propriétaire définitif. Le droit des concessions revêtait donc une dimension assez agonistique :

Chapitre I : L'autorité coloniale face aux Etats colonisés et à l'Etat métropolitain

Chapitre II : Le domaine et le concessionnaire face aux indigènes

Chapitre III : Le concessionnaire face à l'administration concédante

Les subdivisions de ces trois chapitres seront thématiques. En revanche, à l'intérieur, le développement suivra très souvent un plan chronologique.

---

[24] Signalons toutefois l'ouvrage, malheureusement non traduit en français, de Ta Thi Thuy, qui prolonge ses travaux jusqu'à l'année 1945 : *Việc nhượng đất, khai hoang : ở bắc kỳ từ 1919 đến 1945*, Hanoï, Thế Giới, 1996 ("Les concessions et le défrichement au Tonkin de 1919 à 1945").

CHAPITRE I

L'AUTORITÉ COLONIALE face aux ETATS COLONISÉS et à l'ETAT MÉTROPOLITAIN

Ne peut logiquement concéder des terres domaniales que celui qui en est le légitime propriétaire. Pourtant, l'Indochine ne semble jamais être totalement sortie de l'ambiguïté sur ce point. Alors que l'état de fait de la conquête s'homogénéisait sur l'ensemble du territoire de l'Indochine, les statuts juridiques des différents pays indochinois n'étaient pas remis en cause. Ainsi la puissance coloniale a-t-elle pu disposer des terres dites domaniales à l'occasion des concessions, mais sans s'assurer clairement dans tous les pays le droit de propriété publique sur ces terres. De plus, cette opposition entre personne publique coloniale et personne publique colonisée s'est doublée d'une opposition interne à la puissance coloniale, entre l'Etat et les autorités coloniales locales (colonie ou protectorat). Dans ces deux cas, la question de la propriété des terres s'est finalement révélée secondaire par rapport à l'enjeu beaucoup moins théorique du contrôle de la disposition des terres. Le droit des concessions, au-delà de son objet strict, se fait le reflet de tous ces rapports de puissance entre les autorités en présence.

Ainsi, le mouvement historique s'est déroulé en deux phases : il a commencé par l'éviction des puissances autochtones, corrélativement à l'affirmation de l'autorité locale pour la maîtrise des terres (I). Ce n'est que tardivement que l'Etat est intervenu dans la gestion des affaires domaniales, à la fin des années 1920 (II).

I. *L'éviction des puissances autochtones*

La question de la propriété publique dépendait directement du statut international des pays indochinois. Fruit du contexte des conquêtes, celui-ci présentait une grande diversité en Indochine. Il convient donc de distinguer selon trois situations : la Cochinchine, colonie au sens strict donc annexée à la France (A), les trois protectorats de l'Annam, du Tonkin et du Cambodge, qui gardaient une souveraineté internationale formelle (B), et les hauts plateaux de l'ouest annamite et le Laos dont la situation juridique resta longtemps discutée (C). Dans tous ces cas, la maîtrise du domaine revenait à l'autorité locale (D).

A) Une propriété française en Cochinchine

La situation de la Cochinchine était la plus simple juridiquement. Première région indochinoise conquise, l'Etat français succédait purement et simplement aux droits de l'Empereur du Viêtnam, ce qui incluait donc la propriété domaniale[25]. C'est même l'appropriation des terres à riz qui semble avoir motivé le choix de l'annexion, selon Daniel Hémery. La conquête de la Cochinchine s'est effectuée sur un peu moins de dix ans entre la prise de Tourane en septembre 1858 et l'occupation des trois dernières provinces cochinchinoises (Vinh-Long, Chaudoc et Hatien) en juin 1867[26]. Ces annexions furent consacrées par le traité de Saïgon du 5 juin 1862, par lequel l'Empereur du Viêtnam reconnaissait l'annexion des provinces de Saïgon, Bien-Hoa et Mytho, traité ratifié le 5 avril 1863 – l'amiral La Grandière fut ainsi nommé gouverneur de Cochinchine en juin 1863. Enfin, deux nouveaux traités, celui du 15 mars 1874 et celui signé par le commissaire général civil Jules Harmand le 25 août 1883 firent accepter par l'Empereur l'installation française dans toute la Cochinchine[27]. La Cochinchine devint donc une colonie *stricto sensu*, c'est-à-dire une personne de droit public interne. Cette forme n'allait pourtant pas de soi pour l'Empereur Napoléon III et les partisans du libre-échange, qui se montraient assez favorables aux propositions

---

[25] P.Dislère, *Traité de législation coloniale*, Paris, 4e édition, 1914, p.270.

[26] Brocheux, Hémery, *op.cit.*, p. 34 ; CAOM Indo/NF/2197 Rapport Richard, p.4. Sur la conquête de la Cochinchine, voir aussi Ph.Devillers, *Français et Annamites*, Paris, 1998, p.74 sqq et *Le contact colonial franco-vietnamien*, Aix-en-Provence, 1999, p.59 sqq.

[27] P.Héduy, *Histoire de l'Indochine*, Paris, 1998, pp. 460-462 ; Brocheux, Hémery, *op.cit.*, p.51.

viêtnamiennes d'un protectorat assez souple sur les provinces du sud et d'une cession des cités de Saïgon, Mytho et du Cap Saint-Jacques, à l'instar des *treaty ports* chinois. Mais le "parti colonial" naissant s'y opposa, avec le soutien des Républicains et du Comité de développement industriel et agricole de Saïgon, dans le but de profiter des terres du delta du Mékong sans la moindre entrave juridique, car les autorités françaises, notamment le gouverneur et le Conseil colonial, pouvaient désormais délivrer des concessions en vertu de leurs pouvoirs propres et non par délégation des autorités annamites[28]. Dans un arrêt de 1909, la Chambre des Requêtes de la Cour de cassation reconnaissait d'ailleurs expressément la succession du lieutenant-gouverneur aux droits du gouvernement annamite concernant le domaine[29]. Le choix de l'annexion se révélait judicieux pour obtenir le contrôle des terres, car, comme le montre l'exemple de l'Annam et du Tonkin, si la forme du protectorat ne devait pas empêcher à terme la prise du contrôle des terres par l'autorité coloniale, elle fut source de certaines complications juridiques qui ont dû s'éteindre devant les tribunaux.

B) Une propriété autochtone purement formelle dans les protectorats

L'Indochine était principalement constituée de protectorats, dont trois le furent de manière incontestée : le Tonkin, l'Annam et le Cambodge (même s'il existait des différences de degré entre ces protectorats et si l'on doutait qu'ils possédassent encore une personnalité internationale). Toujours est-il que la forme du protectorat rendait la question du domaine plus problématique : dans la mesure où le protectorat conservait une personnalité internationale et sa souveraineté formelle, ne conservait-il pas non plus la pleine et entière disposition de son domaine ? La capacité de l'autorité coloniale à disposer *en fait* des biens domaniaux était évidente. Mais alors qu'elle avait le moyen d'imposer tout aussi facilement cette capacité *en droit* – c'est-à-dire en extorquant un consentement formel des Etats à un transfert de la propriété ou, au moins, du pouvoir de concéder les biens domaniaux –, l'autorité coloniale semble s'en être curieusement peu souciée, au moins pour le Tonkin, où son pouvoir a d'ailleurs pu être contesté devant la justice.

---

[28] Brocheux, Hémery, *op.cit.*, p.34 ; Rapport Richard, p.61.

[29] Req. 10 novembre 1909 *Colonie de Cochinchine c. Chan Van Day et autres* (P. 1910, I, 119). En l'espèce, le litige était né à l'occasion d'une délimitation d'un village.

1/ Le Tonkin

C'est la région où la question fut la plus controversée, eu égard aux difficultés qu'ont présenté les premières concessions opérées sur ce territoire. Conquis de très haute lutte face à la Chine, aux Pavillons noirs (bandes chinoises plus ou moins incontrôlées) et à la résistance viêtnamienne, le Tonkin fit l'objet d'un traité de protectorat le 25 août 1883, le traité négocié par Jules Harmand mais jamais ratifié, et du traité définitif du 6 juin 1884, signé par Jules Patenôtre à Hué, qui, un mois après la convention de Tien-Tsin passée avec la Chine, substituait le protectorat français à la suzeraineté chinoise[30]. Mais ce traité était loin d'assurer la paix effective qui permettait d'envisager des premières concessions. Il fut en effet suivi de multiples rebondissements, dont la retraite de Lang-Son fin mars 1885, valant la chute du cabinet Ferry et la poursuite des combats de guérilla dans certaines contrées en 1886, avec le soutien de membres du gouvernement impérial – même si cette résistance s'amenuisait beaucoup plus rapidement qu'en Annam – auxquels s'ajoutait une rivalité entre le ministère des Affaires étrangères, favorable à un protectorat, et le sous-secrétariat d'Etat aux Colonies, sous la tutelle du ministère de la guerre, favorable à une administration directe[31]. Les faits ne préparaient donc pas à une clarté de la situation juridique. La formule du protectorat finit par l'emporter à partir de 1891, au nom de la pacification voire de la victoire. Elle fut soutenue par deux gouverneurs généraux successifs, Piquet (1889-91) et Lanessan (1891-94), qui avaient compris que la suprématie française ne pourrait s'établir que par la collaboration de l'élite autochtone. Cela imposait deux sacrifices au colonisateur : la reconnaissance du peuple viêtnamien et l'abandon du projet d'annexion, sacrifice exprimé par le statut de protectorat. Mais comme le souligne Daniel Hémery, si cette stratégie fut lucide politiquement, elle laissa dans l'incertitude la problématique de l'exploitation économique[32]. Cette incertitude se transmettait naturellement à la disposition des terres domaniales.

---

[30] Brocheux, Hémery, *op.cit.*, pp.50-51. Pour le traité de 1884, voir L.de Reinach, *Recueil des traités conclus par la France en Extrême-Orient*, Paris, 1902, tome 1, p.202 sqq. Voir le commentaire d'Edmond Chassignieux : "*Le 6 juin, dans le palais de la résidence de Hué, le sceau royal, symbole de la vassalité de l'Annam, que Gia-Long avait reçu de l'Empereur de Chine, fut solennellement remis à M.Patenôtre et fondu dans un creuset en présence des ministres annamites. Aussitôt après, le traité de protectorat fut signé.*" (in G.Hanotaux, A.Martineau, *Histoire des colonies françaises*, Paris, 1932, t.5, p.433).

[31] Le département des colonies n'a été érigé en ministère qu'en 1894.

[32] Pour les grandes étapes de la conquête du Tonkin, voir Brocheux, Hémery, *op.cit.*, pp.52-65 et p.80 ; Hanotaux, Martineau, *op.cit.*, p.443-446.

Le pouvoir colonial s'est néanmoins attribué le droit de délivrer des concessions domaniales, en invoquant des dispositions pour le moins faibles lorsque ce droit lui était contesté. La première disposition était l'article 13 du traité de Hué du 6 juin 1884, stipulant que :

"[...] *les citoyens ou protégés français pourront, dans toute l'étendue du Tonkin et dans les ports ouverts de l'Annam, circuler librement, faire le commerce, acquérir des biens, meubles et immeubles et en disposer [...].*"[33]

La seconde règle était celle tirée l'ordonnance royale du 3 octobre 1888, dans son article 1er :

"*Les citoyens et protégés français qui acquerront des biens sur le territoire du Tonkin en auront, par le seul fait de l'acquisition régulière, l'entière propriété dans les conditions prévues par la loi française. Les acquisitions faites en vertu de cette ordonnance seront en outre soumises aux règles générales que croira devoir tracer monsieur le Gouverneur général de l'Indo-Chine auquel nous déléguons tous nos droits.*"

Il est clair que ces deux articles ne traitaient que des acquisitions faites *de particulier à particulier*, dans le but de garantir aux Européens qui achèteraient des biens aux indigènes tout le bénéfice de la loi française, jugée plus protectrice de la propriété. C'est d'ailleurs en ce sens qu'avait jugé le Tribunal civil de Haïphong en 1899 dans l'affaire *Malon c.Boudon* où était en cause un arrêté de concession pris par le gouverneur général. Le Tribunal jugea illégal l'arrêté de concession pour cause d'incompétence du gouverneur général, dans la mesure où la propriété des biens domaniaux n'était pas entamée par le traité de 1884 et l'ordonnance de 1888. Le tribunal avançait comme preuve *a contrario* l'autre ordonnance importante du même jour, le 3 octobre 1888, qui avait cédé *en pleine propriété* les trois villes annamites d'Hanoï, Haïphong et Tourane, impliquant logiquement la sauvegarde des droits domaniaux de l'Empereur sur tout le reste du territoire[34].

Mais cette thèse ne fut pas suivie par la jurisprudence ultérieure de la Cour d'appel de l'Indochine, dans la célèbre affaire *Marty c. Rainoird* tranchée le 1er mai 1908[35]. La Cour estima, en effet,

---

[33] Reinach, *op.cit.*, p.204.

[34] P.1900, I, p.259.

[35] Cette affaire ne portait pas sur une concession mais sur un acte de vente passé entre le protectorat et un Français, auteur de Marty, en 1891, mais le même problème pouvait se poser pour les concessions. En l'espèce, un autre Français, Rainoird, se retrouvait en conflit avec Marty, après avoir acheté les terrains directement auprès des villages

que l'ordonnance de 1888 donnait pleine compétence aux autorités françaises pour aliéner les terrains domaniaux. Mais dans ces affaires, c'était moins la propriété qui était contestée que le pouvoir d'en disposer. Dans son arrêt du 10 juillet 1908, opposant Marty aux villages indigènes cette fois-ci, la Cour d'appel de l'Indochine estima qu'à partir de 1888, le gouverneur général avait pu devenir "*l'autorité suprême*"[36] en matière domaniale. Cette compétence était pourtant contestée par les villages pour qui seul le représentant de l'Empereur au Tonkin, le *Kinh-Luoc*[37], pouvait donner son assentiment à une aliénation domaniale[38]. N'était-ce pas le *Kinh-Luoc* qui avait aussi donné son approbation à l'arrêté du 5 septembre 1888, première réglementation relative aux concessions françaises au Tonkin ? Même si le *Kinh-Luoc* était une créature du protectorat, il devait néanmoins avoir suffisamment d'autorité pour que les autorités françaises préfèrassent ne pas lui confier la délivrance des concessions[39]. Toujours est-il que le débat ne porta pas sur la propriété des terres qui ne fut jamais déniée à l'Empereur[40] mais uniquement sur la compétence de l'aliénation, qui se trouvait donc dissociée de la propriété. Il s'agissait là de ce procédé classique du droit colonial qui consistait à vider une institution – ici, la propriété – de sa consistance et de sa portée, car que pouvait bien devenir la propriété si on l'amputait du pouvoir d'aliéner ? Encore le débat sur l'autorité compétente – du *Kinh-Luoc* ou de l'administration coloniale – ne porta-t-il que sur une période courte, puisque le *Kinh Luoc* fut supprimé en 1897 et ses pouvoirs, transférés au résident

---

indigènes. Pour se défendre, Rainoird contestait donc la validité de l'acte de vente passé par le Protectorat en 1891. Voir P.1908, I, p.328 (arrêt en annexe de cet ouvrage).

[36] CAI 10 juillet 1908 *Marty contre Village de Dao-Huyen et autres et contre Protectorat du Tonkin*, CAOM Indo GGI//955.

[37] Institué en 1886, le *Kinh-Luoc* était une sorte de vice-roi chargé de l'administration du Tonkin. Créé pour les besoins du protectorat, il avait vocation à devenir un agent de centralisation entre la Cour, les autorités provinciales et la Résidence supérieure du Tonkin. Cf. circulaire du Conseil de Régence sur les attributions du *Kinh-Luoc*, avril 1899, in R.Deloustal, G.Michel, *Recueil des principales ordonnances en vigueur au Tonkin*, Hanoï, 1903, p.212.

[38] Cf. lettre de l'avocat Mézières relatif au pourvoi en cassation des villages contre les arrêts de la Cour d'Appel de 1908, CAOM Indo GGI//955. Mézières rappelait que le résident supérieur au Tonkin n'était nullement assimilable au lieutenant-gouverneur de Cochinchine.

[39] A ce propos, voir l'observation des auteurs du *Recueil Penant* sous l'arrêt CAI 10 juillet 1908 *Marty*, pour qui l'autorité du *Kinh-Luoc* n'était pas que nominale mais très considérée, P.1909, I, p.15.

[40] En ce sens, voir l'opinion du rapport Richard, p.25.

supérieur[41] : en 1897, la conquête pouvait être considérée comme acquise et la pacification en voie ; c'est pourquoi l'autorité coloniale décida de se passer d'une institution autochtone risquant de devenir plus gênante qu'utile[42]. Cette substitution du résident supérieur au *Kinh-Luoc* rendait dès lors sans intérêt juridique le débat sur le partage de compétence entre ces deux institutions et accentua cette dissociation entre propriété purement formelle et contrôle effectif du domaine : formellement, l'autorité coloniale agissait par délégation de l'Empereur propriétaire[43] mais de façon la plus autonome en pratique. Quant aux concessions passées entre 1888 et 1897, la jurisprudence ne prit même pas la peine de trouver un fondement juridique plus pertinent que l'invocation du traité de 1884 et de l'ordonnance de 1888, alors même qu'une partie de la doctrine soufflait quelques solutions alternatives plus conformes à la lettre de ces deux textes, comme l'article 17 de l'arrêté du gouverneur général du 18 août 1896, seconde réglementation sur les concessions au Tonkin prise sur avis du *Kinh-Luoc*, qui ratifiait implicitement toutes les concessions provisoires délivrées depuis cinq ans et toutes les concessions définitives antérieures[44]. La jurisprudence confirma la doctrine administrative formulée dès 1890 par un haut fonctionnaire indochinois, Albert Grodet, dans une lettre au ministre, relativement à l'ordonnance royale du 3 octobre 1888 : "*Cette délégation donnée par Dong Khanh [Empereur] au gouverneur général paraît ne plus rendre nécessaire l'intervention du gouvernement annamite [...] L'accord avec le Kinh-Luoc n'est même pas spécifié. Il n'y a point à hésiter. Nous ne nous immiscons point inutilement, ce qui est toujours fâcheux, dans l'administration annamite. Nous sommes investis par leRoi d'un droit régalien. Il faut en conserver l'exercice exclusif, même à l'égard de lui-même : « donner et retenir ne vaut »*"[45]. Ce dernier adage, déjà très éloigné du droit international public puisque tiré du droit civil français, était exemplaire de la subversion, pour ne pas dire la corruption, de la notion de délégation, qui, en aucun cas,

---

[41] Cf. ordonnance royale du 26 juillet 1897 : "*[...] il y a lieu de supprimer ces fonctions. Les attributions actuelles du Kinh-Luoc seraient dévolues à M. le Résident supérieur du Tonkin.*" in Deloustal, *op.cit.*, p.217.

[42] Cf. Brocheux, Hémery, *op.cit.*, p.88.

[43] Rapport Richard, p.62 ; Penant, *op.cit.*, p.39.

[44] Pour le texte de l'arrêté de 1896, voir JOIF 1896, p.659. L'argument tiré de cet arrêté était soulevé par les commentateurs du *Recueil Penant* (P.1908, I, p.281 ; P.1908, I, p.15) et par Penant lui-même dans son article précité (*op.cit.*, p.40) mais était contesté par d'autres, dans la mesure où l'arrêté ne mentionnait que l'avis du *Kinh-Luoc* et non son approbation (cf. J.Morel, *Les concessions de terres au Tonkin*, Thèse, Paris, 1912, p.17).

[45] Lettre d'Albert Grodet au sous-secrétaire d'Etat aux colonies, 14 novembre 1890, CAOM Indo/AF/106.

n'est assimilable à une donation définive : par définition, un délégant peut toujours rapporter la délégation et recouvrer ses prérogatives.

2/ L'Annam

En Annam, l'apparition des concessions fut plus tardive et de moindre ampleur qu'au Tonkin. A notre connaissance, l'Annam n'a pas connu les controverses juridiques du Tonkin. Mais le résultat final fut quasiment identique. Etabli par le traité de paix du 15 mars 1874 et le traité du 6 juin 1884, le protectorat de l'Annam sauvegardait le droit de propriété formel de l'Empereur "*représentant du ciel, saint et auguste, roi, pontife et juge suprême, père et mère de son peuple, dépositaire de toute l'autorité patriarcale*", comme le rappelait le conseiller d'Etat Richard[46]. Mais de manière encore plus explicite qu'au Tonkin, la délégation de pouvoir au gouverneur général permit à l'administration coloniale de disposer des terres domaniales. C'est l'article 1er de l'ordonnance royale du 27 septembre 1897 qui opéra cette délégation :

> "*A partir de ce jour, les biens acquis par les citoyens et protégés français dans tout le territoire du royaume, soit **à titre gratuit**, par suite de **concessions de terrains domaniaux** [...], soit à titre onéreux, par suite d'achats aux propriétaires indigènes [...], leur appartiendront en toute propriété, à charge pour eux de se conformer aux règles que croira devoir tracer M. le Gouverneur général de l'Indo-Chine, auquel nous **déléguons** tous nos droits en cette matière.*"[47]

On peut noter que cette ordonnance fut prise au même moment que celle supprimant le *Kinh-Luoc* au Tonkin, dans la période d'affermissement de la présence française, et le même jour qu'une grande ordonnance de réforme du gouvernement annamite, imposant la suppression du Conseil de Régence et transformant le Conseil secret (*Co Mat Vien*) en un Conseil des ministres présidé par le résident supérieur d'Annam[48]. L'apparence d'autonomie fut donc mieux soignée qu'au Tonkin, mais la réalité était sensiblement la même, sauf l'impossibilité de disposer des terrains domaniaux autrement qu'à titre gratuit, tel que cela ressortait de l'ordonnance de 1897. Cette limite resta un obstacle pendant plusieurs années à l'établissement d'une réglementation uniforme des concessions pour l'Indochine, car dans les autres pays, l'administration pouvait disposer du domaine à titre

---

[46] Rapport Richard, p.16.
[47] Deloustal, *op.cit.*, p.218.
[48] Brocheux, Hémery, *op.cit.*, p.88.

onéreux[49]. Le temps passant, le sens de la délégation fut plus ou moins perdu de vue et les rappels à la rigueur restèrent théoriques. Camille Lejeune dans sa thèse en 1904 tirait de l'ordonnance de 1897 "*l'abandon complet au profit du Gouvernement français du droit de disposer des biens du domaine, non affectés à un service public*", sans prendre la peine de spécifier que seul l'*exercice* du droit était abandonné, mais non sa *jouissance* théorique[50]. Il n'y a plus guère que Maguet pour oser proclamer dans sa synthèse en 1930 l'inapplicabilité de l'arrêté du gouverneur général de 1926 en Annam au motif que celui-ci, en prévoyant des concessions à titre onéreux, sortait du cadre de la délégation tracé par l'ordonnance royale de 1897[51]. De plus, profitant de la minorité donc de la faiblesse du nouvel Empereur Bao Dai, le Gouvernement général avait passé le 6 novembre 1925 une convention avec des ministres annamites au nom de l'Empereur qui remettait au Résident supérieur toute l'administration intérieure en général, ne réservant plus au "souverain" que les rites et les questions constitutionnelles. Certes, cette convention avait soulevé un tollé de protestations chez les fidèles de la dynastie, choqués par l'indignité du procédé, à tel point que la réglementation postérieure refusa un temps de prendre en compte cette convention dans ses visas. Toutefois, cette "politesse" ne dura pas et l'arrêté de 1929 relatif aux concessions fut adopté selon les voies de la convention de 1925[52].

3/ Le Cambodge

Etabli par le traité du 11 août 1863 et organisé par la convention du 17 juin 1884, le protectorat du Cambodge subit lui aussi l'effet réducteur de la délégation. Pour les besoins de la concession, il avait même fallu transformer la nature de la propriété domaniale au Cambodge, en substituant la propriété de l'*Etat* cambodgien à celle de la *Couronne* et en créant un domaine

---

[49] Ainsi, une lettre du gouverneur général au résident supérieur d'Annam de 1914 aurait déclaré inapplicable à l'Annam la réglementation générale de 1913 qui consacrait le principe de l'adjudication et donc des concessions à titre onéreux, cf. rapport Richard, p.86.

[50] C.Lejeune, *Régime de la propriété foncière en pays annamite*, Thèse, Paris, 1904, p.99.

[51] E.Maguet, *Les concessions domaniales dans les colonies françaises*, Villefranche, 1930, p.373.

[52] *Ibid.*, p.372. La convention, qui semblait avoir été prise, au départ, dans un but d'administration provisoire, juste après la mort de l'empereur Khai Dinh, pour la période de minorité et d'absence de son successeur Bao Dai, alors étudiant en France, servit à confisquer l'administration impériale. Elle fut donc abolie en 1932, après la révolte de 1930 et au retour de Bao Dai (Nguyên Thê Anh, *Monarchie et fait colonial au Viêt-Nam*, Paris, 1992, p.271 sqq).

aliénable[53]. L'ordonnance royale du 11 juillet 1887 avait beau réserver au gouvernement royal le droit de concéder les terres libres, la première réglementation des concessions aux Français, prise douze ans plus tard par l'arrêté du gouverneur général du 26 août 1899, sans l'assentiment du souverain, ne prévoyait aucune participation du gouvernement autochtone à l'octroi des concessions[54]. Cette erreur de droit, comme le soulignaient l'administrateur Henri Bruel, dans sa thèse en 1920, et le rapport Richard, fut corrigée sommairement par l'ordonnance royale du 1er décembre 1916 qui régularisa toutes les concessions accordées antérieurement[55]. D'après un rapport de séance de la Commission des concessions coloniales et du domaine en 1938, c'est une prétention du gouverment cambodgien contre la réglementation coloniale en vigueur qui aurait incité le Gouvernement général à revenir à une plus stricte interprétation des accords diplomatiques[56]. Enfin, l'ordonnance royale du 24 octobre 1926, en son article 5, rendit le résident supérieur et le gouverneur général compétents par délégation pour accorder des concessions[57]. Le Cambodge illustrait peut-être le mieux ce que l'on peut appeler la « désinvolture » du formalisme juridique colonial.

C) Une situation juridique incertaine au Laos et dans les hauts plateaux

Pour ces régions du Laos et des hauts plateaux situés à l'ouest de l'Annam, près de la frontière du Laos, dénommés Kontum, Darlac et Haut-Donnai, la question du domaine n'a jamais été clairement tranchée, plusieurs doctrines s'étant partagées. Cela tenait à la situation complexe de ces régions avant la colonisation, qui étaient souvent l'objet de conflits entre les puissances régionales. Le Laos était en tant que tel une création française, car à l'origine, il n'était qu'un ensemble de principautés régionales convoitées par les voisins viêtnamiens, siamois ou cambodgiens. Une fois la domination française reconnue par ces puissances, diverses conventions passées avec la royauté de Luang-Prabang en 1914 et 1927 semblaient donner

---

[53] Article 9 de la convention de 1884, rapporté dans le rapport Richard, p.28, et décision du 28 octobre 1884 du gouverneur de Cochinchine.

[54] *Ibid.*, p.94 ; pour l'arrêté du gouverneur général de 1899, voir Rec. Dar., 1900, L., p.100.

[55] H.Bruel, *Du régime des aliénations domaniales en Indochine*, thèse, Poitiers, 1920, p.47 ; Rapport Richard, p.94 ; pour l'ordonnance de 1916, voir P. 1917, III, p.96.

[56] PV de séance de la Commission, 5 avril 1938, CAOM 1affpol/823/3. Placée auprès du ministre, cette commission rendait des avis sur les projets de règlements et de grandes concessions individuelles.

[57] JOIF, 1927, p.196.

au Laos la forme d'un protectorat. Le rapport Richard de 1927 nous apprend ainsi que la thèse du protectorat était celle à laquelle se ralliaient le résident supérieur du Laos et le procureur général de la Cour d'Appel de Hanoï, pour qui le protectorat français sur le Laos n'était rien d'autre que la poursuite du protectorat déjà exercé par l'Annam sur le pays, auquel les Français s'étaient substitués après le traité de 1884 passé avec l'Annam[58]. Mais certains voulaient plutôt y voir une colonie, notamment le ministère des colonies ou encore l'inspecteur du domaine Boudillon[59]. En 1927, le conseiller d'Etat Richard pouvait donc déclarer : "*si l'on peut affirmer qu'il y a des terres susceptibles d'être domaniales, il serait téméraire d'essayer de déterminer à qui elles appartiennent*", mais le même rapport en concluait plus loin que le gouverneur général pouvait y réglementer et accorder les concessions en vertu de ses pouvoirs propres, tout comme en Cochinchine[60]... La discussion était encore pendante devant la Commission des concessions coloniales et du domaine en 1938[61]. La relative tranquillité du Laos, d'une population peu dense et d'une organisation politique moins élaborée qu'au Viêtnam, combinée au faible intérêt qu'il suscitait chez les colons – sans doute à cause de son éloignement géographique – expliquaient certainement ce flou juridique.

En ce qui concerne les hauts plateaux, qui, eux, devinrent l'objet de beaucoup de convoitises dans les années 20 en raison d'une terre propice à la culture du thé et du café, la même incertitude juridique a existé. Ces régions étaient essentiellement forestières, montagneuses donc d'un accès difficile, et occupées par des peuplades "primitives". Ces régions recouvraient principalement les provinces du Darlac, du Kontum et du Haut-Donnai, respectivement créées en 1904, 1913 et 1920[62]. La France et l'Empereur d'Annam opposaient leurs prétentions sur ces régions, l'Etat français invoquant le droit de conquête et d'occupation, appuyé par le traité du 3 octobre 1893 passé avec le Siam pour la reconnaissance de l'occupation française sur toute la rive droite du Mékong. Mais par ailleurs, la souveraineté de l'Empereur était tolérée dans la région du Kontum. Le rapport Richard

---

[58] Rapport Richard, p.36.

[59] *Ibid.* ; d'après Boudillon, en 1915, "*[le Laos] constitue, à l'heure actuelle, bien qu'organisé, en apparence, comme un pays de protectorat, une véritable colonie. [...] l'ancien royaume de Luang-Prabang continue à subsister, en ce sens qu'un chef indigène, portant le titre de roi, a été maintenu à la tête d'une portion du territoire du Laos, mais ce n'est là, en somme, qu'un procédé administratif [...]*", Boudillon, *Le régime de la propriété foncière en indochine*, Paris, p.207.

[60] Rapport Richard, p.38 et p.61.

[61] PV de séance de la Commission, 5 avril 1938, CAOM 1affpol/823/3.

[62] Brocheux, Hémery, *op.cit.*, p.89.

concluait donc : "*il n'est pas possible, en l'état, de fixer la personne morale propriétaire du domaine privé*", mais l'auteur inclinait naturellement en faveur de la France[63]. Pourtant, interpellé à ce sujet à la Chambre le 18 mars 1927, donc avant le rapport Richard, le ministre des colonies Léon Perrier déclarait : "*[...] pour respecter les lois et la coutume moï [...], il n'y a pas de terres domaniales. La terre a été reconnue dans sa totalité propriété des indigènes, familles ou villages*"[64]. Comme nous le verrons plus loin, la pénétration par les concessionnaires de ces régions, notamment du Darlac, y fut plus difficile et contrôlée juridiquement qu'ailleurs, mais cela tenait plus à des raisons politiques et sociales qu'à l'incertitude de la personne propriétaire.

L'arrêté du gouverneur général du 22 décembre 1899, sur lequel nous reviendrons plus loin, illustrait bien le peu de cas fait de la propriété publique autochtone[65]. Cet arrêté portait définition et réglementation du domaine pour toute l'Indochine. Pris par Paul Doumer, il se situait dans le droit fil de sa politique générale d'affirmation de l'Union indochinoise, créée en 1887 et rattachée au département des colonies en 1891. Paul Doumer donna une consistance au gouvernement général, déjà renforcé sous Lanessan par le décret du 21 avril 1891, étoffa les services techniques généraux chargés de l'assister (par exemple, la direction de l'agriculture et du commerce) et dota l'Indochine d'un budget général captant tous les impôts indirects[66]. Dans le cadre de ce projet de centralisation et d'unification, il apparaissait normal de procéder à un partage du domaine pour toute l'Indochine par un arrêté *unique*. En ce qui concerne les protectorats, cette disposition était donc contradictoire avec l'idée d'une propriété des anciens souverains. Cette contradiction n'échappait pas au rapport Richard qui soumit la légalité de l'article 13 de l'arrêté de 1899 à la condition d'être strictement interprété, c'est-à-dire d'être inapplicable à l'Annam (en dehors de la concession de Tourane)[67]. Mais d'un strict point de vue juridique, on ne comprend pas pourquoi le rapport n'étendait pas cette réserve à tous les autres protectorats, même si l'on devine que la raison était d'ordre surtout politique : l'Annam était un protectorat moins fictif que les autres. Certes, l'effet de cet arrêté de 1899 fut surtout théorique dans la

---

[63] Rapport Richard, p.23 et p.61.
[64] AP 1927, p.701.
[65] Pour le texte de l'arrêté, cf. Rec. Dar., 1900, L., 151.
[66] Brocheux, Hémery, *op.cit.*, p.81 et pp. 84-86.
[67] Rapport Richard, p.19.

mesure où il ne fut presque jamais appliqué[68] et fut remplacé par l'arrêté du 15 janvier 1903 qui adoptait une autre répartition plus conforme à la diversité de statut des pays indochinois, mais il n'en était pas moins révélateur de la disparition de l'enjeu du partage de la propriété publique entre autorité coloniale et pays colonisés, au profit de nouvelles lignes de partage, se jouant cette fois-ci entre les diverses autorités françaises intervenant en Indochine : Etat et gouvernement métropolitain, Indochine et gouvernement général, pays et autorités coloniales locales. Pourquoi en effet les juristes coloniaux rappelaient-ils toujours le principe de propriété domaniale des gouvernements autochtones sous protectorat, comme s'attachait à le faire l'important rapport Richard ? Etait-ce par simple rigueur historique : rappeler les origines diverses du domaine et se conformer à celles-ci dans la rédaction des textes ? Cette hypothèse est sûrement vraie mais un peu légère. Etait-ce alors par formalisme hypocrite : sauvegarder l'apparence de survie des gouvernements autochtones pour des raisons politiques ? Cette explication présente aussi une certaine pertinence, surtout au début de la conquête vis-à-vis de la population colonisée, mais d'un autre côté, on peut être frappé par la franchise et la sincérité des écrits coloniaux sur la réalité : ils ne cherchaient pas à cacher la domination coloniale et le caractère fictif des autorités autochtones, qu'ils reconnaissaient sans ambages[69]. Le formalisme n'était donc peut-être pas aussi marqué d'hypocrisie qu'on le prétend, ou plutôt, cette hypocrisie était plus complexe. Dans un premier temps, on peut lire sous la plume de quelques juristes une préoccupation relative au sort des concessionnaires au cas où la France viendrait à perdre son emprise sur la colonie extrême-orientale et si leurs concessions n'étaient pas délivrées au nom du Roi. D'après le vice-résident Sombsthay, dans un de ses cours professé à l'Ecole coloniale en 1896 puis répété dans une note administrative en 1897 : "*Si nous supposons [...], un instant seulement que, par suite d'événements malheureux, la France soit obligée d'abandonner au profit d'une autre puissance européenne, le Protectorat de l'Annam, les concessionnaires investis*

[68] L'arrêté réglementant la procédure domaniale, qui était nécessaire à la mise en vigueur de l'arrêté de 1899, ne fut pris que le 5 février 1902, soit moins d'un an avant l'abrogation de l'arrêté de 1899. Cf. rapport du secrétaire général Boulloche précédant l'arrêté du 15 janvier 1903, Rec. Dar. 1903, L., p.304.

[69] Par exemple, le rapport Richard, lorsqu'il résumait la situation domaniale dans les différents pays de l'Indochine, prenait soin de distinguer ouvertement la situation de droit de la situation de fait, Rapport Richard, pp.61-64. On peut encore citer le précis de Louis Rolland et Pierre Lampué, qui énonçait explicitement que les protectorats indochinois n'étaient pas de "purs" protecorats de droit international, mais plutôt de droit colonial et orientés vers l'absorption, cf.. L.Rolland, P.Lampué, *Précis de législation coloniale*, Paris, 1931, p.75.

par la France seraient purement et simplement évincés, tandis que les propriétaires dont les titres émaneraient du gouvernement annamite ne pourraient être dépossédés sans indemnité"[70]. On peut certes appréhender avec scepticisme les propos de cet auteur aux idées souvent à contre-courant, convaincantes au plan théorique mais parfois irréalistes – nous en donnerons d'autres exemples par la suite. Toutefois, au vu des rivalités coloniales, notamment avec l'Angleterre et la Hollande établies dans la région, la supposition émise par Somsthay pouvait n'être pas qu'une hypothèse d'école. Du reste, on la trouve exprimée par un autre administrateur, dans sa thèse en 1912, Jean Morel[71]. Mais au fil du temps, il semble que le maintien fictif du propriétaire public autochtone cherchait moins à cacher son anéantissement de fait qu'à justifier les prérogatives et l'influence des autorités françaises locales contre les empiètements excessifs qui pourraient venir du gouvernement métropolitain. La personnalité fictive des autorités autochtones n'aurait été alors que le masque des autorités locales dans leur rapport aux autorités métropolitaines[72].

D) La maîtrise du domaine par l'autorité locale

La propriété publique fut réglée par l'arrêté du gouverneur général du 15 janvier 1903, qui remplaça l'arrêté de 1899[73]. Pour ce qui intéresse les terres concessibles, l'arrêté de 1903 modifiait le partage effectué par l'arrêté de 1899, au profit du domaine local. Cette intégration des terres concessibles au domaine local se situait dans la lignée des principes antérieurs et admis dans l'ensemble des colonies pendant presque tout le XIXe siècle.

Alors que l'empire colonial grandissait, il continuait, pour ce qui concernait le domaine, d'être inspiré par des principes juridiques forgés du temps où il était à son point le plus bas : la Restauration, qui avait hérité la désastreuse situation post-napoléonienne. Les traités de 1815 n'avaient laissé à la France que des possessions sans grande valeur. Tout juste l'Angleterre avait-elle laissé la France libre de reconquérir Saint-Domingue mais cette entreprise se révéla irréalisable et il fallut reconnaître son indépendance à Haïti par l'ordonnance du 17 avril 1825. Par ailleurs, les îles à sucre devaient

---

[70] E.Sombsthay, *Cours de législation et d'administration annamites*, Paris, 1898, p.253 ; note du 29 mai 1897, CAOM Indo/AF/106.

[71] J.Morel, *op.cit.*, p.17.

[72] Ainsi, le rapport Richard estimait que dans les pays où le gouvernement général ne gouvernait que par délégation du souverain, le gouvernement français ne sût se substituer à l'exercice de ses pouvoirs, Rapport Richard, p.62.

[73] Pour le texte de l'arrêté de 1903, voir Rec. Dar. 1903, L., p.304.

subir la concurrence provenant d'Amérique latine[74]. C'est à cette époque, sous le ministère de Villèle, que furent promulguées d'importantes ordonnances de réforme concernant les colonies. La loi de finances du 13 juin 1825[75] avait opéré une réforme budgétaire aux colonies en les dotant désormais d'un budget propre, à charge de supporter elles-mêmes les frais de leur administration intérieure[76]. Encore fallait-il que les colonies disposassent de ressources propres. C'est donc en prévision ou en application de cette loi qu'intervinrent les ordonnances du 26 janvier et du 17 août 1825, relatives aux colonies de Martinique, Guadeloupe, Bourbon, de Guyane, Sénégal et aux établissements de l'Inde. L'article 3 de l'ordonnance de janvier 1825 disposait que :

> "[...] *ces colonies seront désormais chargées de pourvoir sur leurs revenus locaux à toutes dépenses autres que celles qui sont portées au compte de la guerre et de la marine : à cet effet, il leur est fait entier abandon desdits revenus, quelles qu'en soient la nature et l'origine* [...]"[77]

Quant à l'ordonnance d'août 1825, elle était encore plus nette concernant le domaine, dans son article 3 :

> "*Les établissements publics de toute nature et les propriétés domaniales existant dans nos diverses colonies leur seront remis en toute propriété, à la charge de les réparer et entretenir, et de n'en disposer que sur notre autorisation.*
> *Sont également remis aux colonies les noirs et objets mobiliers attachés aux différentes branches du service.*"[78]

Ainsi, à la suite de ces ordonnances, il était unanimement admis par la doctrine que l'Etat ne possédait plus de domaine aux colonies, malgré l'obligation d'autorisation de l'exécutif métropolitain pour disposer du domaine, et hormis les bâtiments militaires[79]. Même à la fin du XIXe siècle et au XXe siècle, après que la portée et le sens de ces ordonnances furent contestées par un courant doctrinal que nous analyserons plus loin, une grande partie des auteurs se ralliaient à

---

[74] Sur tous ces points, voir l'ouvrage général de J.Meyer et *al.*, *Histoire de la France coloniale*, Paris, 1991, pp. 306 et 311.

[75] *Bulletin des lois*, 1825, 1er semestre, p.405.

[76] G.Demartial, "La question du domaine aux colonies", *Revue politique et parlementaire*, 07-09/1897, p.104.

[77] *Bulletin des lois*, tome 3, 1826, p.284.

[78] *Ibid.*, p.286.

[79] Article 4 de l'ordonnance du 17 août 1825 : "*Ne sont pas compris dans les établissements dont il est question à l'article précédent, les bâtiments militaires (à l'exception des hôpitaux), les fortifications, les batteries, forts et autres ouvrages, lesquels restent propriété de l'Etat.*"

l'interprétation classique de ces ordonnances[80]. Cette interprétation était corroborée par les textes et la jurisprudence qui suivirent les ordonnances de 1825. Par exemple, en 1833, des ordonnances du 22 août avaient précisé que les concessions domaniales devaient être accordées par les conseils coloniaux[81]. Enfin, en 1886, un arrêt du Conseil d'Etat devait suivre le commissaire du Gouvernement Gauwain, lorsque celui-ci considérait que les ordonnances de 1825 avaient attribué la propriété domaniale aux colonies, en compensation des charges nouvelles[82]. Rappelons encore que cette solution correspondait bien à la situation de la Restauration qui ne comptait plus que des possessions coloniales où les terres libres étaient quantité négligeable : le Sénégal et l'Inde se constituaient de comptoirs, par définition peu étendus, Saint-Pierre-et-Miquelon ne se prêtait pas à la culture, la Martinique, la Guadeloupe et l'île Bourbon se constituaient d'une population déjà dense par rapport à la superficie et la Guyane traînait une réputation d'hostilité depuis l'expédition Choiseul en 1763[83].

En Cochinchine, cette solution devait aussi être suivie par le décret du 10 janvier 1863, donc pris au début de la conquête, relatif à l'organisation financière de la Cochinchine, qui lui transférait "*les produits de la location, de la vente ou de la concession des biens du*

---

[80] E.Petit, *Organisation des colonies françaises et des pays de protectorat*, Paris, 1895, t.2, p.60 ; G.Garnier, *Législation domaniale*, Paris, 1897, p.50 ; E.Antonetti, *Manuel de législation coloniale*, Paris, 1925, p.244 ; A.Mérignhac, *Traité de législation et d'économie coloniales*, Paris, 1925, p.633 ; A.Girault, *Principes de colonisation et de législation coloniale*, Paris, 1930, t.3, pp.116-117 ; Rolland, Lampué, *op.cit.*, 1931, pp.245-246. Beaucoup de ces auteurs s'appuyaient en outre sur l'inventaire général des propriétés de l'Etat en France, en Algérie, aux colonies et à l'étranger dressé en 1875 par Le Vavasseur, directeur général des domaines, dans lequel il indiquait : "*Il n'existe pas dans les colonies de propriétés de l'Etat non affectées à des services publics. Les immeubles, et notamment les bois et forêts, dépendent du domaine colonial.*" Cité par Demartial, *op.cit.*, p.102, et par le rapport Richard, p.7.

[81] Texte soulevé par E.Maguet qui remarquait pourtant qu'il ne fut jamais mis en avant dans le débat sur les ordonnances de 1825, cf.. E.Maguet, "Sur la question du domaine aux colonies", P.1928, II, p.1. Néanmoins, Demartial n'omettait pas de citer cette ordonnance dans son article fondamental, cf. Demartial, *op.cit.*, p.106. Pour les ordonnances, voir article 30 § 2 et 6 de celle concernant la Martinique et la Guadeloupe, *Bulletin des lois*, 1833, 2e semestre, p.336.

[82] CE 21 mai 1886 *Rufz de Lavison c. Colonie de la Martinique et le sieur Prévoteau-Duclary*, Leb. 1886, p.426. Cette affaire opposait deux exploitants, dont l'un était fermier de la colonie, sur un partage d'eaux domaniales. Un des moyens soulevé par une partie était que, le fonds appartenant à l'Etat et non à la colonie, l'action aurait dû être intentée par un autre fonctionnaire que celui de la colonie.

[83] E.Coquet, "L'attribution du domaine public et privé dans les colonies françaises", Rec. Dar. 1905, D., p.51.

domaine"[84]. Le département des colonies faisait donc sienne l'interprétation majoritaire des ordonnances de 1825 en appliquant les mêmes solutions en Cochinchine. Il confirma cette position dans deux dépêches ministérielles prises sur consultation du gouverneur de Cochinchine. Dans la première, du 14 mai 1869, le département estimait que les "*réserves de terrains faites au profit des services de l'Etat ne constituent qu'un droit provisoire qui disparaît lorsqu'elles deviennent inutiles et que leur suppression a été prononcée*"[85]. Il en allait de même dans la seconde, du 25 août 1875[86]. Enfin, l'article 32 du décret du 8 février 1880 sur le Conseil colonial de Cochinchine donnait compétence à cette institution pour statuer "*sur les acquisitions, aliénations et échanges des propriétés mobilières et immobilières de la colonie*"[87]. Ce débat ne concernait que les colonies, soit un seul pays parmi les cinq que comptait l'Indochine, mais si même les colonies étaient considérées comme unique propriétaire du domaine non militaire, il ne pouvait pas, *a fortiori*, en être autrement pour les protectorats. La solution retenue par l'arrêté de 1903 répondait donc parfaitement à cette logique. Toutefois, il fut contesté en ce qu'il ne tenait pas suffisamment compte des intérêts de l'Etat.

---

[84] Article 3 du décret, cf. P.Dislère, *Traité de législation coloniale, II- Textes législatifs et réglementaires*, Paris, 1885, p.295.

[85] Le département des colonies était consulté sur le point de savoir si une parcelle avoisinant les établissements de construction navale de Saïgon appartenait à l'Etat ou à la colonie. Cf. *Recueil Bataille*, p.400.

[86] *Ibid.*

[87] Article 32 du décret de 1880, modifié par le décret du 28 septembre 1888, in P.Dislère, *Traité de législation coloniale, t.2, Textes législatifs et réglementaires*, Paris, 1897, p.964.

II. L'intervention tardive de l'Etat dans les affaires domaniales

Pendant longtemps, la propriété comme la gestion du domaine restèrent l'affaire de l'Indochine et de ses pays. C'est plus tardivement qu'ailleurs dans l'empire colonial que l'Etat intervint. Cette intervention de l'Etat avait pu être préparée par des doctrines juridiques nouvelles qui prenaient le contrepied de l'interprétation majoritaire des ordonnances de 1825 (A). Toutefois, il fallut surtout la faveur d'un « scandale » politico-financier en 1926 et 1927 (B) pour amener l'Etat à intervenir dans la gestion des concessions domaniales (C).

A) Une intervention préparée par des doctrines nouvelles

1/ Les doctrines Dislère et Demartial

L'interprétation très majoritaire des ordonnances de 1825 devait connaître des oppositions, favorables à un retour des intérêts de l'Etat dans le domaine aux colonies. L'Indochine ne se situa pas à l'écart de ce mouvement après la promulgation de l'arrêté de 1903, qui se trouvait dans la lignée des ordonnances de 1825. Ce débat touchait de près la maîtrise des terres concessibles. Pourtant, ce ne fut pas toujours la motivation unique de l'opposition aux ordonnances de 1825. La première période de protestation se tint en 1845 en plein débat sur l'abolition de l'esclavage. Afin de montrer l'exemple, le gouvernement souhaitait commencer par abolir l'esclavage dans les propriétés domaniales, mais les autorités coloniales s'y opposaient en s'abritant derrière les ordonnances de 1825. Le débat ne fut pas tranché à l'époque, Guizot ayant choisi de renvoyer la question de principe de la propriété à la justice tout en prenant une ordonnance de libération des esclaves noirs en 1846. Ensuite, l'avènement de la Seconde République et l'abolition générale de l'esclavage rendirent sans intérêt de ce point de vue la question de la propriété domaniale. Le débat devait renaître sur un tout autre sujet en 1884 : l'ouverture du bagne en Nouvelle-Calédonie sur un terrain vacant et sans maître, auquel s'opposait naturellement la colonie. Le débat était nourri, en faveur de l'Etat, par Jules Léveillé, professeur à la faculté de droit de Paris, député et président de la Commission des colonies, et surtout au plan doctrinal, par Paul Dislère (1840-1917), conseiller d'Etat, directeur des colonies au ministère de la marine entre 1882 et 1883, président du Comité du contentieux au département des colonies et dont les idées sur le domaine en général sont particulièrement intéressantes par rapport à l'Indochine, puisqu'il connaissait bien cette possession, pour avoir créé l'Arsenal de Saïgon et s'être montré très actif dans l'intervention tonkinoise et la fondation de l'Union Indochinoise en 1887[88]. Ce que l'on peut appeler la "doctrine Dislère" exposait deux principaux arguments juridiques. Tout d'abord, elle contestait la légalité des ordonnances de 1825 au regard de la loi du 22 novembre-1er décembre 1790, dont l'article 8 exigeait une loi pour aliéner le domaine national[89]. Enfin, en cas de légalité quand même, elle suggérait alors une interprétation restrictive des ordonnances de 1825, estimant que l'Etat n'avait entendu céder que les propriétés rurales aménagées et les habitations mais pas les terres libres[90]. Il faut noter qu'en 1845 et 1884, il s'agissait d'intérêts très spécifiques que défendait la métropole. Cherchait-elle aussi à obtenir le contrôle de l'exploitation économique des terres vacantes, et donc des concessions, au moment où la superficie des conquêtes coloniales pouvait devenir telle qu'il n'était plus envisageable que l'Etat délaissât tout cet immense domaine aux collectivités locales, comme il avait pu le faire pour les îles en 1825 ? Cette hypothèse peut se vérifier dans la proposition de loi Léveillé, déposée en avril 1897, qui prônait un inventaire des biens fonciers de l'Etat aux colonies et la constitution, grâce aux produits domaniaux, d'une dotation à la future armée coloniale et d'une caisse de colonisation[91]. Jules Léveillé justifiait sa proposition en ces termes : "*l'Etat ne peut laisser le conseil général d'une colonie aliéner ainsi à sa guise des territoires qui forment un patrimoine commun à tous les Français ; la mise en valeur de ces*

---

[88] Sur tous ces points, voir l'article de Demartial, *op.cit.*, pp.107-113. Paul Dislère fut aussi le fondateur de l'Ecole cambodgienne puis vice-président de l'Ecole coloniale (P.Morlat, *Les affaires politiques de l'Indochine*, Paris, 1995, p.23). Pour sa biographie, A.Brébion, *Dictionnaire de bio-bibliographie*, p.119 et C.Fourniau, *Les contacts franco vietnamiens en Annam et au Tonkin de 1885 à 1896*, Thèse, Université de Provence, 1983, p.2608.

[89] Toutefois, cet argument ne fut pas beaucoup suivi dans la mesure où il était toujours admis que la loi de 1790 n'était pas applicable aux colonies, qui continuaient d'être placées sous l'empire de lois spéciales (d'après la loi des 8-10 mars 1790). Cf. Dareste, *op.cit.*, p.291 : "*il y était de règle et de tradition que tous les pouvoirs y étaient concentrés entre les mains du roi, qui disposait librement du domaine.*" ; Rolland, Lampué, *op.cit.*, p.247.

[90] "*D'abandon de terres vacantes et de biens sans maître, il n'est trace nulle part et il ne pouvait être question, car c'eût été de la part de l'Etat une cession absolument gratuite, alors que les ordonnances visaient un but intéressé.*" P.Dislère, *Traité de législation coloniale*, Paris, 3e édition, 1906, t.1, p.765.

[91] François, Mariol, *op.cit.*, p.253.

territoires constitue l'œuvre même de la colonisation et intéresse la nation toute entière"[92]. Ce point de vue faisait des émules – mais on ne peut guère s'en étonner – au sein du Conseil d'Etat, comme le prouvent les conclusions du commissaire du Gouvernement Romieu en 1897 sur les affaires *Verdier* et *Daumas*, relatives à l'annulation de concessions en Afrique : "*Les concessions de cette nature sont faites, bien entendu, au nom de l'Etat, car l'Etat n'a pas aliéné au profit des colonies nouvelles le domaine dont il est propriétaire, ainsi qu'il l'a fait pour d'anciennes colonies, en 1825 par exemple*"[93]. La proposition de loi Léveillé n'aboutit pas car en décembre 1897, le gouvernement reprit l'initiative à travers la mise en place d'une commission extra-parlementaire chargée d'émettre un avis sur la question. Dans la foulée de cet avis qui abondait dans le sens de Léveillé, le ministre des colonies Guillain devait présenter un projet de loi en 1898 qui harmonisait l'état légal de la propriété aux colonies, en affirmant le droit de l'Etat sur les terres vacantes. Finalement, ce furent des décrets spécifiques à chaque colonie qui vinrent régler le problème entre 1897 et 1904[94], pour l'ensemble de l'Empire colonial… sauf une exception : l'Indochine.

Avant de l'expliquer, il convient d'introduire une troisième doctrine, médiane entre la doctrine Dislère et la doctrine classique. Retraçant l'historique de la controverse dans son article de 1897, Demartial suggérait en effet une doctrine, qui reléguait au second plan l'intérêt de la propriété domaniale tout en défendant l'objectif poursuivi par Dislère et Léveillé. Demartial prenait acte du fait que la doctrine avait majoritairement interprété les ordonnances de 1825 dans un sens favorable aux colonies mais il montrait que l'essentiel pour l'Etat n'était pas tant l'acquisition de la propriété, enjeu somme toute théorique, que le contrôle de son utilisation ; or sur ce point, rien n'empêchait l'Etat d'utiliser son pouvoir général de tutelle sur les autorités coloniales, et plus particulièrement son pouvoir législatif[95], pour imposer des règles encadrant la disposition du domaine faite par

---

[92] Cité par Coquet, *op.cit.*, p.54.

[93] Conclusions sous CE 26 février 1897 *Verdier et Daumas*, P.1897, II, p.22.

[94] Les décrets concernaient la Nouvelle-Calédonie en 1897, la Guyane en 1898, le Congo en 1899, Madagascar en 1904 et l'AOF en 1904.

[95] Par exemple, l'article 6-9° du senatus-consulte du 3 mai 1854 disposait : "*Les décrets de l'Empereur rendus dans la forme de règlements d'administration publique statuent sur les matières domaniales*". *Bulletin des lois*, 1er semestre 1854, t.3, p.1159. Ce senatus-consulte réglait la constitution des colonies de la Martinique, de la Guadeloupe et de la Réunion.

les colonies[96]. Que recherchait l'Etat lorsqu'il revendiquait la propriété des terres libres ? Le domaine présentait certes un enjeu fiscal, mais secondaire puisque lors des transferts du domaine à l'Etat, les décrets s'empressaient de reverser intégralement ses produits aux budgets locaux pour faire face aux dépenses de colonisation. Il est vrai que le retrait du bénéfice domanial aux colonies pouvait être contradictoire avec l'objectif de leur autonomie financière, concrétisé dans la loi de finances du 13 avril 1900. Le cœur du débat était, en réalité, politique : l'Etat voulait contrôler la colonisation et couper court à toute velléité de décentralisation, lancinante revendication des colonies administrées par des corps élus. Le juriste Etienne Coquet, auteur d'une thèse sur le domaine public colonial, se faisait l'écho de cette crainte : "*dans les grandes colonies, l'abandon du domaine serait considéré comme un acte politique, comme une importante mesure de décentralisation*"[97]. La doctrine Demartial, elle, venait rappeler que pour éviter cette dérive décentralisatrice, point n'était besoin de réclamer la propriété du domaine.

Les deux doctrines Dislère et Demartial devaient trouver à s'appliquer en Indochine respectivement en 1925 et en 1928. Toutefois, à propos des concessions, celle de Demartial devait largement dominer grâce au décret de 1928.

2/ Echec de la doctrine Dislère en Indochine

Dans son article de 1905, après la série des décrets domaniaux relatifs à la majeure partie de l'Empire, Etienne Coquet criait la "*victoire de l'Etat*" et soulignant l'exception indochinoise, se faisait fort de prédire : "*En Indochine comme ailleurs, l'Etat est près de triompher*"[98]. *A posteriori*, cette assurance se révélait bien présomptieuse ; c'était sans compter sur la complexité de l'Indochine. Il y a lieu d'analyser la rocambolesque histoire de son droit domanial, plus précisément d'un droit qui ne réussit jamais à accoucher en dépit des efforts fournis par le ministère des colonies, tant et si bien que l'Indochine resta toujours l'exception juridique au sein de l'Empire, que d'aucuns, à l'aube du XXe siècle, estimaient provisoire. Si la question domaniale y revêtit un caractère aussi insoluble, c'est parce qu'elle enclenchait un jeu de rapports de puissances complexe, sur un échiquier où intervenaient pas moins de quatre autorités

---

[96] Demartial, *op.cit.*, pp.117-119. La doctrine Demartial fut adoptée par certains auteurs comme Garnier, François et Mariol, ou encore Mérignhac, dans leurs manuels de législation coloniale.
[97] Coquet, *op.cit.*, p.61.
[98] *Ibid.*, p.55-58.

interdépendantes : l'Etat, l'Indochine, les autorités locales et les « souverains » autochtones.

♦L'arrêté Doumer de 1899

Le jeu s'ouvrit sur l'initiative du gouverneur général Paul Doumer au travers de son arrêté du 22 décembre 1899. Celui-ci tombait donc en plein mouvement de réforme générale en métropole mais à rebours de la tendance voulue par l'Etat. Il distinguait le domaine public et le domaine privé et répartissait le domaine privé entre plusieurs personnes : l'Indochine (dit "*domaine colonial*"), la Cochinchine et les autres possessions françaises ("*domaine local*"), les provinces ("*domaine provincial*") et les municipalités ("*domaine municipal*")[99]. Or, l'article 15-2° de l'arrêté classait "*les terres vacantes et sans maître*", qui étaient particulièrement objet de concession, dans le domaine colonial, de l'Indochine[100]. L'arrêté de 1899 jouait donc l'Indochine contre l'Etat et les autorités locales, notamment la Cochinchine, colonie la plus riche et seule dotée d'un organe de représentation élu depuis 1880 : le Conseil colonial. La Cochinchine s'était traditionnellement montrée jalouse de son autonomie, surtout au moment de la création de l'Union indochinoise en 1887 et de son budget en 1898. Comme nous l'avons entrevu, ce Conseil colonial jouissait de compétences notables dans l'attribution des concessions domaniales, sujet qui préoccupait hautement les colons[101]... Contre ce dernier, le Gouvernement général reprenait sans effort les arguments que lui avaient déjà opposé les tenants de la doctrine Dislère, à savoir qu'il fallait affiner la lecture des ordonnances de 1825 et restreindre l'interprétation du décret de 1863. Dans sa lettre au ministre du 22 décembre 1899 lui envoyant l'arrêté, Paul Doumer détaillait bien ces arguments, qu'il ne faisait que reprendre aux véritables rédacteurs de l'arrêté : le procureur général Assaud, le conseiller à la Cour d'Appel de Saïgon Raffray et le directeur des affaires civiles (ou secrétaire général) Broni. Pour ces éminents juristes, seule la seconde ordonnance de 1825, celle du 17 août, opérait transfert de propriété, mais elle ne fut jamais promulguée en Indochine. A l'inverse, le décret de 1863 avait bien reproduit en Cochinchine la première ordonnance, du 26 janvier 1825, mais il ne traitait donc pas de propriété, opérant seulement un transfert du produit financier tiré du domaine et délivrant à la colonie un strict mandat de concession, donc

---

[99] Articles 13 et 14 de l'arrêté.

[100] L'article 19 disposait en outre que ces biens seraient administrés par le service du domaine.

[101] Brocheux, Hémery, *op.cit.*, pp. 81-82.

aucunement un droit de propriété[102]. Même si ce discours eut le don d'indisposer le Conseil colonial de Cochinchine qui entama un recours en excès de pouvoir contre l'arrêté[103], cette partie n'était pas la plus difficile à jouer de la part du Gouvernement général. Il en allait tout autrement de celle engagée avec l'Etat lui-même. Pour ce faire, le gouverneur général et ses conseillers déployèrent une doctrine audacieuse, mais qui ne manquait pas de finesse et qui ne heurtait pas la doctrine étatique aussi frontalement qu'elle en avait l'air de prime abord. La finesse consistait à partir du principe que la propriété des terres vacantes devait bien être reconnue à l'Etat français. En revanche, l'audace intervenait dès lors qu'il fallait justifier le pouvoir du gouverneur général de transférer par arrêté ce domaine de l'Etat à l'Indochine. Le premier réflexe des juristes d'alors était d'invoquer contre un tel pouvoir la loi de 1790 susévoquée qui réservait au Parlement la compétence des aliénations domaniales, mais le Gouvernement général n'éprouvait pas de difficulté à l'écarter dans le cas de l'Indochine, dans la mesure où en 1790 même, l'Assemblée constituante avait exclu de la constitution les colonies et depuis, il était de principe en droit colonial qu'une loi n'était applicable dans une colonie qu'après sa promulgation dans cette colonie ; or, la loi de 1790 n'en avait jamais fait l'objet[104]. Le pouvoir réglementaire suffisait pour transférer la propriété de l'Etat à l'Indochine. De plus, le senatus-consulte du 3 mai 1854, considéré, même après la chute du troisième Empire, comme la « constitution » des colonies, faisait du Président de la République, et son Gouvernement, le législateur ordinaire des colonies nouvelles, dont faisait partie l'Indochine[105]. Surgissait alors le véritable problème : qui, au sein du pouvoir exécutif, était compétent pour légiférer sur le domaine ? Le Président de la République – en pratique, le Gouvernement métropolitain – par voie de décret, ou bien le Gouvernement général de l'Indochine par voie d'arrêté ? C'est à ce stade que résidait l'audace de Paul Doumer. Ce dernier osait affirmer une théorie du pouvoir législatif tacite du gouverneur général. Ses conseillers, les magistrats Assaud et Raffray, classaient les pouvoirs du gouverneur en deux catégories. Ils identifiaient d'une part, un pouvoir réglementaire, compris de la façon la plus ordinaire : celui exercé en matière de police et afin d'exécuter

[102] Lettre du gouverneur général au ministre, 22 décembre 1899, CAOM Indo/AF/106.
[103] Cf. texte de protestation et mandat introductif d'instance au Conseil d'Etat approuvés par le Conseil Colonial, retranscrits dans le *Courrier saïgonnais*, 4 novembre 1901, CAOM Indo/AF/106.
[104] Lettre du 22 décembre 1899 , CAOM Indo/AF/106.
[105] Galembert, *op.cit.*, p.69 ; pour le senatus-consulte, cf. *Bulletin des lois de l'Empire français*, 1854, p.1159.

les lois et règlements venus de métropole, et si ce pouvoir n'était défini par aucun texte, les conseillers estimaient toutefois que "*tout le monde est d'accord pour admettre qu'il les détient par le seul fait de sa présence en Indo-Chine, comme gouverneur général, représentant à ce titre, le chef de l'Etat*"[106]. Mais d'autre part, ils attribuaient au gouverneur un pouvoir législatif dans toutes les matières où ne seraient pas déjà intervenus des lois, ordonnances ou décrets métropolitains : "*Il est en effet de principe, en matière de législation coloniale, que, jusqu'au jour où une ordonnance ou un décret organique n'est pas venu limiter les pouvoirs des Gouverneurs et ramener les pouvoirs législatifs entre les mains uniques du chef de l'Etat, ils ont partagé ces pouvoirs avec lui en vertu d'une délégation tacite, de telle sorte que les actes des Gouverneurs aux colonies, y ont force de loi sauf les cas d'opposition de la part de l'Administration centrale*"[107]. Cette prétention n'était pas assénée gratuitement ; elle s'appuyait sur un vieil arrêt de la Chambre des requêtes de la Cour de cassation de 1839 rendu à propos de l'île Bourbon, qui avait bien *présumé* une délégation du Gouvernement au gouverneur général de l'île, sauf déclaration d'illégalité ou réformation des actes du gouverneur par l'autorité métropolitaine[108]. Désireux de montrer son actualité, les hommes de Doumer invoquèrent aussi une jurisprudence indochinoise de l'année : l'arrêt rendu par la Cour de Saïgon le 20 janvier 1899 sur l'affaire *Kwong-sang-Yune*, qui avait validé un acte du gouverneur général, au motif que si le pouvoir législatif appartenait au Président de la République, celui-ci pouvait le déléguer au gouverneur général, ainsi qu'il l'avait fait par le décret du 21 avril 1891[109]. Le pouvoir législatif du gouverneur général découlerait donc de sa délégation par le Président de la République. Que faut-il en penser ? Doumer et ses conseillers semblaient jouir d'une grande latitude pour poser leurs prétentions, car le gouverneur général faisait figure, à cette époque, d'objet juridique encore mal identifié. Il avait été créé par décret d'octobre 1887, au même moment que l'Union Indochinoise, mais comme cette union, il n'eut qu'une existence formelle jusqu'au décret du 21 avril 1891, édicté spécialement pour la personne de Lanessan, qui n'avait accepté le poste qu'à la condition d'être renforcé. Le décret de 1891, sous l'empire duquel se trouvait Doumer en 1899, définissait donc son statut suivant une formulation qui, pour être large et ainsi satisfaire leurs titulaires, n'en était pas moins floue. L'article 1er érigeait le gouverneur général en

[106] Lettre du 22 décembre 1899, CAOM Indo/AF/106.
[107] *Ibid.*
[108] Req. 2 juillet 1839 *Ville-Teynier c. héritiers Daigny*, DP., 1839, p.281.
[109] CAI 20 janvier 1899 *Kwong-sang-Yune*, Rec.Dar. 1899, J., p.147.

"*dépositaire des pouvoirs de la République dans l'Indo-Chine française*"[110] mais le chargeait aussi "*d'organiser les services et de régler leurs attributions*", ce qui semblait restreindre sérieusement la première proposition. C'est d'ailleurs en ce sens que la jurisprudence *Kwong-sang-Yune* de la Cour d'appel de l'Indochine l'interprétait, et ce n'est qu'après une exégèse minutieuse des termes du décret de 1891, que la Cour s'autorisa à valider l'acte du gouverneur général, qui lui était soumis en l'espèce, comme conforme à la délégation reçue du décret. Tirer de cet arrêt une consécration du pouvoir législatif tacite du gouverneur général, comme l'ont fait les conseillers de Doumer, apparaît donc éminemment discutable.

Du reste, Doumer lui-même demeurait prudent dans sa lettre au ministre, puisqu'il rappelait bien la réserve de désapprobation ministérielle et surtout suggérait son arrêté à titre expérimental, dans l'attente d'une confirmation ultérieure par décret, si le besoin s'en faisait sentir. De plus, comme on l'a vu, l'audace n'excluait pas la subtilité, qui elle, s'exerçait sur le fond de l'arrêté de 1899. Son ambiguïté n'avait pas échappé aux contemporains : le titre premier et l'article premier du texte parlait de "*domaine national*", ce qui laissait entendre de prime abord le domaine de l'Etat et correspondait d'ailleurs à la conviction des rédacteurs que la propriété revenait originellement à l'Etat. Mais, il était tout aussi frappant que dans la suite de l'arrêté, il n'était plus jamais question que du domaine de l'*Indochine*, là où l'on s'attendait à trouver celui de l'*Etat*, ainsi que le remarquait une note ministérielle du 16 juin 1904 : "*le texte du 22 décembre 1899, après avoir reconnu les droits et l'autorité toute puissante de l'Etat semble lui substituer l'autorité de l'Indochine, sans déterminer les conditions de cette substitution. D'où la possibilité de conclure à l'absorption de l'Etat par l'Indochine*". Cette note faisait écho à une lettre antérieure du chef du service des domaines Courteaud au secrétaire général de l'Indochine en 1902 : "*Lors de la discussion de l'arrêté du 5 février 1902 [pris pour l'application de celui de 1899], M. le Gouverneur général déclara que le domaine colonial ne faisait qu'une seule et même chose avec le domaine de l'Etat, et qu'au surplus, un accord s'était établi à ce sujet entre lui et M.Decrais, Ministre des colonies, à l'occasion de l'arrêté du 22 décembre 1899*"[111]. Tel était le tour d'astuce réalisé par l'arrêté de 1899 : respecter d'autant mieux le principe de propriété de l'Etat sur les terres vacantes en les versant au domaine de l'Indochine, que l'Indochine, c'était l'Etat ! Seul le caractère confus de cette jeune et

[110] *Bulletin officiel de l'administration des colonies*, 1891, p.308.

[111] Lettre de Courteaud, chef du service de l'enregistrement et des domaines, au secrétaire général, le 13 novembre 1902, CAOM Indo/AF/106.

nouvelle autorité qu'était l'Indochine autorisait une pareille assimilation. Paul Doumer faisait, en somme, de l'Indochine un prolongement de l'Etat, par une forme extrême de *déconcentration*, alors que son évolution récente, notamment l'accroissement de son budget en 1898, la menait, à l'évidence, vers une personnalité juridique à part entière, distincte de celle de l'Etat, donc selon une forme de *décentralisation*[112]. Si l'Etat ne pouvait accepter le transfert du domaine à une autorité décentralisée – validant d'ailleurs *a contrario* la dérive décentralisatrice que dénonçaient encore cetrains à l'époque –, il ne pouvait pas plus admettre la déconcentration radicale proposée par Doumer, qui, par la force des choses, aurait fini par évoluer vers une décentralisation de fait, doublée d'un pouvoir législatif, autrement dit un Etat quasi-indépendant. La première réaction vint de l'inspecteur Picquié dans une lettre au ministre en janvier 1900. Il récusait en bloc la théorie du pouvoir légisaltif tacite qui, si elle était suivie, aurait pour effet de mettre le ministre des colonies "*dans une singulière situation*"[113]. Albert Picquié s'élevait contre l'arrêté de Paul Doumer, malgré toute la révérence qu'il manifestait au personnage, déjà illustre gouverneur, mais il faut bien remarquer qu'il cantonnait sa critique à la forme et se déclarait même plutôt approbateur du fond, sous condition que l'arrêté fît l'objet d'un assentiment ministériel ou mieux encore, fût remplacé par un décret ou une loi. L'inspecteur acceptait donc pour l'Indochine une dérogation au courant général qui, dans les autres colonies, avait attribué les terres vacantes à l'Etat. Néanmoins, le débat sur l'arrêté de 1899 tourna court puisqu'il fut remplacé par l'arrêté du 15 janvier 1903 pris par le successeur de Doumer : Jean-Baptiste Beau.

♦ L'arrêté Beau de 1903

L'article 31 de l'arrêté du 15 janvier 1903 revint sur le partage opéré en 1899. Désormais, "*dans chacun des pays de l'Union indochinoise, le domaine local comprend : [...] 2° les terrains vacants et sans maître ; 3° les bois et forêts [...]*"[114]. Pourquoi être revenu en moins de quatre ans sur l'attribution au domaine de l'Indochine ? Le

---

[112] Cette évolution fut encore accentuée par le décret du 20 octobre 1911 qui accroissait, à l'intention d'Albert Sarraut, les prérogatives du gouverneur général. C'est aussi la présentation qu'en donnait Jean de Galembert en 1931, qui décrivait le gouverneur général comme un personnage « à double casquette », à la fois mandataire du gouvernement métropolitain et organe de décentralisation (Galembert, *op.cit.*, p.67).

[113] Lettre de Picquié au ministre des colonies, 6 janvier 1900, CAOM Indo/AF/106.

[114] Article 31 de l'arrêté de 1903. L'article 34 dispose que la procédure des aliénations et des concessions des immeubles du domaine local reste régie par les règlements existants particuliers à chaque pays.

rapport du secrétaire général Boulloche précédant l'arrêté livrait quelques justifications. La première raison était d'ordre budgétaire : les produits du domaine avaient, en pratique, continué d'être versés aux budgets locaux et non au budget général de l'Indochine après 1899, dans la mesure où le décret de 1898 qui avait créé le budget général prescrivait cette affectation[115]. La seconde raison tenait dans l'inadéquation de la centralisation opérée en 1899 à la réalité administrative. Les services généraux du domaine de l'Indochine n'avaient pas les moyens suffisants pour instruire toutes les affaires domaniales et devaient s'appuyer sur les administrations locales : "*Sous une apparence d'extrême centralisation, l'oeuvre recelait donc un vice capital, le défaut de direction*"[116]. Cette correction correspondait bien à la politique suivie juste après le départ de Paul Doumer en 1902, par l'ancien diplomate Jean-Baptiste Beau, resté en poste près de six ans et qui continua l'oeuvre éclatante de Doumer mais en en modérant aussi les aspects trop ambitieux et en renouvelant la politique d'association des autorités indigènes[117]. C'est pourquoi la dernière raison évoquée par le secrétaire général semble avoir été la plus grande conformité de l'arrêté de 1903 aux statuts des différents pays composant l'Indochine. Mais cette raison était curieusement formulée dans le rapport de Boulloche, qui écrivait :

> "*On objecterait vainement, contre cette restitution [au domaine local], que les terres vacantes aux colonies appartiennent, par droit de conquête, au domaine de l'Etat*".

Boulloche était donc soucieux de défendre le domaine local, administré par les résidences des protectorats, contre les convoitises de l'Etat. Ainsi, la souveraineté apparente des protectorats servait à protéger les administrations locales. Notons que cette position ne dut pas déplaire à la colonie de Cochinchine, qui apprécia le retour aux principes de 1825 et 1827. En revanche, elle ne convint pas à la métropole, encore moins que l'arrêté de 1899.

Le ministère souleva toujours le même argument d'incompétence du gouverneur général mais cette fois-ci, l'économie de la réglementation suscitait également des objections, bien exprimée dans une lettre du ministre Doumergue au gouverneur général en

---

[115] Le budget général se réservait les ressources tirées des impôts indirects, les plus importantes.

[116] Rapport du secrétaire général, Rec. Dar. 1903, L., p.304. Le secrétaire général, anciennement "directeur des affaires civiles", était le fonctionnaire le plus important après le gouverneur général : sous sa dépendance directe, il le suppléait en cas d'absence et exerçait une action directe sur tous les services. Alors que le gouverneur général gouvernait et contrôlait, le secrétaire général administrait.

[117] Sur l'analyse critique du vieux débat entre assimilation et association, voir Lafon, *op.cit.*, pp.269-286.

1903. Si le ministre répétait la doctrine habituelle à l'encontre de la Cochinchine, il développa une thèse nouvelle à propos des protectorats. Il ne se laissait pas duper par les raisons de souveraineté invoquées par le Gouvernement général et critiquait ardemment la rédaction de l'arrêté qui semblait ériger en propriétaires du domaine davantage les administrations locales *stricto sensu* que les souverains autochtones – c'était l'appellation usitée –, dont le ministre, lui aussi, amputait d'ailleurs copieusement les droits, mais au profit du Gouvernement français. Paradoxalement, le ministère se faisait maintenant le défenseur du précédent arrêté de 1899, qu'il avait pourtant contesté antérieurement. Il préférait nettement voir le domaine détenu par l'Indochine que par les administrations locales jugées moins contrôlables. Mais l'enjeu était surtout financier et budgétaire : l'Etat était intéressé à ce que le domaine figurât dans les droits de l'Indochine pour servir de garantie à la dette considérable qui pesait sur elle – la politique d'équipement de Doumer avait été brillante mais elle avait coûté cher, financée à coup de grands emprunts, tels celui de 80 millions de francs fait en 1896. Doumergue s'exprimait sans ambiguïté sur ce sujet : "*Il ne faut pas oublier que les emprunts contractés par l'Indochine l'ont été avec la garantie du Budget général [c'est-à-dire de l'Indochine] et qu'en outre l'annuité de trois millions accordée par la Compagnie des Chemins de Fer du Yunnan est garantie par l'Etat français. Les créanciers du Gouvernement général d'une part, et le budget de l'Etat qui cautionne pour partie la dette du dit Gouvernement d'autre part, sont au plus haut degré intéressés à ce qu'aucune des ressources qu'ils ont considérées comme leur garantie au moment où les obligations ont été contractées ne soient affectées à des usages nouveaux. [...] jamais plus que dans les circonstances présentes il a été nécessaire que le Gouvernement général soit fort et que son action directrice sur l'ensemble de notre empire Indo-Chinois puisse s'exercer en toute liberté*"[118]. La doctrine du Gouvernement métropolitain paraissait définitivement fixée désormais et résidait dans un compromis : reconnaissance de la propriété de l'Etat sur les terres vacantes pour le principe, et attribution de la gestion et du produit de ce domaine à l'Indochine par nécessité pratique. On exigea donc du Gouvernement général de l'Indochine un projet de décret conforme à ces vues, en lieu et place de l'arrêté de 1903.

---

[118] Lettre du ministre des colonies Doumergue au gouverneur général, le 25 juillet 1903, CAOM Indo/AF/106.

♦ L'impossible décret

En avril 1904, sans empressement et dans la résignation, Beau se résolut à envoyer son projet, non sans rappeler son opinion : "*l'affirmation, au regard de l'Indo-Chine, du caractère impérial du domaine aux colonies, [...] me semblait [...] de nature à soulever quelques difficultés d'ordre juridique*" et au surplus, "*le moment n'est pas encore venu où, tous les Budgets Indo-Chinois pourront s'équilibrer, sans le secours des produits du domaine. [...] Ces considérations [...] me semblent n'avoir rien perdu de leur force*"[119]. Mais ces résignations transparaissaient encore trop dans le projet aux yeux du ministère qui l'écarta et élabora lui-même un autre projet en 1905, sous l'égide du ministre Clémentel. Celui-ci se voulait *précis* sur la nature des pouvoirs du gouverneur général et des droits domaniaux de l'Etat. Le gouverneur général était expressément défini comme le délégué de la République, sous l'autorité du ministère, pour l'administration des biens du domaine de l'Etat, dont l'Indochine n'avait que l'usufruit. Si le gouverneur général était investi du droit de réglementer les procédures d'aliénation et de concession, ses arrêtés étaient pris sous réserve d'approbation ministérielle et à l'instar de Madagascar, les concessions supérieures à 2000 hectares seraient individuellement délivrées par le ministère[120].

En dépit de l'autorité politique et administrative du ministre, le gouverneur général Beau demanda à élaborer un contre-projet, faveur qui lui fut accordée ; or, en 1908, une note ministérielle se plaignait du silence toujours observé par l'Indochine depuis près de trois ans[121] ! Ainsi rappelé à l'ordre, le gouverneur général intérimaire, Louis Bonhoure, ne pouvait plus faire traîner l'affaire et adressa donc un projet au département, qui reprenait, dans les grandes lignes, celui de Clémentel en 1905, mais en rappelant la préférence de l'Indochine pour le partage opéré en 1903[122]. Deux ans après, le ralentissement était cette fois-ci imputable au ministère : le projet Bonhoure restait toujours sans réponse. Cependant, au mois de mai 1910, le Gouvernement général était confié à titre intérimaire à l'inspecteur des colonies et conseiller d'Etat Albert Picquié, celui-là même dont les

---

[119] Projet du gouverneur général transmis au ministère, 29 avril 1904, CAOM Indo/AF/106.

[120] Projet du ministre Clémentel, 1905, CAOM Indo/AF/106. Cf. *Bulletin officiel de l'administration des colonies*, 1891, p.308. Le décret de 1891 ne comportait aucune disposition sur une éventuelle compétence domaniale du gouverneur général. Seul l'article 1er définissant le gouverneur général comme "*le dépositaire des pouvoirs de la République dans l'Indo-Chine française*" pouvait éventuellement la sous-entendre.

[121] Notes ministérielles du 19 juillet 1907 et du 6 février 1908, CAOM Indo/AF/106.

[122] Lettre et projet de Bonhoure, 17 juillet 1908, CAOM Indo/AF/106.

arguments contre l'arrêté de 1899 de Paul Doumer avaient efficacement impressionné l'administration. Avec sa nomination, on pouvait donc s'attendre à l'inspiration d'un plus grand volontarisme et à l'élimination des blocages à la tête de l'Indochine. Ce fut au moins une velléité de sa part, puisqu'en mai 1910, il relança le processus en demandant la suite donnée par la métropole au projet Bonhoure de 1908[123].

La réponse rapide du ministère démontre que l'affaire n'avait pas été mise en sommeil à Paris. Bien au contraire, le projet Bonhoure avait été soumis à l'examen minutieux d'un collègue inspecteur de Picquié et surtout du professeur Paul Leseur, spécialiste de législation et d'économie coloniales à la faculté de Paris, auparavant consulté sur le projet concernant l'Afrique Occidentale Française. En revanche, cette consultation contestait notablement la doctrine traditionnelle de l'Etat. Le professeur Leseur abondait bien dans le sens du ministère sur l'incompétence du gouverneur général pour réglementer en matière domaniale. Cependant, il s'en séparait sur le fond pour défendre le vieux principe de décentralisation de 1825, plus "*rationnel*" et cohérent avec l'obligation des colonies de subvenir à leurs dépenses : "*Cette politique très sage d'autonomie financière ne doit-elle pas avoir comme complément [...] une politique de décentralisation domaniale ?*". Contre la doctrine Dislère, il se rangeait au côté de la doctrine Demartial, celle d'un contrôle administratif métropolitain : "*Pour prévenir les abus, le remède est simple. Il suffit d'armer le gouvernement métropolitain d'un énergique pouvoir de contrôle sur les actes par lesquels les organes locaux, qui représentent les colonies, aliènent ou aménagent les terres vacantes, les bois et les forêts*"[124]. Mais comme Leseur n'ignorait pas le revirement politique général opéré depuis 1897, sous la pression du Parlement, il appuyait sa défense de la décentralisation domaniale sur des arguments juridiques propres à l'Indochine : la diversité de statut des pays composant la possession extrême-orientale, et plus particulièrement la présence de protectorats :

> "*En Indo-Chine, la situation est tout autre. Il ne s'agit pas, on ne saurait trop insister sur ce point, comme en Afrique Occidentale, de dépouiller l'Etat des prérogatives domaniales que des textes récents lui ont reconnues, mais tout au contraire de conserver aux domaines locaux les droits que jusqu'à présent, ils avaient possédés. [...] Aux susceptibilités parlementaires, à supposer qu'elles se produisent, aux*

[123] Lettre du gouverneur général intérimaire Picquié au ministre, le 9 mai 1910, CAOM Indo/AF/106.

[124] Rapport Leseur, décembre 1919, CAOM Indo/AF/106.

partisans des droits de l'Etat se réclamant des décrets récents pour demander l'adoption d'une politique domaniale ***uniforme*** *dans toutes nos colonies, il est facile de répondre que notre grande possession indo-chinoise se trouve dans une situation à part. Notre politique domaniale y est influencée,* ***dominée****, par des* ***données qui s'imposent à nous****, contre lesquelles nous ne pouvons rien,* ***à savoir l'existence de protectorats***"[125].

Fort d'une réhabilitation du droit international et de la défense d'une exception indochinoise, Leseur saluait dans l'arrêté de 1903 la solution la plus adéquate à l'organisation institutionnelle de l'Indochine. Et derrière le masque des souverains locaux formellement propriétaires, on ne saurait cependant soupçonner Leseur de vouloir préserver les intérêts français locaux, à l'égard desquels il ne se montrait pas spécialement complaisant, notamment en Cochinchine :

"*La solution qui place les terres vacantes dans les domaines locaux a comme corollaire, je le reconnais, de laisser, en Cochinchine, au Conseil colonial des attributions de terres domaniales. Et l'on peut craindre que l'Etat ou le Gouvernement général ne rencontrent pas toujours chez cette assemblée un grand empressement, lorsqu'il s'agira de mettre à leur disposition les terrains nécessaires, notamment, pour l'installation de leurs services. Son attitude dans le passé ne justifie que trop ses appréhensions*"[126].

Leseur assumait donc une position juridique rigoureuse, mais qui ne semble pas avoir reçu un écho favorable, non seulement au ministère mais – et c'est plus étonnant – au Gouvernement général. Contre la lettre des conventions et traités, le nouveau gouverneur général Antony Klobukowski invoquait la réalité politique : "*Il reste évident que les souverains indigènes de l'Indochine n'ont plus la libre disposition des dépendances des domaines royaux. [...] par suite de la législation qu'ils ont eux-mêmes acceptée, l'exercice de ces mêmes droits appartient au Gouvernement protecteur*". Klobukowski ne voyait plus dans les anciens Etats autochtones que des "*« émanations » de l'Etat*", des subdivisions administratives *internes* à l'Etat français, qui devenait donc le propriétaire éminent de l'ensemble du domaine : "*tout se passe donc pratiquement comme si ce domaine était confondu avec celui de l'Etat français*"[127]. Le

---

[125] *Ibid.*
[126] *Ibid.*
[127] Lettre du gouverneur général Klobukowski au ministre des colonies, le 26 septembre 1910, CAOM Indo/AF/106. L'article 4 du projet de Klobukowski disposait ainsi : "*dans les protectorats [...] où les dépendances des domaines public et privé sont la propriété*

Gouvernement général reconnaissait avec la plus grande franchise la réalité, au point de l'ériger en droit, et défendait, sans la moindre résignation maintenant, l'intérêt de l'Etat. Voilà qui devait en théorie satisfaire la métropole et lever tous les obstacles définitifs à un alignement de l'Indochine sur les autres colonies.

Pourtant la surprise vint du ministère. Répondant au gouverneur général, le ministre faisait sienne la conviction du professeur Leseur : "*j'estime [...] qu'il n'appartient pas au législateur français, ni à l'Administration française d'agir en ce qui touche le domaine royal soit en Annam soit au Cambodge*", et le ministre de demander d'entourer le futur décret "*des précautions les plus sérieuses [...] pour éviter toutes critiques et toutes discussions de nature à en affaiblir la portée*"[128]. Cette volte-face du ministère demeurait donc surprenante mais la réalité politique locale de l'Indochine, malgré les dires du gouverneur général Klobukowski, semblait confirmer les arguments théoriques du professeur Leseur. La lettre du ministre faisait suite à deux dépêches télégraphiques adressées au département au début de l'année 1911 par les résidents supérieurs du Cambodge et de l'Annam, elles-mêmes consécutives à une instruction ministérielle qui leur enjoignait de faire pression sur les souverains locaux pour les faire consentir aux abandons des droits domaniaux à l'Etat français et au transfert des produits domaniaux au budget général de l'Indochine. Avant même d'entamer leurs démarches « diplomatiques », les résidents supérieurs exprimèrent leur rétivité dans leurs télégrammes. Les résidents ne fondaient toutefois pas leurs objections sur des considérations totalement identiques. Pour le Cambodge, le résident défendait plus l'intérêt budgétaire local : "*Gouvernement étant exercé par Conseil des Ministres présidé par Résident supérieur, Roi ne pourrait évidemment se refuser à signer Ordonnance qui lui serait présentée, mais il y a lieu de remarquer qu'il n'a pas été consulté au moment où établissement Budget général et où attribution à ce budget des revenus indirects du Royaume. Le faire intervenir actuellement pour ajouter à ces revenus ceux des forêts serait reconnaître irrégularités antérieures*"[129]. Au Cambodge, on ne craignait donc pas encore trop les susceptibilités du gouvernement autochtone. En revanche, le résident supérieur de l'Annam axait toute son objection

---

des gouvernements indigènes, l'exercice des droits sur ces biens est assuré par l'Etat français". Cette opinion pro-métropolitaine peut surprendre de la part de Klobukowski qui, nommé après les grandes insurrections de l'année 1908, est généralement connu pour sa politique de retour à l'esprit du protectorat (cf. Nguyên Thê Anh, *op.cit.*, p.221).

[128] Lettre du ministre des colonies au gouverneur général, 1911, CAOM Indo/AF/106.

[129] Dépêche télégraphique du résident supérieur du Cambodge, 28 janvier 1911, CAOM Indo/AF/106.

sur cette crainte et prévoyait "*accueil défavorable de la part Conseil de Régence dont confiance en nous serait ébranlée si nous exigions qu'il soumette à approbation royale ordonnance plaçant ces terrains dans domaine privé Etat français. [...] pour forêts du Nord-Annam, elles sont situées, en majeure partie, en région muong, où régime féodal est reconnu. Il serait impolitique dépouiller Chefs Muongs dits « Quan-Lang » d'un droit qu'avons toujours respecté, puisque concessions demandées par Européens sont soumises agrément Quan-Lang et notables des villages muongs*".Comme à chaque fois que sont invoqués les droits des souverains autochtones par l'administration locale, il faut s'interroger sur le crédit de sincérité à lui prêter. L'intérêt de l'administration locale est peut-être mieux dissimulé derrière le droit international formel dans la dépêche du résident supérieur de l'Annam que dans celle du Cambodge. Mais il n'en demeure pas moins remarquable que cette argumentation produisit son effet auprès du ministère des colonies, qui ne devait pourtant pas en être dupe. Dans sa lettre plutôt embarrassée répondant aux deux dépêches indochinoises, le ministre se défendit de vouloir attenter au principe de propriété domaniale des souverains autochtones et prétendit qu'il ne souhaitait qu'une extension de la délégation du pouvoir de réglementer et d'aliéner le domaine au gouverneur général, et le ministre mettait les réactions des deux résidents supérieurs sur le compte d'une incompréhension de leur part de sa volonté réelle qui aurait été mal retranscrite par le câble télégraphique[130]. Sans s'étendre sur cette dernière explication que l'on doit peut-être accueillir avec de prudentes réserves, le revirement du ministère était notoire : était abandonnée la revendication de l'Etat français sur le domaine indochinois et même apparemment la compétence des autorités métropolitaines dans l'aliénation des terres. Désormais, ce sont des seuls chefs autochtones que le gouverneur général devait tenir sa compétence. Ce constat éclaire dans le même temps la nature des relations entre les anciens souverains autochtones et les autorités coloniales locales, manifestement plus complexes qu'on le prétend souvent. Malgré tout le caractère factice du maintien formel des souverainetés autochtones, celui-ci ne se réduisait pas à une hypocrisie grossière et cynique des autorités coloniales. Il traduisait un certain arrangement politique local avec les autorités autochtones résiduelles, qui s'attachaient à conserver le minimum qu'elles pouvaient sauvegarder, à savoir les principes et les formes symboliques, avec toute la futilité et l'importance à la fois que peuvent recouvrir les symboles. L'arrangement était évidemment très léonin et tout à

---

[130] CAOM Indo/AF/106.

l'avantage des autorités coloniales mais comportait des conditions minimales à respecter pour se maintenir. En faisant passer formellement le domaine des souverains autochtones, même sous contrôle complet des autorités coloniales, au lointain Etat français, ces conditions eussent été violées. Le principe de délégation justifiant l'intervention du colonisateur en matière domaniale supposait que les souverains autochtones restassent propriétaires du domaine. En effet, si les souverains autochtones perdaient leur droit de propriété et d'aliénation, ils ne pouvaient plus prétendre l'avoir délégué au colonisateur ; or, même si la délégation avait fait l'objet d'un détournement complètement abusif par le colonisateur et n'était plus qu'un principe nominal, elle demeurait une de ces conditions politiques à laquelle les dignitaires autochtones tenaient fermement parce qu'ils pourraient toujours l'exhiber le jour où, qui sait, l'évolution historique deviendrait plus favorable aux colonisés[131]. C'est sur cette conclusion que devait se clore temporairement le débat. Ce dernier devait connaître des évolutions décisives bien plus tard, après la première guerre mondiale, à la faveur du contexte historique bien différent de la fin des années 20. En attendant, l'Indochine avait su échapper au mouvement général de centralisation métropolitaine lancé en 1897.

♦ La fausse victoire du décret de 1925

La forme des protectorats avait permis à l'Indochine de défendre avec succès son statut d'exception. Cependant, celle-ci ne constituait pas un bloc juridique homogène, mais un ensemble composite qui comportait au moins une colonie, la Cochinchine, pour laquelle l'argument du protectorat ne pouvait donc jouer. Personne administrative interne de la France, la Cochinchine devait, selon la logique politique de l'époque, suivre le même sort que toutes les autres colonies mais il semble que le désir de cohérence au sein de l'ensemble indochinois, préconisée entre autres par le professeur Leseur, ait conduit la métropole à maintenir la colonie dans ses droits acquis, sous l'empire de l'arrêté de 1903. Toutefois, la partie n'était pas complètement abandonnée par l'Etat, qui, à la demande du gouverneur général intérimaire Roume, envoya en mission en Indochine l'inspecteur des domaines Boudillon, afin d'étudier la possibilité d'y

---

[131] En ce sens, nous rejoignons la conclusion générale de Nguyên Thê Anh lorsqu'il écrit : "*Le détachement désolé qui caractérisait [le] comportement [des empereurs] à l'ombre du protectorat ne saurait induire en erreur sur le fond intime de leur être [...] ils se confinaient dans une attitude qui en apparence ressemblait au renoncement, mais qui s'identifiait plutôt à de l'expectative, dans l'attente de la reprise de la liaison avec le ciel, pour le moment en suspens*" (*op.cit.*, p.279).

introduire un nouveau régime foncier. Il sortit de ce projet rendu en 1915 un décret, tardif mais volumineux, du 21 juillet 1925. Ce décret, comptant 431 articles, constituait un véritable code foncier pour la Cochinchine, rendu applicable également au Laos et aux concessions d'Hanoï, Haïphong et Tourane, et sur lequel il faudra revenir plus loin. Bien que sans rapport direct avec la question domaniale, ce décret – contre la volonté de son principal concepteur, Boudillon – inclut incidemment un article qui transférait le domaine concessible de la Cochinchine à l'Etat français : les "*biens vacants et sans maître [...] entrent dans le domaine de l'Etat, les produits de ce domaine étant toutefois attribués à la colonie*"[132]. Ainsi était introduite en Cochinchine la doctrine Dislère qui prévalait dans les autres étendues de l'empire depuis au moins vingt ans.

Cependant, ce décret n'était applicable qu'à la Cochinchine, au Laos et aux trois villes françaises, et non à l'ensemble de l'Indochine[133]. Surtout, ce transfert de propriété à l'Etat n'engendra en soi aucun transfert des compétences d'attribution des concessions, qui restèrent exclusivement locales. En effet, le Conseil colonial était doté, dès sa crétaion, d'un vrai pouvoir de décision en matière de concession, qui au fil du temps, avait été en partie rogné mais jamais aboli. D'après l'article 33 du décret du 9 juin 1922 qui le réorganisait, le Conseil colonial était compétent pour accorder toutes les concessions gratuites ou de gré à gré, dans une limite plutôt tolérante de 300 hectares[134]. En 1922, il avait même réussi à regagner une partie de sa compétence, même s'il était incompétent pour toutes les concessions délivrées aux enchères, mode de délivrance érigé en principe depuis l'arrêté du gouverneur général de 1913. Ce maintien avait d'ailleurs reçu l'onction du rapport Richard qui notait que le système avait bien fonctionné jusque-là et qu'aucun scandale n'était apparu[135]. Pourtant, le décret de 1925 devait en théorie avoir pour effet d'abolir la compétence du Conseil colonial au profit de la métropole.

---

[132] Article 15 du décret du 21 juillet 1925, P.1925, III, p.299. L'article 16 inclut aussi dans le domaine de l'Etat tous les biens à la propriété desquels les particuliers déclarent renoncer à l'effet de se soustraire à l'impôt foncier.

[133] Il n'en demeure pas moins que ce décret avait vocation à s'appliquer un jour à toute l'Indochine, à devenir "*la charte foncière de l'Indochine entière*" pour reprendre l'expression du gouverneur général dans ses instructions de 1927, une fois que les différents pays auraient atteint le degré d'avancement de la Cochinchine. Cf. Instructions du gouverneur général aux chefs d'administration locale du 7 juin 1927 sur l'application du décret du 21 juillet 1925, JOIF 1927, p.1669.

[134] P 1922, III, p.277. Cette compétence du Conseil colonial remontait à l'origine du droit des concessions en Cochinchine, puisque l'arrêté du gouverneur de Cochinchine du 22 août 1882 faisait statuer le Conseil colonial sur toutes les concessions supérieures à 20 hectares (article 4, *Code Michel*, p.370).

[135] Rapport Richard, p.149.

La forte opposition du milieu colonial au nouveau décret le prouvait *a contrario*. Le gouverneur général attendit presque deux ans avant de promulguer le décret et de le rendre applicable à l'Indochine en janvier 1927[136]. Mais une sorte de compromis tacite s'établit entre toutes les parties en présence pour vider de sa substance pratique l'article 15 du décret. Dans ses instructions de juin 1927, le gouverneur général soulignait ainsi le "*caractère théorique de la disposition inscrite à l'article 15 qui n'est que l'affirmation du droit de Souveraineté lequel ne peut appartenir qu'à l'Etat français*". Rappelant l'émotion qu'avait soulevée l'article 15 du décret dans la colonie, le gouverneur général poursuivait en citant une lettre du ministre du 1er décembre 1926 destinée à rassurer les esprits : "*L'attribution au domaine de l'Etat des biens vacants et sans maître*", déclarait le ministre, "*est simplement l'énoncé d'un principe général ; mais en fait c'est le budget local de la colonie qui bénéficie des produits de ce domaine, dont il jouit et dispose [...].*"[137]. La Cochinchine réussit à sauver ses prérogatives de 1922 et une fois de plus, il n'y avait plus que les thèses pour oser une interprétation pointilleuse du décret de 1925, comme Maguet en 1930 : "*On ne saurait [...] considérer comme légale l'application en matière domaniale « de l'Etat » de l'article 33 du décret du 9 juin 1922 [...]. Les instructions [...] données par le gouverneur général de l'Indochine nous paraissent [...] en désaccord avec la légalité*"[138]. Cette destinée du décret de 1925 donnait donc raison à la doctrine Demartial, prouvant le faible intérêt pratique de la propriété. Les conséquences de l'arrêté de 1903 continuaient donc de s'imposer en pratique face au décret de 1925. Toutefois, ce que le décret n'avait pu faire, la jurisprudence de la Cour d'appel de l'Indochine de 1927 s'estima en mesure de le réaliser. Le 11 mars 1927, tombait un arrêt de la Cour de Hanoï, à l'occasion d'un procès entre la ville et un certain Bach Thai Buoi, qui fit subir à la question domaniale un rebondissement inattendu et fit souffler un vent d'inquiétude dans toute l'administration coloniale, bien perceptible dans la correspondance du Gouvernement général et les divers rapports administratifs. Saisis d'un litige relatif à des ventes de terrains par la Ville de Hanoï, terres placées dans son domaine par un arrêté du gouverneur général du 28 mai 1903 – quelques mois à peine après le grand arrêté du 15 janvier 1903 –, les juges avaient annulé l'ensemble de ces ventes au motif de l'illégalité de cet arrêté, tirée de

---

[136] Cf. Gueyffier, *Essai sur le régime des terres en Indochine*, Thèse, Lyon, 1928, p.229-30.

[137] Instructions du gouverneur général aux chefs d'administration locale sur l'application du décret de 1925, 7 juin 1927, JOIF 1927, p.1670.

[138] Maguet, *op.cit.*, p.50.

l'incompétence du gouverneur général pour disposer du domaine de l'Etat français. La Cour reprenait tous les arguments développés autrefois par l'Etat français contre le Gouvernement général. Selon elle, la loi de 1790, si elle n'avait pas été promulguée en Indochine, faisait du moins naître un "*principe général*" applicable partout, même aux colonies, sans qu'y fît obstacle le principe de spécialité de la législation coloniale. Suivant ce principe général, seul le législateur était compétent pour aliéner le domaine de l'Etat, dont faisait partie la ville de Hanoï concédée en pleine propriété à la France, tout comme la Cochinchine annexée par voie de conquête ; or, en Indochine, le pouvoir législatif appartenait exclusivement au Président de la République et non au gouverneur général. Ainsi était réfutée la vieille théorie du pouvoir législatif du gouverneur général : "*suivant les principes généraux du droit, le pouvoir d'administrer ne renferme pas le pouvoir de disposer [...] le droit de disposer des biens du domaine privé de l'Etat ne peut donc appartenir en principe qu'au pouvoir législatif qui a la prépondérance dans l'exercice de la souveraineté nationale et seulement en vertu d'une délégation formelle de sa part au pouvoir administratif*"[139]. Si la Cour ne contestait pas vraiment la légalité de l'arrêté du 15 janvier 1903, elle en réduisait considérablement la portée, puisque n'y voyant plus qu'un "*règlement autonome*" d'administration, elle jugeait que cet arrêté n'avait pu conférer aux autorités locales que la jouissance et la possession du domaine mais pas la propriété, et donc le droit d'aliéner, qui demeurait entièrement à l'Etat français partout où il était propriétaire, c'est-à-dire dans les pays indochinois qui n'étaient pas des protectorats. L'arrêté du 28 mai 1903, qui transférait la propriété du domaine à la municipalité de Hanoï, était lui frappé d'illégalité, ce qui entraînait en cascade l'illégalité des ventes consenties par la ville. On comprend donc la panique et l'inquiétude qui s'emparèrent des autorités coloniales, alors même que des instances étaient pendantes contre l'arrêté de janvier 1903[140] : toutes les aliénations et concessions prises sur le fondement de cet arrêté depuis un quart de siècle en Cochinchine pouvaient être remises en cause !

La provenance du coup porté à l'arrêté de 1903 pouvait surprendre, celle de son salut, aussi : c'est la métropole qui vint à son secours, à tel point qu'on peut soupçonner de la part de la Cour une

[139] CAI 11 mars 1927 *Bach Thai Buoi c. Ville de Hanoï*, P.1927, I, p.164.

[140] Cf. lettres du gouverneur général au ministre des colonies du 9 septembre 1927 et du 4 août 1928, CAOM Indo/NF/1479. La jurisprudence *Bach Thai Buoi* fut plutôt contestée par la doctrine, cf. la note critique de Pierre Lampué au *Recueil Penant* sous l'arrêt. Commission des colonies. Avant sa carrière politique, il était administrateur en Indochine, notamment ancien lieutenant-gouverneur en Cochinchine et ancien résident

provocation juridictionnelle destinée à susciter cette réaction de la métropole. L'important décret du 4 novembre 1928, en préparation depuis mars 1927, régularisa toutes les aliénations domaniales faites antérieurement[141], et sans confirmer expressément l'arrêté de 1903, il marquait dans l'histoire du droit domanial indochinois l'abandon définitif de la doctrine Dislère dans la colonie, au seul profit de la doctrine Demartial. Déterminant non plus qui possédait quoi mais qui faisait quoi, le décret éludait complètement les questions de propriété domaniale pour se focaliser sur les seuls problèmes de compétence et, toujours dans le fil de la doctrine Demartial, consacrait l'intervention de l'Etat dans les affaires domaniales indochinoises. Mais plus que les débats théoriques et les rebondissements administratifs qui couraient depuis plus de vingt ans, cette intervention fut le fruit d'une contingence politique : un sorte de « scandale » très local à l'origine mais qui résonna jusque dans l'hémicycle du palais Bourbon, phénomène exceptionnel en matière coloniale, réservée normalement à l'intimité des bureaux administratifs.

B) Une intervention déclenchée par un « scandale » politico-financier

Le 18 mars 1927, en séance à l'Assemblée nationale, le député de Cochinchine Ernest Outrey[142] interpellait le ministre des colonies Léon Perrier et le gouverneur général de l'Indochine Alexandre Varenne[143], au sujet de deux affaires présentées comme des scandales qui auraient été liés l'un à l'autre : l'affaire *Sabatier* et l'affaire *Maillot*[144]. La première affaire reposait sur des accusations de violence lancées à l'encontre de Léopold Sabatier, résident de la province reculée du Darlac, dans les hauts plateaux de l'Annam, et la seconde portait sur une affaire de spéculation boursière, à la suite d'une concession de terrains du Darlac faite au mandataire Maillot juste après le départ de Sabatier. Les deux affaires avaient donc pour origine commune cette grande province reculée de l'ouest de l'Annam, seulement occupée par des minorités ethniques appelées par dérision *Moï*, c'est-à-dire « sauvages » en langage viêtnamien, et où la

[141] Article 34 du décret de 1928, P.1928, III, p.470.

[142] Né en 1863, Ernest Outrey fut député de 1914 à 1936, membre de la "gauche démocratique" et vice-président de la supérieur au Laos et au Cambodge. Cf. *Dictionnaire des parlementaires français 1899-1940*, Paris, 1972, t.7, p.2590 ; Brébion, *op.cit.*, Paris, 1935.

[143] Gouverneur général de juin 1925 à septembre 1926. Remplacé provisoirement par Pasquier de septembre 1926 à mai 1927, il recouvra le poste de mai à octobre 1927.

[144] *Annales de la Chambre des députés – Débats parlementaires.* Session ordinaire de 1927, Paris, JO, 1927, t.1, p.688 sqq.

présence étrangère jusqu'à cette année 1927 était très faible. Pour bien comprendre les tenants et aboutissants de ces deux affaires, il est nécessaire de décrire – pour ne pas dire conter, car cette histoire revêt un caractère assez mythique, entretenu par les contemporains eux-mêmes – l'action de cet administrateur atypique qu'était Léopold Sabatier (1). Son affaire et celle des concessions Maillot, qui en fut la conséquence directe, ont révélé jusqu'à la rupture les contradictions intrinsèques du projet juridique colonial[145] (2).

1/ Léopold Sabatier, « apôtre des Rhadés »

L'homme qui voulut être roi ne tient pas que du roman. Dans une mesure certes très limitée, l'histoire de Sabatier fait un certain écho à la célèbre nouvelle de l'auteur anglais Rudyard Kipling. L'homme qui arriva dans la région du Darlac en janvier 1914 comme délégué du Résident de France à Kontum, chef-lieu de la province du même nom dont dépendait alors le Darlac, avait suivi auparavant une carrière assez classique de commis d'administration coloniale. Né dans la Drôme en 1877 d'une famille de la petite bourgeoisie laïque et républicaine, Léopold Sabatier posa le pied en Indochine en 1903 comme simple commis des services civils à la résidence de Thanh Hoa (nord-Annam), après avoir été recommandé par le député de l'Ain Alexandre Bérard, mode très courant à l'époque d'intégrer l'administration coloniale[146]. Il gravit les différents échelons de la carrière administrative, essentiellement en Annam puis lors d'un bref passage au Laos en 1910, sous l'autorité d'Ernest Outrey, alors résident supérieur, dont Sabatier devait recroiser le chemin en cette fatidique année 1927. Sabatier se plaignait alors souvent de la plus grande lenteur par rapport à la moyenne avec laquelle progressait sa carrière. Etait-ce là l'effet de son caractère difficile, décrit en des termes constants par tous ses supérieurs ? Sur ses bulletins individuels de note, les avis sont unanimes sur cet homme "*intelligent*", "*tenace*", "*enthousiaste*", brûlant du "*feu sacré*" mais "*ombrageux*", "*susceptible*" et dépourvu de "*pondération*" voire de "*correction*". En 1913, le résident supérieur d'Annam écrit : "*chacun de ses passages dans ses divers postes avait été marqué par des incidents nombreux,*

---

[145] Cf. C.Robequain, *L'évolution économique de l'Indochine française*, Paris, 1939, p.210.

[146] Toutes les informations sur la carrière de Sabatier sont tirées principalement de son dossier personnel, CAOM Indo/GGI/44.960. On peut aussi se reporter à la courte notice biographique de G.Dubois dans *Hommes et Destins*, t.6, *Asie*, Paris, p.359-360. Sur la nomination des fonctionnaires, voir G. de Gantes, *Coloniaux, gouverneurs et ministres (1902-1914)*, thèse Paris VII, 1994, p.113.

fâcheux et regrettables"[147]. Il s'agit presque toujours de coups de colère et d'excès verbaux à l'encontre d'administrés ou de supérieurs : par exemple en 1911 au Laos, une insulte et un abus de pouvoir contre un colon qui lui valurent une mesure disciplinaire et son renvoi en Annam ou encore en 1913 au Kontum, une lettre inconvenante envoyée à son supérieur après l'annulation judiciaire de l'emprisonnement d'un missionnaire qui avait empêché, au moyen de pièges, la fréquentation d'un village chrétien par les étrangers[148].

La région du Darlac, où fut donc envoyé Sabatier en qualité de délégué du résident de France à Kontum par arrêté du résident supérieur de l'Annam du 12 janvier 1914, devait sans doute bien correspondre à ce caractère bien trempé. La province était réputée difficile et requérait un administrateur convaincu, mais elle était aussi éloignée des centres administratifs, promettant un exercice plutôt solitaire de l'autorité à celui qui la conduirait : le caractère de Sabatier y serait donc moins dommageable, même si un fonctionnaire devait encore se plaindre d'une attitude d'irrespect en 1919. Quelle était la situation du Darlac à l'arrivée de Sabatier, qui pour l'occasion fut promu au grade d'administrateur civil de troisième classe en 1915 ? Zone vaste, forestière, montagneuse et d'accès difficile, le Darlac comptait une faible densité de population et exclusivement des minorités ethniques, étrangères à la civilisation viêtnamienne que le colonisateur connaissait le mieux. Surnommées *moï*, ces tribus étaient plus exactement *rhadées* ou *djarais* – faisant partie de ces nombreuses minorités dont le soutien stratégique devait tant compter par la suite, dans la seconde moitié du siècle, pour les différents camps ennemis des guerres successives au Viêtnam. Comme le rappelle Gilles de Gantes, "*les minorités constituaient avant l'arrivée des Français, des sortes d'« Etats » tampons entre les Cambodgiens et les Annamites, avec relations tributaires complexes, héritées de l'ancien Etat Cham*"[149]. L'esprit d'indépendance qui animait ces tribus éclaire la tournure périlleuse que prirent les premiers contacts des explorateurs français soucieux de contrôler ou assurer la stabilité de cet *hinterland moï*, en vue de renforcer la position française en Indochine face au Siam. La première initiative vint des missionnaires dans la région du Kontum, plus au nord que le Darlac, avec une première mission

---

[147] Lettre du résident supérieur d'Annam intérimaire au gouverneur général, 18 octobre 1913, CAOM Indo/GGI/44.920.

[148] Cette dernière affaire valut à Sabatier quelques démêlés avec les partisans des missions mais le soutien public du député républicain socialiste et donc laïque convaincu Maurice Violette, rapporteur du budget des colonies à l'Assemblée, dans une tribune des *Annales coloniales* du 25 septembre 1913 (CAOM Indo/GGI/44.920).

[149] Gantes, *op.cit.*, p.305.

établie en 1883. En 1888, un aventurier fabulateur et sans scrupule, David de Mayréna, avait tenté, plus ou moins avec le soutien des Missions et de la France qu'il avait leurrées, de grouper sous son autorité différentes peuplades mais une sorte de « folie des grandeurs » s'était emparée de lui et l'avait amené à constituer un royaume indépendant du Sedang dont il se proclama le roi, sous l'appellation de Marie Ier, affaire qui ne dura qu'un an. Par la suite, l'*hinterland* avait été rattaché au Laos, traversé par quelques expéditions militaires et opérations de pacification, intensifiées sous Paul Doumer. En 1899, fut créée la province du Darlac, rattachée à l'Annam en 1904 et qui accueillit son premier administrateur français avec le soutien d'un grand chef local : Kunjonob Y-Thu, "*auxiliaire le plus fidèle et le plus puissant*"[150]. L'établissement français n'en fut pas moins laborieux dans cette première décennie du vingtième siècle : au milieu des révoltes épisodiques, de l'hostilité de tribus insoumises et de quelques commerçants annamites, le Darlac vit ainsi succomber plusieurs explorateurs français, tels Prosper Odend'hal en 1904, Camille Pâris ou Henri Maître en 1914[151]. Malgré les tentatives d'installation coloniale à la lisière du Darlac ou dans les provinces voisines, "*on va l'abandonner comme une non-valeur encombrante*", selon Monfleur. Sabatier n'était pas le pionnier de l'administration de la province, puisqu'avant lui, cinq autres fonctionnaires s'étaient succédés au chef-lieu du Darlac Ban Me Thuot : Bourgeois d'abord, puis Bardin, Besnard, Groslier et Cottez. Ces hommes avaient commencé à tracer des premières routes et établir des embryons de services publics. Mais Sabatier apporta une toute autre dimension à l'action coloniale dans la région.

Pour mieux prendre la mesure de cette action, il est bon de partir des jugements qui en furent donnés après sa démission en avril 1926. Tous étaient, en général, passionnés. Du côté des critiques, on pointait le caractère utopique du projet. En 1929, le résident supérieur d'Annam Jabouille écrivit : "*Pendant quatorze années, [...] M.Sabatier a été au Darlac le protagoniste, l'apôtre d'une politique d'isolement et de régénération en vase clos [...] à l'aide de procédés périmés qui n'ont plus cours en l'état actuel du progrès et de la civilisation*"[152]. Du côté des admirateurs, on exaltait l'humanisme et le

---

[150] Selon A.Monfleur, *Monographie de la province du Darlac*, Hanoï, 1931, p.12, d'où nous tirons toutes nos sources sur l'histoire du Darlac avant Sabatier.

[151] *Ibid.* ; Gantes, *op.cit.*, p.307 ; voir le martyrologe dressé par R.Dorgelès dans le récit de son voyage dans la région : *Chez les beautés aux dents limées*, Paris, 1930, p.65.

[152] Lettre de Jabouille au gouverneur général Pasquier, 1er juin 1929, CAOM Indo/GGI/44.920. Voir aussi la note confidentielle de Thiebaut, deuxième successeur de Sabatier au Darlac, le 26 avril 1929 : "*malgré toute la sympathie que j'ai pour ce*

caractère novateur de l'expérience, et on s'attachait à l'illustrer par une expression maintes fois répétée à propos de Sabatier : "*« Vous êtes moins que des chiens » répétaient aux Moys tour à tour annamites, cambodgiens, laotiens... et les Moys avaient fini par le croire. Un représentant de la France est venu qui leur a dit : « Vous êtes des hommes »*"[153]. Quelle fut l'ambition de Sabatier pour le Darlac pendant ses quatorze années de présence durant lesquelles il ne prit aucun congé, autre exploit qui forçait l'admiration, même de ses opposants, et contribua encore un peu plus à son "*auréole d'aventure*" ? Comme l'indiquait Jabouille cité précédemment, Sabatier avait entrepris une politique *globale* de régénération des races *moï* et leur développement autocentré. Alors que d'après les témoignages des contemporains, les populations étaient en pleine décomposition avant l'arrivée du résident, viciées par les guerres, les chasses aux esclaves, l'alcool, la famine et la déperdition des moeurs traditionnelles, Sabatier pouvait choisir des voies classiques : celle d'une évolution de la région par les Annamites et les Occidentaux, chemin suivi par les missionnaires et l'administration dans la région voisine du Kontum, ou bien une solution américaine d'abandon de ces populations à elles-mêmes dans des réserves[154]. Sabatier avait, lui, préféré un développement de l'intérieur : "*s'il était possible d'ouvrir en grand à la pénétration colonisatrice la riche province de Kontum et les régions montagneuses du centre, il lui semblait cependant préférable de procéder d'une autre façon avec les Rhadés de Ban Me Thuot en éduquant leur civilisation propre, en réalisant la mise en valeur du Darlac par les moï eux-mêmes dirigés par nous, en les modernisant sans leur imposer le contact, parfois brutal de nos conceptions occidentales*"[155]. Il fonda toute sa politique sur le rétablissement de chefs locaux coopérants, le principal d'entre eux étant Kunjonob, déjà mentionné, chef d'un groupe de chasseurs d'éléphants, dont Sabatier, vieux célibataire endurci, alla jusqu'à épouser une des filles, pour joindre l'union charnelle à la collaboration politique. De ce mariage, il

---

prédécesseur dont j'admire, en bloc, l'œuvre réalisée en ce pays et respecte les conceptions utopistes anciennes".

[153] Ici, les propos sont extraits de la missive de 1923 adressée par Pasquier, alors résident supérieur d'Annam, au ministre, en vue de la remise de la légion d'honneur à Sabatier. On retrouve ces propos répétés plus tard dans un article de l'archiviste indochinois Paul Boudet au titre évocateur : "Léopold sabatier, apôtre des Rhadés", *Indochine 113*, 29 octobre 1942, p.3.

[154] Circulaire du résident supérieur d'Annam, 30 juillet 1923, *Variétés des pays moïs*, 1935, p.221 ; R.Dorgelès, *op.cit.*, p.47 ; Préface à la seconde édition remise à jour en 1956 par la Mission Culturelle Française de L.Sabatier, *Palabre du serment du Darlac*, Hanoï, 1930, p.12-13; G.Dubois in *Hommes et destins, op.cit.*, p.359.

[155] Rapport de Pasquier du 16 janvier 1926, rapporté par Monfleur, *op.cit.*, p.19-20.

naquit d'ailleurs une petite fille en 1923, prénommée H'Ni ou Annie, dans laquelle Kunjonob voyait la réincarnation par les génies de l'âme de sa mère et que Sabatier emmena en France après son départ définitif, ajoutant ainsi à la démission administrative un déchirement sentimental[156]. Comme l'apport de Sabatier était de promouvoir une solution d'ensemble du problème, il s'étendit au-delà de l'entente politique et entreprit la formation de tout un corps d'auxiliaires et de techniciens exclusivement rhadés, envoyés pour l'occasion à l'école fondée à Ban Me Thuot et parfois dans des écoles de la côte annamite. Sans refuser complètement la collaboration de certains fonctionnaires ou commerçants annamites et français – Sabatier se défendait de les avoir toujours refusés –, il essayait de se passer le plus possible des étrangers[157]. L'action de Sabatier ne se résumait pas toutefois à une pur retour aux traditions ; cette tendance s'accompagnait d'une modernisation assez énergique. En ce sens, Sabatier restait bel et bien un colonialiste, de façon fondamentale puisqu'il n'envisageait pas d'indépendance *stricto sensu* par rapport à la France. Concrètement, levant une main d'œuvre locale à raison de dix journées par an, rachetables à hauteur de 0,10 piastre par journée, et une main d'œuvre pénale, le résident entreprit des oeuvres coloniales classiques : lignes d'électricité et de téléphone, près de 600 km de routes, hôpital, travaux publics dans Ban Me Thuot – Paul Boudet se remémorait encore, dans son article de 1942, son émerveillement devant le mobilier et les aménagements urbains de la ville, lors de sa première visite en 1922 –, mais encore rentrées fiscales décuplées en dix ans[158]. Et si dans sa lettre au ministre de 1923, Pasquier qualifiait Sabatier d'"*animateur administratif*", expression décidément bien singulière sous une plume des années 20 tant elle connote davantage le jargon actuel que les conceptions autoritaires plus assumées de l'administration sous la troisième République, Sabatier pratiqua tout de même une autorité fortement paternaliste : "*A ses yeux, les Rhadés étaient de grands enfants qu'il fallait guider et gronder*", écrivait Roland Dorgelès dont l'amitié éprouvée pour Sabatier n'éteignait pas la lucidité[159].

Cependant, l'œuvre qui conduisit à l'affaire de 1927 et touchait de près à la question des concessions domaniales s'inscrivait, elle, dans le projet de sauvegarde des traditions *moï*. En effet,

---

[156] Lettre de Sabatier à Pasquier, le 25 octobre 1929, CAOM Indo/GGI/44.920 ; Boudet, *op.cit.*, p.5.

[157] Préface à la *Palabre du serment du Darlac, op.cit.*, p.14.

[158] Compte-rendu de Pasquier au ministre, 16 juin 1923, CAOM Indo/GGI/44.920 ; Monfleur, *op.cit.*, p.17 ; Boudet, *op.cit.*, p.3 ; Dubois, *op.cit.*, p.359 ; G.C.Hickey, *Sons of the Moutain*, Londres, 1982, p.297 sqq.

[159] Dorgelès, *op.cit.*, p.26. Dans le même sens, Monfleur, *op.cit.*, p.18.

s'inspirant des méthodes des missionnaires, qu'il repoussait par ailleurs farouchement hors des frontières du Darlac, Léopold Sabatier avait appris la langue rhadée, qu'il avait retranscrite en alphabet romain, et fort de cette connaissance, avait entamé un patient recueil des légendes, coutumes et lois rhadées, destinées à être appliquées devant les tribunaux et à servir d'instrument à la régénération de la population : "*Tous les travaux, tous les changements qu'il demande, il les demande en montrant qu'il ne fait rien d'autre que d'appliquer la Loi des Ancêtres. Ce faisant, il se concilie les Génies de qui vient cette Loi ; on peut donc obéir sans avoir à redouter leur colère*"[160]. Mais Sabatier voulut encore aller plus loin, en faisant approuver cette manière d'administrer la région par l'autorité coloniale, seul moyen de garantir la validité et la perpétuité des lois locales. Il y parvint en 1923 grâce au soutien convaincu et actif du résident supérieur de l'Annam, Pierre Pasquier, qui mit fin à l'indifférence de l'administration générale entretenue jusque-là. En cette année 1923, par un arrêté du gouverneur général du 2 juillet, le centre administratif du Darlac était érigé en "*province **moï** du Darlac*", ce qui marquait bien l'intention de placer cette région dans un état sinon d'indépendance – il n'en fut jamais question – du moins d'autonomie relative. Cet arrêté, qui posait un cadre général, fut surtout suivi d'une circulaire du résident supérieur d'Annam le 30 juillet 1923[161]. Elle exprimait l'adhésion officielle de l'autorité coloniale à la politique de Sabatier, qu'elle venait codifier et renforcer par l'instauration d'une cérémonie rituelle de serment à passer entre le résident français au Darlac et l'ensemble des tribus, pour jurer fidélité à la France. Dans la présentation qu'il fit du serment, publié la première fois en 1930, Léopold Sabatier commentait le sens et la portée symbolique de la circulaire en ces termes : "*Si ce document n'eut [...] que la valeur d'une pièce originale à classer, il fut considéré au Darlac comme la lettre patente affranchissant les tribus du joug séculaire de leur misère, de leur insécurité, conférant officiellement aux misérables « Moys » le droit d'être des hommes, celui de vivre comme tels. Il fut considéré comme la charte qui garantissait pour toujours, sous l'égide française, leurs libertés, leurs coutumes, leurs biens [...] la palabre n'est que le développement et l'application de l'esprit de la circulaire adaptée à la croyance, aux usages, à la loi, aux nécessités locales et exprimée en la forme coutumière aux montagnards du Darlac*"[162]. Ainsi était intronisée la figure de l'administrateur-ethnologue, à qui l'on

---

[160] Préface à la *Palabre, op.cit.*, p.13.

[161] JOIF 1923, p.1259 ; pour la circulaire n°578-ca, voir *Variétés sur les pays moïs*, 1935, p.220-233.

[162] Sabatier, *Palabre, op.cit.*, p.23.

demandait de connaître les mœurs locales de façon approfondie, pour les transformer harmonieusement et progressivement. Par une ironie cruelle de l'histoire, mais qui révélait bien, comme on le rappellera plus tard, la contradiction du projet de Sabatier, ce serment, censé protéger les *Moï*, déclencha finalement la tempête qui emporta tout l'édifice.

2/ De l'affaire Sabatier à l'affaire Maillot

L'œuvre de Sabatier ne suscitait pas qu'indifférence bienveillante ou franc enthousiasme ; il y avait aussi des adversaires plus ou moins dissimulés dans le milieu colonial : les missionnaires et les commerçants annamites tenus à l'écart de la province, mais surtout les colons et prospecteurs de concessions. Or les convoitises se faisaient de plus en plus sentir dans les années 20, période où l'Indochine, engagée dans son tournant capitaliste, profitait essentiellement du *boom* de l'hévéa, lui-même résultat de deux facteurs principaux : d'une part, le cours élevé du caoutchouc assuré par le plan Stevenson de 1922, qui avait cartellisé la production mondiale[163], d'autre part, la crise du franc et la hausse corrélative de la piastre, qui en firent une monnaie refuge pour de nombreux capitaux métropolitains. De 1925 à 1929, près de 700 millions de francs courants furent investis dans les plantations d'hévéa[164]. L'arrivée des groupes financiers avait certes commencé bien avant, à partir de 1911, mais après l'interruption de la guerre et les plans de mise en valeur du gouverneur général puis ministre Albert Sarraut de 1916 à 1921, pour qui, dans la nouvelle politique mondiale née de la guerre, la légitimité de la souveraineté coloniale dépendait entièrement de la mise en valeur des terres, le phénomène capitaliste atteignit son point culminant dans la seconde moitié des années 1920. Ce mouvement est d'autant plus remarquable que, si l'on suit la thèse de Ta Thi Thuy, l'Indochine se démarquait auparavant des autres colonies par la place modeste des sociétés dans l'oeuvre de colonisation. Ce *boom* avait créé une pression à la demande sur les terres rouges et grises du Cambodge et des hauts plateaux comme le Darlac, encore libres et propices aux cultures à haut rendement telles que le café, le thé ou l'hévéa[165]. Jusque-là, Sabatier avait donc toujours préservé la province

---

[163] La superficie d'hévéa est passée de 18.000 hectares en 1925 à 78.620 hectares en 1929 (chiffres donnés par Brocheux, Hémery, *op.cit.*, p.125).

[164] *Ibid.* pp.138 et 159.

[165] *Ibid.* pp.159-160 ; Ta Thi Thuy, *op.cit.*, p.268 ; sur le plan Sarraut de 1921, voir A.Sarraut, *La mise en valeur des colonies françaises*, Paris, 1923, pp.23-33 et J.D.Giacometti, "La compétitivité des productions indochinoises et les plans de mise en valeur", *Outre-mers*, 2001, p.87-88 ; E.Couzinet, *Les concessions domaniales et la*

des concessions, et le serment qu'il fit prêter aux chefs de tribus le 1er janvier 1926 était conçu comme la protection juridique ultime des terres *moï*.

En ce 1er janvier 1926, Léopold Sabatier avait convoqué l'assemblée des chefs de tribus au gymnase de Ban Me Thuot pour tenir la palabre et leur faire prêter le serment de fidélité aux coutumes et d'obéissance à la France, en présence de personnalités françaises : le directeur de l'Ecole Française d'Extrême-Orient Finot, le commandant Salel, le lieutenant Schertzer, l'inspecteur principal Dereymez, délégué au centre de M'Drak et fidèle collaborateur de Sabatier, et un planteur de Ban Me Thuot, Halot[166]. Ce serment se résumait à un code de lois coutumières, énoncées sous la forme d'un dialogue entre le résident de France et l'assemblée des chefs, consacré et authentifié par un geste rituel, le toucher d'un bracelet, et par un sacrifice final conclu en ces termes : "*Frappez les gongs et battez du tamtam qu'on les entende partout dans tout le pays de l'Ouest à l'Est. Leur voix pénètre dans la forêt épaisse, dans les gorges profondes, dans les lits des torrents, elle plane sur les basses terres, elle passe par dessus les sommets, le grand vent l'emporte jusqu'au pays des Yuan, des Laotiens, des Siamois, des Cambodgiens, à tous elle annonce que vous et moi avons fermé le bracelet du serment qui lie les frères cadets du grand pays du Darlac aux frères aînés du grand pays de France*"[167]. Or, le serment comportait un chapitre crucial pour notre sujet, "La terre", où le dialogue se déclamait comme suit :

> "- Le résident : *[...] cette terre qui nourrit vos ancêtres pendant mille générations, les étrangers viendront vous la prendre. Ils vous la prendront, et les génies de la terre et de l'eau la laisseront prendre pour qu'ils la cultivent parce qu'il est sacrilège de laisser la terre inoccupée et inculte. Et vous serez les esclaves des étrangers comme le sont déjà les* Djarays *de la terre de la Corne-du-Cerf.*
> - Les chefs : *Comment serions-nous leurs esclaves, si nous ne le voulons pas ?*
> - Le résident : *Vous le serez quand même ; la loi de la terre est plus forte que vous. J'ai chassé les étrangers qui vous volaient, qui désorganisaient vos familles, vos villages, offensaient les esprits de vos morts, mais je ne pourrai les empêcher de venir cultiver vos terres parce que la loi de la terre est plus forte que vous.*

---

colonisation européenne en Indochine, mémoire, Ecole coloniale, section indochinoise, 1941-1942, pp.41-43, CAOM FM/3Ecol/35-d-1.
[166] Sabatier, *op.cit.*, p.21 ; Boudet, *op.cit.*, p.5.
[167] Sabatier, *op.cit.*, p.79.

- Les chefs : *Que devons-nous faire ?*
- Le résident : *Têtes dures de poisson* kroa *et de poisson* kenh, *je vous l'ai déjà dit, ce qu'il fallait faire. [...] Je vous ordonne de faire de la rizière d'été partout où il y a des marais et des terres basses pouvant être irriguées. Vous barrerez les rivières partout où cela sera possible. Sur les berges, vous ferez des champs de maïs et de patates [...]. Et vous m'obéirez sinon je vous abandonne. Un* Ay *nouveau viendra qui ne vous connaîtra pas et laissera venir les étrangers comme autrefois et vous redeviendrez les «* Thang moy *» (vils sauvages), vous que maintenant ils appellent* « frères aînés ». *Ecoutez bien ceci. La loi «* Po lan iu bang lan dlê *» ordonne à la «* pô lan *» de visiter la terre tous les sept ans une fois pour affirmer ses droits de propriété [...] elle vous ordonne de vous unir et de vous entr'aider pour empêcher qu'on vous prenne la terre*"[168].

La lecture de ce serment laisse le juriste occidental rationaliste, qu'étaient les contemporains de Sabatier et qu'est même l'historien du droit aujourd'hui, plutôt pantois, devant ce qui apparaît à première vue comme une "*ridicule parodie*", selon les termes de Sabatier dans le commentaire de ce qu'était devenu son serment après son départ, comme pour mieux souligner qu'il n'était pas cela en 1926. Il avait plutôt raison et le milieu colonial ne se trompa pas qui y vit d'emblée un appel non ambigu à la « résistance », d'autant que le serment fut prolongé par une lettre de Sabatier au résident supérieur d'Annam, rédigée, elle, en langage tout à fait conventionnel et qui faisait disparaître toute trace de doute sur le sérieux de la démarche que pouvait encore laisser planer le style exotique, et un tantinet burlesque, du serment : "*Le dépècement de la terre des Djarays de Kon Tum par une multitude de prospecteurs est bien fait pour inspirer les mêmes craintes au sujet du sort [des] montagnards du Darlac. [...] Il importait donc de les mettre en garde contre les tentatives d'accaparement ou de spéculation [...]. C'est ce que j'ai fait [...] à l'occasion du serment de 1926. Ces ordres et ces conseils sont en outre un acheminement vers l'impôt foncier, dont le paiement par les « Pô lan », dès 1927 rendra indiscutables leurs droits de propriété*"[169].

---

[168] *Ibid.*, p.73-76. Dans le texte, *Djarays* désigne une minorité de la province voisine du Kontum, *kroa* et *kenh* sont des espèces de poisson, *Ay* signifie littéralement « grand-père », titre donné à Sabatier par les *Moï*, et la *pô lan* représente la maîtresse de la terre dans l'organisation matriarcale de la société rhadée (cf. L.Sabatier, D.Antomarchi, *Recueil des coutumes rhadées du Darlac*, Hanoï, 1940, p.15, 16 et 285).

[169] Lettre du 5 février 1926, rapportée dans Sabatier, *Palabre, op.cit.*, p.80.

Voilà qui en était trop pour le milieu colonial intéressé par les terres rouges et qui orchestrèrent l'éviction du résident du Darlac.

Pour mieux le saper, on semble avoir utilisé le serment lui-même contre l'intention de Sabatier, comme il s'en désola en 1930, racontant la publication dans la presse, à son insu, du chapitre consacré à la terre, à des fins perfides[170]. C'est qu'en effet, le dialogue du serment comportait des paroles peu flatteuses pour les tribus, que le camp hostile ne manqua pas d'exploiter : "*Cette année a été pour moi une année de honte car j'ai dû acheter le riz des Annamites pour nourrir vos enfants, j'ai dû leur donner quatre mille de vos piastres [...]. Si les grands chefs français savaient cela, ils diraient que je suis un menteur, car je leur ai affirmé que vous pouviez vous suffire à vous-mêmes et n'aviez pas besoin des étrangers*"[171]. Dans le contexte idéologique colonial où, comme nous le verrons dans le deuxième chapitre, la légitimité de la possession reposait sur l'efficacité du travail et la capacité à mettre en valeur la terre, un tel constat devait entraîner des conséquences impitoyables. Mais, épiloguer sur le seul serment n'était évidemment pas suffisant, non plus que changer la réglementation et contraindre Sabatier à l'appliquer, ce qui aurait été théoriquement possible mais vain en pratique, car des concessions coloniales dans cette région ne pouvaient réussir qu'avec le franc soutien et une collaboration sans faille du résident local afin de faire accepter, par une habile pédagogie, les concessions par la population locale. Sabatier étant hors d'état d'assumer ce rôle, seul son départ pouvait ouvrir le Darlac aux concessions. Ainsi naquit l'affaire *Sabatier*. En fait d'affaire, il s'agissait d'un grossier montage. Une série d'accusations groupées furent lancées en mars 1926 contre Sabatier à qui l'on reprochait pêle-mêle d'avoir été l'instigateur du meurtre d'un prisonnier au cours de son évasion, d'avoir exécuté deux peines capitales avant leur approbation par le résident supérieur et d'avoir fait incendier des ponts pour empêcher l'entrée des Européens, accusations auxquelles venaient s'additionner dix-sept plaintes d'une centaine de *Moï* adressées au procureur général Colonna, relatives à des coups et blessures ou des abus commis sur des femmes. Ces accusations donnèrent lieu à une enquête administrative conduite par l'inspecteur des affaires politiques Fries qui n'eut aucune difficulté à laver Sabatier de tout soupçon et à démontrer l'inanité des griefs. Aucun des faits graves n'était vrai et quant aux dix-sept plaintes, le procureur général, qui les avait transmises au gouverneur général, mentionnait lui-même qu'elles avaient toutes eu un inspirateur commun, écrites le même jour

---

[170] *Ibid.*, p.21. On trouve par exemple une reproduction du serment dans le numéro de *La Lanterne* du 24 novembre 1926, CAOM Indo/NF/2195.

[171] Sabatier, *op.cit.*, p.74.

et de la même main. Leur incohérence trahissait en plus leur réelle intention, puisqu'elles ne réclamaient pas de sanction contre Sabatier mais sa simple mutation : tout justifiait donc la conclusion de l'administration que les plaignants avaient été "*sinon soudoyés du moins circonvenus*"[172]. Mais si les accusations n'eurent aucune suite judiciaire, elles atteignirent néanmoins le seul effet qu'elles visaient : le départ de Sabatier. Le 14 avril 1926, l'administrateur était officiellement mis en congé de convalescence et renvoyé en France à cette fin. De prorogation en prorogation, le congé dura jusqu'en novembre 1928, période de deux ans que Sabatier mit à profit pour entamer un ouvrage de linguistique rhadée sous la direction de l'ethnologue Lucien Lévy-Bruhl et surtout pour défendre son honneur, qui était encore loin d'être sauf. La conspiration avait bien fonctionné. Même si toute la lumière est difficile à jeter sur cette machination, il demeure évident qu'elle impliqua le lobby colonial, emmené notamment par le colonel Sée, président du syndicat des planteurs du Kontum et les grandes banques actives en Indochine, mais également une partie informelle de l'administration et même des protégés *moï* de Sabatier qui eurent, pour certains, une attitude très équivoque[173]. Cette coalition incita certainement Sabatier à abandonner la lutte. L'affaire devait donc être enterrée en avril 1926. Pourtant, il n'en fut rien : elle connut un rebondissement à l'Assemblée nationale en mars 1927, qui s'explique par les faits qui ont suivi le départ du résident, c'est-à-dire l'affaire *Maillot*.

Sabatier parti, on imagine facilement les appétits et les espoirs des colons qui pouvaient enfin jeter leur dévolu sur la région. D'après l'administrateur Monfleur dans sa monographie du Darlac rédigée pour l'Exposition coloniale de 1931, les demandes de concession affluèrent, au nombre de vingt-sept portant sur pas moins de 167.845 hectares en juin 1926[174]. Sous la tutelle du nouveau résident du Darlac Giran, seulement huit contrats de bail furent signés

---

[172] Lettre du gouverneur général intérimaire Pasquier au ministre des colonies, le 20 février 1927, CAOM Indo/GGI/44.920.

[173] Dans son interview donnée à *L'Humanité* du 16 mars 1927, Sabatier parlait des plaintes "*fabriquées de toutes pièces à l'instigation d'un fonctionnaire que je nommerai le cas échéant*". Quant à la complicité de *Moï*, assurément plus difficile à évaluer, elle ne fut jamais évoquée par Sabatier dans sa défense mais elle le fut par de nombreux récits : Thiebaut, successeur de Sabatier, aurait glané en 1929 un renseignement sur un Rhadé jadis désigné pour assassiner Sabatier (lettre du résident supérieur au gouverneur général, 1er juin 1929, CAOM Indo/GGI/44.920), Boudet soulignait l'ingratitude des Rhadés et la perte par Sabatier du soutien du chef Kunjonob (Boudet, *op.cit.*, p.5) et son biographe Dubois concède les excès de caractère de l'homme comme la lassitude des Rhadés (Dubois, *op.cit.*, p.360). Hickey détaille davantage l'objet des conflits personnels de Sabatier avec certains Rhadés en 1925 (*op.cit.*, p.308).

[174] Monfleur, *op.cit.*, p.20.

et autorisés, pour des superficies de quelques milliers d'hectares chacun. Tout en liquidant les résultats de la politique de Sabatier, cette « parcimonie » dut décevoir beaucoup de colons. Mais quelle dut être leur stupeur lorsqu'ils découvrirent en plus que les contrats profitaient tous à un dénommé Maillot, soit en nom propre soit en qualité de mandataire de groupes financiers, un nouveau venu en Indochine, dont le seul lien avec la colonie était une vieille amitié avec le gouverneur général d'alors, et pas n'importe lequel aux yeux des colons : Alexandre Varenne ! Ancien député du Puy-de-Dôme, nommé gouverneur général en juin 1925, son absence d'expérience indochinoise et surtout son étiquette socialiste, concrétisée dans une politique sociale modérée, lui avaient toujours valu une franche hostilité du milieu local, à la tête duquel on trouvait le député de Cochinchine Ernest Outrey[175]. Varenne connaissait bien Maillot, puisque ce dernier avait été le rédacteur en chef du journal auvergnat *La Montagne* à l'époque où Varenne le dirigeait[176]. Le milieu colonial n'avait donc pas beaucoup d'autre stratégie, pour dénoncer les contrats Maillot, que d'attaquer aussi le gouverneur général. Mais il était moins simple de faire vaciller un si haut personnage qu'un résident de province. Pour cela, il fallait au moins recourir à l'Assemblée nationale et ce fut le rôle du député Outrey.

La séance du 18 mars 1927 avait été évidemment âprement préparée par les principaux protagonistes : le ministre Léon Perrier et le gouverneur général Varenne face au député Outrey, l'affaire étant couverte, selon les habitudes de la troisième République, par une ardente campagne de presse[177]. La tactique d'Outrey, pour grossir le scandale, avait consisté à ressuciter l'affaire *Sabatier*, dont il tenta

---

[175] Pour se convaincre de ce mépris, qu'on lise les écrits de l'homme d'affaires Arnaud de Vogüé, fondateur de la Société Indochinoise de Plantations d'Hévéa en 1936 puis président de Saint-Gobain en 1952 : "*Avant de réintégrer son Auvergne natale, ce personnage [Varenne] passablement grotesque, qui n'avait rien compris à l'Indochine, ni aux problèmes coloniaux en général, avait laissé s'instaurer un peu partout, mais principalement au Tonkin, un état d'incurie et de désordre dans l'administration, auquel Pasquier, haut fonctionnaire de grande sagesse connaissant l'Extrême-Orient comme personne, s'efforçait après lui de porter peu à peu remède*" in *Ainsi vint au monde la SIPH. (1905-1939)*, Vichères, 1993, p.105.

[176] Ernest Outrey, AP 1927, p.692. Alexandre Varenne reconnut lui-même devant les députés son ancienne amitié avec Maillot, AP 1927, p.705.

[177] La presse de droite était hostile à Sabatier. *L'Humanité* prit aussi une part active à cette campagne, à l'image du long discours de Marcel Cachin à l'Assemblée nationale, allant même jusqu'à ouvrir ses colonnes à Sabatier. Toutefois, dans sa ligne éditoriale, le journal maintint à son égard une présomption de culpabilité car l'occasion était belle de dénoncer les violences coloniales en même temps que le capitalisme. Le quotidien appliquait donc à Sabatier son idéologie systématique : si le système colonial est mauvais, tous les hommes à l'intérieur le sont aussi (*L'Humanité* du 28 décembre 1926 et du 16 au 18 mars 1927).

d'imputer la responsabilité à Varenne. Il va de soi qu'à l'origine, cette intrigue toute locale n'avait jamais été programmée pour être portée devant le Parlement : en admettant même que certains écarts de Sabatier eussent été vrais, les faits les plus graves ne l'étaient pas et dans le contexte des moeurs coloniales, il n'y avait sûrement pas de quoi déclencher un procès politique, encore moins intenté par des colons. Le milieu colonial utilisa donc l'affaire *Sabatier* par un autre biais. D'après l'élu cochinchinois, les plaintes, une fois transmises par le procureur général Colonna, auraient été « étouffées » par le gouverneur général Varenne, et le procureur lui-même s'en serait ému dans une lettre privée d'août 1926 fort opportunément publiée dans la presse[178]. Le député réclamait donc une seconde enquête administrative, la première ayant écarté toutes les accusations lancées contre Sabatier, et une enquête judiciaire. Mais surtout il prétendait relier cette affaire à l'affaire *Maillot*, en estimant que Sabatier aurait constitué, même après son départ, le premier témoin des contrats Maillot et de la façon singulière dont les terrains étaient aliénés, et pour inciter le témoin au mutisme, on aurait accepté de passer sous silence les accusations lancées contre lui. Cette corrélation n'était pas cohérente car en quoi consistait l'affaire *Maillot* dont Outrey faisait de Sabatier le témoin gênant ? Elle avait trait à la société *Agricole de l'Annam*, partie d'un contrat de concession à bail obtenu par Maillot le 15 juillet 1926[179]. Le contrat, passé entre neuf chefs de tribus *moï* et Maillot, établissait un bail emphytéotique de 99 ans sur une superficie de 8000 hectares, moyennant une redevance de 0,10 piastre par hectare et l'obligation de mise en valeur dans un délai de 10 ans. Ce contrat avait été rédigé devant le résident provincial Giran, successeur de Sabatier, qui y avait apposé sa signature, et avait été approuvé par le résident supérieur d'Annam, en Conseil de protectorat, le 22 juillet 1926[180]. Ce contrat servit ensuite de base à une spéculation boursière. Suivant l'exposé du député Outrey et le résumé de l'affaire rendu par le journal *Le Petit Bleu*, Maillot s'était associé en octobre 1926 à un banquier bruxellois pour fonder la compagnie *Agricole de l'Annam*, grâce à l'apport de 4000 hectares de la concession. La société était primitivement constituée au capital de 25 millions de francs et dotée de 50000 parts de fondateur. Puis un autre banquier associé à l'affaire avait annoncé à la clientèle le doublement du capital et du nombre de parts grâce au doublement de la superficie des terrains, c'est-à-dire grâce à l'apport des 8000 hectares concédés. Les actions et parts de

[178] AP 1927, pp.688-691.

[179] L'original de ce contrat figure aux archives d'outre-mer, CAOM FM 4affeco/53.

[180] Les Conseils de protectorat, composés de hauts fonctionnaires, assistaient les résidents supérieurs des protectorats.

fondateurs furent introduites en bourse avant même la constitution légale de la société et atteignirent une valeur très élevée, capitalisant la société à 170 millions de francs, sans doute hors de proportion avec sa valeur réelle[181]. Le député concluait ainsi sur l'affaire *Maillot* :

> "*Je pose donc le dilemme suivant : ou bien ces apports ont été exagérés d'une façon excessive – je dirais scandaleuse et alors cela est une escroquerie ; ou bien, si les 8000 hectares de terres peuvent vraiment représenter cet apport, il est vraiment surprenant, monsieur le gouverneur général, que ce soit précisément un de vos amis qui ait pu obtenir à vil prix cette concession [...].*"[182]

Deux éléments ont donc paru « choquants » dans l'affaire *Maillot* : d'une part, un contrat léonin abusant de la faiblesse des *Moï* et où ne brillaient guère les ambitions sociales de l'ami gouverneur Varenne[183], d'autre part, une spéculation boursière. Néanmoins, aucune illégalité ne semblait ressortir franchement de l'affaire *Maillot*, dans la mesure où le scandale gisait précisément dans l'insuffisance du cadre légal des concessions au Darlac[184]. Les insuffisances de la législation boursière étaient également dénoncées par les députés Valude et Taittinger[185]. Aucun lien non plus ne pouvait être fait avec Sabatier. Au cours de la séance, la défense de Sabatier fut couverte par le ministre en personne, ce qui était la tâche la plus facile. Sabatier avait reçu le soutien public de nombreuses personnalités, telles Roland Dorgelès, auteur d'un article de presse en l'honneur de son ami, Lucien Lévy-Bruhl, le célèbre professeur sous la direction duquel Sabatier avait mené ses travaux ethnologiques sur les Rhadés, Jean Charles, ancien gouverneur général... Certes, le député Valude s'étonnait que Sabatier eût pris congé immédiatement après l'enquête administrative réalisée à son endroit. Mais, rappelons-le, il n'est pas impossible que l'on ait intimidé Sabatier en lui promettant l'extinction

---

181 Voir l'exposé d'Outrey, AP 1927, pp.691-693 ; article de presse tiré du journal *Le Petit Bleu* du 12 janvier 1928, CAOM Indo/NF/2195.

182 AP 1927, p.692.

183 En pratique, le résident provincial dut être le véritable "cocontractant" de Maillot, les trois *Polan* de familles et les trois chefs de village concernés n'ayant dû figurer que pour la forme. Malgré le temps écoulé, une émotion n'est pas sans surpendre l'historien à la contemplation de ce contrat manuscrit d'une feuille de cahier d'écolier, signé des empreintes digitales des autochtones et aux clauses très sommaires, en comparaison des contrats très développés et formalistes qui se signaient habituellement dans les autres contrées de l'Indochine (cf. CAOM FM 4affeco/53).

184 Le ministre déclarait que le contrat Maillot était conforme à la circulaire du 30 juillet 1923, d'après une mission de contrôle envoyée sur place (AP 1927, p.701). Mais on se souvient que cette circulaire consacrait *in fine* l'autorité du résident provincial qui refusait alors les concessions.

185 *Ibid.*, pp.708-713.

de la calomnie s'il consentait à quitter son poste.[186]. Quant à l'affaire *Maillot*, de laquelle il était plus difficile de s'extirper, le ministre en confia l'explication à Varenne lui-même, en qualité de commissaire du gouvernement – une façon aussi élégante que perfide pour le ministre de ne pas désavouer l'homme tout en le mettant seul devant ses responsabilités. Du reste, Varenne n'osa point trop l'impossible : il éluda rapidement les contrats Maillot pour s'étendre sur les défauts de la réglementation en général.

A l'issue de cette séance du 18 mars 1927, le Gouvernement devait finalement obtenir la confiance de l'Assemblée mais avec l'injonction de prendre les dispositions nécessaires concernant la réglementation des concessions en Indochine, en axant ses réformes sur une meilleure défense des indigènes et des intérêts de la colonie face aux concessionnaires[187]. Faisant ainsi mentir la théorie du "*temps colonial*" qui voulait que l'Etat s'effaçât progressivement devant l'autonomie économique et politique des colonies[188], celui-ci devait, au contraire, s'immiscer dans le droit des concessions domaniales en Indochine, quarante ans après sa création. Les deux actes marquant cette intervention de l'Etat furent le décret drastique du 26 mars 1927, dont l'article 1er soumettait à décret tout nouvel octroi de concession[189], et le décret du 2 avril 1927 instituant une commission d'enquête sur le régime des concessions en Indochine, qui n'était autre que la commission Richard[190]. Cette intervention aboutit à une refonte du régime des concessions réalisée par un acte d'origine métropolitaine : le décret du 4 novembre 1928, heurtant ainsi le particularisme des colons et peut-être de l'administration indochinoise[191].

---

[186] Déclaration du ministre, AP 1927, p.699-700 ; article de Roland Dorgelès reproduit dans *France-Indochine*, avec une phrase qui fit mouche : "*Ils l'appelaient le roi des Moïs, prétendent aujourd'hui ses accusateurs. Menteurs ! Je les ai entendus, moi : ils l'appelaient ay, grand-père*..." CAOM Indo/NF/2195 ; intervention du député Valude, AP 1927, p.711.

[187] AP 1927, pp.701 et 719.

[188] Le temps colonial désignait le rythme idéal d'évolution politique d'une colonie, cf.. Morlat, *op.cit.*, p.13.

[189] P.1927, III, p.227. Ce décret revenait en pratique à suspendre la politique des concessions domaniales jusqu'à nouvel ordre. C'est pourquoi il fut assoupli par le décret du 5 juillet 1927 rétablissant les pouvoirs de l'administration indochinoise pour les concessions inférieures à 2000 hectares, dans l'attente du décret définitif sur les concessions (P.1927, III, p.334).

[190] JOIF 1927, p.1536. La commission d'enquête comprenait aussi Blondeau, maître des requêtes au Conseil d'Etat, Penin de la Randière, inspecteur de finances, et Imbert, auditeur au Conseil d'Etat.

[191] Le principe d'intervention du décret était implicitement critiqué par les représentants des colons, à travers le rapport de Joubert, conseiller colonial à la commission chargée, par les corps élus de Cochinchine, d'examiner et de formuler des *desiderata* sur le

C) Une nouvelle répartition des compétences

L'évolution doctrinale et cet orage politique du mois de mars 1927 entraînèrent une nouvelle répartition du domaine et surtout des compétences. Le changement ayant pris ses racines, d'une manière bien inattendue, au Darlac, il convient d'examiner symboliquement la suite donnée aux affaires dans cette région (1), avant d'aborder l'essentiel décret de 1928 (2).

1/ L'accaparement du Darlac

En théorie, les concessions au Darlac étaient possibles, sous l'empire de l'arrêté de 1899 pris pour l'Annam, puisque la région avait été rattachée à l'empire viêtnamien en 1904. Mais en pratique, pour que cet arrêté fût appliqué, encore eût-il fallu qu'il y eût des terres domaniales au Darlac ; or, il n'y en avait pas aux yeux du colonisateur, du moins au début. La fameuse circulaire de 1923 énoncait : "*D'après la coutume toute terre a toujours un maître. Elle n'est jamais res nullius ni propriété de l'Etat, ce dernier n'existant pas*". Même les terres incultes ou vierges étaient donc considérées comme des propriétés privées, contrairement au droit annamite[192]. Dès lors, une aliénation coloniale des terres ne pouvait s'opérer que sous la forme d'un contrat privé passé avec les indigènes. Sous Sabatier, par l'arrêté du résident supérieur du 30 juillet 1923, il fut bien mis en place un système de baux, qui reconnaissait les tribus comme seules et uniques propriétaires et empêchait les ventes et autres aliénations définitives. Cependant, par méfiance du consensualisme, une tutelle avait été établie sur ces contrats, impliquant que tout bail qui n'avait pas été approuvé par le résident provincial ou le résident supérieur, selon la superficie en cause, était nul de plein droit[193]. Autrement dit, la location des terres dans l'*hinterland moï* était remise à l'entière discrétion du résident provincial. La protection de Sabatier avait donc prévenu leur usage au profit des colons[194]. Après Sabatier et sous la

---

projet ministériel de décret. Dans son rapport du 4 juin 1928, Joubert écrivait : "*[...] au lieu de chercher à se rapprocher des règlements actuellement en vigueur en Indochine et qui sont le fruit d'une longue expérience, le projet [...] bouleverse sensiblement l'esprit et l'ordre judicieux des textes établis.*" CAOM Indo/NF/2190 (2).

[192] *Variétés..., op.cit.*, p.227 et p.256.

[193] Articles 1, 2 et 3 de l'arrêté, *Variétés..., op.cit.*, p.259.

[194] Cette réglementation avait permis à Sabatier de refuser les demandes de concession de 92.000 hectares déposées en 1925, juste après l'arrêté du 12 février 1925 (modifié en avril 1927), qui avait décidé l'établissement au Darlac d'une zone de colonisation limitée (Hickey, *op.cit.*, p.305).

pression de l'affaire *Maillot*, le résident supérieur d'Annam promulgua un nouvel arrêté en décembre 1926, modifié le 5 avril 1927. Cette fois-ci, le système avait vocation à servir aux colons mais il posait des conditions plus exigeantes pour les locataires, avec une zone de colonisation restreinte à une bande de cinq kilomètres le long de cinq grandes routes, un contrôle administratif de la mise en valeur et du versement des loyers, une redevance annuelle au profit de l'administration et un droit de reprise des terrains pour des travaux publics. De plus, l'article 1er reconnaissait toujours l'appartenance des terres aux autochtones et le seul usage du bail emphytéotique français, c'est-à-dire de très longue durée et moyennant le versement d'une redevance annuelle aux propriétaires[195]. Toutefois, il comportait des ambiguïtés annonciatrices des changements ultérieurs. Le retour au domaine, en cas de non mise en valeur, était prononcé après avis d'une commission qui comportait certes les propriétaires mais aussi le résident, un colon, le président du tribunal indigène et les chefs de village : pourquoi donc pas uniquement les propriétaires ? De même, le droit de reprise pour travaux publics était exercé directement par l'autorité locale, comme s'il s'agissait d'un terrain domanial, sans véritable procédure d'expropriation des indigènes : même si le fond du droit de propriété était sauvegardé grâce à une indemnisation prévue par le texte, la forme traduisait une inflexion. Cette dernière ne fit que croître : en 1927, comme on l'a évoqué plus haut, le rapport Richard concluait à l'impossibilité de déterminer la personne propriétaire du domaine au Darlac. Le coup de grâce fut finalement donné par l'arrêté du 27 mars 1929, adopté dans le grand mouvement de réforme commandé par le Parlement en 1927 :

> "*Attendu qu'il n'existe point de propriété privée au Darlac ; Attendu que les droits des collectivités indigènes sur les terrains nécessaires à leur existence sont mal délimités et toujours étroitement enchaînés aux droits du domaine local.*"

En ce sens, l'arrêté de 1929, censé mettre fin aux abus précédents, allait plus loin que la clause première du contrat Maillot qui reconnaissait le droit de propriété des indigènes. Mais c'est là le paradoxe de l'évolution. Pour mieux encadrer les concessions, l'autorité coloniale s'arrogeait le droit de propriété et parachevait, au passage, le rattachement du Darlac à l'Annam. La procédure et les conditions des concessions furent notablement alourdies, avec une enquête préalable sur l'opportunité et la délimitation de la concession, l'exclusion ferme de toute aliénation définitive au profit seulement de

[195] Arrêté du résident supérieur d'Annam du 27 décembre 1926 et arrêté du 5 avril 1927, JOIF 1927, p.46 sqq.

baux emphytéotiques, une limitation de la durée de ces baux, des réserves d'occupation en faveur des habitants ou un reversement partiel des redevances aux populations. Enfin, contrairement à l'arrêté de 1926 volontairement mal rédigé pour valider les contrats Maillot sans les modifier profondément, l'arrêté de 1929 annula purement et simplement les baux antérieurs et prescrivit leur renégociation en conformité avec l'essentiel de la nouvelle réglementation, notamment l'agrandissement des réserves pour les habitants[196]. En dépit de ces encadrements, l'arrêté de 1929 démolissait officiellement le pilier de la politique de Sabatier : la mise à l'écart des étrangers. A partir du moment où d'immenses superficies étaient concédées, il était chimérique de ne vouloir les exploiter qu'avec la main d'œuvre locale. Le contrat Maillot promettait de ne recourir aux coolies étrangers qu'au cas où les travailleurs *moï* seraient insuffisants[197]. La condition ne coûtait rien au signataire : elle ne pouvait évidemment que se produire. C'est pourquoi sans doute la réglementation de 1929 ne jugea même pas bon de maintenir cette forme fictive de principe-exception et ouvrit la région aux étrangers, c'est-à-dire principalement aux coolies annamites transportés sur le terrain par les concessionnaires.

La conclusion de cet épisode historique se lit clairement dans une lettre de Sabatier de cette même année 1929, à son vieux protecteur Pierre Pasquier, devenu gouverneur général après Varenne en août 1928 jusqu'à sa mort accidentelle en avion en 1934. Fin connaisseur de l'Indochine, Pasquier cultive, aux yeux de l'historien, le don mystérieux d'avoir plu à tous les partis les plus antagonistes de l'Indochine, qui venaient pourtant de se tendre jusqu'à la rupture, et même d'avoir conservé l'estime personnelle de Sabatier, alors que son gouvernement voyait l'abolition quasi-complète de la politique de l'ancien résident. C'est en effet avec l'appui de Pasquier que Sabatier revint en Indochine en novembre 1928, promu au grade d'inspecteur des affaires politiques et administratives. Chargé d'inspecter les pays *moï*, il était néanmoins bien spécifié que cet emploi n'avait point de réalité fonctionnelle et se bornait à fournir à l'intéressé une rémunération gratifiante et à lui permettre de finir ses études ethnologiques et la codification des coutumes locales[198]. A ce titre, il put effectuer quelques voyages au Darlac à partir de mars 1929. Mais au moment où s'opérait la délicate transition et où s'établissaient les premières concessions, le retour de Sabatier se confronta au franc rejet

---

[196] Cf. arrêté du résident supérieur d'Annam du 27 mars 1929, JOIF 1929, p.1709 sqq.
[197] CAOM FM 4affeco/53. Cette condition avait été défendue par Sabatier lui-même en 1925, avant les contrats Maillot (Hickey, *op.cit.*, p.305).
[198] CAOM Indo/GGI/44.920.

de son successeur Thiebaut et du résident supérieur Jabouille. Le dossier personnel de Sabatier n'est ainsi qu'une succession de correspondances entre les protagonistes, ces deux derniers accusant Sabatier de "*raviver de vieilles histoires*" et de susciter des incidents sur son passage. Si l'intéressé se défendait d'agiter "*la pétaudière rhadésienne*", selon ses termes, le résident supérieur pouvait lui rétorquer : "*votre présence seule remet sur le tapis des questions qu'on considérait comme réglées et crée des espoirs que nous ne pouvons encourager. [...] Vous n'en êtes pas moins le représentant, j'allais dire le protagoniste, d'une politique moy et que vous le veuillez ou non, elle déteint et porte ses effets partout où vous êtes*", et le résident supérieur de se plaindre auprès du gouverneur général de l'opposition à la concession de l'Empereur Bao Dai, lors de sa délimitation, d'un jeune fonctionnaire acquis aux théories de Sabatier[199]. Tel était le climat délétère dans lequel Sabatier, lassé, envoya sa missive au gouverneur général le 25 octobre 1929, qui sonnait comme le glas de son action administrative :

> "*Vous m'avez accordé cette autre satisfaction, plus intime, de vous accompagner dans votre voyage au Darlac. J'avais voulu profiter de cette occasion qui ne se serait jamais offerte, pour comparaître inopinément devant tous les chefs et le plus grand nombre de mes anciens administrés, mes vrais juges et attendre d'eux un verdict public et sans appel.*
> *Ils se sont prononcés. Ce n'est pas la haine que l'on aurait voulu mais l'attachement que l'on craignait qu'ils ont manifesté. [...] Ils m'ont raconté tous leurs malheurs dont vous connaissez la nature. Ils m'ont décrit l'abattage, par les débroussailleurs annamites, du seul arbre* Smoun *qui subsistait encore entre Buon Kroa et Buon Dun. Je n'ai rien dit. [...]*
> *Le 16 mars à sept heures du matin, avant de partir, faisant allusion à la présence du ministre Bay aux côtés de M.M Le Fol et Jabouille, vous avez dit en me regardant : « C'est la prise de possession ». J'ai compris alors que vous tous étiez venus vous rendre compte s'ils étaient à point pour être cédés à l'Annam. Je n'ai rien dit. Je suis parti emportant pour toujours le triste souvenir de cette lamentable parodie des réceptions d'autrefois, arrangement maladroit des tristes*

[199] Note confidentielle du résident Thiebaut au résident supérieur du 26 avril 1929 ; lettre du résident supérieur à Sabatier du 3 mai 1929 ; lettre du résident supérieur au gouverneur général du 1er juin 1929 ; lettre de Sabatier du 24 septembre 1929 ; lettre du résident supérieur à Sabatier du 3 octobre 1929 ; lettre du résident supérieur au gouverneur général du 8 novembre 1929, CAOM Indo/GGI/44.920.

épaves du passé, symboles de la récente déchéance pour l'accomplissement d'un geste protocolaire imposé. On avait voulu faire comme je faisais, mais il y manquait l'âme du vieux Darlac. Il y manquait les éléments représentatifs de sa puissance renaissante, de sa jeune et forte organisation. Il y manquait cet élan spontané de jadis, élan du cœur fait de la joie, de la confiance, de la foi d'un peuple conscient de sa vitalité nouvelle, qui le poussait vers le Grand Ay *protecteur qui dans sa barbe grise avait le bienveillant sourire de* Ay Dê, *l'ancêtre céleste, et qui venait les voir en personnifiant cette force mystérieuse faite d'amour, de générosité, de justice et de fermeté,* la France, *par laquelle ressuscitaient les fils de* Ay Dê.

Il en est qui, faisant allusion à l'échec des entreprises agricoles en haute région et à l'effondrement de la Société Agricole d'Annam et de ses annexes au Darlac me disent « Vous êtes vengé ! » Comment pourrai-je me réjouir des conséquences d'une erreur qui en engloutissant l'épargne française a consommé la déchéance de milliers d'êtres humains, l'anéantissement d'une race, a fait sombrer notre influence"[200].

Léopold Sabatier prit congé définitivement de l'Indochine en novembre 1931 et de sa carrière en avril 1934 pour s'éteindre en Haute-Garonne fin janvier 1936, à l'âge de cinquante-neuf ans, non sans avoir achevé ses divers travaux de conservation des coutumes et légendes *moï*, dernier lot de consolation que lui offrit Pasquier, faisant remarquer plus tard à Charles Robequain : "*La connaissance de ces Moï [...] n'aura pas été l'un des moindres résultats de l'attraction des « terres rouges » : c'est au moment où leurs traits originaux sont menacés de rapidement disparaître qu'ils auront été analysés avec le plus de soin*"[201]. Bien au-delà de ce constat, la complainte pathétique de Sabatier et la mélancolie touchante de sa désillusion révèlent pleinement l'aporie de ce que l'on ne doit pas hésiter à appeler un très sincère « humanisme colonial » – ou « colonialisme humaniste », comme on voudra[202] –, aporie qui atteignit son paroxysme dans les

---

[200] Lettre de Sabatier à Pasquier du 25 octobre 1929, CAOM Indo/GGI/44.920.

[201] *Ibid.* ; Dubois, *op.cit.*, p.360 ; Sabatier, *op.cit.*, p.19 et 22 ; Robequain, *op.cit.*, p.211.

[202] La différence entre les deux formules n'est pas, à nos yeux, d'ordre moral, en ce sens que l'humanisme colonial serait plus amène et moins condamnable que le colonialisme humaniste. Elle est d'ordre exclusivement scientifique : "humanisme colonial" met l'accent sur une origine partielle de l'idée coloniale, à savoir le mouvement plus vaste et plus ancien de l'humanisme dont elle est un avatar paradoxal, alors que "colonialisme humaniste" s'attache à constituer le phénomène colonial en objet historique propre,

années 30 lorsque ne se heurtant plus seulement aux intérêts capitalistes, la vision de Sabatier fut définitivement balayée par d'autres considérations humanitaires et sociales, peut-être encore plus irrésistibles : celles d'une pression démographique viêtnamienne dramatique dans les deltas dont le soulagement ne pouvait passer, au moins aux yeux des gouvernants français, que par un déplacement de population vers les hautes régions[203]. Par un raccourci historique, on peut affirmer qu'il avait fallu l'intermède Sabatier auprès des *Moï* pour pouvoir concéder leurs terres. Cette phase de « domestication » avait été indispensable. Cela explique les expressions de gratitude, pas seulement convenues, que l'on trouve chez les détracteurs même de Sabatier, tels ses successeurs, le résident supérieur Jabouille voire très implicitement le député Outrey, après tout un des mieux placés pour savoir toute l'inanité des griefs jetés contre lui, ou chez ceux qui l'avaient fidèlement soutenu mais estimaient sa politique dépassée, comme Monfleur, Boudet et peut-être Pasquier[204]. Le droit des concessions fit transparaître, en les exaltant, ces contradictions intrinsèques du colonialisme, ce colonialisme dont les pages d'histoire, d'après Marc Ferro, sont noires tout en comptant quelques pages roses[205], mais sont aussi, d'après nous, très souvent grises, avec de nombreuses nuances variables selon les multiples facettes et perspectives choisies pour analyser le phénomène.

---

susceptible d'être étudié pour lui-même, avec en son sein différentes tendances et origines philosophiques.

[203] Voir, particulièrement significative, la déclaration du président de la section indochinoise de la Ligue des Droits de l'Homme devant Justin Godart en 1937 : "*Les amateurs de pittoresque déploreront peut-être que les arrivées massives d'Annamites enlèvent leur caractère à des régions indochinoises où vivent encore [...] certaines peuplades Moï. [...] Je serai le premier à regretter la disparition de ces races libres et fières, mais en nos temps utilitaires de choses et d'hommes de confection, il n'est pas possible que d'immenses territoires restent incultes, quand les régions voisines ne suffisent plus à la nourriture des hommes*", J.Godart, *Rapport de mission en Indochine*, Paris, 1994 [1re éd. 1937].

[204] Cf. lettres de Thiebaut et Jabouille, CAOM Indo/GGI/44.920 ; AP 1927, p.691 ; Monfleur, *op.cit.*, p.20 ; Boudet, *op.cit.*, p.6. Même la circulaire de 1923 de Pasquier laissait bien entendre le caractère temporaire de la politique de protection des *Moï*, juste le temps de leur « éducation » (*op.cit.*, p.222).

[205] Ferro, *op.cit.*, p.36.

Cliché. Bibliothèque Nationale de France

Léopold Sabatier, Darlac

La palabre du Serment, 1926

"C'est la prise de possession."
Visite de l'empereur Bao Dai (en habit, à droite) et d'officiels français au Darlac en 1931
A l'extrême gauche, le vieux chef Kunjonob.

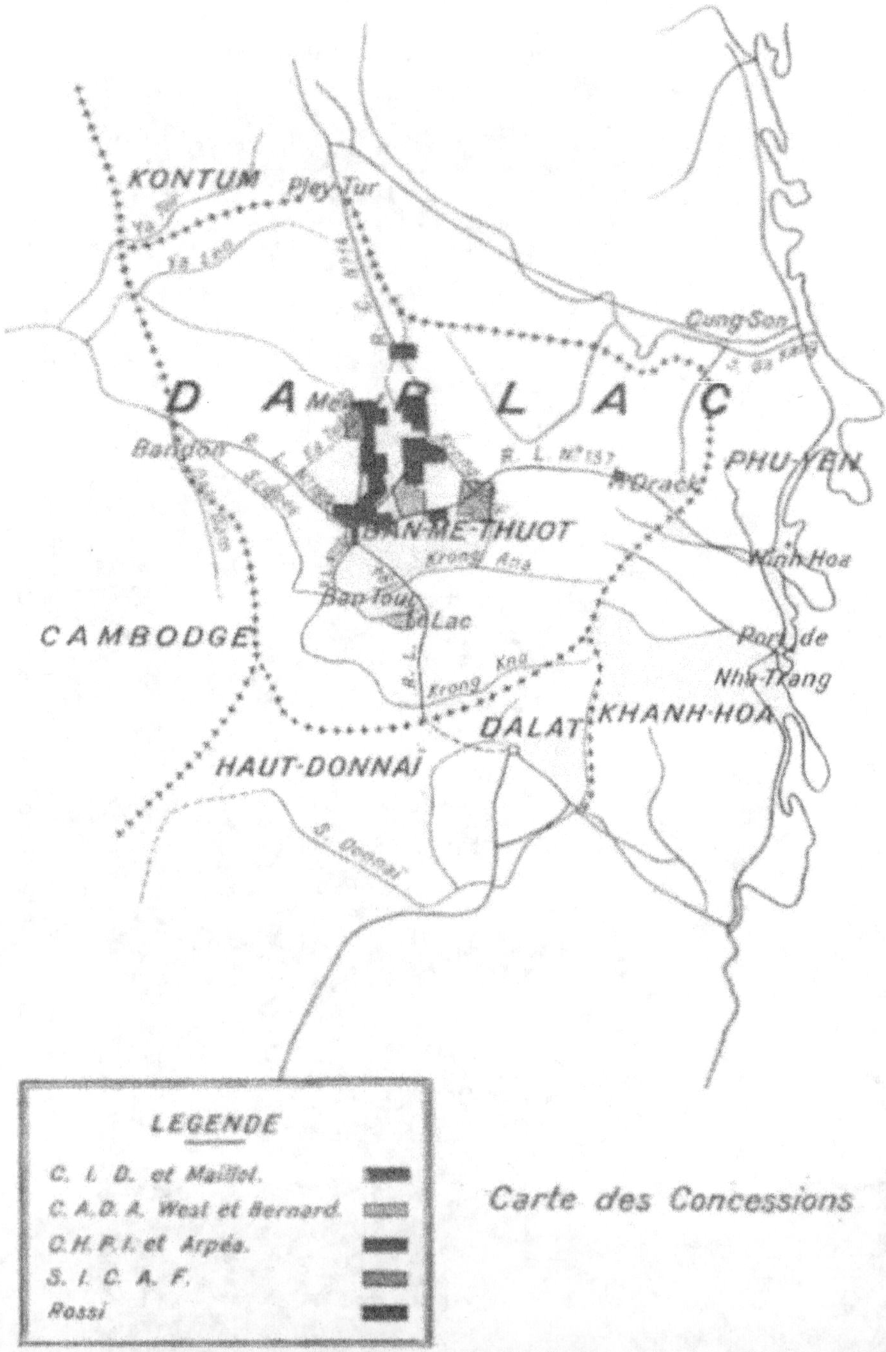

Carte des concessions au Darlac.
Extrait de A.Monfleur, *Monographie du Darlac*, Gouvernement général de l'Indochine, 1931

2/ Le décret du 4 novembre 1928 et la compétence étatique

Pour les contemporains, les abus révélés en 1927 donnaient raison à la doctrine Demartial : l'essentiel était le contrôle de l'Etat sur les attributions des concessions[206]. Le décret du 4 novembre 1928 en était la parfaite application, qui laissa volontairement dans le flou les questions de propriété domaniale. L'Etat français ne vint alors revendiquer aucun droit sur le domaine ; il versait même le Darlac au domaine local. L'arrêté du gouverneur général de 1903 restait donc en vigueur. La légalité de cet arrêté avait bien été contestée une fois encore par le rapport Richard, qui n'omettait pas néanmoins de rappeler l'échec de tous les contre-projets. Le décret du 4 novembre 1928, dernière réglementation de base des concessions domaniales, le ratifiait même tacitement. En effet, l'article 1er du décret visait "*les terrains ruraux dépendant du domaine privé en Indochine*", se gardant donc d'indiquer à qui appartenait ce domaine privé. Ensuite, l'article 34 confirmait toutes les attributions de terres domaniales consenties antérieurement, ce qui mettait les concessions à l'abri d'une éventuelle annulation de l'arrêté de 1903 pour vice d'incompétence. Quant aux souverains autochtones des protectorats, leur qualité formelle de propriétaires n'était pas entamée, puisque l'article 32 du décret le rendait applicable "*sous réserve des droits des souverains protégés et des actes et conventions diplomatiques en vigueur*", ce qui reprenait implicitement la solution de l'arrêté de 1903, et l'article 33 prévoyait, dans cette logique, "*des arrêtés réglementaires locaux pris dans la forme appropriée au statut politique des divers pays de l'Union indochinoise*"[207]. Mais cette confirmation s'accompagna de l'extension toujours plus abusive de la délégation de pouvoir aux autorités coloniales. En Annam et au Tonkin, les arrêtés d'application du décret furent pris en 1929 sur la base des anciennes ordonnances de délégation de 1897, et encore celle de septembre 1897 n'était-elle même pas citée dans les visas de l'arrêté du résident supérieur d'Annam du 27 avril 1929 puisqu'il paraissait s'appuyer sur la convention du 6 novembre 1925, si vivement décriée par les ministres impériaux, qui avait transféré au résident supérieur tous les pouvoirs

---

[206] Toutefois, il existait un cas où il importait de savoir qui était le véritable propriétaire du domaine : pour savoir qui devait supporter la charge financière de l'indemnisation en cas de responsabilité pour des faits ayant trait au domaine, cf. CE 6 août 1912 *Soc. Pavageau et Cie.*, Leb. 1912 p.966.

[207] Décret de 1928, P.1928, III, p.470.

d'administration intérieure[208]. Ces délégations pouvaient-elles vraiment justifier les profondes interventions françaises ? Edgard Maguet en doutait en 1930, qui tenait pour illégale la convention de 1925 en Annam et le respect des formes imposées en 1897 encore insuffisant au Tonkin[209]. Seul le protectorat du Cambodge avait sollicité du Roi une ordonnance spéciale portant application du décret de 1928. Quant au Laos, tel une colonie, l'arrêté du 5 juin 1929 ne faisait état d'aucun acte du Roi de Luang-Prabang[210]. Pour les autorités officielles, il semblait entendu que les délégations devaient s'interpréter d'une façon qui les vidait de leur portée pratique et dont on trouve l'expression à la séance de la Commission des concessions coloniales et du domaine d'avril 1938. Un juriste, nécessairement éminent, de cette Commission y déclara, à propos d'un projet étranger aux concessions mais relatif au domaine public annamite : "*le traité du 6 juin 1884 ne contient aucune disposition réservant formellement les droits du souverain sur le domaine*". Autrement dit, le droit colonial subvertissait la formule logique de la délégation : celle-ci devenait le principe général dans le *silence* des souverains autochtones, principe auquel les conventions internationales et les ordonnances royales *expresses* n'apportaient plus que des réserves et exceptions[211]. Mais la délégation subsistait en théorie et les droits de propriété aussi, auxquels le décret de 1928 ne touchait pas.

En revanche, le décret se préoccupa d'établir différents niveaux de compétence en fonction de la superficie qui était concédée. Il poursuivait là une tendance déjà engagée par la réglementation locale en 1913 et en 1926[212]. Mais la réelle nouveauté fut l'apparition du Gouvernement métropolitain parmi les autorités concédantes. Désormais, les concessions supérieures à 4000 hectares ne pouvaient être attribuées que par décret du ministre, sur proposition du

---

[208] Pour le Tonkin, l'arrêté visait l'ordonnance du 26 juillet 1897 ayant dévolu les pouvoirs du *Kinh-Luoc* au résident, cf. JOIF 1929, p.2213 et 3223. Sur la convention de 1925, voir Maguet, *op.cit.*, p.372 et Nguyên Thê Anh, *op.cit.*, p.271 sqq.

[209] Maguet, *op.cit.*, p.360 et 375.

[210] Ordonnance royale du 13 juillet 1929, JOIF 1929, p.3246. Arrêté du résident supérieur du Laos, JOIF 1929, p.3262.

[211] CAOM 1affpol/823/3.

[212] L'arrêté du gouverneur général Sarraut soumettait l'attribution de la concession à l'approbation du Conseil de gouvernement, instance de conseil placé près du gouverneur général. Les articles 6 et 11 de l'arrêté du gouverneur général du 19 septembre 1926 avaient fixé le seuil du partage de la compétence d'attribution des concessions entre les chefs d'administration locale et le gouverneur général à 1000 hectares, soit une augmentation par rapport à l'arrêté du 27 décembre 1913, qui, lui, établissait ce seuil à 500 hectares dans son article 23. Cf. arrêté de 1926, P.1928, III, p.442-443 ; arrêté de 1913, JOIF 1914, p.76.

gouverneur général et après avis d'une instance consultative, la Commission des concessions coloniales et du domaine. En deçà, le partage hiérarchique de la compétence restait inchangé : entre 1000 et 4000 hectares, c'était le gouverneur général et en-dessous de 1000 hectares, c'étaient les chefs d'administration locale[213]. Cette compétence du Gouvernement n'allait pas aussi loin que ce qu'avait préconisé le rapport Richard qui avait voulu l'étendre à toutes les demandes déposées par les sociétés par actions, afin d'en contrôler la solidité financière, dans la mesure où ces sociétés avaient souvent leur siège en métropole[214]. Mais elle dépassait ce qu'envisageait le ministre des colonies Léon Perrier devant les députés lors de la séance du 18 mars 1927, puisqu'il refusait toute action directe du pouvoir central sur l'attribution des concessions au nom du principe de décentralisation, à l'inverse du député communiste Marcel Cachin[215]. De plus, cette compétence métropolitaine fut vivement décriée par le colonat. L'allongement et le coût induit de la procédure pour les demandeurs de concessions motivaient une partie des critiques[216]. Le contre-projet du conseiller colonial Joubert proposait un seuil d'intervention à 6000 hectares[217] et le procès-verbal de séance de la Commission permanente du Conseil de Gouvernement du 26 mars 1927 devait rapporter les propos du délégué de l'Annam-Tonkin Henri de Montpezat de la façon suivante :

> "*Considérant que la tendance actuelle d'enlever aux autorités de la colonie les pouvoirs nécessaires en matière de concessions pour confier lesdits pouvoirs aux autorités métropolitaines est condamnée par l'expérience comme par la raison*"[218].

---

[213] Article 12 du décret de 1928, P.1928, III, p.466. Cet article ajoutait aussi la possibilité pour les chefs de province de délivrer des concessions inférieures à 10 hectares, à condition que les arrêtés locaux d'application le prévoient et que ce soit sous le contrôle du résident supérieur.

[214] Rapport Richard, p.145. Les grands lobbies économiques métropolitains et les grands groupes financiers représentés dans l'Union coloniale faisaient en effet partie de ce que D.Hémery appelle le "*pentagone décisionnel*", qui regroupait en outre la haute administration coloniale, les entreprises locales et le colonat, rassemblés dans les chambres de commerce et d'agriculture ou les syndicats de planteurs, et les parlementaires (Brocheux, Hémery, *op.cit.*, p.109).

[215] AP 1927, p.701.

[216] *La quinzaine coloniale*, 10 novembre 1935, p.416 sqq.

[217] CAOM Indo/NF/2190 (2).

[218] Procès-verbal reproduit dans le *Saïgon-Républicain* du 8 avril 1927, CAOM Indo/NF/2195. D'abord "Conseil supérieur de l'Indochine" en 1887 puis "Conseil de Gouvernement" en 1911, ce collège regroupait hauts fonctionnaires, élus et notables européens et indigènes, pour faire office de "comité privé" du gouverneur général, à raison d'une session annuelle. Mais tous les mois, la Commission permanente du Conseil de Gouvernement, plus restreinte, conseillait le gouverneur général et pouvait

Les colons devaient être attachés à l'exclusivité du pouvoir local dans l'attribution des concessions, notamment le Conseil colonial en Cochinchine qui fut de toute façon épargné par la réforme de 1928[219]. Ailleurs qu'en Cochinchine, le colonat compensait-il son absence de pouvoir par une influence sur l'administration locale suffisante pour craindre l'immixtion d'un Gouvernement métropolitain trop lointain pour être influencé ?

Toutefois, plusieurs éléments invitent à relativiser cette intervention de l'Etat. En amont de la décision, l'instruction était menée par les autorités locales, et souvent la plus locale de toutes : le résident de la province où se situait la concession demandée. Le décret de 1928 prévoyait que le gouverneur général dût transmettre le dossier des demandes de concession dépassant 4000 hectares avec ses propositions[220]. Cela signifiait donc que tout le dossier avait été préparé par l'administration locale. L'arrêté d'application pris au Tonkin en 1929 confirmait le poids de cette dernière : c'était le résident provincial qui vérifiait le dossier de la demande, conduisait l'enquête de domanialité des terrains et envoyait le dossier au résident supérieur avec ses popositions motivées en vue de l'agrément ou non de la demande. Le résident supérieur soumettait ensuite le dossier à une Commission locale de colonisation pour obtenir son avis sur l'opportunité, la forme et le prix de la concession[221]. Puis le dossier passait entre les mains du gouverneur général et d'une Commission centrale de colonisation, avant d'arriver enfin au ministre des colonies[222]. Certaines pièces d'archives montrent que l'administration locale s'était donnée une conception extensive de ses pouvoirs d'instruction. Ainsi, en 1930, était soumise à la Commission des concessions coloniales et du domaine, placée auprès du ministre, la question de savoir s'il fallait transmettre au ministre une demande de concession supérieure à 4000 hectares mais dont le gouverneur

---

tendre en pratique à représenter les intérêts locaux. Ici, par exemple, on voit la déclaration de Montpezat signée, entre autres, par le président de la chambre d'agriculture du Tonkin Borel, le président de la chambre d'agriculture de Cochinchine Bec, le président de la chambre de commerce de Cochinchine Darles...

[219] Article 3 de l'arrêté du gouverneur de Cochinchine du 13 juin 1929, pour l'application du décret de 1928, JOIF 1929, p.3192.

[220] Article 15.

[221] Cette commission était présidée par un administrateur des services civils et se composait de sept fonctionnaires et cinq non-fonctionnaires (dont trois Français et deux indigènes), arrêté du 28 février 1929, JOIF 1929, p.806.

[222] Cf. articles 19, 21, 22, 23, 24, 27, 28 et 29 de l'arrêté du résident supérieur du Tonkin du 27 juin 1929, JOIF 1929, p.3225 sqq. La commission centrale de colonisation comportait six fonctionnaires et six non-fonctionnaires, sous la présidence du secrétaire général de l'Indochine, JOIF 1929, p.806.

général proposait le rejet, autrement dit si l'opportunité de la concession était déterminée par l'autorité d'instruction. La Commission estima dans son avis que la décision de refus appartenait au ministre seul, mais qui pouvait se prononcer sur la base d'un rapport plus sommaire qu'en cas de proposition favorable du gouverneur général[223]. En dehors des questions de droit, quelle était la marge réelle d'initiative du ministre sur un sujet où l'appréciation des faits locaux comptait beaucoup ? Par exemple sur la demande de concession définitive formulée par la Compagnie agricole de l'Annam – celle qui avait fait l'objet des critiques en 1927 –, concession qui ne pouvait être délivrée qu'à condition d'avoir respecté l'obligation de mise en valeur, la Commission des concessions du ministère se contentait de reprendre l'avis de la Commission locale de constat : "*Considérant qu'il résulte des énonciations du procès-verbal dressé, après visite des lieux, par la commission de constat que l'ensemble des terres faisant l'objet de la demande ont été mises en valeur [...]*"[224]. L'intervention ministérielle paraissait ici purement nominale.

Les concessions restaient donc essentiellement affaire de gestion locale. L'autorité coloniale avait réussi à évincer les puissances autochtones et à tenir à distance la métropole : c'était avec elle que le concessionnaire pouvait entrer en contact.

---

[223] Avis de la Commission des concessions coloniales et du domaine du 29 novembre 1930, CAOM Indo GGI//60 744.

[224] Avis de la Commission des concessions du 22 février 1935, CAOM FM 4affeco/53.

CHAPITRE II

Le DOMAINE et le CONCESSIONNAIRE face aux INDIGÈNES

Une fois la personne publique autochtone évincée, restait le problème, plus gênant, des personnes privées. L'Indochine ne présentait pas la même configuration que l'Amérique ou l'Australie, où de grandes étendues étaient vraiment désertes et vierges. La domanialité en Indochine prenait donc un tour plus problématique et menaçant pour les propriétés des indigènes, même si au regard de la superficie totale de l'Indochine, le nombre et la surface des concessions n'étaient – heureusement – pas en mesure d'entraîner une spoliation générale[225]. Quelles étaient les terres concessibles ? La doctrine générale, notamment celle des manuels de droit colonial, employait le plus souvent l'expression de terres *libres* ou *vacantes* ou *sans maître*. En Indochine, tous les articles 1er des règlements définissaient les terres concessibles par plusieurs expressions, souvent cumulées dans un même article, avec tantôt un sens concret, comme "*terres incultes*", tantôt un sens abstrait comme "*libres et appartenant à l'Etat*" ou "*dépendant du domaine privé*"[226]. Ces dispositions n'apportaient pas de véritable réponse à la question de la domanialité : toute terre inculte était-elle forcément domaniale et à l'inverse, les terres domaniales se restreignaient-elles aux terres incultes ? Les articles 1er des règlements n'exprimaient que des tautologies : l'autorité ne pouvait concéder que des terres qui lui appartenaient. Mais quels étaient alors les critères de la domanialité ? Le colonisateur pensa adopter sur ce point une théorie respectueuse des droits privés indigènes, parce qu'elle prétendait reprendre la théorie annamite de la domanialité (I). Mais les premières concessions aux Européens, surtout au Tonkin, furent l'occasion d'en révéler tous

[225] Pour le Tonkin, cf.. Ta Thi Thuy, *op.cit.*, p.179.

[226] Arrêté du gouverneur de Cochinchine de 1882 : "*terrains incultes*" (*Code Michel*, p. 370) ; arrêtés du gouverneur général de 1888 et 1896 au Tonkin : "*terrains ruraux libres et appartenant à l'Etat*" (*Recueil Ganter*, p.94 et JOIF 1896, p.657) ; arrêté du gouverneur général de 1899 pour l'Annam : "*terrains domaniaux incultes*" (Rec. Dar. 1900, L., p.96) ; arrêtés du gouverneur général de 1913 et 1926 et décret de 1928 : "*terres du domaine privé*" ou "*terrains ruraux dépendant du domaine privé*" (JOIF 1914, p.74 ; P.1928, III, p.441 et p.463).

les vices (II). Le droit des concessions n'offrait pas de véritable solution juridique au conflit entre concessionnaires et indigènes (III). Des réformes réglementaires furent bien entreprises à la suite des litiges mais elles présentaient toutes un caractère trop théorique (IV).

I. *Une théorie de la domanialité apparemment respectueuse des droits indigènes*

Face aux indigènes, l'administration coloniale pouvait profiter de sa force pour exproprier ceux dont elle voulait exploiter ou faire exploiter les terres, appliquant ainsi une sorte de « droit de conquête ». Toutefois, elle fit un usage limité de ce droit, quasi-exclusivement réservé à la Cochinchine au début de la conquête (A). Sans doute pour des raisons d'ordre public, l'administration préféra continuer d'appliquer ce qu'elle pensait être la théorie annamite de la domanialité, mais qui se révélait tout aussi déstabilisatrice des droits privés (B).

A) Un usage limité du droit de conquête

Le colonisateur ne devait limiter l'usage du droit de conquête qu'à la Cochinchine. Dès 1862, il mit en vente des terrains composant le territoire de Saïgon, en dépossédant pour cause d'utilité publique tous les détenteurs de titres de propriété sur les lots vendus, à charge pour l'acquéreur de les indemniser[227]. Mais les mesures d'expropriation frappèrent surtout les fuyards et les rebelles, marques suprêmes du droit de conquête. Malgré la décision du 16 mai 1863 par laquelle "*le Gouvernement français reconnaît, comme valables et ayant force d'action, tous les titres de propriété faits ou à faire entre indigènes, pourvu que toutes les garanties exigées par les lois et les coutumes du pays soient observées*"[228], le gouverneur de Cochinchine, dans une décision du 23 juin 1863, mettait en demeure les propriétaires ayant abandonné leurs biens pendant la guerre et depuis la paix de faire valoir leurs droits avant le 31 septembre 1863, date après laquelle les titres de propriété ne seraient plus valables[229]. La décision confiait les biens non réclamés aux villages jusqu'à ce que le Gouvernement décidât de les affecter, notamment en les distribuant aux Viêtnamiens qui l'avaient servi. L'exercice du droit de conquête semblait ici prendre une connotation pénale et il ne semblait pas en ressortir une arrière-pensée économique d'exploitation des terres. Cette évolution fut confirmée par l'arrêté du gouverneur de Cochinchine du 20 novembre 1877 relatif à la procédure judiciaire

---

[227] Articles 1er, 4 et 6 de la décision du gouverneur de Cochinchine du 20 février 1862, *Code Michel*, p.7.

[228] Décision du gouverneur de Cochinchine du 16 mai 1863, *Code Michel*, p.26.

[229] Décision du gouverneur de Cochinchine du 23 juin 1863, *Code Michel*, p.27.

devant les tribunaux indigènes. L'article 74 prévoyait la saisie et la vente des biens des individus condamnés pour rébellion et l'article suivant prenait des dispositions équivalentes pour les villages entiers convaincus de rébellion[230]. Le Tribunal civil indigène de Saïgon, dans un jugement de 1900, décrivait bien cette restriction du droit de conquête à un usage vraiment pénal, notant que depuis l'arrêté de 1877, seuls les rebelles condamnés et non les simples fuyards pouvaient être privés de leur propriété[231].

Quelle était la situation juridique des biens des fuyards ? Celle-ci n'apparaît pas très nette car la décision précitée du 23 juin 1863 semblait mélanger des éléments du droit de conquête et du droit indigène. D'un côté, elle confisquait les biens abandonnés par les fuyards et prévoyait leur inscription sur les cahiers des communes comme "*propriétés du Gouvernement*" mais d'un autre côté, elle confiait la jouissance des biens aux villages de façon provisoire et envisageait principalement de distribuer ces biens à d'autres Viêtnamiens[232]. Ces dernières dispositions recoupaient en partie la théorie des biens d'absents en droit indigène et dont plusieurs décisions de justice firent application en 1892 et 1893. D'après cette théorie, dès lors qu'un bien était abandonné, le village était tenu d'en concéder la jouissance à un tiers afin qu'il l'exploitât, payât l'impôt foncier et ainsi rendît service à la collectivité. De nombreux villages semblent avoir pratiqué cette coutume à propos des biens des fuyards. Mais au début des années 1890, la justice eut à trancher des litiges entre les nouveaux détenteurs des terres et les héritiers des fuyards qui en revendiquaient la propriété. Par plusieurs décisions, la Cour d'appel de l'Indochine et la Cour de cassation donnèrent raison aux héritiers des fuyards, estimant que les villages n'obtenaient que la jouissance temporaire et provisoire des biens d'absents et qu'en aucune façon, ils ne pouvaient les transmettre définitivement à quiconque : le village avait le devoir de gérer les biens d'absents "*comme usufruitier ayant mandat, d'après la coutume, d'assurer la rentrée de l'impôt, sans être investi du pouvoir d'en disposer en maître*"[233]. Cette solution moins radicale que celle instituée par la décision de 1863 ne fut toutefois pas

---

[230] Arrêté du gouverneur de Cochinchine du 20 novembre 1877, *Code Michel*, p.225.

[231] En l'espèce, des ayants-cause de fuyards revendiquaient la propriété des biens de leurs ancêtres, passés en d'autres mains. Le tribunal débouta les ayants-cause car les fuyards avaient fui *avant* 1877 donc ils tombaient encore sous l'empire de la réglementation qui privait toutes les personnes ayant abandonné leurs biens, qu'elles se fussent rebellées ou non. Jugement du Tribunal civil indigène de Saïgon du 19 février 1900, P.1900, I, p.184.

[232] *Code Michel*, p.685.

[233] Deux arrêts de la CAI rendus le 10 novembre 1892, P.1893, I, p.456. Voir aussi CAI 8 juin 1893, P.1893, I, p.455 et Cass. Req. 2 mai 1892, P.1892, I, p.580.

reprise dans le jugement précité du Tribunal civil indigène de Saïgon du 19 février 1900. Ce dernier déboutait en effet les héritiers de propriétaires qui avaient fui leurs terres avant l'arrêté de 1877 et les estimait sans droit pour revendiquer "*contre les détenteurs actuels, fussent-ils dépourvus de titres*"[234]. La jurisprudence a donc été fluctuante.

Toujours est-il que le droit de conquête a bien été appliqué en Cochinchine et qu'il apparaissait aux yeux de l'administration coloniale comme le moyen le plus efficace de régler la situation des biens abandonnés du fait de la conquête, malgré sa brutalité. Est-ce en raison de cette brutalité que l'administration ne l'a pas utilisé dans les autres pays de l'Indochine, en particulier au Tonkin, où de nombreuses terres furent aussi abandonnées par leurs propriétaires ? Dans les autres pays, l'administration a choisi un droit formellement moins brutal et plus conforme à leur statut international que le droit de conquête mais qui s'est révélé pire en pratique car tout aussi spoliateur. Il était plus complexe à appliquer et d'autant plus vexatoire qu'il créait l'illusion d'une continuité avec le droit antérieur à la conquête. Il fut donc à l'origine de nombreux et douloureux litiges à tel point que Penant considérait comme une erreur le fait que l'administration n'eût pas pris au Tonkin des mesures semblables à la Cochinchine[235]. Avant d'analyser ce droit, il faut en mentionner une disposition réglementaire qui nuance légèrement la thèse d'une absence de droit de conquête ailleurs qu'en Cochinchine. En effet, les arrêtés relatifs aux concessions au Tonkin de 1888 et de 1896 comportaient un article qui accordait aux personnes ayant cultivé depuis moins de deux ans une terre englobée dans une concession un droit à être indemnisées, même sans posséder de titre[236]. De cette disposition un peu sibylline, on peut conclure que l'administration se reconnaissait le droit de priver tout propriétaire de sa terre du moment que sa propriété était cultivée depuis moins de deux ans. Rien dans les textes ne venait justifier cette possibilité d'exproprier, ni le fait de rébellion, ni l'utilité publique. Faut-il alors y voir une forme de droit de conquête ?

---

234 P.1900, I, p.184.

235 Penant, *op.cit.*, p.41.

236 Article 6 de l'arrêté du 5 septembre 1888 relatif aux concessions de terrains ruraux aux Français, *Recueil Ganter*, p.94. Cet article fut repris par la nouvelle réglementation de 1896, cf. article 7 de l'arrêté du gouverneur général du 18 août 1896, JOIF 1896, p.658. A l'inverse, au même moment, en Cochinchine, l'arrêté du 16 octobre 1889 interdisait de concéder tout terrain occupé par des indigènes, avec ou sans autorisation (*Code Michel*, p.487 et R.Erny, *Les concessions de terres domaniales en Cochinchine*, Thèse, Poitiers, 1904, p.129).

B) Reprise de la théorie annamite de la domanialité

Ailleurs qu'en Cochinchine, l'administration coloniale fit le choix de la continuité formelle avec le droit précolonial, illustrant ainsi la préférence pour la théorie de l'association plutôt que de l'assimilation[237]. La domanialité des terres devait donc être appréciée selon les critères du droit précolonial[238]. Mais cette prétendue continuité supposait d'avance qu'il existât une distinction claire entre terres publiques et terres privées, ce qui n'était pas totalement le cas en Indochine. Le problème était surtout celui de la propriété privée qui n'avait pas la même portée qu'en France. Les premières doctrines coloniales ont considéré que l'Empereur du Viêtnam, donc l'Etat, possédait la propriété de toutes les terres sous une forme de domaine éminent[239] et que les particuliers n'en étaient que les détenteurs sous conditions. Ces doctrines furent admises par l'administration et l'ensemble des juristes pendant de nombreuses années, jusqu'à ce que les litiges du début du XXe siècle invitassent à une tardive révision doctrinale[240]. La réelle difficulté pour le colonisateur était de cerner les conditions d'existence et de preuve de la propriété privée, pour savoir ce qui serait susceptible d'aliénation et de concession par l'administration.

Le moyen le plus simple que découvrit l'administration, à son arrivée en Indochine, pour identifier les propriétés privées fut le *dia*

---

[237] Sur ce vieux débat, voir l'analyse critique de Jacques Lafon, *op.cit.*, p.269 sqq.

[238] A titre indicatif, l'interprétation de la loi annamite échappait au contrôle de la Cour de cassation, qui laissait le juge du fond souverain en ce domaine. Le contrôle de la Cour de cassation ne pouvait s'exercer que dans le "*cas où la loi indigène résultait d'un texte formel, rédigé ou visé et promulgué par le législateur français*", Cass. Civ. 7 décembre 1915 *Lo Cong An c. Lo Cong Luan*, P.1916, I, p.161 ; Cass. Req. 13 et 26 janvier 1925, P.1925, I, p.125

[239] L'arrêt de la Cour d'appel du 10 juillet 1908 emploie l'expression de "*dominium plenum*", CAOM Indo GGI//955.

[240] Cf. rapport du résident général Parreau, avant l'arrêté du 4 octobre 1888, *Recueil Ganter*, p.552. Dans une circulaire de 1896, le résident supérieur d'Annam comparait le régime annamite avec celui de l'accensement français au Moyen-Age, cf. circulaire du résident supérieur d'Annam du 8 février 1896, JOIF 1896, p.132. Penant, dans son article de 1908, indiquait que l'Etat était en principe propriétaire des biens fonciers et que les particuliers n'en étaient que des détenteurs précaires, cf. Penant, *op.cit.*, p.39 et 40. En 1909, Guermeur reprenait la même théorie : "*L'impôt sur la terre que [l'Annamite] cultive et qu'il ne possède que par une autorisation expresse ou tacite du souverain, propriétaire éminent du sol, ne représente à ses yeux qu'une redevance annuelle en échange de son droit de jouissance*", cf. H.Guermeur, *Le régime fiscal de l'Indochine*, Paris, 1999 [1re éd. 1909], p.82.

bô. Selon la définition concise du professeur Levillain donnée en 1902, le *dia bô "est un registre foncier qui contient la désignation de tous les domaines existants sur toute l'étendue du territoire de la commune avec leur délimitation et l'indication des noms de leurs propriétaires ; toutes les mutations de propriété, toutes les affectations dont les immeubles sont l'objet doivent y être relatées ; aucune inscription, d'ailleurs, ne peut être opérée sur ces registres que s'il existe un titre justificatif régulier ou en vertu d'un ordre de justice*"[241]. Le souci du cadastrage et de l'enregistrement des terres, essentiellement dans une optique fiscale mais aussi dans l'intention de diminuer les procès et de développer la juridiction impériale en appel, était une préoccupation très ancienne au Viêtnam, avec des tentatives entreprises bien avant le XVIIIe siècle[242]. Les *dia bô* désignaient les registres constitués au XIXe siècle, bien que la chronologie de leur établissement reste aujourd'hui très imprécise et chaotique. Théoriquement établis une fois pour toutes, ils devaient ensuite servir de bases à des registres fonciers fiscaux mis à jour régulièrement[243]. Lorsque les Français ont débarqué au Viêtnam, ils ont donc pu y trouver un élément intéressant de preuve des propriétés foncières, comme l'écrivait d'ailleurs Dureteste dans son cours en 1938 : "*déjà dans les habitudes annamites, spécialement en Cochinchine, le dia-bo était devenu un mode de preuve de la propriété et de publicité des droits réels*"[244]. Lorsqu'une question de propriété était en cause, notamment à l'occasion d'une concession, l'administration et la justice avaient donc l'occasion d'utiliser le *dia bô* mais il était loin de permettre le règlement de tous les cas. Le premier obstacle était d'ordre technique : les *dia bô* n'existaient pas partout en Indochine. D'élaboration longue et compliquée, suscitant parfois des oppositions fortes au sein de la population, l'administration impériale n'avait pas réussi à le généraliser au milieu du XIXe siècle. Alors que certaines régions étaient bien couvertes, d'autres l'étaient moins voire pas du tout[245]. En cas de litige, l'administration ne disposait donc pas

---

[241] Note de C.Levillain, professeur de droit commercial à Bordeaux, sous l'arrêt Cass. Req. 5 juillet 1899 *Pham-Van-Tanh c. Veuve Dang Thi Lanh*, DP.1902, I, p.193.

[242] Ph.Langlet et T.T.Quach-Langlet, "Principes et modalités de la cadastration dans l'ancien Viet Nam" in B.Durand et *al.*, *Histoire de la codification juridique au Vietnam*, Montpellier, 2001, p.91.

[243] Pour suivre de façon plus détaillée l'histoire de ces registres, voir Langlet, *op.cit.*, p.92 sqq.

[244] A.Dureteste, *Cours de droit de l'Indochine*, Paris, 1938, p.146. Dureteste était avocat et professeur à l'Ecole Nationale de la France d'Outre-Mer.

[245] Cf. Langlet, *op.cit.*, p.93.

toujours d'un *dia bô* pour trancher[246]. De plus, lorsque le *dia bô* existait, il n'était pas exempt d'erreurs et de surprises. Comme il s'agissait en partie d'un document fiscal, les paysans avaient dissimulé une partie non négligeable de leurs terres qui, bien que cultivées, n'étaient donc pas répertoriées[247]. A l'inverse, il pouvait exister des inscriptions abusives ou infondées, par complaisance ou erreur[248]. Le second obstacle était, lui, d'ordre juridique : il touchait à la valeur probante du *dia bô*. La justice coloniale a constamment refusé de lui accorder une valeur absolue : elle lui reconnaissait une valeur de présomption seulement, essentiellement en raison de sa destinée première, si l'on en croit les auteurs[249], à savoir celle d'un livre fiscal, donc moins probant qu'un authentique livre foncier. Par exemple, en 1894, pour la Cour d'appel de Saïgon, "*foi est due à cette inscription [au dia bô] pour laquelle existe, tout au moins, une présomption de propriété en faveur de celui qui l'invoque*"[250]. Dans un arrêt rendu en 1912 à l'occasion d'une affaire qui opposait un concessionnaire, Levaché, à un village, la Cour d'appel de l'Indochine confirmait aussi clairement cette jurisprudence : "*en droit annamite [...] si l'inscription au bo du village de la situation des biens ne peut en général être considérée comme constituant au profit de l'inscrit une preuve de la propriété, elle la fait tout au moins présumer*"[251]. Cette présomption n'était bien entendu pas irréfragable et cédait devant la preuve contraire[252], même si elle possédait une certaine efficacité au profit de celui qui l'invoquait, par exemple le village de Lang Kep contre le concessionnaire Levaché dans l'affaire de 1912 : celui-ci succomba dans son action car il ne parvint pas à prouver son droit contre le *dia bô* invoqué par le village[253]. Dans son arrêt du 17 février 1899, le

---

[246] Par exemple, dans l'affaire *Marty contre Rainoird*, il n'existait aucun *dia bô* permettant d'établir les droits prétendus de Rainoird qui avait acheté les terres qu'il occupait aux indigènes, cf. CAI 1er mai 1908 *Marty c. Rainoird*, P.1908, I, p.328.

[247] P. Langlet et T.T. Quach-Langlet citent ainsi le rapport de Paulin Vial, directeur de l'intérieur en Cochinchine en 1867 : "*[...] trouvé, dans certaines localités, que des terres étaient inscrites pour le tiers ou la moitié de leur étendue ; d'autres étaient exploitées sans avoir été inscrites ; enfin, sur des points où la surveillance avait probablement été plus rigoureuse, les contenances déclarées se sont trouvées exactes.*" (cité par Langlet, *op.cit.*, p.102).

[248] Voir CAI 8 juin 1893, P.1893, I, p.455 ; CAI 12 octobre 1893, P.1894, I, p.171.

[249] Voir entre autres, P. de Feyssal, *La réforme foncière en Indochine*, Hanoï, 1931, p.13.

[250] Cour d'appel de Saïgon 11 octobre 1894, P.1896, I, p.75. Dans le même sens, voir TPI de Haïphong 17 février 1899, P.1899, I, p.191.

[251] CAI 29 mars 1912 *Levaché c. Do Van Thi, habitants du village de Lang Kep*, P.1913, I, p.59.

[252] Cf. note sous l'arrêt Cass. Req. 2 mars 1931, P.1933, I, p.185.

[253] Levaché ne pouvait pas se prévaloir de l'arrêté qui lui avait concédé ses terres car cet arrêté supposait par définition que les terres fussent domaniales, ce qu'il s'agissait

Tribunal de première instance d'Haïphong allait même jusqu'à considérer l'inscription au *dia bô* comme une condition presque nécessaire et indispensable pour prouver son droit de propriété, estimant que "*nul ne peut se prétendre propriétaire à l'encontre de l'Etat s'il ne justifie de sa possession accompagné du paiement de l'impôt et l'inscription au dia-bo, à moins que le défaut d'inscription ne résulte de circonstances nettement établies*"[254]. Il existait toutefois un cas particulier où la jurisprudence avait reconnu une plus grande valeur aux inscriptions du *dia bô* : celles qui avaient été effectuées en 1836, année où l'Empereur Minh Mang avait fait procéder à une grande revue générale, jugée digne d'une plus grande confiance par la justice coloniale. Toujours dans son arrêt de 1899, le Tribunal d'Haïphong jugea que "*cette inscription [créait] désormais [au] profit [des particuliers] un* ***titre de propriété*** *qu'ils pouvaient transmettre par successions, donations, testament, aliéner définitivement ou temporairement, mais un droit de propriété toujours subordonné au payement de l'impôt*"[255]. Simple présomption ou preuve absolue, le *dia bô* restait néanmoins un mode de preuve et ne constituait pas une condition d'existence du droit de propriété.

La doctrine principale qui s'établit au début de l'installation française en Indochine prônait que la propriété privée n'existait qu'à deux conditions : la mise en culture de la terre et le paiement de l'impôt. Il convient de retracer ici le rôle joué par un certain nombre d'auteurs qui ont influencé l'ensemble du droit colonial et de la jurisprudence. Le premier travail concernant la connaissance du droit annamite fut entrepris par des anciens marins au début des années 1870. Il s'agissait tout d'abord de Paul Philastre (1837-1902). Ce personnage était arrivé en Indochine classiquement en qualité de lieutenant de vaisseau dans la Marine puis ses talents de sinologue le firent nommer dans le corps de l'inspection des affaires indigènes[256],

---

précisément de prouver. Il ne lui restait comme preuve possible contre le *dia bô* que la suivante : un acte de volonté consciente du village d'aliéner ses terres soit dans son attitude au cours de l'opération de délimitation, qui laissait penser qu'il renonçait à ses droits, soit dans les dispositions d'un contrat ambigu passé entre Levaché et les villageois en 1907, par lequel Levaché procédait à des avances aux villageois pour la culture des terres. La Cour d'appel a estimé qu'en l'espèce, toutes ces preuves possibles faisaient défaut. Cf. P.1913, I, p.59.

[254] P.1899, I, p.194. La jurisprudence dans son ensemble ne paraît cependant pas avoir été aussi exigeante que le Tribunal d'Haïphong sur la production d'une inscription au *dia bô*. Une telle production semble donc être restée un élément de preuve utile mais nullement nécessaire.

[255] *Ibid.*

[256] Créé en 1861, ce corps avait vocation à fournir les administrateurs français compétents en langue annamite et capable de collaborer avec les administrations

au titre duquel il devint en 1868 chef du bureau de la justice indigène. Aux regard des historiens, Philastre s'est rendu célèbre par son action diplomatique intense dans les années 1870, notamment comme négociateur du traité de 1874, après l'échec français de la prise de Hanoï, et ensuite comme chargé d'affaires à Huê où il se montra hostile à l'intervention militaire au Tonkin[257]. Mais entre 1871 et 1875, Philastre, convaincu de la nécessité de connaître objectivement la civilisation locale pour gouverner intelligemment, réalisa surtout la traduction française du *Code annamite* élaboré sous l'Empereur Gia Long en 1812[258]. Volumineux "*recueil d'arrêts rendus depuis près de 4000 ans, plus ou moins bien classés, et légèrement condensés et épurés à chaque changement de dynastie*"[259], ce code, qui reprenait quasiment le code chinois de la dynastie mandchoue Tsin, était présenté de la façon suivante par Philastre : ce dernier commençait par la traduction de chaque article du code puis il traduisait le commentaire officiel, somme des annotations diverses ajoutées par les jurisconsultes viêtnamiens, et il ajoutait enfin son propre commentaire, souvent enrichi de décrets impériaux qui n'avaient pas été annexés dans le commentaire officiel[260]. C'est donc dans un des ses commentaires que Philastre dégagea des règles qui furent ensuite érigées par les juristes coloniaux en principes de la propriété privée et utilisées lors des litiges entre indigènes et concessionnaires. Ce commentaire portait sur l'article 84 § 3 du Code annamite, intitulé "*Soustraire frauduleusement des rizières à l'impôt*" et ainsi rédigé :

> "*Si des gens dispersés reviennent à leur lieu d'habitation pour en reprendre possession, mais que le nombre restreint des bras ne soit plus en rapport avec l'étendue de leurs anciennes rizières qui est considérable, ils seront* ***autorisés*** *à cultiver selon leurs forces et en informant l'autorité ; les terres seront inscrites sur les rôles et* ***l'impôt*** *à payer en nature ainsi que les autres charges ordinaires décomptés d'après l'étendue des rizières. S'ils s'emparent de trop de rizières et qu'ils en* ***abandonnent*** *en friche de trois à six*

autochtones (cf. Y.Tsuboï, *L'Empire viêtnamien face à la France et à la Chine*, Paris, 1987, p.74). Sur Philastre, voir aussi Brébion, *op.cit.*, p.304.

[257] Voir le compte-rendu de Y.Tsuboï, *ibid.*, p.87-90.

[258] Il s'agissait plus précisément d'une nouvelle traduction, car un autre Français, Louis Aubaret, marin et administrateur des affaires indigènes, en avait déjà réalisé une en 1865 (*Code annamite. Lois et règlements du royaume d'Annam*, Paris, 1865), mais beaucoup moins étoffée que celle de Philastre, qui devait donc la supplanter aux yeux des juristes.

[259] P.Philastre, *Le Code annamite*, Paris, 1876, tome 1, p.3.

[260] Sur la présentation du Code et du travail effectué par Philastre, voir la préface de Philastre lui-même. *Ibid.*, pp.1-6.

maûs, la peine sera de trente coups de rotin ; [...] les rizières seront ***confisquées*** *au profit de l'Etat. Si au contraire, les bras sont nombreux et que les anciennes rizières soient en petite quantité, ces gens s'adresseront à l'autorité qui leur annexera des rizières voisines aussi abandonnées et, d'après la vérification de leurs revenus d'action, allotira à chacun et donnera à cultiver.*"[261]

De cet article précis et touffu, Philastre dégagea deux principes généraux : premièrement, une terre abandonnée, c'est-à-dire non cultivée et cessant de payer l'impôt, faisait retour au domaine ; deuxièmement, la propriété des biens domaniaux s'acquérait gratuitement par les particuliers par le seul fait de leur demande de prendre les biens en culture et d'en verser l'impôt[262]. Toutefois, Philastre assortissait sa conclusion de l'étonnement suivant qui était lourd de signification : "*[...] l'on ne voit pas pourquoi cette disposition, d'une importance capitale, a été formulée en des termes qui paraissent restrictifs et pourquoi on ne l'a pas érigée en loi fondamentale, ce qu'elle est en effet. Il paraît probable d'ailleurs que cette disposition a dû être décrétée dans le but de satisfaire à un besoin spécial, à la suite de faits particuliers et qu'elle a été ajoutée à l'article primitif*"[263]. Les principes que Philastre croyait discerner constituaient-ils vraiment une *loi fondamentale* non seulement du droit fiscal mais aussi du droit de propriété ? Contentons-nous d'amorcer cette critique sur laquelle il faudra revenir. L'essentiel est qu'au même moment et plus encore à la suite de Philastre, les juristes coloniaux ont repris ces conclusions, en tendant à les amplifier. Contemporain de Philastre, Eliacin Luro (1837-1876), lui aussi lieutenant de vaisseau et inspecteur des affaires indigènes, avait été chargé, entre autres, d'élaborer le projet d'organisation de l'école des stagiaires destinée à enseigner les langues et coutumes indochinoises aux futurs administrateurs, puis après huit années de Cochinchine, il avait entamé des études de droit en France avant de repartir en Orient pour diriger l'école qu'il avait fondée[264]. A cette occasion, il composa un fameux *Cours d'administration annamite* en 1875, dans lequel il écrivait à propos de la propriété : "*[...] il est de principe en ce pays que toute terre qui est abandonnée, dont personne ne paye l'impôt doit*

---

[261] Partie "Lois civiles", titre II "Rizières et habitations", article 84 § 3, *Code Philastre*, p.395-396.
[262] *Ibid.*, p.407.
[263] *Ibid.*
[264] Pour une courte biographie d'Eliacin Luro, voir la notice de Bizemont en introduction de l'ouvrage posthume de Luro : *Le pays d'Annam*, Paris, 1878 ; Brébion, *op.cit.*, p.243 et Fourniau, *Les contacts franco vietnamiens, op.cit.*, p.2619.

être concédée à nouveau. Si la terre était abandonnée volontairement par son propriétaire qui cessait d'en payer l'impôt, cet abandon corroboré par la cessation d'impôt, était sans autre formalité un acte d'abandon de la propriété et l'Etat reprenait le droit d'approuver toute demande de concession nouvelle"[265]. Peu après Philastre et Luro et s'appuyant sur ces deux auteurs, Jules Silvestre, ancien chef de la justice indigène en Cochinchine et directeur des affaires politiques et civiles au Tonkin, dressa les mêmes conclusions mais alla plus loin en cherchant à qualifier la nature du droit de propriété : en cas de retour au domaine, "*il n'y a pas là confiscation, mais résiliation d'un contrat : l'Etat, dépositaire du domaine public, ne vend jamais la terre ; il la concède toujours gratuitement au particulier par le seul fait de sa demande, à charge de la mettre en culture et d'en payer l'impôt*"[266]. Enfin, un des derniers ouvrages de référence était le *Précis de droit annamite* de Miraben, procureur de la République, paru en 1896. Ouvrage beaucoup plus simple et plus utilisé par les juristes, le précis de Miraben ne puisait pas directement aux sources annamites mais aux auteurs qui l'avaient précédé[267] et surtout à la jurisprudence rendue par la justice coloniale. Il montre bien comment cette dernière avait confirmé les deux conditions de la propriété en droit indigène[268]. Le record de concision était toutefois atteint par l'article 316 d'un *Code civil annamite* remanié par Louis Bourayne, président du tribunal de Bentré, en 1904 : "*La propriété des terres se perd par l'abandon de la culture et par la cessation du paiement de l'impôt*"[269].

La jurisprudence s'alignait donc sur ces ouvrages doctrinaux et rendait parfois une interprétation stricte des conditions de la propriété. Par exemple, dans son arrêt du 17 février 1899, le Tribunal de première instance de Haïphong déclarait : "*cet abandon et ce non payement de l'impôt donnent la faculté au souverain d'exercer son droit de reprise, droit dont il peut seulement ne pas user [...], en tous les cas, le retour de la terre à l'état de friche, sa non-culture,*

---

[265] E.Luro, *Cours d'administration annamite*, Paris, 1875, p.353. Fréquemment cité, cet ouvrage fut la référence des administrateurs et juristes pendant plusieurs générations.

[266] J.Silvestre, "Considérations sur l'étude du droit annamite", P.1899, II, p.17. La thèse du contrat synallagmatique est reprise par Camille Lejeune dans sa thèse (*Régime de la propriété foncière en pays annamite*, Paris, p.32). Jules Silvestre a fait l'objet d'une thèse récente, que nous n'avons pas pu nous procurer à Paris. Voici néanmoins ses références : Dubreuil (Serge), *Jules Silvestre, un soldat en Indochine, 1862-1913, ou la diffusion de l'idée coloniale*, Toulouse, Université du Mirail, 1998 ; voir aussi, Brébion, *op.cit.*, p.351.

[267] Le précis est par exemple dédié à J.Silvestre.

[268] Miraben, *Précis de droit annamite*, Paris, 1896, p.24-26.

[269] L.Bourayne, *Code civil annamite ou les lois civiles annamites disposées d'après le code civil français*, Saïgon, 1904, p.50.

entraînent ***ipso facto*** *son retour au domaine de l'Etat*"[270]. La jurisprudence semblait ici davantage insister sur la condition de l'abandon de la culture pour déchoir un propriétaire et admettre la cessation du paiement de l'impôt comme un simple élément confirmatif. De même, dans l'affaire *Marty c. Rainoird* de 1908, la Cour d'appel estima à propos de la cessation de l'impôt "*que cette circonstance,* ***corroborant*** *l'état d'inculture des terres, ne laisse aucun doute sur leur retour définitif au Domaine*"[271]. Néanmoins, de cet arrêt, il semble aussi ressortir qu'un propriétaire délaissant la culture de sa terre mais continuant de payer l'impôt pouvait éviter la déchéance. C'est ce que prescrivait d'ailleurs une circulaire du résident supérieur d'Annam de 1896, qui considérait comme critère d'abandon de la terre la cessation non de la culture mais du versement de l'impôt[272]. Toutefois, en 1904, la Cour d'appel, s'appuyant sur des ordonnances impériales de Minh Mang (1820-40) et de Tu Duc (1847-83), statua que si un propriétaire ne payait pas complètement l'impôt, "*cette irrégularité ne saurait, par elle-même, constituer une cause de perte de la propriété*"[273]. En résumé, il semble que les conditions devaient être cumulées pour pouvoir déchoir, et comme le rappelle Gueyffier dans sa thèse en 1928, ces conditions étaient en pratique indivisibles, la culture seule dégageant les ressources nécessaires au paiement de l'impôt[274]. Ces conditions n'en suffisaient pas moins à fragiliser les propriétaires indigènes face aux concessionnaires, surtout dans la situation créée par la guerre coloniale.

---

[270] P.1899, I, p.194.

[271] P.1908, I, p.328.

[272] Circulaire adressée aux résidents et vice-résidents provinciaux, le 8 février 1896, JOIF 1896, p.133. Le résident supérieur d'Annam citait Philastre à l'appui de sa thèse. Rappelons qu'en Annam, l'autorité coloniale, pour des raisons politiques, se montrait plus respectueuse du pouvoir impérial qu'au Tonkin, même si les conséquences de cette attitude sur le droit mériteraient encore d'être éclaircies. Confirmation par CA Hanoï (Chambre civile indigène) 22 mars 1922 *Ly Van Nien c. Nguyen Dinh Chi*, P.1922, I, p.196 : "*le fait pour le demandeur d'avoir laissé ses terrains sans soins durant trois ou quatre ans ne lui en fait pas perdre la propriété, du moment qu'il en paye l'impôt censitaire.*"

[273] CAI 20 juin 1904 *Vo Van Thien c. Lieutenant-gouverneur de Cochinchine*, P.1912, I, p.123. En l'espèce Vo Van Thien revendiquait des terrains que l'administration souhaitait vendre aux enchères.

[274] R.Gueyffier, *Essai sur le régime de la terre en Indochine*, Thèse, Lyon, 1928, p.54.

II. *Une application litigieuse à l'occasion des concessions*

Les convoitises des concessionnaires et les litiges qui en ont découlé avec les villages ont révélé la faiblesse de la protection de la propriété assurée par le droit précolonial tel qu'il était compris par le colonisateur (A). Cette incertitude des droits indigènes se trouvait renforcée par la pratique de l'administration qui ne vérifiait pas suffisamment la domanialité des terres avant de les concéder (B).

A) Fragilité des conditions de la propriété indigène

En réalité, ce qui affaiblissait la propriété foncière était moins le droit lui-même que l'équilibre politique et social qui le justifiait et que la conquête avait gravement bouleversé. C'est au Tonkin que l'essentiel des problèmes se sont posés. Le Tonkin ayant été le théâtre de rudes batailles contre les troupes chinoises rebelles, les "pirates" ou la résistance viêtnamienne du *Can Vuong* entre 1873 et 1891[275], beaucoup de villages paysans avaient dû abandonner leurs terres pour fuir ou pour combattre. Selon Daniel Hémery, "*c'est bien la paysannerie qu'il a fallu combattre et c'est au xa, la communauté villageoise vietnamienne, si solidement organisée, pourvoyeuse de la résistance en hommes et vivres, que l'armée coloniale livre la guerre*"[276]. L'agriculture était donc ravagée et lorsque les premiers concessionnaires se sont installés entre 1887 et 1897, au moment de la pacification progressive, tous les villageois étaient loin d'avoir réintégré leurs anciennes terres. La conjonction de ce phénomène avec la théorie du droit de propriété qui soumettait son existence à la culture et au paiement de l'impôt devait donc leur causer des difficultés face aux concessionnaires et à la justice coloniale, lorsqu'ils se furent réinstallés. L'affaire exemplaire fut l'affaire *Marty contre Rainoird*. Bien qu'elle portât sur une vente et non sur une concession, le problème juridique restait le même. Marty avait acquis auprès d'un particulier français un terrain de 1183 hectares au Tonkin, vendu en 1891 comme terre domaniale par les autorités du Protectorat, mais au

---

[275] Cf. Ta Thi Thuy, *op.cit.*, p.39-40 ; Brocheux, Hémery, *op.cit.*, pp.57-63. Aux troubles militaires et politiques, il faut en outre ajouter de graves inondations causées par le Fleuve Rouge.

[276] *Ibid.*, p.61. Sur le *Can Vuong*, la référence est la thèse de Charles Fourniau, abrégée dans *Annam-Tonkin 1885-1896*, Paris, 1989.

moment d'en prendre possession, il se retrouva confronté à un autre occupant français, Rainoird, qui tenait le même terrain de plusieurs villages indigènes selon la loi annamite[277]. La question était donc de savoir qui était le véritable propriétaire en 1891. En 1908, la Cour d'appel de l'Indochine trancha en faveur du domaine car elle constata que les terres étaient abandonnées et avaient cessé de payer l'impôt, alors même que l'acte de vente effectué par le domaine qualifiait les villages de "*propriétaires*". Mais sur ce dernier point, la Cour d'appel estima qu'il ne s'agissait que d'une "*vague énonciation*" pour reverser le prix de vente aux villages en simple "*indemnité de bienveillance, d'un caractère peut-être politique, mais impuissante à influer sur l'attribution de la propriété des terrains litigieux*"[278]. La lecture des faits montre que si les villages avaient abandonné la culture de leurs terres et le paiement de l'impôt, c'était en raison de l'état troublé du pays. Appliqué de façon obtuse dans le contexte exceptionnel de troubles, le droit indigène perdait totalement sa raison d'être et sa justification. Pour leur défense, les indigènes avaient bien invoqué cette situation exceptionnelle, au travers de la théorie de la force majeure[279]. Ils trouvaient d'ailleurs un certain écho dans l'administration puisque dans une autre grande affaire, concernant le concessionnaire Antoine de Peretti, au cours d'une séance du Conseil du protectorat consacrée à l'opportunité de lui concéder définitivement des terrains, l'avocat général Michel déclara qu'il convenait de réserver les terrains déjà cultivés puis abandonnés par les villages devant la piraterie car ils ne les avaient pas abandonnés sans esprit de retour[280]. Esprit de retour ou force majeure, ces deux arguments procédaient d'une même vision de l'équité mais la jurisprudence formulée à l'occasion de l'affaire *Marty* la réfuta totalement. Dans son arrêt de 1908, la Cour d'appel sembla opposer, dans un premier temps,

---

[277] Quatorze actes de vente avaient été signés en 1897 et 1898, P.1908, I, p.328.

[278] P.1908, I; p.335. Saisie d'un pourvoi, la Cour de cassation devait confirmer l'arrêt de la Cour d'appel, Cass. Civ. 25 juin 1914 *Rainoird c. Marty*, Rec.Dar.1915, J, p.11.

[279] Dans l'affaire *Marty*, cf. lettre de l'avocat Mézières relatif au pourvoi en cassation des villages contre les arrêts de la Cour d'appel de 1908, CAOM Indo GGI//955 : "*pour être opérant cet abandon doit être volontaire et non pas résulter d'un cas de force majeure, tel que la piraterie ou l'inondation*".

[280] Extrait du procès-verbal de séance du Conseil de Protectorat du Tonkin du 4 octobre 1905, CAOM Indo GGI//925. Il s'agissait de discuter de l'opportunité de concéder définitivement à Peretti des terrains déjà inclus dans sa concession provisoire en 1900 mais qui avaient en réalité été cultivés et réexploités par les villageois. Dans une séance de la Commission permanente du Conseil supérieur, instance de conseil placée auprès du gouverneur général, l'avocat général maintint son point de vue, déclarant "*qu'il serait monstrueusement inique de faire profiter M. de Peretti du travail de ces indigènes*" (*ibid.*). Sur l'attachement à la terre des ancêtres dans la mentalité viêtnamienne, voir Ta Thi Thuy, *op.cit.*, p.214.

un refus de principe à la force majeure, se bornant à ses seules conséquences : "*l'argument de force majeure tiré [...] de l'état troublé du pays, en vue de soustraire aux conséquences de l'abandon des terres, n'a pas empêché ces conséquences de se réaliser*"[281]. Un peu après, dans le même arrêt, la Cour semblait légèrement infléchir son refus en acceptant d'examiner les éléments avancés par les villages pour alléguer la force majeure : "*on ne saurait en effet caractériser la force majeure alléguée [...], aucun élément n'ayant été fourni dans ce but, ni quant à la durée dans ces régions des actes de piraterie ayant occasionné lesdits troubles, ni quant aux causes ou aux circonstances à raison desquelles ceux qui possédaient ont cru devoir laisser leurs terres retomber complètement en friche*". A propos de l'impôt, la Cour énonçait pareillement que les villages ne pouvaient cesser le paiement de l'impôt qu'à condition d'avoir obtenu un dégrèvement, "*alors même qu'il y aurait détermination de force majeure*"[282]. Dans ces passages, il semble n'y avoir plus qu'un refus d'espèce de la force majeure, mais qui portait sa reconnaissance à des conditions tellement exigeantes qu'il s'agissait d'un refus de principe inavoué. On comprend la rétivité du droit colonial à admettre la force majeure dans ce cas. La force majeure provenait souvent des troubles engendrés par la conquête coloniale ou l'incurie de l'administration à remédier aux tourments. La reconnaître revenait donc à saper le fondement politique et moral de l'entreprise coloniale ; or le juge restait aussi un agent de la colonisation et de sa légitimation. Penant n'exprimait pas autre chose lorsqu'il écrivait : "*Un propriétaire d'une terre, **dans un pays où s'exercent les rouages d'une administration française**, ne peut pas ne pas faire acte quelconque de possession, payer l'impôt, quand il connaît les conséquences de son abstention, même lorsque des actes de piraterie sont commis. D'autre part, les indigènes paisibles qui n'ont pas fait acte de rebelles, n'ont jamais rien eu à redouter des troupes d'occupation. Dans tous les cas, l'existence de cette force majeure devrait être démontrée*"[283].

---

[281] P.1908, I, p.336

[282] *Ibid.* Etait-ce l'application d'une disposition du Code annamite que l'on trouve dans la traduction Aubaret, d'après laquelle en cas de mauvaise récolte due à une calamité, les habitants pouvaient obtenir une dispense d'impôt à condition d'adresser une pétition au mandarin, qui devait l'approuver après visite du territoire et la transmettre au chef de province ? cf. Aubaret, *op.cit.*, p.106 ; disposition évoquée aussi par Gueyffier, *op.cit.*, p.50-51.

[283] On peut voir incidemment que Penant, dans son article de 1908, continuait d'admettre en théorie l'attribution à des concessionnaires de terres abandonnées pour cause de force majeure comme une faute susceptible d'engager la responsabilité de l'administration (*Op.cit.*, p.43 et 46).

Il existait potentiellement un autre angle de critique du droit appliqué en Indochine : celui de sa déformation. L'autorité coloniale a appliqué les conditions de culture et d'impôt avec une rigueur que le véritable droit local n'avait vraisemblablement jamais connue, en théorie comme en pratique. En théorie d'abord, on mesure, au travers des sources traduites et des différents ouvrages doctrinaux, la dégradation de la connaissance du droit autochtone que l'autorité coloniale prétendait appliquer. Philastre lui-même faisait droit aux nuances, après avoir cru dégager les principes de la propriété privée, notamment dans son commentaire de l'article 90 du Code. Il constatait que dans le code chinois, il existait un article qui frappait de peines corporelles un propriétaire de terres laissées en friche ; or, cet article n'avait pas été repris par le code annamite. Philastre mettait cette absence sur le compte d'une subtilité des juristes viêtnamiens et en tirait une conclusion sur les conditions du droit de propriété annamite qui infléchissait très nettement celle qu'il avait cru pouvoir faire à propos de l'article 84 § 3. Si on lisait à la lettre cet article, on comprenait que le propriétaire devait non seulement payer l'impôt mais encore cultiver, mais Philastre d'asséner : "*cela est vrai dans le Code chinois à cause de l'article qui nous occupe actuellement [l'article 90], mais cet article étant supprimé dans le code annamite, leur signification se trouve modifiée, et il n'y est plus question que des terres qui restent incultes et pour lesquelles le propriétaire se refuse à payer l'impôt*"[284]. Enfin et surtout, Philastre rapportait une importante ordonnance impériale, reproduite également dans le recueil de l'interprète judiciaire Raymond Deloustal, datant de la 15e année du règne de Minh Mang (1834) et qui couvrait exactement le cas des terres abandonnées pendant les troubles :

> "*Si des villages ont disparu ou si des propriétaires se sont dispersés, on annexera les rizières abandonnées aux villages ou aux biens des cultivateurs voisins qui consentiront à s'en charger en les distribuant* ***avec discernement****. [...] Si le village ou la population* ***reviennent****, on leur donnera les rizières et les terres encore incultes n'ayant jamais été défrichées ; on attendra six ans avant de les imposer et alors elles deviendront leur propriété définitive*"[285].

---

[284] *Code Philastre*, p.477. Lecture contestée bien plus tard par Gueyffier, *op.cit.*, p.52-53.

[285] *Ibid*, p.399 ; Deloustal, Michel, *Recueil des principales ordonnances...*, *op.cit.*, p.71. Reprenant les traductions de Deloustal, E.Mathieu, *La propriété foncière en Indochine*, Paris, 1909, p.93.

Ces dispositions et ces nuances, que les successeurs de Philastre paraissaient avoir oublié[286], suffisent à prouver qu'en droit précolonial, l'abandon de la terre n'avait sûrement pas l'effet rédhibitoire que le droit colonial lui avait accordé. Et en admettant que l'administration eût pu disposer des terres abandonnées, l'équilibre social sous-tendu par le droit annamite ne pouvait qu'interdire ce que l'administration laissait faire avec les premières concessions, à savoir l'attribution d'immenses superficies à des individus qui n'avaient pas les capacités physiques et financières de les exploiter seuls : "*Il est évident pour nous, d'après les idées que nous connaissons aux Annamites, et qui sont communes aux Chinois, sur les questions économiques, que le but du législateur est d'éviter que des terres restent improductives, immobilisés par le caprice ou la vanité d'un seul [...]*"[287]. Cette attitude ne figurait d'ailleurs pas que dans l'éther des idées économiques et sociales mais s'était pleinement inscrite en droit, dans une ordonnance de l'Empereur Minh-Mang de 1840, qui obligeait les gens riches à céder immédiatement à leurs communes trois dixièmes de leurs terres, sans aucune indemnité[288]. C'est là l'argument définitif qui rendait fallacieuse toute prétention de respect du droit précolonial.

Quelques juristes et administrateurs étaient bien revenus sur cette interprétation déformée du droit précolonial, essentiellement au vu des premiers litiges qui avaient éclaté dans les années 1900[289]. Une première thèse, celle de Jean Borie, attaché à la chambre de commerce de Paris, soutenue en 1906, donc au milieu de la « décennie contentieuse », devait bien lancer une critique contre l'iniquité du système : "*était-il juste de s'autoriser des dispositions particulières d'une loi étrangère pour violer le principe même de cette loi tout entière, en prenant de la propriété révoquée suivant le droit annamite pour en faire de la propriété en droit français irrévocable ?*"[290]. Mais il faut s'empresser de remarquer que cette condamnation radicale de la politique des grandes concessions s'accompagnait en réalité du plus

---

[286] Chez Luro et plus encore chez Silvestre ou Miraben, les précautions sont nettement moins présentes.

[287] Philastre, *op.cit.*, p.407.

[288] Ce texte est cité par R.Bienvenue dans sa thèse de 1911, mais sans que l'auteur en tire la moindre conclusion sur l'opportunité des grandes concessions françaises, qui n'est pas son sujet non plus (R.Bienvenue, *Le régime de la propriété foncière en Annam*, Rennes, Thèse, 1911, p.16).

[289] Le rapport du 1er février 1912 nous indique que ces litiges naquirent "*sur les instigations d'un avocat défenseur*", un certain Maître Counelle (CAOM FP 9/PA/11). Ces litiges éclatèrent dans le contexte politique général très tendu de l'Indochine, au bord de l'embrasement dans cette décennie (cf. *Le Contact colonial franco-vietnamien*, Aix-en-Provence, 1999, p.230 sqq).

[290] J.Borie, *Le métayage et la colonisation agricole au Tonkin*, Paris, Thèse, 1906, p.103-104.

grand conservatisme juridique, puisque Jean Borie considérait toujours que la propriété était bien révoquée en droit annamite. Dans la même veine que Borie, quoiqu'avec des divergences mais aussi plus de ferveur et de radicalité, le capitaine Fernand Bernard, dans son retentissant ouvrage au titre qui se voulait prémonitoire, *L'Indo-Chine. Erreurs et dangers, un programme*, lançait également une critique politique, mais sans aborder la question du droit de propriété indigène, pourtant cœur de l'argumentation juridique que d'autres auteurs se sont ingéniés à réviser[291].

La critique la plus aboutie, car alliant la réponse juridique à une grande lucidité politique, fut livrée en 1912 par Jean Morel dans sa thèse sur les concessions de terres au Tonkin, thèse d'autant plus digne d'attention qu'elle représentait sûrement le mieux la doctrine de l'administration coloniale de l'époque, son auteur étant administrateur des services civils indochinois et commissaire du gouvernement au Conseil du contentieux administratif de l'Annam-Tonkin. Rompant avec l'habitude du colonisateur de réduire les agitations à de la « piraterie » en feignant de n'y voir aucune opposition nationaliste, Jean Morel résumait d'un trait fulgurant l'échec des grandes concessions françaises : "*Ce fut la lutte d'une démocratie agrarienne nationale contre l'aristocratie terrienne étrangère que nous venions de créer*"[292]. Fort de ce constat introductif, l'auteur se faisait l'écho de la nouvelle interprétation du droit annamite adoptée par l'administration, en rupture avec la théorie classique. En effet, en 1911, le Résident supérieur du Tonkin avait sollicité du *Tông-Dôc*, Dô Van Tam, mandarin chef de l'administration indigène en province[293], une nouvelle traduction de deux ordonnances de Minh Mang, divulguée dans une circulaire. La première ordonnance, datant de 1831, douzième année du règne de Minh Mang, portait sur la concession des lieux incultes et abandonnés et disposait, selon la première traduction française :"*Si les rizières sollicitées sont des biens n'ayant jamais été inscrits ou d'anciennes rizières communales, ayant été autrefois inscrites mais abandonnées, il sera accordé à celui qui les cultivera le premier un délai de 6 ans pour les mettre en valeur*".Mais quelles étaient donc ces terres "*autrefois inscrites mais abandonnées*" ? De quel abandon s'agissait-il : celui engendré par les troubles extérieurs ou d'un abandon antérieur ? La nouvelle traduction levait toute ambiguïté :"*Les terres qui seront mises en valeur seront*

[291] F.Bernard, *Indo-Chine. Erreurs et dangers*, Paris, 1901, p.132 sqq.

[292] J.Morel, *Les concessions de terres au Tonkin*, Paris, Thèse, 1912, p.3.

[293] Le *tông-dôc* était originellement un gouverneur général de province, mandarin de deuxième degré et de première classe, dirigeant tous les services civils et militaires (E.Villard, *Etude sur le droit administratif annamite*, Saïgon, 1882, p.9).

attribuées à celui qui les aura défrichées le premier, s'il est établi qu'elles n'avaient jamais été inscrites sur aucun rôle ou qu'ayant été autrefois inscrites, elles appartenaient à la catégorie des terrains communaux laissés incultes". Sous cet angle, aucun doute n'était plus permis : seules des terres incultes alors que la structure communale ne s'était pas encore dispersée pouvaient être concédées. Cette opinion se voyait corroborée par la deuxième ordonnance, celle précitée de 1834, quinzième année du règne de Minh Mang, relative au retour des populations sur des terres ayant été abandonnées puis confiées à d'autres exploitants. L'ancienne traduction proposait les termes suivants : "*Si le village ou la population reviennent, on leur donnera les rizières et les terres encore incultes n'ayant jamais été défrichées ; on attendra six ans avant de les imposer, et alors elles deviendront leur propriété définitive*". Là encore, l'incertitude était de mise : fallait-il comprendre cette disposition comme laissant aux nouveaux concessionnaires les terres des anciens propriétaires qu'ils auraient défriché après leur abandon ? La nouvelle traduction apportait de la clarté et se montrait plus favorable aux anciens propriétaires : "*les terres ainsi occupées devront être restituées, en totalité, aux habitants du village primitif lorsqu'ils seront de retour. Toutefois exception est faite pour les terres jadis incultes que personne n'avait essayé de défricher et de mettre en valeur et que les nouveaux occupants auront réussi à transformer en rizières*"[294]. En remplaçant, dans ce texte, "*nouveaux occupants*" par "*concessionnaires français*", on devine à quel point la jurisprudence *Marty* de la Cour d'appel se trouvait éloignée du droit annamite qu'elle prétendait appliquer. On comprend aussi l'agacement non dissimulé de l'administrateur Jean Morel à l'égard de cette jurisprudence "*embarrassante*" venue confirmer la vente faite par l'administration en 1891 et l'obliger à expulser les villageois, alors qu'elle avait juste auparavant reconnu ses torts auprès d'eux et cherchait plus généralement à se dépêtrer des errances antérieures[295].

---

[294] Anciennes et nouvelles traductions sont restituées complètement et en vis-à-vis par Morel, *ibid.*, p.19-22. Cf. aussi, Gueyffier, *op.cit.*, p.57-58.

[295] *Ibid.*, p.33. Traduisant le même agacement, cf. note du chef du 3e bureau, 4 mars 1912, CAOM Indo/AF/106. Cette note mettait en garde contre le danger d'une confirmation de cette jurisprudence en cassation, risquant de reproduire en grand nombre "*le cas de ce sergent de tirailleurs qui, revenant de servir la France pendant 10 ans, retrouva sa maison et son champ englobés dans les propriétés Gobert et qui, n'ayant plus les moyens de gagner sa vie, se fit pirate ; lors de son départ pour le bagne, un de ses anciens officiers, l'apercevant dans le convoi des prisonniers, lui serra ostensiblement la main et lui dit « à ta place j'aurais fait comme toi » ; ceci n'est pas une légende, les anciens pourraient encore dire le nom de ce condamné*".

Trois ans après la thèse de Morel, Boudillon, dans son rapport sur le régime de la propriété foncière en Indochine de 1915, lui emboîtait le pas. S'appuyant sur une autre ordonnance, de la 8e année de Minh Mang, qui obligeait à indemniser les propriétaires dépossédés de leurs terrains pour cause d'utilité publique[296], il estimait que la propriété privée en tant que telle existait vraiment au Viêtnam et surtout considérait que si le défaut de culture et du paiement de l'impôt pouvaient être des causes de perte de la propriété, cela ne se faisait jamais sans le consentement formel de l'intéressé[297]. Sur ce point, l'opinion de Boudillon pouvait trouver confirmation dans le commentaire officiel rendu sur l'article 84 § 3 du *Code Philastre*, qui limitait la confiscation de la terre seulement au cas de soustraction frauduleuse à l'impôt ou de demande de dégrèvement. Dans le même sens, un décret de la 1re année du règne de Tu Duc (1848) disposait qu'à propos d'une terre non inscrite au rôle de l'impôt mais ayant déjà été cultivée et ensuite abandonnée, le possesseur pouvait en garder la propriété, sous la seule condition de verser une amende au dénonciateur qui révélait la situation[298]. De façon encore plus directe, Boudillon déclarait les premières concessions illégales par rapport à la loi indigène et critiquait expressément l'arrêt rendu par la Cour d'appel dans l'affaire *Marty* en 1908, accusant la Cour d'avoir commis une "*erreur manifeste*" dans la définition de la propriété annamite et invitant la Cour de cassation à corriger la jurisprudence. L'auteur croyait, en revanche, voir une meilleure disposition de la Cour d'appel à l'égard de la propriété indigène dans son arrêt *Levaché* du 29 mars 1912, dans lequel elle avait débouté le concessionnaire Levaché de ses prétentions sur des terrains inscrits au *dia bô* sous le nom des villages indigènes.[299].

Boudillon et plus encore Morel rendaient Philastre responsable du contresens initial. Du point de vue actuel de l'historien, il faut toutefois bien relever que la bonne foi de Philastre – que ses critiques de l'époque ne mettaient d'ailleurs pas en cause – apparaît au-dessus de tout soupçon. Si son œuvre juridique était à l'image de son action diplomatique, l'homme, surnommé par dérision le "*bon ami de Tu*

---

[296] Cf. Deloustal, Michel, *op.cit.*, p.69.

[297] Boudillon, *op.cit.*, pp. 151 et 178. Critique des arguments de Boudillon par Gueyffier, *op.cit.*, p.41 et Ly-Binh-Huê, *Le régime des concessions domaniales en Indochine*, Paris, 1931, p.82.

[298] *Code Philastre*, pp. 397, 401 et 407 ; Luro, *op.cit.*, p.355. Disposition appliquée par la justice en faveur d'un certain Vo Van Thien, dans l'arrêt CAI 24 juin 1904, Rec. Dar. 1906, J, p.131.

[299] Boudillon, *op.cit.*, p.181 et p.186. Comme on l'a vu, la Cour de cassation ne suivit pas la recommandation de Boudillon dans l'affaire *Marty*, cf. Cass. Civ. 25 juin 1914, Rec. Dar. 1915, J, p.11. Sur l'arrêt *Levaché* (P.1913, I, p.59), voir notre note 253.

Duc" et accusé d'être "*plus annamite que les lettrés*" par ses détracteurs français[300], ne peut être accusé aujourd'hui d'avoir voulu favoriser une interprétation fragilisant le droit de propriété annamite face aux colons. Il faudrait même distinguer Philastre et tous ses contemporains ou successeurs qui ont réfléchi sur le droit de propriété annamite. L'ambition de ces premiers juristes français de droit annamite était exclusivement de connaître le droit tel qu'il était, objectivement, pour mieux le maîtriser et se mettre à hauteur de l'administration mandarinale, et non de le déformer d'emblée en vue de tel ou tel intérêt[301]. En effet, la lecture d'un Jean Borie défendant, au profit de "*l'Européen*", le "*principe de droit naturel [...] de s'approprier [...] des territoires dont les indigènes, laissés à eux-mêmes, ne sauraient tirer parti*"[302], illustre bien ce que dut être l'assurance de la colonisation à ses débuts et l'absence de toute interrogation sur la légitimité des colons à s'installer sur les terres indigènes. Dans cette perspective, constituaient donc plutôt un « progrès » les premières réflexions doctrinales, même biaisées, sur le droit de propriété indigène. En revanche, Philastre, malgré ses talents de sinologue, semble avoir été inconsciemment induit en erreur par la conception formelle du droit français. Philastre s'était essayé à dégager des textes viêtnamiens une loi générale de la propriété. Pourtant conscients du désordre apparent des solutions du droit annamite, lui ainsi que ses successeurs croyaient en la possibilité de déduire, par l'exercice d'une science juridique laborieuse, ces règles générales. Mais pensant ainsi clarifier simplement la forme, ils ne se rendaient pas compte qu'ils transgressaient aussi dans une certaine mesure le fond du droit, donnant à ce droit épuré une radicalité qu'il n'avait peut-être pas à l'origine. Cette généralisation, caractéristique du raisonnement juridique français, ne s'appliquait à l'évidence pas au droit annamite, qui statuait en équité et non par voie de principes et d'exceptions. Alfred Schreiner, dans son œuvre magistrale sur les institutions de Basse-Cochinchine avant la conquête française, parue

---

[300] Tsuboi, *op.cit.*, p.88. Les colonialistes reprochaient à Philastre son attitude trop complaisante à l'égard de la Cour, au moment et à la suite du traité de 1874 qu'il eut à négocier, après le fiasco des expéditions Dupuis et Garnier, respectivement commerçant aventurier et officier de marine, qui s'étaient emparés temporairement de la citadelle d'Hanoï. A son propos, Chassignieux écrivit en 1932 : "*Un long séjour en Asie, une application constante à l'étude du droit et des institutions indigènes avaient émoussé chez lui le sens exact de l'intérêt français.*" (G.Hanotaux, A.Martineau, *op.cit.*, p.416).

[301] Voir sur ce point la préface sans ambiguïté de Louis Aubaret, notant que dans leur fuite, les mandarins délaissaient derrière eux tous les registres administratifs mais prenaient soin d'emporter leur code : "*C'est donc se mettre avec eux sur un pied d'égalité que de connaître leurs lois*" (*op.cit.*, p.4).

[302] *Ibid.*, p.3.

en 1902, constatait : "*le législateur annamite s'est abstenu de formuler des lois sur des principes généraux, [...] il s'est au contraire, attaché à citer une infinité de cas particuliers, les groupant avec plus ou moins de bonheur, et rendant ainsi la déduction de règles générales fort laborieuse sinon impossible*"[303]. Ly-Binh-Huê rappelait à son tour, dans sa thèse de 1931 : "*En France on juge en droit. En Asie en général, et en Annam en particulier, on jugeait en équité*", et de citer un ouvrage français de 1907 : "*Il eût été malaisé au législateur de poser des principes immuables en ces matières ; la coutume seule devait forcément prévaloir [...]. Dans le pays où le sol est en continuelle formation, où la terre apparaît et disparaît au gré d'un cours d'eau ou d'une inondation [...] comment poser des règles fixes et éternelles [...] ? C'est pourquoi le législateur a sagement renoncé à poser un principe unique en matière de propriété, il s'est contenté d'étudier tous les cas litigieux et les a résolus par des décrets codifiés par chaque règne*"[304]. Tran Van Chuong, dans sa thèse sur l'esprit du droit sino-annamite en 1922, s'était montré plus modéré, concédant l'existence de quelques règles générales, mais dans l'ensemble, il rejoignait ces propos, assénant, citation de Schreiner à l'appui, que la législation annamite ne formait aucunement un ensemble logique d'institutions et de définitions juridiques[305]. Néanmoins, comme on l'a vu, Philastre faisait droit aux nuances dans son code et en tout état de cause, il faut certainement chercher la responsabilité du contresens davantage dans la pression coloniale et l'empressement de l'autorité coloniale à la satisfaire. Celle-ci devait aisément s'accommoder d'un droit qui, pour peu qu'on en simplifiât l'interprétation, pouvait justifier à bon compte les aliénations d'anciennes terres cultivées[306]. Le rapport important du haut fonctionnaire indochinois, Albert Grodet, au sous-secrétaire d'Etat aux colonies en 1890, précédant donc de peu la politique des grandes concessions, trahissait explicitement cette grossièreté d'interprétation. Ce rapport de synthèse sur le régime de la propriété et du domaine citait un important passage de l'*Introduction au projet de code civil à l'usage des Annamites* de Lasserre, qu'il convient de restituer ici :

---

[303] A.Schreiner, *Les institutions annamites en Basse-Cochinchine*, Saïgon, 1902, t.3, p.209.

[304] Ly-Binh-Huê, *Le régime des concessions domaniales en Indochine*, Paris, Thèse, 1931, p. 76 et p.50-51. L'auteur cite l'ouvrage de Pasquier, *L'Annam autrefois*. Il faut indiquer que Ly-Binh-Huê avançait cet argument contre les tenants d'une propriété privée inconditionnelle en Annam, tout comme René Gueyffier (*op.cit.*, p.46), mais l'historien doit rétorquer que l'argument valait aussi contre les tenants du principe absolu de déchéance en cas d'abandon des terres.

[305] Tran Van Chuong, *Essai sur l'esprit du droit sino-annamite*, Thèse, Paris, 1922.

[306] Cf. Morel, *op.cit.*, p.63-64.

"*Avec un pouvoir aussi exorbitant [de l'Empereur], c'est en vain que l'on rechercherait, dans la législation indigène, une disposition définissant le droit de propriété annamite [...]. Dans l'esprit des rédacteurs du Code, du reste, les particuliers n'avaient sur les terrains qu'ils occupaient qu'un droit de possession plus ou moins étendu. Ils ne pouvaient, d'ailleurs, méconnaître cette longue possession, à l'ombre de laquelle s'étaient formés tant d'intérêts, sans détruire les bases fondamentales de la société. Cette terre, certains possesseurs l'avaient en effet fécondée par de longs travaux, enrichie par des plantations, embellie par des édifices ; là, étaient les tombes de leurs aïeux ; c'était l'héritage paternel, tout l'avenir de leurs enfants, le gage de leurs créanciers... Aussi, tout en conservant dans son intégrité le droit du souverain, le législateur indigène avait reconnu la nécessité absolue de donner certaines garanties à cette possession et de ne pas l'abandonner aux entreprises de chacun. C'est pourquoi de particulier à particulier, la possession équivalait à un véritable droit de propriété*". Mais ce passage soucieux de certaines nuances, voici comment Albert Grodet le résumait : "*Avant notre installation en Cochinchine, l'Empereur d'Annam avait un pouvoir absolu sur toutes les terres de son royaume*"[307]...

Plus ou moins marquée par les doctrines approximatives du droit annamite professées par l'administration, la jurisprudence, quant à elle, devait être d'autant moins encline à s'assouplir sur les conditions de la propriété que dans certaines affaires, elle ne s'en était pas satisfaite. Bien avant le respect des conditions de culture et de paiement de l'impôt, ce que la jurisprudence favorisait finalement était la présentation d'un acte écrit en bonne et due forme délivrée par l'administration. Par exemple, dans son arrêt du 20 juin 1904, la Cour d'appel fonda sa décision en faveur d'un particulier, et au détriment de l'administration de Cochinchine, sur l'existence d'un écrit officiel délivré par le *huyen* (fonctionnaire viêtnamien) en 1856 et comportant toutes les indications et empreintes officielles (mesurage, plan, cachet rouge, trait au pinceau...)[308]. L'inconvénient était que la production de tels actes devait être rare, surtout pour les villages détruits et abandonnés en catastrophe. L'affaire qui avait opposé Nguyen Van Vien à la Colonie de Cochinchine révélait jusqu'à l'excès l'effet pervers de cette exigence. En 1901, le service du cadastre avait porté au compte du domaine local des terres revendiquées par Nguyen Van Vien, qu'il avait incontestablement cultivées et pour lesquelles il avait toujours payé l'impôt. Mais le Tribunal de première instance de

---

[307] Rapport d'Albert Grodet, 14 novembre 1890, CAOM Indo/AF/106.

[308] Dans cette affaire, la Cour se satisfaisait tellement de l'acte qu'elle ne prêta aucune attention au respect ou non des obligations de culture et d'impôt. P.1912, I, p.119.

Travinh n'accorda aucune valeur à ces arguments : "*il est vrai que Nguyen Van Vien prétend que, s'il ne possède pas les parcelles inscrites au domaine local comme les ayant acquises ou reçues régulièrement, il en est devenu propriétaire en vertu d'un usage constant qui veut que l'Annamite qui aura défriché ou cultivé des terrains les reçoive en concession de préférence à tous autres [...] cet usage, dont on ne conteste ni la sagesse ni l'utilité publique, ne saurait cependant créer un titre suffisant et ne peut être non plus une obligation pour l'administration [... et] le fait de payer l'impôt foncier pour ces parcelles de rizière ne constitue pas davantage un titre*"[309]. La culture, l'impôt et l'inscription au *bô* ne suffisaient donc pas au Tribunal qui exigeait, selon ses termes, une acquisition régulière, c'est-à-dire une autorisation expresse de l'administration. En 1915, la Cour d'appel eut l'occasion d'appliquer les mêmes principes à l'égard de cultivateurs qui occupaient des terres concédées à un certain Tu Van Khuong qui demandait l'expulsion des occupants[310]. Il ressort de l'arrêt de la Cour d'appel que les occupants cultivaient le terrain avant la publication de l'arrêté de concession et l'accomplissement des travaux de délimitation. Mais la Cour débouta les occupants au motif que cela ne constituait pas un "*titre certain*", que les indigènes savaient que les terrains étaient domaniaux et qu'ils ne possédaient pas "*d'autorisation de l'administration*"[311]. Le juge colonial pouvait donc parfois s'éloigner du droit indigène pour réclamer l'exigence d'un titre certain, qui, selon la tradition française, prenait la forme d'un acte écrit exprès. Il subissait là sa déformation nationale, de laquelle n'était sûrement pas exempte une volonté de sa part d'écarter les prétentions des villageois pour donner pleine efficacité au droit administratif français dont se prévalaient les concessionnaires. Cette intention animait bien, en tout cas, la réglementation de 1896 au Tonkin qui autorisait implicitement l'expropriation, à seule fin de concession et moyennant indemnisation par le concessionnaire, des possesseurs ou propriétaires de terrains cultivés, du moment que ces terrains l'étaient depuis moins de deux ans[312]. En vertu du droit indigène, une telle mesure n'était pourtant pas admissible puisque les possesseurs remplissaient toutes les conditions de la propriété.

---

[309] TPI de Travinh 27 mars 1915 *Nguyen Van Vien c. Colonie de Cochinchine*, P.1915, I, p.307.

[310] Plus précisément, la concession avait été faite initialement en 1908 par le Gouvernement de Cochinchine au profit d'un Français, Mayréna, mais celui-ci s'était fait substituer Tu Van Khuong en 1912.

[311] CAI 23 septembre 1915 *Tu Van Khuong c. Hiêm dit Niêm et autres*, P.1916, I, p.128.

[312] Article 7 de l'arrêté du 18 août 1896, JOIF 1896, p.658.

La doctrine avait eu beau entamer un revirement incontestable à la fin de la première décennie du XXe siècle, pour se clore sur la promulgation du Code civil du Tonkin qui, dans son article 462, définissait le droit de propriété comme le "*droit de jouir et disposer des choses de la manière la plus absolue, pourvu qu'on n'en fasse pas un usage prohibé par la loi*", disposition que Dureteste saluait dans son cours comme l'abandon du régime foncier historique tel que Luro, Silvestre et la jurisprudence l'avaient défini[313] ; cette évolution doctrinale fut trop tardive pour s'appliquer aux conflits les plus violents[314]. L'oeuvre coloniale avançait donc de façon chaotique sous le masque d'un droit autochtone déformé ou ignoré. Mais une grande partie des problèmes de propriété soulevés par les concessions trouvait son origine dans une mauvaise vérification préalable de la domanialité des terres.

B) Une domanialité mal vérifiée

Dans son *Précis de législation et d'économie coloniale*, Paul Rougier écrivait que "*le rôle de l'Etat dans la colonisation peut se résumer en trois mots : sécurité, salubrité, viabilité*", et de poursuivre : "*la colonisation nationale a donc, dans l'enfance souvent si longue des colonies, des avantages non discutables sur la colonisation privée. L'Etat peut, mieux que les compagnies privilégiées les plus puissantes, exécuter les travaux préparatoires indispensables qui se ramènent toujours à ces trois services : la viabilité, l'arpentage et la délimitation géométrique des lots de terrain [...]*"[315]. Il s'agissait là d'un cliché des principes républicains de la colonisation auquel la forme et la nature juridique de la concession se conformaient d'ailleurs parfaitement. En théorie, l'autorité coloniale, par les concessions, remplissait son rôle premier, presque régalien, qui consistait à donner une sécurité juridique aux droits réels sur les terres, et maîtrisait le développement agricole de la colonie. Mais derrière cette fiction juridique, la réalité était sensiblement différente. Au moins pour les premières grandes concessions, dans les années 1890, l'autorité coloniale n'a pas assumé sa mission de délimitation précise des droits de propriété, qui constituait pourtant dans le contexte colonial une authentique mission d'ordre public, au regard des

---

[313] Dureteste, *op.cit.*, p.142.

[314] Les historiens contemporains confirment l'intensification de la propriété privée au Viêtnam avant la colonisation, surtout après l'avènement de Gia Long en 1802. Cf. Ngô Kim Chung "Le développement de la propriété privée dans le Viêtnam d'autrefois" in Ngô Kim Chung, Nguyen Duc Nghinh, *Propriété privée et propriété collective dans l'Ancien Viêtnam*, Paris, 1987, pp.94-95 ; Pham Cao Duong, *op.cit.*, p.258.

[315] Rougier,*op.cit.*, pp.474-475.

désordres et des violences que les concessions accordées à la légère ont immédiatement engendrés.

Tout d'abord, l'initiative *réelle* des concessions était privée et non publique. En pratique, toutes les concessions ont été sollicitées directement par les colons sur des terrains dont l'administration ignorait le plus souvent la situation et la contenance. C'est la demande en concession qui ouvrait la reconnaissance en domanialité et non l'inverse. Une véritable initiative publique aurait supposé l'emploi du lotissement ; or, à l'exception de la Cochinchine[316] et bien que prévu par les réglementations successives dès l'arrêté du gouverneur général de 1896[317], l'administration n'eut jamais les moyens de mener des opérations de lotissement, comme l'avouait le gouvernement général en 1933 : "*Il n'a pas été jusqu'ici procédé par voie de lotissement administratif à l'octroi de concessions de terrains ruraux. La totalité des terrains concédés a été demandée par les personnes qui les avaient recherchés et prospectés*"[318]. Cette initiative privée multipliait les risques d'abus à l'encontre des indigènes, d'autant que les demandeurs ne connaissaient pas non plus toujours avec précision les terrains demandés[319] et tendaient naturellement à exiger beaucoup de surface. Selon Ta Thi Thuy, à partir de 1895 dans la lignée du gouvernement Lanessan et sous l'effet des pressions des représentants agricoles, l'administration avait résolument changé d'esprit et, avec l'arrêté du 24 avril 1895, avait ouvert la voie aux grandes concessions, principalement rizicoles[320]. Cet arrêté modifiait celui de 1888 en levant la limite des concessions à 100 hectares ; désormais, la superficie

---

[316] Par exemple, dans la région rizicole de Camau, devant les tentatives de spéculation et d'accaparement qui suivirent la construction des canaux et l'ouverture de la région, le gouvernement décida le lotissement des terrains, cf. télégramme du gouvernement de Cochinchine au gouvernement général retransmis au ministère des colonies, le 1er août 1925, CAOM Indo/NF/2194. Cf. aussi instructions du gouverneur général Varenne aux chefs d'administration locale, accompagnant l'arrêté du 19 septembre 1926, CAOM Indo GGI//60.768.

[317] Article 1er de l'arrêté du 18 août 1896, JOIF 1896, p.657.

[318] Le gouvernement général répondait ici à un questionnaire envoyé par le ministère relatif au régime des concessions, Réponse du 23 mai 1933, CAOM Indo GGI//60.755.

[319] Par exemple, à propos de Peretti, le résident supérieur au Tonkin déclarait en 1905 : "*M. de Peretti, comme beaucoup d'autres colons, connaissait fort peu la région dans laquelle il demandait une concession. En 1897, il évaluait la surface des terres [...] à 4500 hectares, à 12000 hectares ensuite, sans avoir jamais fait aucun levé préparatoire*". Procès-verbal de séance de la Commission permanente du Conseil supérieur du 7 novembre 1905, CAOM Indo GGI//925.

[320] Ta Thi Thuy, *op.cit.*, p.91 et p.173. L'auteur a recensé, entre 1887 et 1916, 43 concessions supérieures à 2000 hectares soit 9 % du nombre total mais 68 % de la superficie totale (p.180). Voir aussi Brocheux, Hémery, *op.cit.*, p.125.

concessible pour chaque demandeur devenait illimitée[321]. Un rapport du gouverneur général Beau adressé au ministre des colonies en 1905 retraçant l'historique de la concession Gobert, qui était sujette à de graves litiges avec les indigènes, témoignait de cette pression qui s'exerçait sur l'administration dans les années 1890. Le rapport déplorait l'insuffisance des réserves faites au profit des villageois mais soulignait qu'à sa décharge, l'administration avait "*intérêt à soutenir de tout son pouvoir les hommes assez énergiques pour essayer d'implanter au Tonkin la colonisation agricole*", et indiquait que c'était sur l'insistance du colon Gobert que l'administration avait été amenée à produire l'arrêté de 1896 qui débridait la colonisation par voie de concession[322]. Toutefois, les abus auraient pu être évités si l'administration avait assumé un rôle d'arbitre et adopté une procédure d'enquête de domanialité efficace. Mais la longue et rocambolesque affaire *Peretti*, concessionnaire qui obtint au Tonkin une concession provisoire en 1900 et définitive en 1908[323], témoigne aujourd'hui du contraire. Jean-Marie de Lanessan avait bien écrit que "*le premier devoir de l'administration doit être de se montrer aussi généreuse que possible dans la concession de terres aux Français*"[324]. A cet égard, il emporte bien la paternité de la politique des grandes concessions, mais il l'assortissait de deux conditions qui ont été complètement ignorées par l'administration après son départ : premièrement, les concessions devaient être strictement proportionnées aux capitaux disponibles et deuxièmement, elles devaient être respectueuses des intérêts des habitants et acceptées par eux. Lanessan pouvait à ce titre constater un an après son retour d'Indochine : "*partout les concessions de terre ont été données avec une grande libéralité, parfois même avec une libéralité excessive*"[325]. Sans en être totalement conscient, l'ancien gouverneur général anticipait donc avant tout le monde l'échec d'une politique à laquelle il avait, en partie, contribué.

---

[321] Article 1er de l'arrêté du gouverneur général du 24 avril 1895, JOIF 1895, p.206. L'arrêté de 1896 poursuivait dans le même sens.

[322] De même en 1908, le gouverneur général Klobukowski déclarait : "*on a reproché à l'administration de s'être montrée trop large dans l'octroi des concessions agricoles de grande étendue. Le grief ainsi formulé n'est pas exact. Il y aurait même avantage à ce que le principe des grandes concessions fût adopté [...].*" *Discours de Klobukowski devant le Conseil supérieur*, le 17/12/1908, Hanoï, 1908, p.10.

[323] Arrêté de concession provisoire du 25 juin 1900, JOIF 1900, p.593 ; arrêté de concession définitive du 25 août 1908, JOIF 1908, p.1477. L'affaire *Peretti* ne s'acheva, au moins devant les juridictions, que par l'arrêt du Conseil d'Etat du 19 juillet 1918, P.1918, I, p.209 (arrêt en annexe de cet ouvrage).

[324] J.M. de Lanessan, *La colonisation française en Indochine*, Paris, 1895, p.226.

[325] *Ibid.*, p.230.

La première erreur que commit l'administration avec les premières grandes concessions fut de laisser les demandeurs s'installer avant même l'arrêté de concession et la procédure d'enquête qui devait le précéder. Totalement imprévues par la réglementation, des autorisations de culture informelles furent délivrées à la fin du XIXe siècle par la résidence du Tonkin presque aussitôt après que les colons avaient formulé leur demande. Ainsi, Peretti, qui avait envoyé sa demande en janvier 1897 pour près de 4500 hectares, recevait dès mars 1897, juste après une rapide enquête, une autorisation d'installation "*à ses risques et périls*" et "*sans que rien de tel fut stipulé en attendant l'arrêté de concession provisoire*"[326]. Mais cette autorisation se prolongea trois ans, avant que l'arrêté de concession provisoire fût délivré, car les premiers troubles avaient vite éclaté et l'administration ne parvint pas à fixer exactement les limites de la concession : "*Les villages qui s'accroissaient de jour en jour en population recommençaient à occuper et à labourer les terres incultes, ainsi que leurs rizières anciennes. Or, ces terres, M. de Peretti les prétendait siennes, en invoquant son droit de propriété et comme ayant été cultivées au moyen de ses avances qui n'étaient, en réalité, que des prêts à gros intérêt*"[327]. Cette autorisation d'installation avait pour inconvénient de donner au colon l'impression d'un droit sur des terres dont il était rien moins certain qu'elles étaient vraiment domaniales. En réalité, ce type d'autorisation n'avait aucune valeur juridique car si l'article 6 de l'arrêté de 1896 prévoyait bien la possibilité d'une autorisation d'installation avant l'arrêté, c'était seulement après avoir instruit toutes les oppositions formulées par les tiers et après avoir défini les limites du terrain[328]. La jurisprudence eut l'occasion de se prononcer sur la valeur de ces autorisations : "*si la requérante [...] occupait* ***de fait*** *le terrain domanial en vertu de l'autorisation de culture accordée [...], elle n'avait vis-à-vis de la colonie* ***aucun titre*** *lui donnant le droit de lui réclamer une indemnité*

---

[326] Rapport du résident supérieur au Tonkin Groleau du 20 octobre 1905, dans le procès-verbal de séance de la Commission permanente du Conseil supérieur du 7 novembre 1905, CAOM Indo GGI//925.

[327] *Ibid.*

[328] JOIF 1896, p.658. Cela explique la conclusion du secrétaire général de l'Indochine en 1905 sur l'affaire *Peretti* : "*C'est l'administration qui, en l'espèce, a méconnu le règlement, en autorisant M. de Peretti à prendre possession de terrains non bornés, ni même définis ou décrits. C'est elle qui est aujourd'hui responsable de la confusion*" (Note du secrétaire général au gouverneur général intérimaire, 25 novembre 1905, CAOM Indo GGI//925). A titre indicatif, il ressort des archives que le secrétaire général de l'Indochine était l'autorité qui, au sein de l'administration, avait l'approche la plus juridique des problèmes. Ses analyses sont donc toujours bien argumentées et soucieuses de la logique des textes.

pour la plus-value que ses travaux auraient donnée à ces terres"[329]. Les autorisations ne pouvaient donc pas engendrer autre chose qu'une situation de pur fait, l'installation et éventuellement les premiers travaux d'exploitation du demandeur. Mais cela sapait toute la procédure d'enquête de domanialité, en créant par avance des conflits que cette procédure avait vocation à prévenir[330].

Non seulement « court-circuitée » par cette pratique des autorisations d'occupation, la procédure était encore imprécise et inadaptée à la difficulté que présentait une enquête de domanialité sur de grandes superficies dans le contexte colonial d'hostilité de la population autochtone. Les articles 5 et 6 de l'arrêté du 18 août 1896 réglementaient cette procédure en trois étapes :

1- Après avoir reçu la demande, le résident provincial devait mener "*une enquête ayant pour objet d'établir le caractère domanial des terrains*", sans que l'article 5 apportât davantage de précisions sur le déroulement et la qualité de cette enquête.
2- Au cours de l'enquête, la demande faisait l'objet d'une publication, à la fois par une insertion au journal officiel

[329] CE 19 mars 1924 *Doan-Thi-Kien c. Gouverneur de la Cochinchine*, P.1924, I, p.205. En l'espèce, madame Doan avait obtenu une autorisation de culture et avait réalisé les premiers travaux d'aménagement, lorsque l'administration vendit les terrains aux enchères à une autre personne, tout en encaissant la plus-value, pour le remboursement de laquelle on comptait sur le nouveau propriétaire ! En guise d'exemple d'un autre reniement de l'autorisation de culture par l'administration, voir le cas de Cai Quyen évincé au profit du concessionnaire Dupré en 1914 : "*l'autorisation accordée à Cai Quyen ne lui a jamais fait obtenir la propriété des terrains à cultiver [...]*" (Note du résident supérieur du Tonkin au gouverneur général, 7 octobre 1914, CAOM Indo GGI//999). Cette jurisprudence paraissait réviser celle de la Cour d'Appel de l'Indochine en 1904, apparemment plus favorable aux autorisations de culture. Dans l'affaire *Vo Van Thien*, la Cour avait validé une autorisation estimant que : "*le plus souvent, les droits résultant pour les concessionnaires d'une autorisation de culture se transformaient ipso facto en droit de propriété par suite d'une longue possession accompagnée d'une inscription régulière au bô*" (CAI 20 juin 1904 *Vo Van Thien c. Lieutenant-Gouverneur de Cochinchine*, P.1912, I, p.122 et son interprétation élogieuse par Ly Binh Huê, *op.cit.*, p.160). Ces différents cas montrent qu'initialement, ce sont les propriétaires indigènes, bien souvent titulaires d'une simple et ancienne autorisation de culture, qui furent fragilisés par la jurisprudence stricte des tribunaux coloniaux face à une administration qui convoitait leurs terrains, mais ensuite, cette sévérité frappa les concessionnaires français à leur tour.

[330] Cela explique le commentaire réservé du rapport Richard sur les permis d'occupation et de culture créés par l'arrêté du gouverneur général de 1926 et sensiblement équivalents aux premières autorisations informelles. Le rapport Richard préconisait de réserver ces permis à la petite colonisation, donc pour des petites surfaces et pour des colons qui n'avaient pas les moyens financiers d'attendre la fin de la procédure d'instruction, Rapport Richard, p.124.

et au journal en caractères et par un affichage bilingue dans les communes du territoire concerné.

3- A compter de l'insertion au journal officiel, s'ouvrait un délai d'un mois pour que chaque intéressé formulât d'éventuelles oppositions à la concession. Ces oppositions devaient être examinées et réglées par le résident provincial "*avec la plus grande diligence*"[331]. Après cela, le dossier était transmis au Secrétariat général qui pouvait autoriser le demandeur à s'installer sur le terrain, sous condition de le borner, et qui élaborait enfin l'arrêté de concession provisoire[332].

Lorsqu'il y avait plusieurs milliers d'hectares à vérifier, cette réglementation devait être nettement insuffisante. Comment le résident provincial pouvait-il enquêter autrement que de façon très sommaire ? Quant à la publication de la demande, son efficacité semble avoir été aléatoire[333]. Mais la plus grande défaillance de l'administration a résidé dans le règlement des oppositions et la procédure de délimitation des terrains. L'arrêté de 1896 désignait le résident provincial pour régler les oppositions mais les juristes continuèrent de s'interroger sur la question de la personne compétente. Penant allait même jusqu'à reprocher le silence de l'arrêté de 1896 sur ce problème et considérait qu'il fallait continuer d'appliquer le système qui avait prévalu sous l'empire de l'arrêté de 1888, c'est-à-dire le règlement des oppositions par le gouverneur indigène de la province (*tông dôc* ou *tuan phu*)[334]. Mais d'autres sources, comme les décisions de justice ou les rapports administratifs, témoignent de l'intervention et du rôle prédominant des géomètres experts envoyés sur le terrain pour délimiter les concessions et qui, à l'occasion, tentaient de recevoir et régler les oppositions sur place[335]. C'est donc au moment de

---

[331] Il faut noter que le délai de réception des oppositions fut réduit par rapport à la réglementation précédente, l'arrêté du 5 septembre 1888, qui le portait à 3 mois (article 6, *Recueil Ganter*, p.94). Cette réduction était contradictoire avec la tendance à l'augmentation des superficies demandées qui nécessitait un allongement de la durée d'instruction.

[332] Si des oppositions se manifestaient après l'expiration du délai d'un mois, c'était l'autorité judiciaire qui était compétente mais cela ne suspendait pas la procédure administrative et n'empêchait pas la délivrance de la concession. Cf. articles 5 et 6 de l'arrêté du 18 août 1896, JOIF 1896, p.658.

[333] Cf. la critique du capitaine Fernand Bernard, *op. cit.*, p.136.

[334] Article 4 de l'arrêté du 5 septembre 1888, *Recueil Ganter*, p.94 ; Penant, *op.cit.*, p.44.

[335] Par exemple, dans l'affaire *Tu Van Khuong contre Hiêm et autres*, en Cochinchine, on lit dans l'arrêt de la Cour d'appel : "*aucun des intimés n'a pu produire devant le géomètre expert ni produit encore aujourd'hui aucune pièce justifiant leur occupation*", CAI 23 septembre 1915, P.1916, I, p.128.

la délimitation de la concession que l'on tentait de régler les oppositions, alors qu'à ce stade, en théorie, la domanialité des terres devait déjà être assurée et les éventuelles oppositions supplémentaires, portées devant la justice. L'affaire *Peretti* est exemplaire : quatre ans après la délivrance de l'arrêté de concession en 1900 et au moment de la demande de concession définitive, les protagonistes en étaient encore à rechercher laborieusement les limites des terrains[336]. Il est vrai qu'à l'inverse de l'arrêté de 1888, celui de 1896 n'avait imposé l'édification d'un plan qu'avant la concession définitive et non dès la première concession provisoire et encore les plans ne furent-ils vraiment vérifiés qu'à partir de 1906, date de création du service du Cadastre, d'après un rapport de 1912[337]. Les opérations de délimitation se prêtaient en outre mal à l'expression des oppositions, comme le démontre cette lettre du *ly truong* (représentant communal) d'un village qui avait fait l'objet d'une délimitation contestée ensuite : "*Les notables de notre village ont été alors convoqués pour donner leurs signatures. Ne sachant comment faire à cette circonstance c'est par la peur que nous avons dû apposer nos signatures, mais il n'a jamais été de question de céder la rizière dont il s'agit au concessionnaire*"[338]. Une attitude que l'administration et la justice coloniales reconnaissaient facilement en général : "*le silence [...] peut en effet s'expliquer soit par le respect que professent en général les indigènes à l'égard des actes de l'autorité publique, soit encore parce qu'ils estimaient que la concession à la délimitation de laquelle on procédait n'ayant été consentie que sous la réserve la plus expresse des terres dont la propriété appartenait à leur village*"[339]. Mais lorsque les indigènes exprimaient leurs réserves au moment des délimitations, les agents coloniaux leur accordaient-ils pour autant une attention ? Les différents rapports de l'administration sur la concession Peretti attestent du contraire, par exemple le rapport du résident de la région du Phuc-Yen en 1905 : "*Il aurait pu sembler, à un moment donné, que la commission de bornage qui s'est réunie en février-mars 1904, pourrait mettre un terme aux difficultés rencontrées jusqu'alors et la population me paraît avoir espéré beaucoup des travaux de cette commission. Malheureusement, la commission n'a fait qu'affirmer les termes de l'arrêté de concession du 24 juin 1900*"[340]. Dans une note de

---

[336] CAOM Indo GGI//925.

[337] Rapport du 1er février 1912, CAOM Indo/AF/106.

[338] Lettre du *ly truong* retransmise par la voie hiérarchique au gouverneur général le 28 novembre 1905, CAOM Indo GGI//925.

[339] CAI 29 mars 1912 *Levaché*, P.1913, I, p.61.

[340] Rapport du résident du Phuc-Yen au résident supérieur du Tonkin, le 7 août 1905, CAOM Indo GGI//925. Le rapport de la commission de bornage de 1904 illustre la considération apportée aux revendications indigènes : "*jusqu'à ce jour, aucun de ces*

1916 retraçant l'historique des péripéties de la concession, le résident supérieur devait déclarer qu'après 1897, aucune opposition écrite n'avait été adressée aux autorités mais que les villages n'avaient cessé de s'opposer verbalement et offraient même de payer l'impôt pour les terres encore incultes qu'ils pouvaient mettre en valeur – ce qui était en conformité avec le droit local[341]. L'affaire *Peretti* montrait donc l'inaptitude de l'administration, dans ces premières tentatives de concession, à assurer son rôle d'arbitre des propriétés, incapacité d'autant plus étonnante dans le cas Peretti que l'administration avait accepté de prendre en charge la tâche de délimitation qui revenait normalement au concessionnaire, une fois vidées toutes les oppositions[342]. Sur ce point, le commentaire de l'avocat général est d'un intérêt qui dépasse le cas particulier Peretti : "*Si on [...] avait laissé [M. de Peretti], à ses moyens et périls et à ses frais, lever le plan des biens dont il demande la concession définitive, ces opérations eussent éveillé l'attention des indigènes [...] ceux-ci, comme plusieurs l'ont déjà fait d'ailleurs, eussent protesté contre les troubles apportés dans leur jouissance [...] et eussent intenté une action possessoire. Mais l'administration, en prenant à sa charge des opérations de levé de plan, en y faisant procéder elle-même, a empêché ces indigènes de faire valoir leurs droits*"[343]. Cette remarque récusait l'opportunité d'une intervention administrative dans la délimitation des concessions tant en vertu de la réglementation que sur le principe même. En effet, aux yeux de l'avocat général, c'était toute tentative de régler une question de propriété par la voie *administrative* qui semblait vouée à l'échec, alors même que la réglementation, si elle confiait la délimitation au concessionnaire, envisageait un traitement administratif des oppositions. Pourtant cette médiation administrative entre les indigènes et les concessionnaires ne relevait-elle pas théoriquement du rôle de l'autorité coloniale, garante de l'ordre public ? En réalité – et la remarque de l'avocat général le révélait –, la nature même de l'administration coloniale ne la destinait pas à ce qui n'était finalement rien d'autre que juger des questions de droit de

---

prétendus propriétaires n'a pu me produire ses titres de propriété, et il y a lieu de penser qu'ils ont été simplement délégués par les villages pour susciter des difficultés", cité dans le rapport du secrétaire général au gouvernement général du 4 novembre 1905, CAOM Indo GGI//925.

[341] Note du résident supérieur du Tonkin, le 4 avril 1916, CAOM Indo GGI//38.070.

[342] Il ressort de tous les rapports que l'administration fit preuve de faiblesses devant les pressions et les humeurs du concessionnaire Peretti, unanimement décrit comme un caractère enragé.

[343] Extrait du PV de séance de la Commission permanente du Conseil supérieur du 7 novembre 1905, CAOM Indo GGI//925.

propriété privée[344]. Cette inaptitude trouve une illustration dans l'avis de la commission de visite, chargée en 1904 d'inspecter l'état de la concession, en vue de délivrer l'arrêté de concession définitive. Par définition, la superficie concédée définitivement ne pouvait pas dépasser la superficie concédée provisoirement ; or, la commission proposait d'accorder à Peretti une superficie supérieure de 940 hectares à celle inscrite dans l'arrêté de concession provisoire en 1900 ! Une autre anecdote montre que l'administration n'était même pas sûre de la propriété des biens que ses propres services occupaient. Ainsi, elle entra en conflit avec Peretti à propos du poste de douane et de gendarmerie de Phu-Lo, installé sur un terrain que l'administration avait loué auprès d'une villageoise mais que Peretti vint revendiquer comme partie de sa concession, en vertu de la délimitation faite en 1904. Le concessionnaire eut la délicatesse de réclamer les arriérés de loyers et de les porter au quintuple de ce que l'administration versait à la villageoise. C'est seulement après beaucoup de perplexité et une enquête que l'administration conclut à une erreur des opérations de bornage et des prétentions de Peretti [345]. Après avoir récusé l'intervention administrative, l'avocat général ne laissait cependant pas les concessionnaires et les indigènes seuls face à face mais envisageait la médiation judiciaire, d'ailleurs prévue par l'arrêté de 1896.

En théorie, les oppositions n'étaient recevables devant la justice qu'après l'expiration du délai d'un mois pour les présenter devant l'administration. Cette dualité représentait une source d'incohérences. Tout d'abord, les opposants par la voie administrative ne pouvaient pas ensuite s'opposer par la voie judiciaire, si l'administration avait repoussé leur opposition[346]. Mais dans la mesure où, en pratique, l'incurie de l'administration conduisait à l'absence de véritable phase administrative des oppositions avant l'octroi de la concession, cette restriction n'avait pas un grand effet et tous les indigènes se retrouvaient admis à recourir à la justice. De nouvelles difficultés

---

[344] L'inefficacité des procédures d'enquête trouvait-elle toutefois une exception en Cochinchine, aux dires du conseiller colonial et planteur Pierre Pâris ? Ne pouvant répondre, faute d'éléments, nous nous contentons de soulever la question et citer la protestation du colon : "*Si le terrain est convoité par ces notables ou par quelque Annamite, ou même s'il déplaît aux chefs de village de voir s'installer auprès d'eux des Européens [...], le rapport qu'ils adressent au chef de l'arrondissement est défavorable. [...] ils vont, pour appuyer cet avis, jusqu'à pousser quelqu'un des habitants [...] à exécuter sur le terrain demandé en concession, un semblant de travail : deux traits de charrue, quelque fois même un seul, suffisent*" (P.Pâris, *Le colon et l'administration en Basse-Cochinchine*, Paris, 1896, p.14).

[345] Sur la commission de visite, JOIF 1900, p.593 et PV de séance de la Commission supérieure, le 7 novembre 1905, CAOM Indo GGI//925 ; sur le poste de douane, CAOM Indo GGI//925.

[346] Opinion, du moins, de Penant, *op.cit.*, p.44.

naissaient cependant de cette situation : des instances judiciaires étaient introduites – soit par les recours des indigènes soit le plus souvent, par le concessionnaire qui recherchait le déguerpissement des occupants – quand parallèlement, se poursuivaient des tentatives de médiation administrative au cours des opérations de bornage, sans véritable coordination avec l'action et les décisions de justice. Quant au fond, cette situation pouvait gêner les indigènes car contrairement à la phase administrative, il leur revenait encore plus fortement de faire la preuve de leurs droits contre l'arrêté de concession[347]. En tous les cas, l'incurie de l'administration aboutissait souvent à un règlement par les tribunaux. Nous avons vu comment la jurisprudence et la doctrine avaient pu fragiliser les droits de propriété généralement ancestraux des indigènes. Il convient maintenant de nuancer ce propos en considérant certaines décisions de justice relatives à la valeur des actes de concession qui, bien que délivrés par l'administration française, étaient loin de constituer la base d'un droit certain en cas de litige.

---

[347] Cf. rapport du secrétaire général du 4 novembre 1905, CAOM Indo GGI//925.

III. *L'absence de solution juridique satisfaisante*

Une fois les contestations portées devant la justice, le problème était simple : que valait l'arrêté de concession face au droit invoqué par les indigènes ? En premier lieu, il faut examiner s'il existait toujours un préjugé favorable aux concessionnaires de la part de l'administration française : cela revient à poser les moyens de fait dont disposaient les indigènes pour se défendre et faire valoir leurs intérêts auprès de l'administration (A). En second lieu, il faudra analyser la valeur juridique que la jurisprudence reconnut aux arrêtés de concession, valeur qui se révélait aléatoire (B).

A) Les moyens de fait à la disposition des indigènes

Daniel Hémery décrit toute la colonisation française en Indochine en ces termes : "*Colonisation ambiguë, nullement monolithique, clivée par d'innombrables conflits d'intérêts et d'orientations, à commencer par l'opposition quasi permanente entre le colonat français d'Indochine et l'administration indochinoise dont l'arbitrage par le pouvoir colonial est particulièrement malaisé*"[348]. Ce bilan général pourrait s'appliquer spécialement aux concessions agricoles. Si l'administration a bien accueilli au départ les demandes de grandes concessions, elle est loin d'être restée univoque sur la question, surtout après le déclenchement des premières difficultés. Cette ambiguïté ouvrait donc la possibilité aux indigènes de trouver une certaine attention politique plus favorable.

La politique de développement des concessions pouvait être sérieusement contrabalancée par l'autre axe de la politique coloniale : la préservation de structures villageoises suffisamment autonomes que l'on voulait instrumentaliser et intégrer dans l'appareil de contrôle colonial de la population[349]. C'est sans doute ce qu'exprimait le gouverneur général en 1902 lorsqu'il recommandait au résident supérieur du Tonkin de prendre "*les mesures nécessaires [...] pour assurer la liberté des villages enclavés dans les concessions, qui,*

---

[348] Brocheux, Hémery, *op.cit.*, p.76.

[349] Pour avoir plus de détails sur cette instrumentalisation des communautés villageoises, notamment sur le double-mouvement de transformation opérée par l'autorité coloniale d'une part, et de persistance clandestine et parallèle du fonctionnement traditionnel d'autre part, voir Brocheux, Hémery, *op.cit.*, pp.103-105.

faute, de terrains réservés, se voient dans l'alternative ou de tomber dans la dépendance absolue des concessionnaires ou d'émigrer. Leurs droits de premiers occupants ne sont cependant point douteux, et ne sauraient être entièrement sacrifiés aux seuls intérêts de quelques Européens en possession, le plus souvent, de terrains ayant une superficie bien supérieure à celle qu'ils peuvent mettre en culture"[350]. Il suivait là les conclusions du rapport de mission de l'inspecteur des colonies Picquié de 1900, lequel préconisait le respect de l'indépendance totale des communes annamites enclavées dans les concessions[351]. Bien entendu cette protection des villages ne faisait pas l'unanimité au sein de l'administration[352] et une fois d'accord sur son principe, il était encore possible de discuter de son intensité dans les cas concrets[353]. Cependant, la politique de protection des villages a fini par prévaloir, naturellement moins motivée par une prédisposition philanthropique que par un réalisme politique : le poids des indigènes, malgré la soumission de leurs anciens souverains, et leur force en nombre, qu'ils n'hésitaient pas à utiliser contre les agents administratifs et les concessionnaires venant les intimider, était déterminante[354]. L'administration – et les concessionnaires aussi, comme on le verra plus loin – comprit vite que leur réinstallation sur

---

[350] Lettre du gouverneur général au résident supérieur au Tonkin sur la province de Phu Lo, le 9 décembre 1902. Cette lettre était dictée par les troubles constatés sur plusieurs concessions (Gobert, Peretti, Courret...), CAOM Indo GGI//925.

[351] Rapport d'inspection Picquié au ministre des colonies, 8 février 1900, CAOM FM Indo/AF/147.

[352] Par exemple, en 1902, le résident supérieur au Tonkin Fourès justifiait auprès de l'inspecteur Arnaud l'absence de réserves en faveur des villages dans la concession Gobert par le fait qu'après la piraterie, les indigènes avaient besoin d'avances que seuls les concessionnaires pouvaient leur faire, que leurs intérêts étaient donc solidaires et qu'il n'y avait à craindre aucun risque d'agissements des uns contre les autres [*sic*] (Lettre du résident supérieur à l'inspecteur Arnaud, le 10 mars 1902, CAOM FM Indo/AF/147).

[353] Une autre lettre du résident supérieur au Tonkin, adressée en 1905 au gouverneur général pour transmettre le rapport du résident provincial Labbez sur la concession Peretti, démontre ces divergences au sein de la hiérarchie : "*Il est bon de remarquer que sur les 12.352 hectares surpris dans le périmètre de la concession de Peretti, plus de 7.400 ont été réservés aux villages, parmi les meilleures terres, alors que dans le lot concédé il y a plus d'un millier d'hectares de terrains vagues. Les villages ne me paraissent donc pas avoir tout le bon droit de leur côté et la situation me semble avoir été présentée par Mr. Le Résident Labbez d'une façon trop pessimiste*". CAOM Indo GGI//925.

[354] En témoignage des "agitations" et de la position de l'administration, voir entre autres le rapport du résident de Phuc-Yen, Labbez, mai et juin 1905 ; rapport du résident supérieur du Tonkin Groleau du 28 octobre 1905 ; rapport du gouverneur général au ministre du 29 mars 1905 sur la concession Gobert (CAOM Indo GGI//921) ; lettre du résident supérieur au Tonkin au gouverneur général 18 septembre 1906 (CAOM Indo GGI//925) ; lettre du résident supérieur au Tonkin au gouverneur général 26 août 1918 (CAOM Indo GGI//38.070).

leurs anciennes terres constituait un phénomène naturel et irréversible contre lequel il était vain de lutter si l'on voulait préserver le très sacré ordre public colonial. A titre incident, cette politique de protection des villages explique *a contrario* pourquoi, avant, l'administration a si facilement inclus dans son domaine des terres privées. En réalité, elle prétendait davantage se subsituer aux propriétaires indigènes dans ce qui aurait dû être une transaction directe entre eux et le colon français, et elle était encline, par là, à abuser de leur consentement. Tel était le cas du fameux contrat de 1891 dans l'affaire *Marty*, qui présentait les villages indigènes comme propriétaires, alors que ce contrat avait été négocié par l'administration, *comme si* elle avait été mandatée par ces villages. Même lors des opérations de délimitation de la concession Peretti, on perçoit un « reste » de cet ancien comportement, lorsqu'un géomètre de l'administration demandait "*à chaque village ce qu'il **veut** céder*". Il ne semble donc pas y avoir eu une claire distinction entre l'administration concédante et l'administration mandataire au début de la colonisation, jusqu'à ce que cet impératif de conciliation avec les villages indigènes fît renoncer définitivement à toute prétention d'agir comme mandataire[355]. Cette pratique semble même avoir été perçue comme clairement illégale à partir d'un certain moment, puisqu'en 1908, l'arrêt *Marty* de la Cour d'appel s'évertuait – certes péniblement – à démontrer qu'elle ne s'était pas produite dans le contrat de 1891, afin d'en sauver la légalité, et qu'en dépit des termes du contrat, les villages n'étaient pas juridiquement propriétaires.

Cette politique de protection des villages pouvait donc, dans une certaine mesure, heurter les « appétits » des concessionnaires mais même une fois installés, les résultats économiques obtenus par ces derniers ne convainquit pas toujours, loin s'en faut, l'administration. Cette dernière tira assez rapidement les conclusions des échecs au Tonkin. Dès 1900, c'est-à-dire alors que l'installation de beaucoup de concessionnaires ne remontait qu'à trois ans à peine, les rapports de l'inspecteur Picquié dressaient un réquisitoire sans appel : "*comme par le passé, de vastes superficies sont concédées à des personnes sans capitaux qui ne peuvent mettre en valeur qu'une partie insignifiante de leurs concessions. L'exploitation agricole se résout en un prêt usuraire qui dépouille et ruine l'indigène*"[356], et dans un autre rapport : "*Un fait est remarquable, c'est que partout où se sont installés des concessionnaires la quantité de terres incultes est considérable, tandis que là où il est propriétaire, l'indigène ne laisse pas en friche la plus petite parcelle. La constitution de concessions*

---

[355] Pour l'affaire *Marty*, P.1908, I, p.328 ; pour l'affaire *Peretti*, CAOM Indo GGI//925.
[356] Rapport d'inspection Picquié, 8 février 1900, CAOM FM Indo/AF/147.

dont certaines atteignent jusqu'à 15 000 hectares a donc été une faute grave, a retardé et retardera encore le développement agricole du Tonkin"[357]. L'administration locale devait reprendre à son compte cette analyse de l'inspecteur des colonies, par la voix du secrétaire général en 1905 : "*Au point de vue général [et suivant la constatation ayant motivé la reprise de la concession Gobert], une morale se dégage : expérience faite, la colonisation agricole, par le moyen de grandes concessions de terres délaissées pendant la période de piraterie, ne convient pas au Tonkin*"[358]. Par de tels constats, rompant l'accord unanime sur le droit des Européens à faire naître des richesses[359], les concessionnaires perdaient donc tout le postulat idéologique et économique qui fondait leur droit : leur capacité à mieux produire que les indigènes. Ces résultats devaient-ils influer sur les décisions judiciaires rendues à propos des concessions litigieuses et sur la valeur juridique reconnue aux arrêtés de concession ? La réponse n'est pas évidente mais il ressort bien en revanche, de quelques affaires, que les concessionnaires n'ont pas trouvé auprès du droit toutes les assurances qu'ils devaient espérer de leur titre contre la reprise de possession de leurs terres par les indigènes.

B) La valeur aléatoire du titre des concessionnaires

En 1906, une des multiples étapes de l'affaire *Peretti* suscita une forte émotion parmi les colons et en réplique, l'article de Penant en 1908. Il s'agissait du jugement du Tribunal de Hanoï du 11 septembre 1906 rendu en faveur de soixante-quatre villages qui avaient engagé une action possessoire devant ce tribunal contre Peretti[360]. Penant fustigea la réaction "*puérile*" et exagérée des colons, qui "*y virent une dépossession générale contre tous à bref délai*"[361]. L'article de Penant visa à rassurer ces colons en exposant de façon synthétique la situation juridique. L'essentiel de son propos consistait à dire que le jugement de 1906 ne fut qu'un jugement au possessoire mais que les concessionnaires avaient toutes les chances de faire triompher leurs

---

[357] Rapport d'inspection Picquié, 8 mai 1900, CAOM FM Indo/AF/147.

[358] Rapport du secrétaire général au gouverneur général, 4 novembre 1905, CAOM Indo GGI//925.

[359] Il faut donc nuancer le propos de Pierre Guillaume qui situe cet accord unanime à la fin du XIXe siècle, cf. Guillaume, *op.cit.*, p.204.

[360] Un manque existant dans les archives du greffe de Hanoï pour l'année 1906, nous n'avons pu retrouver le jugement en question. Nous nous fions donc entièrement à l'auteur de l'article (Penant, *op.cit.*, p.33).

[361] *Ibid.*

titres au pétitoire[362]. Un des arguments avancé en ce sens était l'autorité absolue qui s'attacherait à l'arrêté de concession, à la suite de l'abandon même momentané des terres par les indigènes. Penant écrivait ainsi : "*l'abandon a emporté la perte totale de son droit du jour où la terre abandonnée avait fait l'objet d'une concession provisoire*"[363] et selon lui, ni les tribunaux judiciaires ni les tribunaux administratifs ne seraient compétents pour les contestations soulevées par "*l'exercice légitime ou non de l'action gouvernementale ; la déchéance [en raison de l'abandon] a été souverainement prononcée, de façon irrévocable, par l'arrêté de concession provisoire [...] il n'y a plus qu'un seul titre, celui délivré au concessionnaire, substitué à l'ancien, révoqué par l'autorité compétente*"[364]. Cette thèse trouvait un appui dans la jurisprudence *Marty* encore plus explicite, pour qui le retour au domaine était "*confirmé ou attesté, lorsque la dite terre [était] l'objet d'une transmission régulière en d'autres mains faite par l'administration provinciale*". La Cour d'appel indiquait bien que la transmission devait être régulière, c'est-à-dire respecter la condition de l'abandon par l'ancien occupant, mais elle prenait comme preuve de l'abandon l'acte de transmission – en l'espèce le contrat de vente de 1891 –, "*déclaration d'autant plus digne de foi qu'il est inadmissible que le Protectorat, approuvé par le gouverneur général, eut aliéné des terres cultivées*"[365]. L'acte contesté comportait donc en lui-même la preuve de sa légalité, en vertu d'une sorte d'infaillibilité de l'administration. En d'autres termes, l'arrêté de concession purgeait la terre de tous les droits antérieurs constitués dessus et présumait leur déchéance. Il est assez aisé de repérer l'origine de cette conception qui semblait bien dériver du droit indigène et que la Cour d'appel avait eu l'occasion d'appliquer dans des affaires indigènes au début des années 1890. D'après le droit indigène en effet, l'abandon entraînait la perte des droits de propriété mais le retour au domaine n'était pleinement confirmé ou attesté que par la concession du terrain à une autre personne. Le droit indigène faisait donc l'économie d'une procédure

---

[362] *Ibid.*, p.35. L'action possessoire vise à faire reconnaître et protéger le fait *matériel* de la possession ou détention de la chose, tandis que l'action pétitoire vise à faire reconnaître la propriété juridique, le fond du droit.

[363] *Ibid.*, p.44. Penant répondait expressément à une peur des colons de se voir exposer à la contestation des indigènes pendant 30 ans, durée de la prescription légale. Selon Gilles de Gantes, ce sont le Syndicat des Planteurs du Tonkin, créé dans les années 1900, et son président Chesnay qui auraient colporté cette idée à partir de 1907 (G. de Gantes, *Coloniaux, gouverneurs et ministres*, Thèse, Paris VII, 1994, p.162).

[364] *Ibid.*, p.46.

[365] CAI 10 juillet 1908 *Marty c. Village de Dao Huyen et autres c. Protectorat du Tonkin*, CAOM Indo GGI//955.

formelle de déchéance et d'enquête de domanialité[366]. Mais tel n'était pas le cas du droit français des concessions, qui, bien que prétendant emprunter la conception indigène de la domanialité, prévoyait aussi, comme on l'a vu, une enquête de domanialité et la possibilité d'opposition devant la justice, même après la délivrance de l'arrêté de concession. Ces éléments étaient de nature à affecter ces arrêtés de certains vices qui les fragilisaient.

Avant d'analyser ces vices, il convient de rappeler que les indigènes tiraient principalement leur « force » du fait accompli de la possession des terres, possession qui vérifiait d'ailleurs bien souvent tous les caractères de l'article 2229 du Code civil, notamment le caractère paisible[367]. En effet, les premiers concessionnaires s'étaient bien gardés d'agir contre les indigènes immédiatement après leur réinstallation[368]. Ils en avaient besoin pour cultiver les terres et espéraient ensuite les soumettre. Pour des motifs d'ordre public, auxquels la justice ne devait pas être totalement étrangère lors de ses délibérés, il allait de soi qu'il était risqué d'ordonner ensuite le déguerpissement des villages. Mais quels étaient, en droit, la portée et l'effet de cette possession, ou plus exactement cette réoccupation de bonne foi par les villages de leurs anciennes terres ? Pour Penant, cela n'ouvrait la voie qu'à la prescription trentenaire, si le concessionnaire n'agissait pas, ou à une action possessoire victorieuse, mais pas à un succès au pétitoire[369]. Mais certains juristes, en particulier le professeur Georges Ripert, avaient ébauché quelques conceptions différentes et qui auraient pu être plus favorables aux indigènes. Dans une note consacrée à un arrêt de la Cour de cassation de 1907 sur une affaire de

---

[366] Cf. CAI 27 octobre 1912, P.1894, I, p.27 ; CAI 31 août 1893, P.1894, I, p.30 ; *Code Philastre*, p.411 ; Luro, *op.cit.*, p.353 ; Schreiner, *op.cit.*, 1901, t.2, p.311.

[367] Rappelons les termes de l'article 2229 : "*Pour pouvoir prescrire, il faut une possession continue et non interrompue, paisible, publique, non équivoque, et à titre de propriété*".

[368] Cf. le commentaire ironique de Penant sur Peretti : "*Et c'est seulement, il n'est pas inutile d'insister sur ce point, quand les soixante-quatre indigènes eurent défriché et mis en état de culture qu'il est venu les troubler. Trouvait-il donc plus commode, nous ne voulons pas le croire, de prendre possession, sans bourse délier, de terrains cultivés ?*" (Penant, *op.cit.*, p.35). Un commentaire confirmé par les archives : "*Tous ces pseudo-métayers [hommes de paille de Peretti] se sont gardés de faire acte de cultivateurs jusqu'au jour où les premiers paddy hâtifs ont approché de la maturité. A ce moment, les pseudo-métayers se sont présentés sur les terres mises en culture par les occupants véritables et ont prétendu récolter*" (Lettre du résident supérieur, le 26 août 1918, CAOM Indo GGI//38.070).

[369] Penant, *op.cit.*, p.44-45. Point de vue inspiré par l'arrêt précité CAI 10 juillet 1908 pour qui les droits de Marty étaient préférables à ceux des villages "*dont la possession postérieure audit acte ne pourrait également être qu'inopérante à l'encontre de l'appelant*" (CAOM Indo GGI//955).

propriété indochinoise[370], Ripert tirait quelques conclusions sur la force probante de la possession dans les conflits de titres et extrapolait la réflexion à d'autres cas envisageables. Il en était un qui correspondait particulièrement bien à celui des indigènes : le cas où face à un titre antérieur (en l'occurence l'arrêté de concession, selon le droit français), on ne pouvait établir qu'un titre postérieur ou d'une date incertaine (en l'occurence, la remise en culture et l'impôt, selon le droit indigène) et sa possession actuelle. Pour Ripert, la possession actuelle devait, par présomption, faire triompher, mais il maintenait la plus grande prudence, "*reconnaissant que la question [était] plus délicate*" que lorsque la possession était antérieure au titre du revendiquant. Il considérait que cette position était celle de tous les autres auteurs, mais qui y apportaient une restriction : l'adage *nemo plus juris*, selon lequel le revendiquant pouvait triompher face au possesseur actuel s'il prouvait que le droit de son auteur était supérieur à celui de l'auteur du possesseur[371]. Dans le cas des concessions, cela revenait donc à rechercher si le domaine avait vraiment le droit de disposer des terres qu'il inscrivait dans les arrêtés de concession. Malgré l'intérêt de la réflexion de Ripert, les décisions rendues sur les concessions litigieuses ne se furent pas centrées sur la valeur juridique de la possession. Elles se furent exclusivement concentrées sur la force probante des arrêtés de concession, dans la mesure où les juges étaient le plus souvent saisis par les concessionnaires à qui incombait donc la charge de la preuve.

Quelle était cette force probante ? Contrairement aux assurances prodiguées par Penant, des jugements rendus au pétitoire sur l'affaire *Peretti* ont débouté le concessionnaire[372]. Un jugement du Tribunal de Hanoï reprochait à Peretti de ne pas apporter la preuve de l'inculture des terres au moment de la concession et de ne pas avoir délimité la concession à ses frais dans les six mois suivant l'arrêté, car "*cette mesure était d'autant plus nécessaire et importante que seule elle*

---

[370] Cass. Civ. 12 novembre 1907 *Consorts Le-Hun-Nho c. Soc. Rizerie de l'Union*. L'arrêt cassait un arrêt de la Cour d'appel qui avait jugé que le possesseur d'un bien ayant un titre postérieur à celui du revendiquant mais une possession antérieure ne pouvait triompher que si son titre réunissait les caractères de la prescription. La Cour de cassation estimait que statuer sur la simple antériorité des titres était insuffisant car cela méconnaissait la force probante de la possession antérieure au titre du revendiquant. L'arrêt de la Cour de cassation et la note de Ripert étaient transmises par l'avocat Mézières, défenseur des villages dans l'affaire *Marty*, au résident supérieur, cf. Lettre de Mézières au résident supérieur Morel, le 21 novembre 1908 (CAOM Indo GGI//955).

[371] *Ibid.*

[372] La lettre du résident supérieur du 26 août 1918 fait état de dix-neuf procès perdus par le concessionnaire en 1908 (CAOM Indo GGI//38.070). Nous n'avons retrouvé dans les archives du greffe du tribunal de Hanoï que trois d'entre eux (CAOM DPPC* Gr.588).

aurait pu donner au titre du concessionnaire la précision et la clarté qui lui font entièrement défaut"[373]. A son tour en 1912, dans l'affaire *Levaché*, la Cour d'appel d'Indochine devait refuser toute force probante à l'arrêté de concession en lui-même. Elle déclara que l'argument de l'arrêté de concession définitive du 5 septembre 1905 accordé à Levaché devait être "*d'ores et déjà écarté*" car "*une force probante ne peut lui être attribuée, puisqu'aux termes de l'article 1 de l'arrêté du 18 août 1896 les concessions provisoires ou définitives ne peuvent être accordées que sur des terrains ruraux libres et appartenant à l'Etat ou sur des terrains domaniaux*", ce qu'il fallait précisément rechercher : l'arrêté était donc "*inopérant*"[374]. Bien que le juge judiciaire n'avait pas compétence pour refaire les délimitations consignées dans les titres de concession, ni pour y substituer des abornements nouveaux, ni pour réduire ou augmenter les contenances indiquées[375], sa décision empêchait tout de même le concessionnaire de prendre possession des terres concédées et reconnues comme propriétés des indigènes et l'administration semblait tenir compte de cette décision lors de l'élaboration de l'arrêté de concession définitive[376]. Quels étaient donc les griefs retenus par le juge à l'encontre des arrêtés de concession pour leur dénier force probante ?

En premier lieu, il retenait l'imprécision de la délimitation contenue dans ces arrêtés, conséquence normale des enquêtes sommaires de domanialité. La jurisprudence avait déjà eu l'occasion

---

[373] Tribunal civil de Hanoï 16 mai 1908 *de Peretti c. Nguyen van Bao et autres*, CAOM DPPC* Gr.588. Voir aussi Tribunal civil de Hanoï 16 mai 1908 *Peretti c. Ta Van Mieu, ibid.* A titre indicatif, dans l'affaire *Marty* où, rappelons-le, il était question d'une vente de droit civil et non d'une concession, le Tribunal civil de Hanoï avait pareillement jugé en faveur des villages et jugé nulle la vente domaniale au nom de l'article 1599 du Code civil (vente de la chose d'autrui), avant d'être infirmé par l'arrêt de la Cour d'appel (CAOM Indo GGI//955).

[374] CAI 29 mars 1912 *Levaché c. Do Van Thi, habitants du village de Lang Kep*, P.1913, I, p.61. Cet arrêt refusait aussi la possibilité au concessionnaire d'invoquer la prescription décennale de l'article 2265 du code civil, parce qu'un arrêté de concession provisoire ne pouvait, par définition, constituer un *juste titre*. L'article 2265 disposait en effet : "*Celui qui acquiert de bonne foi et par juste titre un immeuble, en prescrit la propriété par dix ans, si le véritable propriétaire habite dans le ressort de la cour royale [cour d'appel] dans l'étendue de laquelle l'immeuble est situé ; et par vingt ans, s'il est domicilié hors dudit ressort*".

[375] Cass. Civ. 1er août 1912, P.1913, I, p.7.

[376] Ainsi pour le cas Peretti, les jugements du Tribunal civil sont tombés en mai 1908 et l'arrêté de concession définitive fut délivré en août de la même année, en tenant compte des amputations opérées par le tribunal, de telle sorte que seuls 1870 hectares furent concédés à titre définitif, chiffre à comparer avec les 3756 hectares concédés provisoirement en 1900 et les 4697 hectares que l'administration envisagea en 1904 de délivrer à titre définitif (JOIF 1900, p.594 ; JOIF 1908, p.1478 ; PV de la Commission permanente, le 7 novembre 1905, CAOM Indo GGI//925 ; Note du résident supérieur, le 11 février 1916, CAOM Indo GGI//38.070).

dans des affaires indigènes de décider qu'il ne fallait pas se fier à l'abornement fixé dans les arrêtés de concession mais seulement aux contenances. Autrement dit, l'arrêté de concession ne donnait que le droit d'obtenir la contenance de terrain à l'intérieur du périmètre délimité par l'arrêté [377]. Cette préférence donnée à la contenance plutôt qu'à l'abornement dans les concessions – principe inverse de celui adopté dans les ventes privées – était justifiée ainsi par la Cour d'appel : "*si, dans les ventes entre particuliers, il faut tenir compte, pour déterminer les droits de propriété de l'acquéreur, des limites assignées par l'acte plus que des contenances y exprimées, il n'en est pas de même en matière de concessions où l'administration entend concéder des contenances bien déterminées et où le plus souvent des limites indécises (la forêt, le marais) permettraient aux concessionnaires d'élargir indéfiniment la concession en reculant ses limites d'un ou de plusieurs côtés indûment*"[378]. Tel était bien le principe aussi pratiqué par l'administration pour les concessions qu'elle faisait aux Français. Par exemple, au Darlac, la clause d'un contrat de concession à bail passé avec la Compagnie agricole de l'Annam en 1929 stipulait que seule la superficie de 8000 hectares était définitive mais pas les limites qui restaient provisoires et générales jusqu'au plan exact[379]. L'inconvénient du système de la contenance est toutefois évident : il laissait entier le problème de la délimitation, qui seule résolvait le partage des propriétés, et rendait l'arrêté d'aucun secours lorsque ce partage était contesté[380].

Le corollaire de cette insuffisance était la prudence de l'administration, qui se traduisait juridiquement par l'absence de garantie donnée à la délivrance des terrains. Les possibilités d'oppositions exprimées par la voie judiciaire après l'enquête de domanialité doivent être mises en relation avec une disposition ainsi rédigée dans l'article 5 de l'arrêté de concession provisoire de Peretti : "*Le Protectorat ne fournit au concessionnaire aucune garantie contre les troubles, évictions ou revendications des tiers*

---

[377] Cour d'appel de Saïgon 12 septembre 1894, P.1895, I, p.73.

[378] CAI 9 septembre 1915 *Nguyen Thi Pham c. Nguyen Van Thao et autres*, P.1917, I, p.132 ; dans le même sens, Conseil du contentieux administratif de Cochinchine 28 novembre 1903 *Le Van Tu c. administrateur de Chaudoc*, P.1904, I, p.213.

[379] Contrat du 29 avril 1929 passé entre le résident supérieur de l'Annam Jabouille et l'administrateur délégué de la Compagnie agricole de l'Annam West, CAOM FM 4 affeco/53. Autre exemple, l'article 1 de l'arrêté de concession provisoire de Peretti (JOIF 1900, p.594).

[380] Il faut remarquer que parfois l'administration ne garantissait pas non plus la contenance. Cf. arrêté de concession de Peretti de 1900 et CE 19 juillet 1918 *De Peretti c. Gouvernement général de l'Indochine et Protectorat du Tonkin*, P.1918, I, p.209.

[...]"[381]. Bien que non expressément prévue par la réglementation générale de 1896, cette stipulation reprenait les termes de l'article 12 de l'ancienne réglementation de 1888[382]. Elle constituait une base constante de toute l'histoire du droit des concessions en Indochine, présente dans presque tous les règlements généraux et du moins, tous les arrêtés particuliers[383]. L'administration ne manquait jamais de s'abriter derrière ce qui était pour elle une clause d'irresponsabilité[384]. Quant à la jurisprudence, elle admettait naturellement cette absence de garantie[385]. Certes, les droits des tiers devaient encore être de véritables droits, ce qui renvoyait aux conditions de la popriété indigène évoquées plus haut. On a vu, surtout au travers de la jurisprudence *Marty*, que cette propriété avait été fragilisée par l'abandon pendant les troubles mais on a vu aussi que la réinstallation des villages, simultanée aux délivrances des arrêtés de concession, l'absence de garantie de la domanialité des terres, la possession actuelle assortie de la remise en culture pendant quelques années avant d'être inquiétée par les concessionnaires, en bref tous ces éléments créaient une situation confuse qui pouvait tourner à l'avantage des indigènes, à tel point que les concessionnaires tentaient de prouver leurs droits en prétendant avoir obtenu le consentement des indigènes à leur concession.

Cette dernière tentative n'était quasiment jamais couronnée de succès, alors même que comme le disait l'arrêt *Levaché*, c'était la seule preuve possible qui restait à la disposition du concessionnaire, une fois la force probante de son arrêté de concession rejetée[386]. Cette preuve demeurait très théorique, le silence des indigènes au moment des opérations de délimitation n'étant pas considéré comme emportant leur consentement tacite[387]. Les concessionnaires invoquaient aussi des prétendus contrats de bail passés avec les villages réduits en locataires mais la justice ne se montrait pas toujours convaincue par ces contrats trop souvent ambigus, se contentant d'inviter simplement les villages à

---

[381] JOIF 1900, p.594.

[382] Article 12 de l'arrêté du gouverneur général du 5 septembre 1888 sur les concessions de terrains ruraux aux Français au Tonkin, *Recueil Ganter*, p.95.

[383] Cf. pour la réglementation générale, articles 33 et 36 de l'arrêté du gouverneur de Cochinchine du 22 août 1882, *Code Michel*, p.370 ; article 44 de l'arrêté du gouverneur général du 27 décembre 1913, JOIF 1914, p.78 ; article 4 § 1 de l'arrêté du gouverneur général du 19 septembre 1926, P.1928, III, p.442 ; article 10 § 1 du décret du 4 novembre 1928, P.1928, III, p.466.

[384] PV de séance du Conseil du protectorat, 4 octobre 1905, CAOM Indo GGI//925 ; note du chef de cabinet du gouverneur général, 6 mars 1916, CAOM Indo GGI//38.070.

[385] CAI 23 septembre 1915 *Tu Van Khuong c. Hiêm et autres*, P.1916, I, p.128.

[386] P.1913, I, p.59.

[387] *Ibid.*

s'entendre sur les conditions de la location ou passés avec les villages auxquels la justice ne reconnaissait pas qualité pour agir au nom de tous les habitants possesseurs[388]. Il en allait de même des contrats de louage de main d'oeuvre, qui soit se ramenaient, en réalité, à des contrats d'avances financières ou matérielles soit avaient été signés par les indigènes en tant que tels mais uniquement dans l'intention d'échapper à l'impôt que le concessionnaire avait dû leur promettre de payer à leur place[389].

Une fois toutes les tentatives épuisées sur le plan judiciaire, le concessionnaire perdait en général tout espoir de recouvrer la possession des terres inscrites dans son arrêté de concession provisoire, lorsqu'il sollicitait l'arrêté de concession définitive. La condition d'obtention de la propriété définitive était, en effet, d'avoir mis les terres en valeur ; or ,ces terres avaient bien souvent été mises en valeur, mais pas par les concessionnaires... Ces derniers, relayés par certains administrateurs, arguaient que selon la logique de la concession provisoire, toutes les terres comprises dans le périmètre de cette concession et cultivées étaient présumées l'avoir été par eux[390]. Mais sous l'effet des contestations pendantes de propriété, une autre logique a prévalu : l'exigence de preuve par les concessionnaires qu'ils avaient mis eux-mêmes les terrains en culture[391]. Le Conseil d'Etat devait la consacrer dans son arrêt du 19 juillet 1918 qui terminait l'affaire *Peretti*, au moins pour la phase juridictionnelle. Le Conseil d'Etat refusait à Peretti l'indemnisation requise pour des superficies que selon lui, il aurait dû recevoir en concession définitive, au motif qu'il n'apportait pas la preuve de les avoir mises en culture lui-même[392]. Cette solution pervertissait totalement, il est vrai, la logique

---

[388] Tribunal civil de Hanoï 16 mai 1908 *Peretti c. Village de Kim Lu*, CAOM DPPC* Gr.588

[389] Rapport du gouverneur général Beau au ministre des colonies sur la concession Gobert, le 29 mars 1905, CAOM Indo GGI//921 : "*cette erreur [concession de terres déjà cultivées] fut favorisée par un malentendu regrettable qui fit considérer comme terres accordées en concession à MM.Gobert des terres inscrites au rôle d'impôt et cultivées, sous prétexte que MM.Gobert avaient passé des contrats de louage avec les indigènes qui en étaient les possesseurs, et ensuite par le silence même des indigènes qui pensaient alors avoir dupé l'Administration en n'ayant plus à payer l'impôt foncier*".

[390] Point de vue soutenu par le secrétaire général dans son rapport du 4 novembre 1905 sur la concession Peretti, également par le gouverneur général dans le PV de séance de la Commission permanente du 7 novembre 1905.

[391] Cette opinion était particulièrement défendue par l'avocat général, à laquelle se rallia le Conseil du Protectorat en 1905, cf. PV de séance du Conseil de Protectorat du 4 octobre 1905 ; PV de séance de la Commission permanente du 7 novembre 1905, CAOM Indo GGI//955.

[392] CE 19 juillet 1918 *De Peretti c. Gouvernement général de l'Indochine et Protectorat du Tonkin*, P.1918, I, p.209. Le Conseil d'Etat confirmait la décision du Conseil du contentieux administratif du 30 avril 1910, Rec. Dar. 1912, J., p.221.

originelle de la concession. En effet, normalement, c'était avant la concession provisoire que devaient se vider toutes les questions de propriété de telle sorte que toutes les terres cultivées au sein de cette concession ne pouvaient devenir que la propriété définitive du concessionnaire. La nouvelle solution revenait en pratique à priver le concessionnaire des terres cultivées par les indigènes, bien que comprises dans sa concession, et sans avoir à résoudre la délicate question du droit de ces indigènes et la légalité de leur réoccupation des terres. En effet, invité à prouver la mise en culture, le concessionnaire n'en conservait pas moins la concession provisoire des terres occupées par les indigènes mais il n'avait aucune chance d'en obtenir un jour la possession et la concession définitives. La défectuosité des procédures et l'irresponsabilité de l'administration aboutissaient finalement à transformer la concession en un concours, assez anarchique et souvent violent, entre concessionnaires et indigènes pour la mise en culture des terres, concours d'où les concessionnaires n'étaient pas assurés de sortir gagnants. Telle fut d'ailleurs la conclusion que tirèrent bon nombre d'auteurs concernant l'inaptitude des Européens à cultiver des rizières[393]. *A posteriori*, cela ne revenait ni plus ni moins qu'à battre en brèche le mythe colonial de la supériorité du Français tel que le définissait encore Jean Borie en 1906 : "*Si l'Européen a le droit de s'approprier [...] des territoires dont les indigènes, laissés à eux-mêmes, ne sauraient tirer parti, cette appropriation ne peut être justifiée que par une mise en valeur. [...] C'est là un principe de droit naturel, consacré d'ailleurs par [...] le régime des concessions*"[394]. Cependant, aucun des auteurs n'allait jusqu'à remettre en cause ce postulat, réorientant plutôt la supériorité du Français vers d'autres domaines comme les cultures riches ou l'apport de capitaux. Aucun n'était donc encore prêt à percevoir la portée radicale du constat d'échec des concessions.

Malgré cette conclusion qui marque davantage la logique finale du droit, il ne faut pas sous-estimer totalement les concessionnaires, qui gardaient une capacité forte de soumission des indigènes souvent résignés. Tous les concessionnaires n'ont pas échoué comme Peretti et Gobert. Enfin, même ces derniers réussirent à obtenir de l'administration, à force d'acharnement, une garantie dissimulée, bien improprement appelée « rachat » des concessions dans le jargon administratif de l'époque.

---

[393] Bernard, *op.cit.*, p.261 ; Morel, *op.cit.*, p.227.
[394] Borie, *op.cit.*, p.3.

C) La solution administrative du « rachat » des concessions

L'absence de garantie apportée aux concessions ne faisait pas l'unanimité au sein de l'administration, et pour cause : une motivation originelle des concessions n'avait-elle pas été de fournir aux Français désireux de s'installer en Indochine un titre sûr de propriété, que ne pouvait pas leur apporter une transaction privée passée avec des autochtones ? A cet égard, était significative la lettre de Grodet de 1890 qui rappelait au ministre les mesures prises par les autorités en 1886 pour vérifier la validité des titres acquis par les Français[395]. Plusieurs opinions se sont donc manifestées contre l'absence de garantie. Ainsi, en 1916, le résident supérieur au Tonkin estimait que l'article 5 de l'arrêté de concession provisoire de Peretti n'était qu'une "*clause de style*" et qu'il y aurait mauvaise foi à l'invoquer alors que plus de deux années s'étaient écoulées entre la demande de concession et la délivrance de l'arrêté, temps pendant lequel l'administration aurait pu mener une enquête de domanialité approfondie[396]. Boudillon considérait lui aussi que l'irresponsabilité de l'administration était difficilement soutenable et déclarait, à propos de la réglementation cochinchinoise, que "*transférant la propriété d'un terrain qu'elle déclare faire partie de son domaine, [l'administration] doit, comme tout aliénateur, la garantie imposée par les articles 1625 et suivants du code civil*"[397]. En 1915, l'auteur prévoyait une mise en cause de l'administration un jour ou l'autre, car, malgré les formules, celle-ci

---

[395] CAOM Indo/AF/106. En septembre 1886, le résident général Paul Bert avait institué une commission chargée de procéder à la vérification des titres car plusieurs achats réalisés par les Français avaient été annulés par les tribunaux.

[396] Note du résident supérieur du 4 avril 1916, CAOM Indo GGI//38.070. Dans le cas Peretti, l'administration avait d'ailleurs élaboré un projet d'arrêté de concession définitive en 1905 qui garantissait la responsabilité de l'administration dans le cas où il existerait des ayant-droits sur les terres concédées, disposition non reprise dans l'arrêté de concession définitive de 1908 (cf. rapport du secrétaire général au gouverneur général du 4 novembre 1905, CAOM Indo GGI//925 ; JOIF 1908, p.1479).

[397] Boudillon indiquait qu'au moment où il écrivait, les tribunaux n'avaient eu à connaître d'aucun litige en Cochinchine mais il citait les conflits graves du Tonkin comme un avertissement, cf. Boudillon, *op.cit.*, p.62. En 1901, le capitaine Bernard avait pu noter néanmoins le cas d'une concession de terres déjà occupées en Cochinchine (*op.cit.*, p.136). Pierre Brocheux, dans sa thèse, établit bien l'existence de litiges en Cochinchine dès la fin du XIXe siècle (cf. P.Brocheux, *L'économie et la société dans l'ouest de la Cochinchine...*, Thèse EPHE, 1969, p.83, p.86-87et p.101). L'article 1625 du code civil disposait : "*La garantie que le vendeur doit à l'acquéreur, a deux objets : le premier est la possession paisible de la chose vendue ; le second, les défauts cachés de cette chose ou les vices rédhibitoires.*" Opinion de Boudillon reprise à leur compte par plusieurs thèses ultérieures comme Maguet en 1930, *op.cit.*, p.333 et Ly Binh Huê en 1931, *op.cit.*, p.114.

endossait une "*responsabilité au moins morale*"[398]. Cette crainte était déjà partagée par le secrétaire général en 1906 dans une note intéressante qu'il convient de restituer :

"*M. de Peretti pose des jalons en vue du rachat de ses droits ; l'administration du protectorat fait le nécessaire pour rendre ce rachat inévitable, et cela parce que personne ne veut prendre une décision.*

Si Reverony [mandataire de Peretti] feint de considérer comme créant une situation nouvelle le fait que le tribunal civil reconnaît aux villages des droits sur les parcelles concédées. Je suppose qu'il n'ignore pas qu'il peut appeler [...] le protectorat en responsabilité[399]*. En réalité, il est sans doute fort heureux de cette nouvelle complication qui grossit les chances de rachat [...].*

A mon avis, il conviendrait de terminer ce fameux plan[400] *[...], de signer d'urgence l'arrêté de concession définitive, et de laisser ensuite le tribunal civil statuer sur les revendications des tiers. L'administration sera probablement condamnée à payer à monsieur de Peretti certains dommages ; mais l'évaluation judiciaire sera infiniment moins coûteuse que celle, administrative, qui servirait de base à un rachat total. En outre, le principe du rachat se trouverait ainsi définitivement écarté*"[401].

La mise en cause de l'administration ne devait finalement pas venir des tribunaux mais de l'administration elle-même, de façon déguisée, au travers du rachat.

L'expression couramment employée était le « rachat » des concessions mais quelle était la nature juridique réelle de ce « rachat » qui, exactement entendu, supposait que les concessionnaires eussent été propriétaires ? On trouve un début de réponse dans la lettre du ministre des colonies au gouverneur général du 14 mars 1905, demandant des éclaircissements sur le projet de reprise de la concession Gobert, première concession à avoir fait l'objet d'une telle mesure. La lettre parle de "*rachat [...] ou, pour parler plus exactement de l'indemnité à accorder à ces colons du fait de la non-conversion en concession définitive des concessions provisoires qu'ils ont mises en valeur conformément aux dispositions de l'arrêté de 1896*"[402]. Quelques jours plus tard, dans son rapport au ministre, le gouverneur

---

[398] *Ibid.*, p.187.

[399] On sait que le secrétariat général doutait d'une irresponsabilité totale de l'administration, malgré la formule insérée dans les arrêtés de concession.

[400] Il s'agit évidemment du plan de délimitation de la concession qui n'avait jamais été effectué.

[401] Note du secrétaire général du 21 octobre 1906, CAOM Indo GGI//925.

[402] Lettre du ministre des colonies au gouverneur général, le 14 mars 1905, CAOM Indo GGI//921.

général présentait le rachat comme une "*transaction*" entre le concessionnaire et les villages sur les droits de la concession provisoire, solution alternative à la délivrance de la concession définitive par l'administration – qui ne ferait qu'exacerber les litiges – et au renvoi de l'affaire devant les tribunaux[403]. Il s'agissait donc d'indemniser, par une voie extra-judiciaire, le concessionnaire du préjudice subi de la perte de droits qu'il devait avoir sur les terres[404]. Mais quelles étaient ces terres et leur situation juridique ? D'après le ministre et le gouverneur général, la reprise ne pouvait concerner que les terres concédées provisoirement que les concessionnaires avaient cultivées eux-mêmes et dont ils n'avaient pas obtenu la concession définitive. Mais l'observation du rachat de la concession Gobert et de la concession Peretti démontrent que ce n'est pas ce qui s'est réellement produit et que dans tous les cas, les raisons de droit qui justifiaient le rachat semblaient assez douteuses. De ces deux cas, il ressort que trois catégories de terres ont été indemnisées :

1- les terres concédées définitivement. Dans le cas de Peretti, c'était même les seules terres qui devaient faire l'objet d'une indemnisation, selon le chef de cabinet du gouverneur général en 1916, car c'étaient les seuls terrains sur lesquels les droits du concessionnaire étaient avérés[405]. Mais alors, on ne comprend pas pourquoi indemniser des terres sur lesquelles le concessionnaire jouissait de tous ses droits. Une note du résident supérieur apportait un éclairage : les terres concédées définitivement en 1908 au concessionnaire avaient été ensuite occupées par les villageois voisins qui s'étaient étendus sans la moindre opposition du concessionnaire parce que, poursuivait la note, Peretti s'était absenté de l'Indochine pendant dix ans en 1908 et n'y était revenu qu'en 1918, manifestement dans la seule intention de semer le désordre et d'obtenir enfin une indemnisation de l'administration[406]. Dans de telles conditions et bien que les droits de Peretti

---

[403] Rapport du gouverneur général Beau au ministre des colonies, le 29 mars 1905, CAOM Indo GGI//921. Sur la concession Peretti, le résident supérieur emploie aussi le terme de "transaction", cf. rapport du résident supérieur au conseil du gouvernement, le 13 janvier 1919, CAOM Indo GGI//1009.

[404] Cela revenait donc, dans l'esprit, à la célèbre jurisprudence *Couitéas* inaugurée par le Conseil d'Etat en 1923, à l'occasion d'un cas similaire de concession coloniale en Tunisie.

[405] Note du chef de cabinet du gouverneur général du 6 mars 1916, CAOM Indo GGI//38.070.

[406] Lettre du résident supérieur au gouverneur général du 26 août 1918, CAOM Indo GGI//38.070.

perduraient formellement, était-il justifié d'accorder une indemnisation ? Malgré le doute, on pouvait, à la rigueur, y voir l'application d'une jurisprudence *Couitéas* avant la lettre[407].

2- les terres concédées provisoirement et mises en culture par le concessionnaire mais qu'il n'était pas possible de concéder définitivement. Ce cas était le seul prévu dans le rachat Gobert[408] et fut aussi inclus dans le rachat Peretti[409] mais il reste assez mystérieux. En effet, si le concessionnaire était vraiment parvenu à mettre ces terrains en culture ou, plus précisément, à se faire payer tous les loyers et redevances de métayage par les indigènes qui les exploitaient, on ne voit plus ce qui s'opposait à la délivrance de l'arrêté de concession définitive et donc ce qui justifiait l'indemnisation.

3- Les terrains concédés provisoirement mais reconnus propriété des indigènes par la justice ou non cultivés par les concessionnaires. Le rapport du résident supérieur de 1919 témoigne que ces terrains ont aussi été compris dans le rachat Peretti[410]. Cette solution était absolument contraire au droit car le concessionnaire était indemnisé de la perte de terrains qu'il n'aurait jamais dû se voir concéder (pour les terrains rendus judiciairement aux indigènes) ou dont il aurait dû perdre la concession sans indemnité (pour les terrains non cultivés par ses soins). Un rapport du résident supérieur de 1920 marquait d'ailleurs son étonnement, mais trop tard[411].

---

[407] La jurisprudence *Couitéas* portait le nom d'un concessionnaire de Tunisie, qui, en 1908, avait souhaité faire expulser les villageois indigènes des terrains reconnus comme sa propriété, en vertu d'une décision de justice. Mais l'administration avait toujours refusé d'apporter son concours au concessionnaire pour procéder à cette opération, qui, quoique légale, présentait un danger pour l'ordre public. Saisi par Couitéas, le Conseil d'Etat trouva un compromis en 1923 : d'un côté, l'administration conservait le droit de refuser son concours dans ce type de circonstance mais de l'autre, l'administré devait se voir indemnisé pour la charge excessive qu'il subissait du fait de cette inaction administrative.

[408] Lettre du ministre des colonies du 14 mars 1905 et rapport du gouverneur général du 29 mars 1905, CAOM Indo GGI//921.

[409] Rapport du résident supérieur du 13 janvier 1919, CAOM Indo GGI//1009. La recommandation du cabinet du gouverneur général en 1916 de ne racheter que les terrains concédés définitivement ne fut donc pas suivie.

[410] *Ibid.*

[411] "*il résulte que 1754 maû de rizières, sur lesquels les droits du domaine ne paraissent pas très sûrs et en tous cas sont contestables, ont été vendus, contrairement aux vues qui ont présidé à l'institution du rachat, à deux sociétés formées à Hanoi [...]*". Rapport du résident supérieur au gouverneur général du 14 mai 1920, CAOM Indo GGI//1009.

La logique juridique du rachat paraissait donc d'autant plus confuse et ardue à dégager des documents d'archives épars qui en traitaient qu'elle était, en dernière analyse, quasi-inexistante. Sur le fond, cela se résumait à une garantie inavouée, sorte de responsabilité morale, que par la force des choses, l'administration se résignait à apporter, mais là encore, la logique n'était pas vérifiée car l'administration faisait payer les villages, soit en se substituant aux droits du concessionnaire, après l'avoir payé, et en se retournant contre les villages ensuite, soit en agissant comme simple médiateur dans la négociation entre le concessionnaire et les villages et en faisant une avance financière aux villages pour le règlement du prix de rachat. Mais dans les deux cas, les villages ne faisaient rien d'autre que racheter des droits qu'ils n'auraient jamais dû perdre et pour la perte desquels ils n'étaient, eux, pas indemnisés, comme le faisait remarquer une note d'un chef de bureau en 1912[412].

En plus des objections juridiques, l'administration se heurtait aux objections financières formulées par le ministère des colonies[413]. Les rachats coûtaient cher, par exemple 250 000 piastres pour les frères Gobert ou 500 000 piastres pour Peretti[414]. L'argument utilisé par l'administration locale pour rassurer le département résidait dans le remboursement échelonné de la somme par les villages, au travers de l'impôt foncier[415]. Les villages ont-ils vraiment payé et quelle charge cela représentait-il pour chacun d'eux ? Nous ne pouvons répondre exactement mais d'après le témoignage de Jean Morel, les villages étaient incapables de payer[416]. Il se dressait enfin une objection politique : le rachat signait l'aveu d'échec de la politique des

---

[412] Note du chef du 3e bureau, 4 mars 1912, CAOM Indo/AF/106. Pour une application très parcimonieuse des rachats, Morel, *op.cit.*, p.224. Au contraire, pour la responsabilité morale de l'administration, Borie, *op.cit.*, p.107 et Gueyffier, *op.cit.*, p.162.

[413] Cf. note du secrétaire général au gouverneur général du 17 février 1905, CAOM Indo GGI//921 : "*[...] le prélèvement escompté sur la caisse de réserve n'a aucune espèce de chances d'être approuvé par le Département [...].*" ; réponse du ministre des colonies Clémentel au gouverneur général du 26 août 1905, *ibid.* ; note du secrétaire général du 21 octobre 1906, CAOM Indo GGI//925.

[414] Lettre du ministre des colonies du 14 mars 1905 sur Gobert, CAOM Indo GGI//921 ; rapport du résident supérieur du 13 janvier 1919 sur Peretti, CAOM Indo GGI//1009.

[415] Le remboursement devait s'étaler sur 6 ans pour l'ancienne concession Peretti mais il fallait tout de même prélever immédiatement 500 000 piastres sur la caisse de réserve, qui n'affichait que 155 000 piastres (rapport du résident supérieur du 13 janvier 1919). Pour la concession Gobert, le remboursement devait se faire en 8 annuités (rapport du gouverneur général du 29 mars 1905).

[416] Morel, *op.cit.*, p.200.

concessions[417]. Pour l'ensemble de ces raisons, le département insista, au moment du rachat Gobert, pour bien spécifier qu'il s'agissait d'une mesure exceptionnelle justifiée uniquement par les circonstances particulières de la concession Gobert et insusceptible de constituer un précédent[418]. Cela ne fut qu'un voeu sans lendemain, le rachat étant le prix de l'ordre public[419]. Aucune solution juridiquement satisfaisante ne traitait donc les litiges. C'est pourquoi des réformes réglementaires furent entamées dès 1913 et poursuivies jusque dans les années 1920.

---

[417] Rapport du gouverneur général du 29 mars 1905, CAOM Indo GGI//921.

[418] La particularité de la concession Gobert était en effet d'avoir été antérieure à l'arrêté de 1896 et donc de n'avoir prévu aucune réserve pour les villages indigènes. Mais le gouverneur général avait beau écrire au ministre (rapport précité) que "*tous les autres concessionnaires dont l'établissement remonte aux années 1896, 1897 et 1898 se trouvent [...] vis-à-vis de l'administration, dans une toute autre position [...] des réserves sérieuses [ayant] été faites partout [...]*", le problème se posait aussi pour les concessions postérieures à 1896.

[419] Rapport du résident supérieur du 14 mai 1920 (CAOM Indo GGI//1009).

IV. *Le caractère trop théorique des réformes réglementaires*

Les échecs des premières concessions ont-ils servi de leçon à l'administration ? Les recueils de jurisprudence ne rapportent pas de décisions judiciaires rendues sur les concessions ultérieures mais cela ne prouve rien. Peut-être plus significatif est le rapport Richard de 1927 qui ne comporte aucun développement sur les questions de domanialité, hormis deux allusions dans des rubriques secondaires, à la fin du rapport[420]. Faut-il en conclure que le problème ne se posait plus à cette époque ? Pour y répondre, il faudrait une recherche approfondie dans les archives sur les concessions délivrées entre les années 1910 et 1930. En revanche, il est certain que l'administration avait perfectionné les procédures d'enquête de domanialité par plusieurs réformes successives (A). Elle témoigna d'une ambition plus grande, en n'agissant pas seulement sur la procédure des concessions mais sur leur principe même, par un meilleur contrôle de la colonisation (B) et surtout par des réserves viables pour les indigènes (C), malgré le caractère trop théorique que recouvraient beaucoup de ces mesures.

A) Le perfectionnement des procédures d'enquête et de délimitation

Au plus fort des contestations tonkinoises, certaines voix au sein de l'administration, en particulier l'inspecteur Lapalu en 1902 ou le secrétaire général en 1905, envisageaient les réformes à venir et dans ce but, montraient en exemple la réglementation en vigueur en Annam, l'arrêté du gouverneur général du 28 avril 1899[421]. L'arrêté de 1899 pour l'Annam comportait en effet des dispositions plus précises que l'arrêté de 1896. Son grand avantage résidait d'une part dans la limitation des concessions à 500 hectares maximum, ce qui facilitait l'enquête de domanialité

[420] Rapport Richard, p.176-177 et p.196.

[421] Rapport Lapalu transmis par l'inspecteur en chef Arnaud au ministre des colonies, le 12 mars 1902, CAOM FM Indo/AF/147 ; rapport du secrétaire général du 17 février 1905, CAOM Indo GGI//925. Pour l'arrêté de 1899, voir Rec. Dar. 1900, I., p.96.

(article 3)[422]. D'autre part, elle associait plus explicitement qu'au Tonkin les indigènes, tant les autorités, puisque l'enquête devait être menée par le résident provincial de concert avec les autorités indigènes (article 7), que les riverains, prévenus par l'affichage de la demande en caractères dans toutes les communes et en présence de qui devait s'effectuer la délimitation, avant même la délivrance de l'arrêté de concession (article 7). Enfin, l'arrêté prohibait toute autorisation d'installation avant l'expiration du délai d'opposition, porté à deux mois (article 9). Néanmoins, il n'exigeait un plan exact qu'avant la concession définitive (article 12). L'efficacité réelle de ces mesures reste difficile à évaluer mais en tout cas, elles furent suffisantes pour provoquer l'humeur, certes pas toujours inspirée par la bonne foi, des représentants coloniaux, comme le baron Pérignon en 1900 : "*Ce sont des questions d'ordre administratif qui intéresseraient médiocrement le colon si nous ne devions voir bientôt quels inconvénients résultent pour lui de cette tendance de la « légation » de Huê à faire jouer un rôle trop actif aux mandarins en cette matière*"[423].

L'arrêté de 1899 ayant servi de première base de réflexion pour l'administration, ce n'est qu'en 1913 et 1914 qu'intervinrent les réformes à l'échelle de l'Indochine, et au Tonkin en particulier. L'arrêté du gouverneur général du 27 décembre 1913, pris par Albert Sarraut, constituait la première réglementation commune à toute l'Indochine, avec pour ambition de remédier aux abus constatés précédemment[424]. Mais cet arrêté suggérait plus un objectif politique qu'il ne l'atteignait en lui-même, dans la mesure où il apportait peu d'éléments nouveaux sur la procédure d'enquête, hormis l'obligation pour les demandeurs de concession de déposer, en même temps que leur demande, une provision pour financer les frais de vérification des travaux d'abornement (article 33). Il n'imposait même aucune limite de superficie aux concessions, alors qu'un rapport de 1912 en faisait une piste de réforme[425]. En revanche, l'arrêté d'application pour le Tonkin du 6 mars 1914 représentait un véritable progrès par rapport à l'arrêté

[422] Notons qu'il existait néanmoins une dérogation pour les entreprises à caractère exceptionnel et celles qui justifiaient des capitaux suffisants pour obtenir une superficie supérieure.

[423] "Lettre ouverte à M.Doumer", *Courrier d'Haïphong*, 6 mars 1900, CAOM Indo/AF/106.

[424] JOIF 1914, p.74. Voir aussi le PV de séance de la Commission permanente du Conseil de Gouvernement du 1er octobre 1918 constatant l'effet salutaire de l'arrêté de 1913, CAOM Indo GGI//60.871.

[425] Rapport du 1er février 1912, CAOM FP 9/PA/11.

de 1896[426]. Il prévoyait l'abornement de la concession demandée dès le début de l'instruction, par les soins et aux frais du demandeur, sur convocation et en présence du résident provincial, afin de permettre à tous les voisins de prendre connaissance de la demande. L'abornement devait d'ailleurs être levé contradictoirement avec les propriétaires ou représentants des villages voisins dûment convoqués (article 6). Toutes les réserves exprimées à cette occasion par les prétendus ayant-droits devaient être abornées à leur tour (article 7). Cependant, le plan exact n'était toujours exigé qu'avant la concession définitive (article 17). L'arrêté du gouverneur général du 26 novembre 1918 modifiant celui de 1913 marquait-il en revanche une certaine régression dans les procédures d'enquête de domanialité ? L'hypothèse mérite d'être soulevée eu égard à la présentation qui était faite du projet d'arrêté modificatif par le gouverneur général en Commission permanente du Conseil du gouvernement, le 1er octobre 1918. Le gouverneur général reprochait en effet à l'arrêté de 1913 d'être devenu trop restrictif et estimait que la nouvelle clause du futur arrêté modificatif suffirait à éviter les procès[427]. Cette clause était celle qui s'ajoutait à l'article 29 de l'arrêté de 1913 : "*Dans le cas où tout ou partie du terrain adjugé serait occupé de bonne foi par d'autres personnes que l'adjudicataire, celui-ci sera tenu de rembourser toutes les dépenses faites à quelque titre que ce soit pour assurer la mise en valeur des parties occupées*". En somme, au coeur même de la réglementation, l'administration admettait à nouveau la possibilité d'avoir concédé des terrains déjà cultivés[428]. Cette interprétation se trouve cependant contrebalancée par l'arrêté du résident supérieur du Tonkin du 19 juin 1920, modifiant l'arrêté de 1914 et renforçant la procédure d'enquête de domanialité[429]. Cet arrêté exigeait enfin un plan exact dès la demande de concession provisoire (articles 12 et 36). L'abornement du périmètre demandée et des réserves exprimées était maintenu et renforcé par des mises en demeure (articles 15 et 16). Enfin, l'arrêté de

---

[426] Arrêté du résident supérieur du Tonkin du 6 mars 1914, JOIF 1914, p.792.

[427] PV de séance de la Commission permanente du Conseil de Gouvernement, le 1er octobre 1918, CAOM Indo GGI//60.871.

[428] Cette pratique consistant à concéder des terres déjà occupées et à indemniser leurs occupants est difficile à mesurer exactement mais elle semble avoir été fréquente, tant elle devait arranger l'administration et les concessionnaires. Elle se situait dans le droit fil du fameux article 7 de l'arrêté de 1896 autorisant implicitement l'expropriation des indigènes cultivant leurs terrains depuis moins de deux ans (JOIF 1896, p.658 et cas d'application à Peretti, cf. pièces diverses, CAOM Indo GGI//38/070).

[429] Arrêté du résident supérieur du Tonkin du 19 juin 1920, JOIF 1920, p.1284.

concession provisoire ne pouvait pas être signé tant que les difficultés d'abornement des réserves n'avaient pas été résolues (article 16), et après l'instruction des oppositions, le demandeur, informé des résultats, devait dire s'il les acceptait, auquel cas il disposait de deux ou trois mois pour faire dresser un plan définitif vérifié par le Cadastre, avant la délivrance de l'arrêté de concession (articles 21 et 27).

La nouvelle réforme générale opérée le 19 septembre 1926 par l'arrêté du gouverneur général Alexandre Varenne semblait confirmer ces acquis sans vraiment innover[430]. L'élément notable résidait dans les instructions aux chefs d'administration locale, accompagnant l'arrêté, dont l'une interdisait ou rappelait l'interdiction de toute occupation préalable des terrains avant l'adjudication publique[431]. L'arrêté de 1926 fut rapidement supplanté par le décret du 4 novembre 1928 qui semblait faire confiance aux autorités locales pour réglementer les procédures d'enquête, dans la mesure où c'est, par exemple, l'arrêté d'application du résident supérieur du Tonkin du 21 juin 1929 qui contenait toutes les dispositions sur ce sujet[432]. Cet arrêté maintenait l'interdiction de toute autorisation de culture avant l'adjudication (article 5). De façon plus remarquable, il comblait la brèche ouverte par l'arrêté de 1918, en rappelant que les terrains devaient être libres de toute occupation totale ou partielle, même antérieure (article 22), dans la suite de l'article 21 du décret de 1928 qui interdisait "*la suppression pure et simple des cultures et des habitations moyennant indemnité*"[433]. Il dédoublait enfin l'enquête de domanialité : une enquête préalable par le résident provincial, suivie d'un abornement du terrain, puis une enquête définitive par une commission composée de fonctionnaires, d'un agriculteur français et des autorités indigènes du lieu, en présence des opposants (articles 22, 26 et 27). La réglementation s'était donc incontestablement perfectionnée mais nous ne pouvons dire si l'administration eut la volonté et les moyens de l'appliquer de manière constante. Nous citerons, malgré tout, deux cas tirés des archives qui peuvent illustrer les deux thèses contraires sur la question :

---

[430] Arrêté du gouverneur général du 19 septembre 1926, P.1928, III, p.441.

[431] Instructions du gouverneur général Varenne du 19 septembre 1926, CAOM Indo GGI//60.768.

[432] Décret du 4 novembre 1928, P.1928, III, p.463 ; arrêté du résident supérieur du Tonkin du 21 juin 1929, JOIF 1929, p.3223.

[433] P.1928, III, p.468. Cette pratique, on l'a dit, autorisait tous les abus à l'encontre du droit de propriété indigène.

- En premier lieu, la demande de concession de Dupré, rejetée en 1914 par l'administrateur Eckert, résident provincial du Bac Giang, région voisine de celles où éclataient tous les litiges. Cet exemple pourrait montrer que l'administration avait tiré les leçons des premiers échecs et était déterminée à ne plus céder à la légère aux demandes des colons[434].
- En second lieu, le contrat passé en 1929 entre le Résident supérieur d'Annam et Maillot, tout à fait significatif puisqu'il se substituait, dans un sens conforme à la nouvelle réglementation, à l'un des fameux contrats Maillot de 1926 qui furent à l'origine du « scandale » de 1927. Le nouveau contrat obligeait le concessionnaire à établir un plan ; or, un rapport du secrétaire général de 1934 faisait état d'un avenant passé en 1932 pour prolonger le délai de production du plan à la fin de l'année 1932, plan encore attendu en 1934. La déchéance fut du reste prononcée mais cet exemple peut prouver une certaine indulgence de l'administration qui persistait sur des points importants pour la délimitation des propriétés[435].

En conclusion sur l'évolution de ces réformes, on peut constater que l'administration n'introduisit jamais en Indochine le très célèbre système du *Torrens act*. Pourtant chaque fois qu'un problème de propriété se posait dans la colonie, il montait toujours une voix au sein de l'administration et surtout de la doctrine juridique pour déplorer l'absence de ce système[436]. Il sortirait du sujet de vouloir le décrire ici mais il convient d'en exposer les principes. Inventé par Sir Robert Torrens en Australie, où il était directeur de l'enregistrement avant de devenir député et de faire voter son projet dans le *Real property act* en 1858[437], ce système visait à mettre fin aux incertitudes juridiques qui pesaient sur les terres échangées entre particuliers de statuts différents aux colonies. Pour cela, il instituait une sorte d'état civil des terres,

---

[434] Lettre du chef de la province de Bac Giang annexée à la lettre du résident supérieur au gouverneur général, le 28 mars 1914, CAOM Indo GGI//999.

[435] Lettre de Maillot au résident supérieur d'Annam du 29 novembre 1932 ; rapport du secrétaire général au gouverneur général, le 5 novembre 1934 ; arrêté de déchéance du 1er décembre 1934, CAOM Indo GGI//60.888.

[436] Voir entre autres, P.Delhoumeaud, *La propriété foncière et les concessions domaniales en Indochine*, thèse Paris, 1903, p.92 ; Penant, *op.cit.*, p.48 ; Boudillon, *op.cit.*, p.191 sqq ; Réponse du gouverneur général au questionnaire du ministère des colonies, le 23 mai 1933, CAOM Indo GGI//60.755.

[437] M.Planiol, *Traité élémentaire de droit civil*, Paris, 1908, tome 1, p.860.

c'est-à-dire une immatriculation des terres sur un registre foncier à la suite d'une enquête, menée par un fonctionnaire spécial, pour répertorier tous les droits réels existants. Une fois inscrit, le bien foncier se trouvait purgé de tous les droits antérieurs qui n'étaient pas inscrits et tout droit nouveau devait être inscrit pour être opposable aux tiers[438]. Ayant fasciné les juristes coloniaux français et introduit, avec des variantes, en Tunisie, en Afrique et à Madagascar, les tentatives faites en Indochine en 1885, 1889 et 1899 échouèrent toutes avant que le Conseil supérieur de l'Indochine écartât finalement toute réforme en ce sens en 1902[439]. Aussi est-ce en vue d'établir un droit foncier qui s'inspirait du *Torrens act* que Boudillon fut chargé de mission en Indochine par le ministère avant 1915. Mais son travail n'aboutit qu'au décret du 25 juillet 1925 uniquement applicable à la Cochinchine, au Laos et aux concessions de Hanoï, Haïphong et Tourane[440]. Ce décret prescrivait à l'administration un programme très ambitieux : l'immatriculation de toutes les terres de Cochinchine, au fur et à mesure de l'avancement du cadastre[441]. L'accomplissement de cette opération, que l'on devinait longue, était confié à un service spécial : le service de la conservation foncière, composé de bureaux implantés dans chaque province. Ces bureaux, avec leurs préposés, devaient eux aussi être mis en place progressivement, suivant le cadastrage. Cependant, le décret faisait preuve de volontarisme, en offrant le bénéfice anticipé de la nouvelle législation foncière – dont l'avantage théorique résidait, rappelons-le, dans la certitude incontestable des droits réels inscrits sur les nouveaux livres fonciers – à tous ceux qui le requéraient, donc sans attendre la mise en place du service compétent. Mais surtout, cette application anticipée était obligatoire dans le cas de constitution des propriétés privées par voie de concession de terrains domaniaux. Le décret indiquait que la procédure devait s'engager au nom du domaine avec transfert au nom du concessionnaire, une fois celui-ci définitivement confirmé[442]. Comment s'harmonisait donc cette nouvelle procédure foncière, applicable depuis sa promulgation en Indochine en janvier 1927, et la

[438] *Ibid.* ; Dareste, *op.cit.*, tome 2, p.216 sqq. Le système comportait encore beaucoup d'avantages, notamment l'unification du régime foncier ou une réforme du régime hypothécaire.

[439] Boudillon, *op.cit.*, p.198. Corps consultatif, le Conseil supérieur de l'Indochine était l'ancêtre de la Commission permanente du Conseil supérieur. Pour un exposé clair sur le système du *Torrens act* en Indochine, voir Gueyffier, *op.cit.*, p.206-219.

[440] Cette restriction à la Cochinchine s'expliquait par le fait que l'état foncier et le cadastre y étaient beaucoup plus avancés qu'ailleurs, en raison de la plus grande fréquence et de la meilleure qualité des registres indigènes, les *dia bô*.

[441] Voir partie III, titres I, II et III du décret du 21 juillet 1925, P.1926, III, p.12 sqq.

[442] Article 319 du décret.

procédure administrative des concessions réformée en 1929[443] ? Il est assez frappant de voir qu'en 1929, dans le nouveau règlement des concessions en Cochinchine, l'administration ne fut manifestement pas animée du souci de prendre en compte le décret de 1925. Pourtant, les dispositions de ce décret étaient forcément redondantes avec celles du règlement des concessions, puisque dans les deux cas, que ce soit l'inscription des terres sur les livrets fonciers au nom du domaine ou la concession des terres, il y avait enquête en vue d'établir les droits réels de l'administration. Ainsi, une fois la procédure déclenchée par la publication et l'affichage de l'avis, le délai d'enquête et d'opposition des personnes intéressées s'élevait à trois mois dans le décret de 1925 ; or, le règlement de 1929 sur les concessions, loin de s'aligner sur ce délai, ne prévoyait que deux mois d'affichage, augmenté, il est vrai, du temps pendant lequel la commission d'enquête opérait l'examen et le règlement des oppositions. De plus, l'arrêté de 1929 disposait que le titre de concession définitive serait inscrit au nom du nouveau propriétaire "*au **dia-bô** ou au livre foncier*"[444]. Or, si l'on suit le décret de 1925, pour les terres domaniales concédées, il ne devait plus y avoir de *dia-bô*, puisque les nouveaux livres fonciers avaient vocation à s'y substituer ! Voilà donc bien un autre indice du peu de cas réservé par l'administration indochinoise à ce décret de 1925 venu de métropole, et qu'elle semble d'ailleurs avoir accueilli avec circonspection. Quel était pourtant l'intérêt supplémentaire de ce décret par rapport à la réglementation des concessions, en ce qui touche les droits des personnes établies sur les terres que l'administration envisageait de concéder ? Tout d'abord, le décret de 1925 interdisait formellement d'inscrire une terre au livret foncier tant que les oppositions n'avaient pas été vidées définitivement par une décision de justice[445]. Ainsi, les oppositions aux prétentions du domaine se réglaient par la voie judiciaire, alors que le droit spécifique des concessions de 1929 instaurait une procédure entièrement administrative, et sans mentionner expressément la possibilité de formuler une opposition judiciaire, une fois le délai d'enquête administrative écoulé. En apparence, le décret de 1925 pouvait donc sembler plus protecteur des droits des indigènes installés sur les terres à concéder. Mais il faut se méfier de cette apparence, volontiers trompeuse, au vu du contexte colonial et d'une autre disposition essentielle du décret de 1925. En effet, la motivation profonde de ce décret résidait dans la garantie définitive apportée aux droits réels par l'immatriculation, de telle sorte qu'après les décisions

[443] Arrêté du Gouverneur de Cochinchine du 13 juin 1929, JOIF 1929, p.3192.
[444] Article 47, *ibid.* p.3199;
[445] Article 370 du décret de 1925, P.1926, III, p.21.

de justice éventuelles et l'immatriculation, tout droit invoqué ensuite par des tiers ne pouvait plus se défendre : "*les titres fonciers seront inattaquables ; ils constitueront devant toutes juridictions le point de départ unique de tous les droits réels existant sur les immeubles au moment de leur délivrance. [...] Toute action tendant à revendiquer un droit réel non révélé pendant le cours de l'enquête qui précédera l'établissement des livres fonciers et ayant pour conséquence de remettre en discussion la propriété même d'un immeuble soumis au régime institué par le présent décret sera irrecevable [...]*"[446]. Autrement dit, le décret de 1925 donnait un effet-couperet au délai d'enquête précédant l'immatriculation. Lorsque l'on sait que ces enquêtes n'étaient signalées que par des avis insérés au *Bulletin administratif* et affichés aux murs des bâtiments « communaux », on suppose qu'il fallait être très avisé de la réglementation pour faire valoir ses droits à temps : était-ce bien le cas de tous les petits paysans cochinchinois[447] ? A l'inverse, le droit des concessions de 1929, malgré l'enquête de domanialité, n'accordait aucune garantie aux droits des concessionnaires : les cahiers des charges types continuaient d'employer la formule consacrée depuis toujours, et dont on a vu qu'elle fut source de tant de difficultés et de désillusions pour certains concessionnaires, à savoir que "*la concession [est faite] sous réserve expresse des droits des tiers, aux risques et périls du concessionnaire, et sans garantie d'aucune sorte de l'administration*"[448]. Cela maintenait donc la porte ouverte aux contestations qui n'avaient pas été exprimées à temps. Comment l'administration cochinchinoise s'est-elle accommodée, lors de sa rédaction en 1929 et dans la pratique ultérieure, de cette disposition qui apparaît si peu compatible avec le décret de 1925 ? Il faudrait des recherches approfondies dans les archives de Cochinchine pour le savoir. Mais la seule lecture comparée des deux réglementations montre à quel point l'administration locale pouvait éprouver des difficultés à recevoir ce décret de 1925 qui lui assignait un programme et des moyens

---

[446] Articles 362 et 363, *ibid.*, p.19.

[447] P.Brocheux, qui a consacré une grande partie de sa thèse à ces problèmes fonciers, atteste bien sûr du contraire, cf. sa contribution au *Livre noir du colonialisme*, *op.cit.*, p.357-358. Certains contemporains, et non des moindres, les juges, semblent avoir aussi été conscients des dangers de la réforme, si l'on en croit l'administrateur Feyssal qui, dans un opuscule rédigé sur la question pour l'Exposition coloniale en 1931, s'émeut de la jurisprudence des magistrats, hostiles à l'irrévocabilité des immatriculations et enclins à ignorer la nouvelle législation (cf. Feyssal, *La réforme foncière en Indochine*, Hanoï, 1931, p. 27-28).

[448] Article 28 de l'arrêté du Gouverneur de Cochinchine de 1929 sur le cahier des charges type des concessions par adjudication, JOIF 1929, p.3206. La formule figure aussi dans les cahiers des charges des concessions gratuites et de gré à gré.

juridiques ambitieux et très perfectionnés, mais qui, venu de la lointaine métropole, critiqué par le Conseil colonial et vraisemblablement trop complexe, n'était finalement que partiellement appliqué et même complètement ignoré dans beaucoup de ses implications théoriques.

B) Le développement mieux contrôlé de la colonisation

Les procédures d'enquête de domanialité, même améliorées, n'intervenaient toujours qu'au cas par cas et, par définition, lorsque le processus de concession était déjà engagé, même si l'administration conservait tout au long de la procédure le droit d'apprécier l'opportunité de la concession. En 1928, le gouvernement métropolitain souhaitait donc un contrôle des concessions plus en amont, avant même que toute demande fût formulée. Cette ambition s'exprima dans l'article 4 du décret de 1928[449], lui-même fruit du rapport Richard. Ce dernier mettait en exergue le risque qu'il y aurait de laisser s'additionner les grandes concessions les unes après les autres sans se donner une vision d'ensemble de leur développement, dans un avenir où la croissance démographique de la population indigène ne pourrait laisser à celle-ci d'autre choix que "*le servage ou l'exil*"[450]. La commission Richard suggérait donc d'édicter l'obligation pour l'administration de mettre en vigueur un plan d'ensemble de la colonisation, qui réserverait *a priori* comme espace libre indisponible au moins un quart des régions ouvertes à la colonisation[451]. Une telle proposition n'allait pas de soi à l'époque pour l'administration locale, si l'on en croit la réplique de l'inspecteur des services de l'agriculture en Indochine Yves Henry en 1924 : "*Il n'y en a pas [de plan], il n'y en a jamais eu !*"[452]. Le ministère prescrivit malgré tout aux chefs d'administration locale d'élaborer, pour chacun de leur pays, un "*programme de colonisation*", à faire approuver ensuite par le gouverneur général en Conseil de gouvernement. Ces programmes, adoptés par province ou par région de manière progressive, devaient distinguer différents périmètres : ceux ouverts ou fermés à la colonisation, ceux qui seraient allotis par l'administration, ceux qui seraient réservés aux boisements ou reboisements et ceux qui seraient colonisés par concession gratuite ou, à l'inverse, par adjudication publique en raison de leur plus grande valeur, due à leur situation

---

[449] P.1928, III, p.464.
[450] Rapport Richard, p.127.
[451] *Ibid.*, p.128.
[452] Cité par Brocheux, Hémery, *op.cit.*, p.119.

avantageuse ou à l'exécution de travaux d'aménagement[453]. Aux programmes de colonisation et en coordination avec eux, l'article 4 du décret de 1928 ajoutait les réserves de population indigène, dont les proportions devaient être fixées par les chefs d'administration locale, après avis d'une commission de colonisation[454], et approuvées par le gouverneur général, en tenant compte non seulement de la situation présente mais surtout de l'avenir, ce qui supposait de réserver des zones libres permettant la croissance des communautés indigènes[455].

Ce texte, alors qu'il n'était qu'à l'état de projet bien avancé, avait suscité la critique des représentants des colons, en particulier du conseiller colonial Joubert dans son rapport du 4 juin 1928. Ce dernier jugeait inapplicable la disposition consacrée aux plans de colonisation car de tels plans nécessitaient un véritable cadastrage qui aurait pour effet "*d'arrêter net [...] toute extension de la colonisation agricole*", les moyens de cadastrer toute l'Indochine étant insuffisants. Joubert suggérait donc un contre-projet introduisant :

- la possibilité d'une élaboration progressive du programme : "*Ce programme qui pourra être adopté par fractions au fur et à mesure de son achèvement [...]*"
- la poursuite des concessions pendant l'élaboration, que l'on devinait longue, du programme de colonisation : "*Les personnes ou sociétés pourront, jusqu'à ce que les programmes de colonisation soient entièrement déterminés, rechercher des périmètres et demander des concessions dont l'aliénation sera réglementée par le présent décret*"[456].

Il faut remarquer que certaines de ces contre-propositions furent insérées dans le projet définitif de décret, notamment la possibilité d'adoption progressive du programme. Quant à la seconde contre-proposition, le ministère la reprit également, ce qui signifiait qu'il ne suspendait pas le mouvement des concessions à l'achèvement complet des programmes, mais il apportait une restriction de taille au contre-projet de Joubert : les colons ne pourraient rechercher des terrains que "*dans les régions non réservées ni fermées à la colonisation*"[457]. Sans

---

[453] Article 4 du décret du 4 novembre 1928, P.1928, III, p.464.

[454] Instituées auprès des chefs d'administration locale et du gouverneur général et composées de fonctionnaires et de colons français et indigènes, les commissions devaient rendre des avis sur les programmes de colonisation, la réglementation générale et les dossiers de concession (article 5 du décret de 1928).

[455] *Ibid.*

[456] Rapport de Joubert, conseiller colonial, à la commission chargée, par les corps élus de Cochinchine, d'examiner le projet ministériel, 4 juin 1928, CAOM Indo/NF/2190 (2).

[457] Article 4 du décret de 1928.

doute conscient du caractère très ambitieux des programmes de colonisation et du temps que réclamerait leur élaboration, le ministère n'entendait toutefois pas transiger sur les réserves des indigènes.

En pratique, l'administration locale s'attacha, dans une première phase, à départager les régions ouvertes à la colonisation de celles qui devaient être fermées, et ce n'était que dans une deuxième phase que l'administration devait déterminer, au sein des régions ouvertes, les zones concessibles et les zones réservées. La fermeture d'une région à la colonisation s'expliquait soit par la mise en valeur entière de la région soit par l'absence de sécurité ou de moyens de communication[458]. Le procès-verbal de la Commission centrale de la colonisation du 29 avril 1930 nous apprend qu'à cette date, l'administration en était à la première phase et envisageait, dans les projets de programme de colonisation examinés, de fermer à la colonisation toute la région deltaïque et côtière du Tonkin, c'est-à-dire celle où s'étaient produits les affrontements du début du siècle[459]. Au sein des régions ouvertes à la colonisation, Emile Couzinet indique en 1942, qu'au Darlac, autre région symbolique des conflits, sur 600.000 hectares cultivables, 400.000 auraient été réservés aux indigènes[460].

Dans le même sens, mais sur d'autres fondements que les programmes de colonisation, l'administration prétendit protéger de manière spéciale les minorités ethniques des hauts plateaux, comme le Darlac encore. Cette politique, découlant directement de la vision ethnologique coloniale, avait commencé précocement, dans les années 1920. Toutefois, comme on l'a vu dans le premier chapitre, elle était très hypocrite. Certes, les pemiers arrêtés[461] soumettaient l'accès du Darlac à une autorisation spéciale et rappelaient qu'aucune terre n'y était domaniale, mais ils autorisaient la conclusion de baux de longue durée, négociés et conclus par l'administration locale[462], ce qui valait bien l'interrogation ironique du député socialiste Ernest Lafont en 1927 : "*Et pourquoi rapidement [...] a-t-on introduit dans ce pays moï d'une si admirable civilisation sauvage paraît-il, le code civil français, avec le bail emphytéotique de 99 ans ?*"[463]. La politique de

---

[458] Règles fixées par une circulaire du gouverneur général du 26 mars 1929, à laquelle se réfère le procès-verbal de la Commission centrale de colonisation du 29 avril 1930, CAOM Indo GGI//60.950.

[459] *Ibid.* Les régions furent fermées à la colonisation par arrêtés du 30 mai 1930 et 20 septembre 1932 (CAOM FM Guernut/25).

[460] Mémoire de Couzinet, p.29, CAOM FM/3Ecol/35-d-1.

[461] Circulaire du 30 juillet 1923 ; arrêté du 27 décembre 1916, JOIF 1927, p.46 ; arrêté du 5 avril 1927.

[462] Le principe de la concession à bail est consacré par l'article 31 du décret du 4 novembre 1928 (P.1928, III, p.470) et l'arrêté précité du 27 mars 1929.

[463] AP.1927, p.716.

protection des minorités ethniques ne résista pas en effet à la pression économique, en particulier la clause de main d'œuvre à laquelle les minorités tenaient, semble-t-il, le plus : le recrutement local de la maind'œuvre et le recours à la main d'œuvre importée seulement en cas de besoin ultime.

En fermant à la colonisation les régions déjà saturées, les programmes de colonisation laissaient toutefois irrésolu le problème des réserves pour le développement à venir de la population indigène, qui devait certes constituer la deuxième phase des programmes, mais qui fut surtout envisagé à l'occasion de chaque concession particulière.

C) Les réserves indigènes

Les premières réserves consacrées par l'administration étaient pour le moins limitées. Elles correspondaient au respect minimal des indigènes que le colonisateur était parvenu à s'imposer. Ces réserves portaient sur les lieux cultuels, c'est-à-dire pagodes et tombeaux, que les concessionnaires avaient interdiction de dégrader et dont ils devaient laisser le libre accès. Parallèlement à cette réserve culturelle, il existait une réserve plus pratique, correspondant aux servitudes de passage, qui au fur et à mesure des réglementations, s'étendit à toutes les voies de communication en général et aux points d'eau. Ces réserves furent établies par la réglementation pour la première fois en 1888 et se maintinrent presque dans les mêmes termes dans toutes les réglementations ultérieures[464].

Mais ces mesures, d'un intérêt bien compris pour le colonisateur, n'étaient évidemment pas de nature à satisfaire l'indépendance économique et sociale des indigènes par rapport aux concessionnaires qui arrivaient dans leur voisinage, de l'aveu même du gouverneur général Beau, dans son rapport de 1905 sur la concession Gobert, délivrée antérieurement à l'arrêté de 1896 : "*Il faut reconnaître que cette réserve [dans la concession Gobert] était absolument insuffisante. Les 747 hectares laissés aux villages ne comprenaient, en réalité, que l'emplacement même des habitations, les pagodes et les terrains dont le produit était affecté au culte. Aucune surface n'était réservée pour permettre aux indigènes de subvenir à*

---

[464] Cf. articles 13 et 14 de l'arrêté du 5 septembre 1888 pour le Tonkin, *Recueil Ganter*, p.95 ; articles 14 et 15 de l'arrêté du 18 août 1896 pour le Tonkin, JOIF 1896, p.659 ; articles 16 et 17 de l'arrêté du 28 avril 1899 pour l'Annam, Rec. Dar. 1900, L., p.100 ; article 24 de l'arrêté du 27 décembre 1913, JOIF 1914, p.76 ; article 3 de l'arrêté du 19 septembre 1926, P.1928, III, p.441 ; article 6 de l'arrêté du 4 novembre 1928, P.1928, III, p.464.

leurs besoins"[465]. Il ressort des propos du gouverneur général qu'il fallut attendre l'arrêté de 1896 au Tonkin pour poser les premières réserves sérieuses. Pourtant, aucune disposition de l'arrêté de 1896 n'était expressément consacrée aux réserves, pas plus d'ailleurs dans l'arrêté de 1899 relatif à l'Annam, pourtant cité en exemple, si ce n'est dans la limitation des superficies concessibles à 500 hectares, qui rendait, il est vrai, l'enjeu des réserves moins prégnant. C'est donc la pratique administrative qui se chargea de définir les réserves. La circulaire du résident supérieur du Tonkin du 12 juin 1898 opéra cette définition. Cette circulaire excluait de toute concession, les terrains cultivés ou non appartenant aux particuliers et aux communes, tous les terrains cultivés et les terrains non cultivés et abandonnés depuis trois ans que les villages déclaraient par écrit vouloir se réserver[466]. De ces trois catégories, seule la dernière constituait une véritable réserve car les deux premières ne se ramenaient finalement qu'à des terrains non domaniaux, par définition insusceptibles de concession ; or, les réserves au sens propre ne pouvaient être que des terrains qui auraient pu être concédés mais que l'on "réservait" précisément aux villages en vue de leur extension future. Cette circulaire maintenait toutefois quelques obstacles à la constitution des réserves : elles ne pouvaient être établies que sur des terres abandonnées depuis trois ans au moins et surtout, elles devaient être demandées par écrit par les villages. L'arrêté de concession provisoire délivré à Peretti en 1900 démontre l'échec de ce système : selon le résident provincial du Phuc-Yen, l'arrêté n'avait pris comme base des réserves que le rôle de l'impôt foncier de 1896, moment où la région était encore déserte[467]. Il faut encore noter que l'emploi du terme "réserve" paraît ici impropre pour des terrains payant l'impôt et donc non domaniaux. Cette confusion de langage n'était pas anodine ; elle prouve qu'en fin de compte, la logique de la véritable réserve, pourtant entrevue dans la circulaire de 1898, n'avait pas encore bien pénétré l'administration, pour qui la réserve semblait concerner les terrains appartenant aux indigènes et non concessibles, d'après la simple application du droit du domaine. D'un autre côté, il est vrai que la tendance des concessionnaires était de considérer les villages enclavés dans leurs concessions comme leur propriété et l'administration elle-même n'hésitait pas à concéder certains terrains cultivés et bâtis moyennant indemnisation des

---

[465] Rapport du gouverneur général Beau au ministre des colonies, le 29 mars 1905, CAOM Indo GGI//921.

[466] Circulaire du résident supérieur du Tonkin du 12 juin 1898, JOIF 1898, p.500 ; rapport du secrétaire général du 4 novembre 1905, CAOM Indo GGI//925.

[467] Rapport du résident du Phuc-Yen au résident supérieur du Tonkin, le 7 août 1905, CAOM Indo GGI//925.

possesseurs. Il n'était donc pas inutile de qualifier les terrains non domaniaux de terrains *réservés*, même si cela était redondant[468]. Toujours est-il que ces réserves restaient encore largement déterminées de façon empirique et certainement aléatoire par l'administration, au moment de l'enquête de domanialité.

Malgré la politique indigène menée par le gouverneur général Beau au début du XXe siècle[469], il fallut attendre longtemps, avant l'entrée de dispositions expresses relatives aux réserves dans la réglementation générale. L'arrêté de 1913, pourtant censé tirer les leçons des premiers échecs, n'en disait mot, bien que l'arrêté de 1920 pris pour son application au Tonkin préconisait l'abornement et le règlement des réserves territoriales formulées librement par tous les intéressés au début de l'enquête[470]. L'arrêté de 1926 affichait le même mutisme. Les réserves demeurèrent donc encore affaire exclusive de pratique administrative et objet d'arrangements sur le terrain, jusqu'au décret de 1928 qui donna enfin une valeur réglementaire explicite à l'obligation de réserves indigènes[471]. L'article 21 imposait d'indiquer dans tous les cahiers des charges des concessions les réserves pour l'habitation, la culture et les droits d'usage des indigènes vivant dans le périmètre des concessions ou à côté. Comment l'administration devait-elle fixer ces réserves ? L'article 21 recommandait de tenir compte "*des besoins réels, des mises en valeur effectivement faites et en respectant de façon absolue les droits de propriété acquis*". Quant aux indigènes installés hors de la concession, ou à l'intérieur mais à promixité de ses limites, les réserves pouvaient se situer hors de la concession, s'il y avait des "*terres de conditions suffisantes*", et devaient en tout cas englober les terrains mis en valeur par les indigènes. Les réserves continuaient donc d'inclure les terrains qui, d'un strict point de vue juridique, n'étaient de toute manière pas concessibles mais l'article 21 paraissait aller au-delà, surtout s'il était combiné à l'article 4 précité, qui préconisait de compter dans les

---

[468] C'est en ce sens que l'on doit sans doute interpréter l'article 2 de l'arrêté du 24 juin 1900 délivrant la concession provisoire à Peretti, ainsi formulé : "*En outre des **autres réserves légales, prévues ou non** par l'arrêté du 18 août 1896, demeurent expressément réservés dans le périmètre ci-dessus indiqué : [...]*". Les réserves légales non prévues par l'arrêté de 1896 ne peuvent se comprendre que comme les terrains reconnus propriété privée d'après la loi annamite.

[469] Ta Thi Thuy, *op.cit.*, p.95.

[470] Article 16 de l'arrêté du résident supérieur du Tonkin du 19 juin 1920, JOIF 1920, p.1286.

[471] La pratique administrative n'a peut-être pas toujours été inefficace du reste, si l'on en croit les propos de Jean Morel, peu suspect d'hypocrisie, qui reprochait aux réserves d'être désormais excessives en 1912, notant au Tonkin un état d'esprit nouveau comparable à celui mis en évidence par Pierre Pâris en Cochinchine, quinze ans plus tôt (cf. notre note 344)(Morel, *op.cit.*, p.146).

réserves les terrains nécessaires au *développement* des villages existants et à la création de *nouveaux centres*. En application de ce décret, les cahiers des charges types, promulgués en 1929, comportaient également l'obligation, dans le cas où l'enquête de domanialité aurait oublié des propriétés indigènes, de réserver évidemment ces propriétés mais d'y ajouter une réserve de terrain supplémentaire équivalente[472]. Cependant, l'obligation de réserver des terrains incultes aux indigènes pour leur développement futur manquait encore de clarté dans l'article 21 du décret, ce qui risquait de laisser place au bon vouloir de l'administration locale.

Par delà l'exégèse des textes, la logique des réserves était problématique et révélait l'antagonisme fondamental entre les concessionnaires et les indigènes. Correctement entendue, la solution de la réserve aboutissait à une certaine reconstitution de ce que l'on pourrait appeler la « rayonnance juridique » des villages – à défaut d'un droit certain et acquis – sur les terres voisines inexploitées, que le droit précolonial leur reconnaissait en fonction de leurs besoins[473]. Mais dès lors, la logique de la réserve achoppait à la logique économique contraire des concessions, qui, pour être viables, supposaient des terres mais aussi de la main d'oeuvre indigène. Si les réserves permettaient vraiment aux collectivités indigènes leur autosuffisance présente et à venir, quel serait alors leur motif d'aller travailler au service des concessionnaires ? C'est précisément pour

---

[472] Cf. par exemple, l'article 18 du cahier des charges type pour l'Annam, JOIF 1929, p.2228.

[473] Cf. article 84 § 3 du Code annamite : "*Si [...] les bras sont nombreux et que les anciennes rizières soient en petite quantité, ces gens s'adresseront à l'autorité qui leur annexera des rizières voisines aussi abandonnées et, d'après la vérification de leurs moyens d'action, allotira à chacun et donnera à cultiver*", *Code Philastre*, p.396. Est-ce ce principe que la Cour d'appel d'Indochine appliqua en 1907 dans une affaire qui opposait un village à d'autres indigènes ? A cette occasion, la Cour d'appel reconnut le village comme propriétaire de terres qui étaient pourtant inoccupées, inexploitées et non classées au *dia bô* (CAI 4 juin 1907, P.1908, I, p.116). Cette "rayonnance juridique" peut rejoindre la question des *công diên* et *công thô*, ces fameuses terres communales inaliénables en droit annamite, qui avaient vocation à être allouées périodiquement aux plus pauvres ou dont les fruits servaient aux dépenses communes. Ces terres avaient subi un amenuisement considérable pendant la colonisation, souvent accaparées par les particuliers les plus riches ou les plus habiles, faute d'une prise de conscience et d'une protection énergique précoces de la part de l'administration coloniale (cf. par exemple, pour l'ouest cochinchinois, Brocheux, *op.cit.*, p.97 sqq). L'administration coloniale elle-même n'a-t-elle pas profité du caractère domanial de ces terres et de la tutelle exercée sur les communes pour accaparer leurs terres plus facilement que les autres afin de les concéder, et si oui dans quelle proportion ? Il est difficile de le savoir car dans nos soucres, nous ne rencontrons explicitement le cas que dans l'arrêt *Marty* de la Cour d'appel qui témoigne bien de l'aliénation de terres communales à Marty par le domaine, tout en continuant de faire jouer leur statut inaliénable contre le droit des villages qui prétendaient les avoir cédées à Rainoird, adversaire de Marty (P.1908, I, p.333).

cette raison que les concessionnaires souhaitaient englober les villages dans leurs concessions, selon le système de colonage partiaire décrit par l'inspecteur Adam en 1894 : "*L'indigène et l'Européen peuvent unir et associer leurs efforts [...] de la manière suivante. Le colon européen obtient une concession ou achète des terres aux villages qui les possèdent actuellement. Il divise ensuite sa propriété en plusieurs parcelles qu'il fait cultiver par une ou plusieurs familles indigènes. Il devra faire à chaque famille une avance de fonds de 40 à 50 piastres au maximum [...]. Le produit de la récolte sera partagé entre le propriétaire et le travailleur suivant une proportion à débattre*"[474]. Ce souci vital de la main d'oeuvre pour les concessions se traduisit donc par la critique lapidaire du conseiller colonial Joubert sur l'article consacré aux réserves dans le projet de décret de 1928. L'article 4 du projet prévoyait un seuil minimal de réserves d'un quart des terrains libres, seuil à augmenter encore dans les régions densément peuplées. Joubert se contenta de réfuter cet article au motif qu'il fût redondant avec les dispositions relatives au programme de colonisation, enjeu pourtant distinct des réserves indigènes. Le véritable motif de la critique de Joubert ne faisait donc pas de doute et il est significatif que son contre-projet ne proposait aucune disposition relative aux réserves[475]. Néanmoins, les colons durent se satisfaire du décret final qui, moins précis que le projet, renonça à fixer un seuil chiffré de réserves et laissa le soin à l'administration locale de le déterminer au cas par cas[476]. Par ailleurs, cet effet des réserves sur la main d'oeuvre restait assez théorique et potentiel. Il y eut bien quelques cas où il se réalisa, par exemple celui de la concession Bellan, installée dans une région quasi déserte en 1903, avec des villages voisins qui avaient racheté les terrains de l'ancienne concession Gobert – correspondant aux réserves qu'on aurait dû leur faire au moment de cette concession – et se consacraient donc à leurs propres cultures, "*au lieu d'aller cultiver chez un concessionnaire de terrains qui ne leur appartiennent pas*", comme le mentionnait le résident supérieur[477]. Mais dans

---

[474] Rapport de l'inspecteur Adam sur la situation agricole, industrielle et commerciale du Tonkin, le 20 mai 1894, CAOM Indo/AF/143. Dans le même sens, voir le rapport de la Chambre d'agriculture de Tonkin de 1895 : "*il [...] faut [au colon] une main d'oeuvre, il lui faut des villages métayers qui, exploitant les rizières, fourniront cette main d'oeuvre stable et docile grâce à laquelle les cultures riches sont possibles [...]*", cité par Ta Thi Thuy, *op.cit.*, p.112. Voir aussi le discours du gouverneur général Klobukowski à l'ouverture de la session ordinaire du Conseil supérieur, le 17 décembre 1908, *op.cit.*, p.9.

[475] Rapport Joubert, CAOM Indo/NF/2190 (2).

[476] Article 4 du décret de 1928, P.1928, I, p.464.

[477] Lettre du résident supérieur du Tonkin au gouverneur général, le 3 août 1912, sur la concession Bellan, CAOM Indo GGI/924.

l'ensemble, l'Indochine connut une croissance démographique telle, voire une surpopulation souvent dramatique au Tonkin, que l'absence de main d'oeuvre pour les concessions, même avec des réserves conséquentes, avait à moyen terme peu de chances de se réaliser[478]. Les réserves pouvaient, tout au plus, empêcher le concessionnaire de recruter la main d'oeuvre à proximité de sa concession et le containdre à l'importer depuis des régions surpeuplées[479]. Quel fut donc l'effet des réformes de 1928 ? Une étude systématique des cas particuliers nous donnerait sûrement une réponse. En l'état, nous nous bornerons à quelques indices. Si l'on ne constate apparemment plus, au moins dans la jurisprudence, de grands litiges semblables à ceux du Tonkin au début du vingtième siècle, on peut néanmoins lire, dans les cartons de la Commission Guernut, chargée sous le Front Populaire d'établir un état des lieux social de l'empire, plusieurs doléances de villages évoquant encore l'accaparement de leurs terres, comme celles du village de Mim-Tinh : "*Nos aïeux très doux ont laissé des concessionnaires englober dans leur domaine toutes nos terres même celles destinées au culte, de telle façon que la population ne possède plus maintenant aucun pouce de terrain. [...] Aujourd'hui, par mesure de bienveillance, le Gouvernement nous demande de formuler des vœux. Le premier vœu [...] est celle* [sic] *de la restitution de nos rizières [...]*"[480].

Lorsque le concessionnaire avait réussi à prévenir ou régler tous ses contentieux avec les indigènes, il entrait dans une relation juridique spéciale avec l'administration concédante, dont la propriété des terres constituait encore l'enjeu essentiel.

---

478 Cf. lettre du résident supérieur du Tonkin Fourès à l'inspecteur Arnaud, le 10 mars 1902, CAOM Indo/AF/147.

479 Des courants migratoires furent ainsi organisés du Tonkin vers les plantations d'Annam, de Cochinchine et du Cambodge dans les années 1920, cf. Brocheux, Hémery, *op.cit.*, p.202.

480 Vœux de la province de Thai Nguyen (Tonkin), CAOM FM Guernut/28.

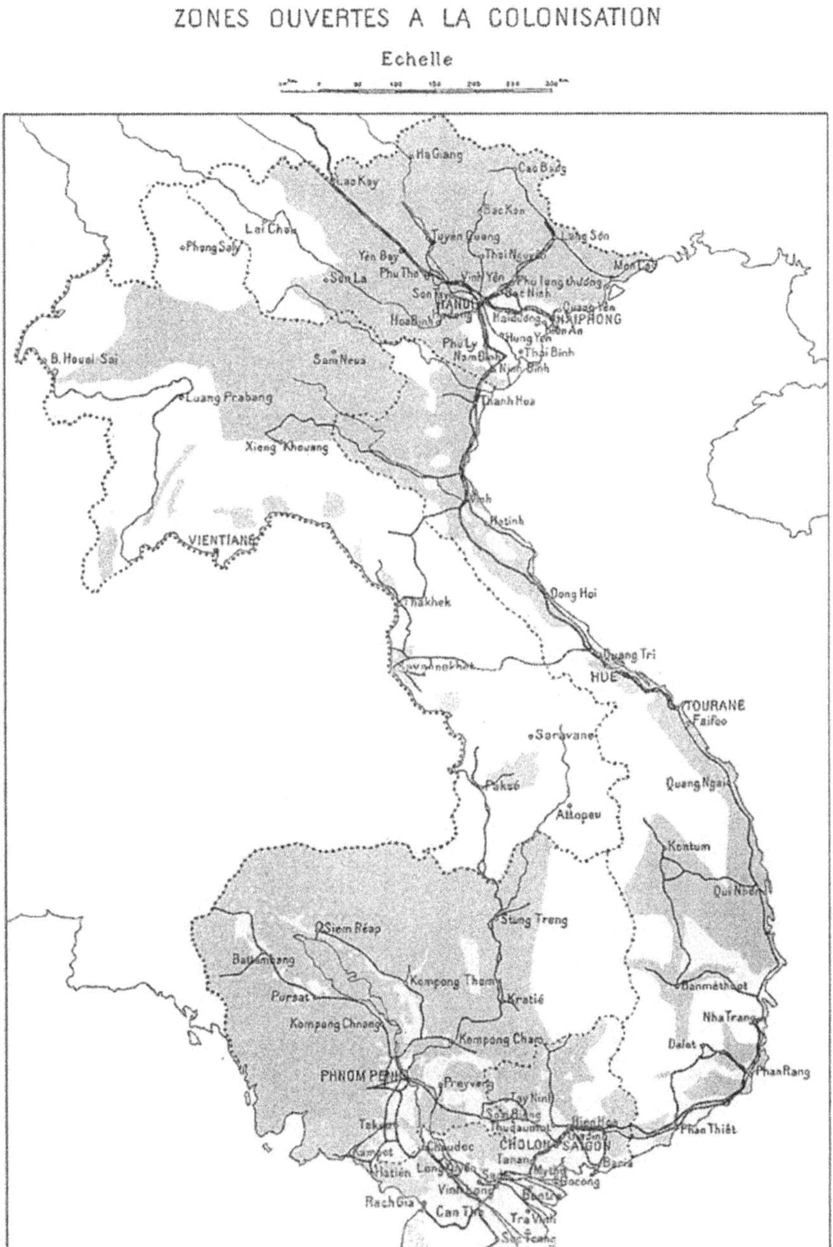

Zones ouvertes aux concessions (en gris).
Extrait de Y.Henry, *Economie agricole de l'Indochine*,
Gouvernement général de l'Indochine, 1932, p235

CHAPITRE III

Le CONCESSIONNAIRE face à l'ADMINISTRATION CONCÉDANTE

Il n'est pas simple d'élucider les relations entre le concessionnaire et l'administration, au regard de la propriété. La forme de l'acte a muté au cours des années 1890, la jurisprudence cessant d'y voir un contrat de droit privé pour le qualifier d'acte administratif (I). Les critères du choix du contractant par l'administration ont eux-mêmes évolué (II). Toutes ces évolutions s'expliquaient par le fait que la nature de l'acte, son objet, étaient mixtes : il s'agissait à la fois de transférer un droit de propriété et de servir l'intérêt général, donnant ainsi naissance à un droit original, que l'on pourrait qualifier de droit administratif de l'appropriation privée (III).

I. *La forme de l'acte*

La forme de l'acte de concession a subi des mutations au cours de son histoire. C'est naturellement presque toujours afin de déterminer la juridiction compétente que se posait la question. D'une convention de droit civil à l'origine, il est devenu un acte administratif (A), en raison de son objet : le service de l'intérêt général (B). Mais par delà cette identification, il restait fondamentalement un acte *sui generis*, expliquant ainsi les résistances qu'il y eut parfois à admettre sa nature administrative (C).

A) Un acte devenu administratif

1/ Une convention de droit civil à l'origine

Les concessions domaniales sont évidemment très anciennes mais, au moment où commença la conquête de l'Indochine, la jurisprudence qualifiait sans contestation les concessions de conventions de droit civil. L'arrêt constamment cité était celui de la Cour de cassation du 8 janvier 1861 rendu sur une affaire de l'Ile de la Réunion. Cet arrêt statua selon cette formule de principe :

> "*[...] en droit [...] lorsque le Gouvernement concède régulièrement une partie du domaine public ou du domaine de l'Etat, il ne figure pas dans l'acte comme pouvoir administratif procurant l'exécution des lois par des règlements ou décisions, mais [...] il stipule comme* ***représentant de l'Etat propriétaire*** *et aliénant, par une convention de droit civil, une partie de son domaine ; [...] cette convention n'est pas un acte d'autorité, mais un contrat formé par le concours de deux volontés, et [...] les questions de limite et de propriété que peuvent faire naître les rapports de cet acte avec les droits des parties ou des tiers sont de la compétence exclusive des tribunaux*"[481].

Le critère déterminant pour la jurisprudence était donc l'objet de l'acte : l'Etat se comportait comme un propriétaire ordinaire transférant son droit à autrui. Ce critère fut adopté par toutes les juridictions coloniales[482], y compris la justice indochinoise. Dans un arrêt de 1894,

---

[481] Cass. 8 janvier 1861 *Azema, Domonjod et consorts c. administration des domaines de l'île de la Réunion*, DP., I, p.116.

[482] Par exemple, Conseil du contentieux administratif de l'Inde française 7 août 1893, P.1893, I, p.513.

la Cour d'appel de Saïgon devait décider, à propos d'une concession indigène, "*qu'une concession de terre délivrée par l'administrateur des affaires indigènes, stipulant alors comme représentant la colonie propriétaire, qui aliène une portion de son domaine, est, non un acte administratif, mais une convention de droit civil, dont l'application et même l'interprétation sont de la compétence exclusive du pouvoir judiciaire*"[483]. La Cour d'appel d'Indochine, se référant explicitement à la jurisprudence de la Cour de cassation de 1861, était déjà allée dans le même sens en 1893, semblant avoir amorcé à cette occasion un revirement, puisque dans un arrêt de 1892, elle avait qualifié des concessions d'actes administratifs[484].

Cette jurisprudence ne considérait pas comme un obstacle à la qualification d'acte de droit privé le fait que cet acte fût pris par un administrateur sous la forme réglementaire. Ainsi, la Cour de cassation estimait en 1891 que "*tout contrat dans lequel figure un fonctionnaire de l'ordre administratif [ne] devient [pas] à ce titre un acte administratif dont l'interprétation serait réservée exclusivement à l'administration en vertu du principe de la séparation des pouvoirs*"[485]. Quant à l'argument qui pouvait être le plus décisif, la forme réglementaire empruntée par les actes de concession, la jurisprudence, notamment celle du Tribunal de Saint-Pierre et Miquelon en 1893, la rejeta comme non pertinente et incapable de dissimuler la forme réelle, celle d'une convention de droit civil : "*l'acte administratif est celui dans lequel l'autorité agit en vertu des pouvoirs que lui confère l'exercice de la puissance publique pour assurer l'exécution des lois et dispose par voie de commandement ; que ce double-caractère ne se trouve pas dans un arrêté de concession puisque le Gouverneur y figure comme représentant de la colonie pour consentir au profit d'un particulier des droits de propriété sur ce domaine ; qu'il importe peu que l'acte emprunte dans ce cas une forme administrative ; qu'il ne saurait en effet dépendre des parties de changer l'ordre des juridictions en adoptant tantôt la forme du contrat civil tantôt celui de l'arrêté*"[486].

Toutefois, la jurisprudence devait amorcer un revirement peu après, à partir de l'année 1894, pour faire de la concession un acte administratif.

---

[483] Cour d'appel de Saïgon 12 septembre 1894, P.1895, I, p.73.
[484] CAI 10 août 1893, P.1893, I, p.507 ; CAI 15 décembre 1892, P.1893, I, p.170.
[485] Cass. Req. 4 août 1891, P.1891, I, p.289 (arrêt rendu sur une affaire algérienne).
[486] Tribunal de première instance de Saint-Pierre et Miquelon 8 mars 1893, P.1893, I, p.287.

2/ Un acte administratif

Cette évolution qui allait transporter la concession dans le champ du droit administratif fut inaugurée par la doctrine de Laferrière dans son traité sur la juridiction administrative. A propos des concessions, l'auteur devait en effet plaider la compétence juridictionnelle administrative, parce que selon lui, l'administration agissait comme puissance publique : "*Le but poursuivi par l'Etat n'est pas l'exploitation d'une partie de son domaine, car il n'est pas appelé à en recueillir les produits ; c'est un intérêt supérieur de colonisation ; l'Etat agit moins ici comme propriétaire que comme pouvoir politique. Dans ce cas encore, le domaine privé se borne à fournir à l'Etat, puissance publique, les moyens d'exercer ses pouvoirs*"[487]. Cette doctrine, qui réfutait l'idée de l'Etat agissant comme propriétaire ordinaire, devait faire autorité auprès de l'administration et de la jurisprudence[488]. En 1894, la Cour de cassation engagea son revirement : un titre de concession devint alors un acte administratif[489], revirement confirmé en 1912 et en 1921 sur des affaires indochinoises : "*les concessions provisoires faites par une colonie ont et conservent, pendant toute leur durée, un caractère administratif*"[490]. Le Conseil d'Etat avait lui aussi naturellement adopté la doctrine

---

[487] E.Laferrière, *Traité de la juridiction administrative*, Paris, 1887, tome 1, p.552. Laferrière appuyait son argumentation par deux arrêts du Tribunal des conflits de 1850 et 1851. Ces arrêts qualifiaient d'actes administratifs des concessions passées en France, souvent sous l'Ancien Régime. Toutefois, les concessions en l'espèce portaient toutes sur des terrains qui plus tard, devaient être considérées comme relevant du domaine public au sens strict, et elles incluaient l'exécution de travaux d'intérêt public, comme des endiguages. Cela explique que cette jurisprudence n'eut peut-être pas à la fin du XIXe siècle la pertinence que Laferrière voulait lui accorder au sujet des concessions du domaine privé colonial. Voir en tout cas, Tribunal des conflits 1er juillet 1850 *De Gouvello*, Leb.1850, p.640 et Tribunal des conflits 31 mai 1851 *Duhamel*, Leb.1851, p.405.

[488] Laferrière est par exemple cité par l'inspecteur des domaines Léon Hugues dans son article "De la compétence judiciaire aux colonies en matière d'actes de vente et de concession d'immeubles du domaine privé", P.1918, II, p.3. Exprimant aussi le point de vue du ministère, voir l'avis du Comité consultatif du Contentieux du 3 juin 1913, envoyé d'ailleurs au gouverneur général de l'Indochine par circulaire ministérielle du 7 août 1913 : "*il résulte de la nature de la concession domaniale, acte administratif par lequel l'autorité concédante impose, dans l'intérêt supérieur de la colonisation, [...] des charges [...]*", JOIF 1913, 1526.

[489] Cass. Civ. 3 janvier 1894 *Veuve Tuband c. Lavergne*, P.1894, I, p.151. Voir aussi Cass. Civ. 28 octobre 1908 *Compagnie française du Haut-Congo c. Compagnie française du Congo*, P.1909, I, p.81.

[490] Cass. Civ. 23 février 1921 *Vittori c. Le Tai Van*, P.1921, I, p.123. Voir aussi, Cass. Civ. 15 mai 1912 *Saubat-Lalanne*, P.1913, I, p.39 et Cass. Civ. 1er août 1912 *Lu Thi Tieng*, Rec.Dar. 1912, J.

Laferrière[491]. La Cour d'appel d'Indochine sembla accueillir cette nouvelle jurisprudence en 1907[492].

De même que les tenants de la concession-acte de droit privé devaient réfuter l'objection de la forme réglementaire qui lui était souvent donnée, les tenants de la concession-acte administratif devaient réfuter celle de l'élément contractuel toujours présent dans la concession, comme l'échange de droits et d'obligations, souvent insérés dans un cahier des charges. Cet obstacle était beaucoup plus difficile à lever car il existait encore à la fin du XIXe siècle et au XXe siècle une résistance intellectuelle à adjoindre la forme contractuelle à la forme administrative. Si pour Laferrière, la notion de contrat administratif allait de soi, en particulier à propos des concessions, certains autres commentateurs et juges y restaient rétifs, surtout dans le contexte où l'on distinguait acte d'autorité et acte de gestion, classification qui seyait mal à la concession domaniale revêtant un double-caractère administratif et contractuel[493]. Par exemple, le commentateur, sous l'arrêt rendu en 1893 à Saint-Pierre et Miquelon qui avait conclu à la compétence judiciaire, citait abondamment le *Cours de droit administratif* de Ducroq : "*il n'y a point à proprement parler de contrats administratifs, parce qu'un pareil adjectif ne saurait accompagner un pareil substantif*"[494]. Toutefois, au fur et à mesure que s'imposait dans la doctrine juridique la notion de contrat administratif, la jurisprudence consacra la double-nature des concessions domaniales, avec une dominante accordée au caractère administratif : "*les concessions constituent tout à la fois des actes administratifs et des contrats d'une nature particulière, véritables actes de la puissance publique auxquels s'ajoute un élément contractuel ne pouvant se réaliser qu'avec la collaboration de la*

---

[491] CE 6 août 1897 *Ehrsam c. ministre des colonies*, P.1897, I, p.301 ; CE 9 février 1910 *Soc. du Haut-Ogooué c. Soc. de la Haute-N'Gounié*, P.1910, I, p.199.

[492] CAI 30 décembre 1907 *Maron c. Compagnie des charbonnages du Tonkin*, P.1908, I, p.281.

[493] Pour Laferrière, la concession n'est pas un acte de gestion mais un acte de puissance publique auquel s'ajoute un élément contractuel (*op.cit.*, p.549). Plus précisément, "*[...] la concession a successivement un double caractère. Pendant sa période provisoire, elle est un acte de puissance publique avec clauses contractuelles, un contrat administratif par sa nature, et elle échappe à la compétence judiciaire en vertu du principe de la séparation des pouvoirs. L'acte qui convertit la concession provisoire en concession définitive a le même caractère [...]*" (*op.cit.*, p.553). Sur la distinction entre acte d'autorité et acte de gestion, voir F.Burdeau, *Histoire du droit administratif*, Paris, 1995, p.123 sqq.

[494] Cité sous Conseil d'appel de Saint-Pierre et Miquelon 8 mars 1893, P.1893, I, p.294. Ducroq mentionnait aussi qu'il existait des contrats soustraits à la compétence judiciaire en vertu de la loi, mais ce n'était pas le cas des concessions domaniales. Dans le même sens, voir le commentaire sous l'arrêt CE 9 février 1910, P.1910, I, p.199.

puissance publique et ne relevant par suite que de la juridiction administrative"[495]. En Indochine, les formes semblent avoir été variables en fonction des règlements. Par exemple, d'après un rapport de 1912, les concessions accordées sous l'empire de l'arrêté de 1888 au Tonkin étaient des contrats tandis qu'elles étaient des actes unilatéraux sous l'arrêté de 1896[496]. Par la suite, elles semblent être redevenues des contrats administratifs, si l'on en croit Maguet en 1930[497]. Le Conseil du contentieux administratif de l'Indochine jugea, quant à lui, en 1933 que la situation d'un concessionnaire par adjudication était contractuelle mais que celle d'un concessionnaire à titre gratuit était réglementaire[498]. Contractuelle ou réglementaire, la forme administrative n'en était pas moins admise.

Les conséquences en matière de compétence juridictionnelle sur les litiges de propriété furent définies assez rapidement. Par principe, les litiges relatifs à la propriété, qui naissaient entre un concessionnaire et un tiers ou l'administration comme propriétaire d'un terrain voisin, revenaient au juge judiciaire mais lorsque la résolution de ce conflit passait par l'interprétation d'un titre de concession, acte administratif, qui manquait de clarté, le juge devait poser une question préjudicielle au juge administratif[499].

B) Un acte d'intérêt général

Quelles sont les raisons qui ont engendré cette mutation de la concession domaniale, en Indochine comme ailleurs, en acte administratif ? Comme cela a été dit, les juristes y ont vu un acte d'intérêt général, mais il convient de préciser le contenu de cet intérêt général. La première étape du revirement s'est opérée par un arrêt de la Cour de cassation en 1894, c'est-à-dire au moment de l'entrée dans la phase des grandes concessions. Dès lors que l'autorité coloniale concédait des terres par milliers voire dizaines de milliers d'hectares[500],

---

[495] Conclusion du ministère public devant le juge de première instance qui ne l'a pas suivie mais qui fut, en revanche, reprise par l'arrêt du Conseil d'appel de la côte de Somalis, 12 avril 1910, P.1910, I, p.18.

[496] Rapport du 1er février 1912, CAOM FP 9/PA/11.

[497] Maguet, *op.cit.*, p.69.

[498] Conseil du contentieux administratif 4 janvier 1933 *Chapuis c. Gouvernement général et Gouvernement de Cochinchine*, CAOM FM 4affeco//78.

[499] Solution résumée dans les conclusions du commissaire du gouvernement Rivet, sous l'arrêt Tribunal des conflits 16 avril 1929 *Nguyen Van Giau, Revue du droit public*, 1930, pp.153-157. Cette solution était appliquée par les juridictions depuis longtemps déjà, Cf. entre autres, Cass.Civ. 3 janvier 1894, P.1894, I, p.151 (précité).

[500] Par exemple, même l'arrêté du gouverneur général du 28 avril 1899 relatif à l'Annam, qui limitait les concessions provisoires à 500 hectares, prévoyait la possibilité de réserver une superficie voisine équivalente, concessible le jour où le colon aurait mis en

il devenait raisonnablement difficile de soutenir qu'elle se comportait en simple propriétaire privé. Plusieurs commentateurs allèrent jusqu'à écrire que la concession domaniale aux colonies remplissait un but de "*service public*", par exemple l'avocat Suzanne Dureteste dans le *Recueil Penant* en 1947 : "*les concessions ont un but de service public*"[501]. Mais l'expression de service public n'étant guère plus précise que celle d'intérêt général, elle doit aussi être concrétisée. On peut dégager trois buts à la fois différents et souvent concomitants, que poursuivait l'administration au travers des concessions.

En premier lieu, l'autorité coloniale visait la pacification. On peut dire que dans la région du Tonkin, ce fut même historiquement la première motivation des concessions[502]. Inaugurée par Lanessan, la politique de pacification comptait sur les vastes exploitations agricoles dirigées par des Européens mais mises en valeur par des paysans indigènes. Selon Pham Cao Duong, le projet fut appliqué pour la première fois par le colon Thomé en 1892, dans sa concession dite *de la Croix Cuvelier*, d'une superficie de 4000 hectares, obtenue dans la vallée du Luc Nam sur les indications d'un colonel français. Les paysans, devenus métayers, continuaient de cultiver comme avant, ce qui revenait, selon l'expression de Thomé, à un "*protectorat agricole*"[503].

Mais si l'Etat pacificateur a pu vouloir parachever sa conquête au moyen des concessions, ce qu'il cherchait par là était quand même davantage le développement économique ou plutôt, selon l'expression de l'époque, la *mise en valeur*[504]. Comme le disaient François et Mariol, "*cette question de la concession des terres est entièrement liée à la mise en valeur des colonies*"[505]. L'ambition de l'Etat et de l'autorité coloniale était de faire développer par les concessions ce que l'on appelait les cultures "riches", telles que le café, le thé, le coton ou le

---

valeur la première tranche (article 3, Rec. Dar. 1900, L., p.97). Sur cette croissance rapide des superficies concédées en Indochine, sans cependant atteindre la taille des concessions africaines, voir Rapport Richard, p.133 ; Ta Thi Thuy, *op.cit.*, pp. 180 et 185.

[501] Note sous l'arrêt Cass. Civ. 22 juillet 1946 *Gouvernement de Cochinchine c. Ramassamuchetti et consorts*, P.1947, I, p.174. Dans le même sens, voir l'observation sous Tribunal des conflits 16 avril 1929 *Nguyen van Giau*, P.1933, I, p.76 ; ou encore Rolland, Lampué, *op.cit.*, p.253.

[502] Ta Thi Thuy, *op.cit.*, p.61.

[503] Pham Cao Duong, *op.cit.*, pp.261-263.

[504] En opinion contraire toutefois, une lettre du 23 novembre 1907 du syndicat des colons de l'Indochine au ministre des colonies : "*l'administration en favorisant la création d'exploitations agricoles européennes était guidée surtout par un intérêt politique, beaucoup plus encore que par des considérations économiques [...]*", rapporté par Ta Thi Thuy, *op.cit.*, p.61.

[505] François, Mariol, *op.cit.*, p.250.

ver à soie, qui n'étaient pas ou peu exploitées par la population locale et devaient donc être confiées aux colons[506]. L'administration était donc animée par un volontarisme économique, qui s'exprimait, au moins au début de la colonisation, par les actes de concession[507]. Les administrateurs avaient été pétris dans ce volontarisme au cours de leur formation initiale et connaissaient tous, plus ou moins, les conceptions de Wakefield par exemple, cet Australien qui, en 1829, avait produit une véritable théorie scientifique de la colonisation, dans son ouvrage *The Art Of Colonization*. Selon André Siegfried, "*à l'idée simple, simpliste, qu'il suffit de placer un individu sur la terre pour en faire un colon, Wakefield a substitué cette notion, originale à l'époque, que l'établissement d'un immigrant sur une terre vierge est chose complexe, difficile, exigeant non seulement l'intelligence et l'énergie de l'intéressé, mais tout un appareil économique, administratif, financier, relevant en somme de la grande politique*"[508]. Cette politique de la mise en valeur trouvait une illustration dans les programmes de colonisation institués par l'article 4 du décret de 1928, ou antérieurement dans les opérations de lotissement en Cochinchine qui suivaient l'équipement d'une région en canaux d'irrigation[509]. Mais l'indice le plus sûr qu'en concédant, l'autorité coloniale se comportait bien en développeur et non en propriétaire privé restait la faiblesse du prix des concessions des terrains, et même la gratuité exclusive jusqu'en 1913[510]. Certes, la gratuité cessa d'être le principe en Indochine à partir de l'arrêté du 27 décembre 1913, dont l'article 22 disposait : "*Les terrains domaniaux ruraux ne sont concédés en principe qu'à titre onéreux*"[511]. Mais outre que les règlements ont

---

[506] Cf. le rapport assez optimiste de l'inspecteur Adam sur le sujet, le 20 mai 1894, CAOM Indo/AF/143.

[507] Cf. rapport du gouverneur général Beau du 29 mars 1905 sur la concession Gobert, soulignant "*l'intérêt à soutenir [...] les hommes assez énergiques pour essayer d'implanter au Tonkin la colonisation agricole*", CAOM Indo GGI//921.

[508] Cité par Guillaume, *op.cit.*, p.207. Les idées de Wakefield étaient assez complexes et surtout propres à la situation australienne, très différente de l'Indochine, mais les administrateurs devaient en retenir cette idée générale du besoin d'organisation. Sur l'enseignement du modèle Wakefield à l'Ecole coloniale, voir Morlat, *op.cit.*, p.26.

[509] Exemple déjà cité de la région de Camau, CAOM Indo/NF/2194. Pour la promotion du lotissement, d'après la leçon tirée de l'observation de la colonie anglaise de Malaisie, voir le rapport de l'inspecteur de l'agriculture Yves Henry, 1925, CAOM Indo GGI//60.960.

[510] L'arrêt de la cour de cassation de 1861 retenait, dans les éléments de l'espèce qui lui était présentés, le caractère onéreux de la concession pour déduire que l'administration s'était comportée comme propriétaire, Cass. 8 janvier 1861 *Azema*, DP., I, p.116.

[511] Article 22 de l'arrêté du gouverneur général du 27 décembre 1913, JOIF 1914, p.76. Principe qui semble avoir mis du temps à s'installer en pratique, puisque le gouverneur général y insistait à nouveau dans la nouvelle réglementation de 1926, cf. Instructions du gouverneur général Varenne accompagnant l'arrêté du 19 septembre 1926, CAOM

toujours préservé une large possibilité de concessions gratuites[512], signe du sacrifice consenti par l'administration en faveur du développement de la petite et moyenne colonisation[513], le prix des concessions semble toujours être resté assez bas par rapport ce que l'administration aurait pu en tirer[514], attitude d'autant plus notable que l'Indochine avait toujours un fort besoin de ressources financières. Les concessions de terrains ne furent donc jamais une source budgétaire pour la colonie, mais plutôt un coût si l'on prend en compte les exemptions fiscales dont bénéficiaient, en plus, les concessionnaires[515]. Dans tous les cas, même onéreuses, les concessions ne cessaient pas d'être des actes administratifs, comme le démontrait une décision du Conseil du contentieux administratif d'Indochine de 1933[516].

Le développement de la colonie, visé par les concessions, engendra une très forte spéculation sur les terrains, avec des risques notoires d'accaparement ou de sous-utilisation des terres[517]. Cette spéculation, face perverse du développement, loin de discréditer le système de la concession, lui donnait une nouvelle justification

---

Indo GGI//60.768. Pour une critique de la gratuité, voir entre autres, Girault, *op.cit.*, p.135.

[512] Par exemple, l'article 2 du décret de 1928 autorisait l'attribution de concessions gratuites dans une limite maximum de 300 hectares, ce qui était déjà une superficie appréciable pour de la "*petite colonisation française et indigène*" (P.1928, III, p.463).

[513] La commission Richard justifiait la gratuité en ces termes : "*Il convient [...] de ne pas condamner des Français [...] à des conditions d'existence très médiocres, sans espoir d'amélioration. Si l'on veut leur éviter le travail matériel, si pénible en pays tropical, et leur permettre de faire des bénéfices [...], il faut qu'ils puissent arriver à rémunérer des coolies et à se consacrer à leur direction*", Rapport Richard, pp. 156-157.

[514] *Ibid.*, p.164 ; Ta Thi Thuy, *op.cit.*, p.208. Cet auteur n'a relevé entre 1914 et 1918 qu'une seule concession accordée par adjudication publique et pour un prix de 0,90 piastre par hectare seulement.

[515] L'espoir de Paul Rougier est donc complètement démenti, qui se formulait ainsi en 1895 : "*Il y a lieu d'espérer que l'Indo-Chine qui recevait de la métropole un subside annuel de 30, puis seulement de 10 millions, pourra en peu d'années, moyennant toutefois quelques concessions de terres, de forêts et de mines, pourvoir par ses propres ressources à l'établissement des chemins de fer, des tramways et des canaux*" (*op.cit.*, p.455). Sur les avantages fiscaux, voir Ta Thi Thuy, *op.cit.*, p.138 sqq. Pour nuancer ce désintéressement de la colonie, il ne faut toutefois pas oublier les redevances d'exploitation que l'administration perçut sur les sociétés concessionnaires, à partir du décret de 1928 qui en avait posé le principe (article 24 du décret, P.1928, III, p.469).

[516] Conseil du contentieux administratif 4 janvier 1933 *Chapuis*, CAOM FM 4affeco//78. Cet arrêt considérait que la concession par adjudication avait seulement pour effet de placer le concessionnaire dans une situation contractuelle et non réglementaire, mais il était bien entendu que ce contrat restait un acte administratif.

[517] D'après le gouverneur général Varenne, plus de 500 000 hectares furent demandés entre 1925 et 1926 (CAOM Indo GGI//60.768). Selon le rapport Richard, en 1927, 1,6 millions d'hectares avaient été concédés et 1,4 millions étaient sollicités par 23 500 pétitionnaires (p.77).

d'intérêt général. Par son moyen, l'administration pouvait conduire une certaine police de l'appropriation privée et contrôler la répartition des terres libres. Ce souci était devenu prégnant au milieu des années 20, puisqu'il avait motivé une grande partie des critiques contre les contrats passés par Maillot au Darlac. La concession était ainsi l'occasion après 1928 d'imposer des conditions d'ordre financier extrêment dérogatoires par rapport au droit commun des sociétés. Par exemple, le projet de décret de 1928 envisageait de soumettre à autorisation du ministre des finances toutes les opérations de cotation, d'émission, d'introduction sur le marché et autres des actions et des parts bénéficiaires des sociétés concessionnaires, tant que la concession n'était pas devenue définitive pour la moitié de sa superficie. A la suite de la protestation du conseiller colonial Joubert[518], ce projet fut supprimé dans le décret final mais il restait l'obligation de laisser les actions et parts bénéficiaires nominatives pendant un délai de deux ans à compter de l'octroi de la concession[519].

Pacification, développement agricole et police économique formaient donc la matière concrète d'un intérêt général qui ne laissait, en théorie, plus aucun doute sur le caractère administratif de l'acte de concession. Néanmoins, l'unanimité ne prévalut jamais sur ce point. Cela s'expliquait par le fait que la concession conservait un caractère indéniablement mixte, qui en faisait un acte *sui generis*.

C) Un acte *sui generis*

Ici, *sui generis* recouvre deux sens : il signifie soit que l'acte de concession était hybride, à la fois administratif et civil , soit qu'il était administratif, mais spécial au sein des actes administratifs, et surtout bien distinct de celui avec lequel il pouvait se confondre, à savoir la concession de service public.

Le commissaire du gouvernement Romieu, dans ses conclusions sur l'affaire *Verdier et Daumas* en 1897, montrait bien toute l'ambiguïté du contrat de concession, qui en faisait un acte atypique : "*Le contrat de concession aux colonies n'a d'analogue ni en droit civil, ni en droit administratif ; c'est un contrat assez mal précisé, un contrat do ut facias. [...] C'est une sorte de droit d'usage*

---

518 Joubert dénonçait une disposition contraire à une loi du 13 mars 1927 et qui plaçait les sociétés agricoles indochinoises dans une situation unique par rapport aux autres sociétés, notamment les sociétés concurrentes des Indes néerlandaises et de Malaisie, cf. Rapport Joubert, CAOM Indo/NF/2190 (2).

519 Article 9 du décret de 1928 (P.1928, III, p.465).

agricole ou forestier, suivi souvent, lorsque les terrains ont été mis en valeur d'une concession de terre"[520].

Cette ambiguïté venait à la fois nourrir les arguments de ceux qui continuaient de voir dans les concessions un acte privé et jeter un certain embarras dans la thèse favorable à l'acte administratif. Il arrivait ainsi parfois à la jurisprudence indochinoise de porter quelques accrocs à la thèse de l'acte administratif. Par exemple, dans un arrêt de 1915, la Cour d'appel de l'Indochine statuait en ces termes : "*il a été déjà jugé que la concession de terrains domaniaux n'a point le caractère d'un acte de droit administratif, mais est une convention de droit civil dont l'application et même l'interprétation sont de la compétence exclusive de l'autorité judiciaire*"[521]. La Cour d'appel se référait encore aux arrêts de la Cour de cassation de 1893, pourtant anciens et que l'on aurait pu croire « dépassés » depuis la jurisprudence de 1894 et 1908[522]. Quant à la Cour d'appel de Saïgon, elle devait en 1944 considérer comme un contrat de droit privé une concession faite sous l'empire du décret du 4 novembre 1928 : "*le contrat de concession dont s'agit qui s'analyse en une aliénation sous conditions*"[523]. De façon beaucoup plus surprenante encore, on voit l'administration elle-même ne pas revendiquer dans certains cas le caractère administratif de la concession. Dans un arrêt de 1927, le Conseil du contentieux administratif jugea qu'un contrat de concession n'était pas "*un contrat administratif qui fait du particulier le collaborateur d'un service public, mais un contrat ordinaire où une condition résolutoire permet de sauvegarder les intérêts de la collectivité qui exigent que les terres soient mises en culture [...] le caractère de vente ressort du reste, de l'adjudication qui est à*

---

[520] Conclusions du commissaire du gouvernement Romieu dans l'affaire CE 26 février 1897 *Verdier et Daumas*, P.1897, II, p.16 (l'affaire se situait en Afrique de l'Ouest et portait sur une déchéance prononcée par l'Etat et contestée par les intéressés). Voir aussi, Bouchié de Belle, "Le régime des concessions aux colonies", Rec. Dar. 1904, D., p.58 ; Morel, *op.cit.*, p.72.

[521] CAI 23 septembre 1915 *Tu Van Khuong*, P.1916, I, p.132.

[522] Voir notre note 489.

[523] Cour d'appel de Saïgon 13 octobre 1944, avec l'observation de l'ancien résident supérieur Eutrope, P.1948, I, p.42. La compétence de la Cour d'appel était d'autant plus curieuse que le litige ne portait pas sur une question de propriété mais sur le paiement de la redevance exigée par le décret de 1928 ; or, ce même décret, en son article 29, disposait : "*sont soumises à la juridiction administrative toutes les contestations relatives à l'acte de concession*". On peut certes comprendre cet article comme restreignant la compétence administrative à l'interprétation de l'acte et non à son exécution mais comme le soulignait le commentateur Eutrope, la compétence judiciaire dans le cas d'espèce porté devant la Cour d'appel en 1944 ne pouvait s'expliquer que parce que l'acte était considéré par cette cour comme un contrat de droit privé.

l'origine"[524]. Certes, cet arrêt fut annulé par le Conseil d'Etat en 1930[525], qui qualifia implicitement la concession d'acte administratif, mais la solution préférée par le Conseil du contentieux n'en était pas moins révélatrice des doutes que continuaient encore de susciter les concessions domaniales sur leur qualification et leur forme.

Ces doutes n'épargnaient pas la doctrine, notamment celle du *Recueil Penant* qui s'obstinait imperturbablement dans la thèse de la concession-acte de droit privé[526]. Comme elle l'avouait dans une de ses notes, cette doctrine répugnait à admettre la compétence administrative pour ce type de contrat dans les colonies, où la séparation entre l'administration, souvent partie aux litiges, et la juridiction laissait à désirer, "*le Tribunal administratif [siégeant] sous la présidence du gouverneur avec l'assistance des chefs d'administration intéressés dans l'affaire*"[527]. Mais même les plus convaincus du caractère administratif de la concession apportaient des nuances qui traduisaient la complexité de l'acte. Ainsi Laferrière, comme on l'a vu, écrivait que la concession avait successivement "*un double-caractère*" : pendant sa période provisoire, elle était "*un acte de puissance publique avec clauses contractuelles, un contrat administratif par sa nature*", échappant alors à la compétence judiciaire ; puis, l'acte de concession définitive avait "*le même caractère*" mais il faisait naître un "*véritable droit de propriété*" et les tribunaux judiciaires redevenaient compétents[528]. Cette solution reçut du reste la consécration de la Cour de cassation, dans sa jurisprudence *Vittori* de 1921[529]. Toutefois, il faut bien reconnaître que cette idée d'un acte administratif débouchant sur une situation définitive de droit privé, après avoir été provisoirement une situation administrative, sans

---

[524] Note sur l'arrêt Conseil du contentieux administratif 18 mai 1927, P.1930, I, p.238. Il s'agissait de savoir si le Conseil du contentieux administratif était compétent d'après les ordonnances de 1825 et 1827, rendues applicables en Indochine par des décrets de 1881, qui réservaient la compétence du Conseil du contentieux aux concessions. En l'espèce, le Conseil du contentieux limita donc le terme de "concession" aux concessions de service public et exclut les concessions domaniales, en ne voyant en réalité derrière cette qualification qu'une vente de droit civil sous condition.

[525] *Ibid.*

[526] Voir en ce sens toutes les notes de jurisprudence sous les arrêts qui qualifiaient les concessions d'acte administratif, par exemple P.1893, I, p.287 ; P.1911, I, p.18 ; P.1910, I, p.199.

[527] P.1893, I, p.296. Il faudrait toutefois étudier l'histoire de la composition des Conseils du contentieux pour voir si cette remarque faite en 1893 est toujours restée vraie par la suite ou si au contraire, des réformes ne sont pas venues rendre plus indépendante et impartiale la composition des Conseils.

[528] Laferrière, *op.cit.*, p.553.

[529] "*il n'appartient qu'à la juridiction administrative de statuer sur les contestations auxquelles ces actes donnent lieu **avant** la concession définitive*", Cass. Civ. 23 février 1921 *Vittori c. Le Van Tai*, P.1921, I, p.123.

avoir changé de nature entre temps dans les faits, demeurait plutôt originale et suffisait à illustrer l'aspect très *sui generis* de la concession domaniale.

Pour aller plus loin, qu'est-ce qui pouvait expliquer cet embarras persistant autour de la qualification de l'acte de concession ? La première raison qui pouvait incliner les juristes à contester l'aspect purement administratif de l'acte était le caractère assez fictif de cette qualification par rapport à la réalité pratique des concessions. La forme administrative postulait par définition un volontarisme et une implication forte de l'administration ; or, comme on l'a entrevu dans le deuxième chapitre du présent ouvrage, l'initiative privée dominait largement dans les concessions, malgré même toutes les incitations verbales et fiscales de l'administration. Plusieurs auteurs, tels que Delhoumeaud, Rolland et Lampué, présentaient la concession comme une alternative à la régie intéressée ou à l'exploitation directe par l'administration[530]. Mais dans le cas des concessions agricoles, cette alternative était purement factice, l'administration n'ayant pas seulement renoncé à l'exploitation directe mais ne l'ayant probablement et tout simplement jamais envisagée[531]. On ne pouvait donc pas comparer la concession agricole et la concession de service public, en dépit des quelques commentaires identifiant un but de service public dans les actes de concession[532]. D'une part, sur la forme, le service public supposait une initiative publique ; or, comme le disait l'avocat Jean Labbé, consulté par l'administration sur l'affaire *Peretti*, l'administration n'invitait jamais les concessionnaires à s'établir[533] – c'étaient plutôt eux, en effet, qui « s'invitaient » sur les terres domaniales[534]. D'autre part, sur le fond, peut-être la contribution à la mise en valeur apportée par l'autorité coloniale en aliénant ses terres relevait-elle du service public, mais – et cette nuance restait problématique – l'agriculture qui était pratiquée sur ces terres, pas plus en Indochine coloniale qu'en métropole, ne recouvrait les caractères d'une activité de service public. L'agriculture coloniale n'avait pas le caractère transcendant du service public et tout ce que le contrat de

---

[530] Delhoumeaud, *op.cit.*, p.74 ; Rolland, Lampué, *op.cit.*, p.249.

[531] On pourrait opposer à cette idée l'exception des stations d'agriculture, tenues directement par l'administration, mais ce contre-argument ne vaut qu'en apparence dans la mesure où ces stations étaient expérimentales et visaient à développer de nouvelles semences et de nouvelles techniques voire acclimater de nouvelles espèces végétales. Le but final restait donc le service des exploitants privés et non la recherche d'un profit concurrent des concessionnaires.

[532] Observation sous TC 16 avril 1929 *Nguyen Van Giau*, P.1933, I, p.76.

[533] Consultation de maître Jean Labbé, avocat du département, sur l'affaire *Peretti*, 20 novembre 1916, CAOM Indo GGI//38.070.

[534] Par exemple, rapport Joubert, CAOM Indo/NF/2190 (2).

concession imposait au concessionnaire ne se différenciait globalement pas de ce qu'il eût accompli spontanément en recherchant son seul intérêt privé. On pourrait objecter à cet argument l'exemple des concessions qui servaient uniquement à alimenter la spéculation boursière de court terme, sans être réellement exploitées. Mais cette objection n'est qu'à moitié valable car la spéculation ne fonctionnait finalement que parce que les actionnaires successifs des sociétés agricoles pariaient, en dernière analyse, sur l'exploitation qui serait faite un jour de la concession. Enfin, si l'agriculture avait été en tant que telle une activité de service public, elle aurait eu pour effet de transférer les terrains dans le domaine public, lorsque les critères de ce dernier furent bien formalisés. Tout rapprochement entre la concession domaniale et la concession de service public paraissait exclue, même dans l'avenir, alors que se diffusait la notion de service public à caractère industriel et commercial, d'ailleurs forgé à partir d'un cas d'espèce colonial. La fin du rapport Richard, discutant du sens de la redevance d'exploitation que l'Etat comptait prélever sur les bénéfices des concessions après la nouvelle réglementation, en témoignait. Que le lecteur veuille bien pardonner la longueur de la citation mais elle est essentielle : "*il importe de remarquer que la concession d'un service public ou la concession, – on devrait dire plus exactement la cession, – d'une certaine superficie de terres cultivables sont deux choses absolument différentes de nature. Dans la concession de service public, l'autorité concédante donne au concessionnaire une situation particulièrement privilégiée. Elle lui accorde un monopole de fait pour la vente d'un produit qui est généralement de première nécessité. Il y a plus : lorsqu'elle introduit dans le cahier des charges [...] un index économique qui fait varier le prix de vente d'après les variations des prix des matières premières et des salaires, elle garantit le concessionnaire contre tout aléa d'exploitation. La participation aux bénéfices [...] apparaît donc la contrepartie absolument juste des avantages précis et certains qui ont été accordés. Il est bien évident que dans l'espèce des concessions rurales, on ne retrouve aucun des ces caractères. Le concédant a pu, sans doute, acquérir une propriété à un prix peu élevé, et encore la modicité du prix est une chose discutable, car ce qu'il acquiert aura surtout la valeur qu'il saura lui donner, avec beaucoup d'efforts et de dépenses. Il n'y a pas de monopole. Des milliers de concessionnaires existent. Il n'en est pas de spécialement privilégié. Il n'y pas de garantie contre les risques [...]*"[535]. Les doctrines administrativistes ne pouvaient, en effet, pas expurger les concessions de l'élément

---

[535] Rapport Richard, p.200-201.

fondamentalement privé qui siégeait en elle : l'aliénation de terrain à usage privé, le transfert d'un domaine privé à un autre. Cet élément se voyait même renforcé dans le contexte colonial. Les terres qui étaient concédées se trouvaient dans le domaine de l'administration de façon *anormale* par rapport à la métropole où tous les terrains agricoles étaient dans le domaine des particuliers depuis un temps immémorial. En Indochine, les concessions ne servaient pour l'administration qu'à rendre au domaine des particuliers des terrains, qui, dans une logique *métropolitaine* encore une fois, auraient toujours dû y figurer. L'origine des concessions confirmait cette interprétation : si les concessions se sont développées, c'est surtout parce qu'il était impossible pour les colons de se livrer à des transactions privées directes avec les propriétaires indigènes. De nombreuses raisons s'opposaient à ces échanges, telles que l'insécurité juridique des transactions, le morcellement des parcelles ou le risque que des villages entiers se vendissent aux colons, donc l'administration s'y montra d'emblée défavorable, soumettant à son autorisation de semblables transactions[536]. L'ancien président de la chambre d'agriculture Marius Borel témoigne dans ses mémoires que lorsqu'il acheta des terres à un village dans les années 1890, le résident fit résilier cette vente, enjoignit au village de restituer le prix payé et recommanda à Borel de solliciter une concession auprès de l'administration[537]. Le délégué de l'Annam, Henri de Montpezat, livrait une justification des concessions dans le même sens, devant la Commission permanente du Conseil du Gouvernement, le 26 mars 1927, en élevant une protestation contre le décret de suspension de l'octroi de toute concession, après le « scandale » Maillot : "*Considérant que ceux qui veulent se livrer à l'agriculture et à l'élevage [...] ne peuvent le plus souvent acquérir les terres nécessaires que par voie de concessions [...]. Que même le système du bail emphytéotique récemment mis en honneur, nécessite l'intervention de l'administration. Que l'achat de domaine à des*

---

[536] Cf. ordonnance du *Kinh-Luoc* de septembre 1890 : "*A l'avenir toute vente ou cession de terrains aux Européens devra être soumise à l'approbation du Tong-doc et du Résident. Si ces formalités n'étaient pas remplies, la vente serait nulle de plein droit*", *Recueil Deloustal*, p.215. Cf. la crainte exprimée par l'inspecteur Picquié que des villages entiers ne se vendent aux colons, Rapport du 8 février 1900, CAOM Indo/AF/147.

[537] M.Borel, *Souvenirs d'un vieux colonialiste*, Rodez, 1963, p.108. Ce dernier confie cependant qu'il s'exécuta, conformément aux prescriptions administratives, mais qu'une fois la concession obtenue, il rétrocéda clandestinement l'argent au village pour rester en bon terme avec lui. Marius Borel, pour parer aux risques des concessions, conseillait même à ses confrères ce type d'arrangement privé en sous-main avec les villages voisins.

particuliers, procédure ordinaire en France, sans aucune ingérence de l'administration, est ici un genre de transaction exceptionnel, en raison du morcellement de la propriété indigène et ne se produit guère que lorsqu'un concessionnaire par exemple est disposé à vendre ses terres concédées à titre définitif"[538]. En conclusion, les concessions se substituaient à un marché foncier privé insuffisant ou lent à émerger[539]. Mais la nature réelle de la transaction ne changeait pas pour autant : le droit transmis restait *in fine* privé.

Cette conclusion ne doit pas évidemment dénier la forme administrative donnée à l'acte de concession et son bien-fondé, mais elle fait ressortir toute l'originalité de cet acte parmi les actes administratifs, qui, par nature, restait imprégné de droit privé. Cela amène donc à examiner la nature de l'acte. Mais auparavant, il convient d'étudier comment les cocontractants étaient choisis.

---

[538] PV de séance de la Commission permanente du Conseil de Gouvernement, reproduit dans le journal *Saïgon-Républicain* du 8 avril 1927, CAOM Indo/NF/2195. Le délégué de l'Annam-Tonkin au Conseil Supérieur des Colonies fut Henri de Montpezat entre 1902 et 1920 puis à nouveau entre 1924 et 1929. Ce personnage élu était sans pouvoir mais non sans influence, de par son droit d'être entendu par la Commission des colonies de l'Assemblée nationale et surtout de par le caractère tempétueux de Montpezat, dont un rapport administratif pouvait dire, d'après Gilles de Gantes : "*polémiste, co-propriétaire de journaux, M.de Montpezat exerce dans la colonie une influence trop certaine*" (Gantes, *op.cit.*, p.239-240).

[539] C'est cette défaillance qui a expliqué, rappelons-le, qu'au début de la colonisation, l'administration eût cherché à se comporter en mandataire des villages indigènes pour consentir à leur place aux ventes privées, comme la vente de 1891 dans l'affaire *Marty* (voir notre développement, chapitre II, III. A.).

II. *Le choix du concessionnaire*

En théorie, le choix du concessionnaire se faisait à la discrétion de l'administration, mais en pratique, il s'imposait presque toujours à elle (A). Néanmoins, la réglementation générale alla dans le sens d'un accès de plus en plus restreint, proclamant des exclusions franches (B) et surtout, des exigences financières croissantes (C)[540].

A) Un choix discrétionnaire en théorie

De même que l'administration conservait à tout moment la liberté de concéder ou de ne pas concéder – étant bien entendu que la concession n'était pas "*un droit*" mais seulement "*une faveur*" selon les termes de l'inspecteur Picquié[541] – de même, lorsqu'elle était prête à concéder, elle choisissait de façon discrétionnaire le futur concessionnaire, notamment sans être obligée de concéder aux premiers occupants[542]. Ce principe dérivait directement de la forme et

---

[540] A titre indicatif, les sociétés de missionnaires étant souvent concessionnaires, il est intéressant de s'interroger sur la question de savoir si ces congrégations ont été menacées dans leurs possessions après la séparation de l'Eglise et de l'Etat et l'interdiction des congrégations. Nous n'avons trouvé aucun contentieux à ce sujet et la thèse de Philippe Grandjean (alors fils de résident supérieur, avocat à Saïgon et futur président du Tribunal de commerce de Paris) parle de "*fantaisie et anarchie juridique*" à propos des arrêtés de concessions, ceux-ci étant rédigés indifféremment au nom personnel des prêtres ou en leur nom propre suivi de leur titre ou encore pour le compte de leur société : "*les mesures prises sont contradictoires, hésitantes et [...] les interprétations ont dépendu, dans chaque arrêté, des dispositions personnelles du rédacteur ou de l'état de ses connaissances juridiques. Aucune doctrine officielle, ferme et continue. De là un flou, une indécision générale sur le statut des biens*" (P.Grandjean, *le statut légal des missions catholiques et protestantes en Indochine française*, Paris, Thèse, 1939). Cette absence de contentieux, qui explique sans doute le flou juridique constaté par Grandjean, doit-elle étonner dans le contexte colonial de l'Indochine, où l'administration ne nourrit pas la même défiance qu'en métropole à l'égard d'une Eglise qui l'a précédée en terrain hostile et lui rend toujours de précieux services ?

[541] Rapport d'inspection du 8 février 1900, CAOM Indo/AF/147. Voir également, article 10 de l'arrêté de 1926 : "*Le chef de l'administration locale juge de l'opportunité de la concession des terrains demandés*" (P.1928, III, p.443). Disposition similaire dans l'article 12 du décret de 1928 (P.1928, III, p.466). Tout cela contrait donc allègrement la prétention infondée de Montpezat devant la Commission permanente du Conseil du Gouvernement en 1927, lorsqu'il déclarait : "*Que l'Etat, possesseur de son domaine, a pris en publiant le régime des concessions, un engagement public ; qu'il y a de sa part promesse d'aliéner des parties de ce domaine moyennant certaines conditions [...]*" (CAOM Indo/NF/2195).

[542] TPI de Travinh 27 mars 1915 *Nguyen Van Vien*, P.1915, I, p.307 ; CAI 23 septembre 1915 *Tu Van Khuong*, P.1916, I, p.128. Cette jurisprudence était toutefois moins dirigée contre les demandeurs formels de concessions qu'étaient les colons que contre les

de la nature administratives de l'acte, comme l'assénait Edgard Maguet en 1930 : "*A la différence des acquisitions de droit commun, dont la chose est l'objet essentiel du contrat conclu entre acheteur et vendeur, la concession est accordée à raison essentiellement, de la personne qui la reçoit, intuitu personae*"[543].

D'un point de vue technique, le système de gré à gré, exclusif partout en Indochine jusqu'en 1913, autorisait ce choix discrétionnaire de l'administration. Certes, en pratique, cela était assez factice, non pas le caractère discrétionnaire mais le choix lui-même, puisqu'il n'y avait souvent qu'un seul demandeur, qui était, encore une fois, à l'initiative de la décision de concession. Mais l'administration n'était tenue par aucune espèce de délai pour statuer sur la demande[544] et conservait le droit de la rejeter, rejet que la jurisprudence du Conseil d'Etat n'obligeait même pas à motiver[545].

Que devenait, en revanche, cette liberté de choix du jour où l'arrêté du gouverneur général de 1913 consacra le principe de l'adjudication publique, confirmé dans toutes les réglementations successives[546] ? L'adjudication avait obtenu les faveurs de la réglementation en raison de la multiplication des demandes et de la plus grande « transparence » que ce système présupposait en théorie[547]. L'administration espérait aussi tirer un meilleur prix des terrains, comme le révélait la critique du gouverneur général Varenne à l'encontre du système de gré à gré : "*Ce système [de gré à gré] qui donne d'excellents résultats dans les pays voisins, où l'Etat traite avec les particuliers en propriétaire exigeant, cède avec parcimonie et sous un contrôle attentif son domaine rural, s'est révélé à la discussion*

---

occupants indigènes sans titre qui, menacés dans leur possession, demandaient une concession en bonne et due forme à l'administration, en invoquant un droit de priorité comme premiers occupants.

[543] E.Maguet, "Du droit pour les fonctionnaires d'acquérir des immeubles aux colonies", P.1930, II, p.3.

[544] CE 19 juillet 1918 *De Peretti c. Gouvernement général de l'Indochine et Protectorat du Tonkin*, P.1918, I, p.209. On se souvient que trois années s'étaient écoulées entre la demande de Peretti et la délivrance de l'arrêté de concession provisoire. Le Conseil d'Etat déniait, par principe, toute responsabilité de l'administration pour ce retard.

[545] Le Conseil d'Etat jugea impossible une action contre l'administration en cas de refus opposé par celle-ci à une demande de concession, CE 4 novembre 1921 *Thomas c. Protectorat du Cambodge*, P.1922, I, p.35. Sur l'absence de motivation, CE 1er juillet 1910 *Marchand c. Gouvernement général de l'Indochine*, P.1910, I, p.352. Seule exception à cette absence de motivation, judicieusement relevée par Maguet : la Cochinchine à partir de l'arrêté de 1929 portant application du décret de 1928 (Maguet, *Les concessions*..., *op.cit.*, p.408. JOIF 1929, p.3194). L'historien doit-il y déceler un exemple de l'influence plus forte du milieu colonial dans cette partie de l'Indochine ?

[546] Article 22 de l'arrêté de 1913, JOIF 1914, p.76 ; article 6 de l'arrêté de 1926, P.1928, III, p.442 ; article 17 du décret de 1928, P.1928, III, p.467.

[547] AP.1927, p.693 et p.704.

difficilement applicable en Indochine"[548]. Ces motifs imposant l'adjudication, la procédure d'agrément des demandes permettait manifestement de sauvegarder de façon intacte la liberté de choix de l'administration. Les articles qui la prévoyaient dans les trois règlements de 1913, 1926 et 1928, n'étaient pas prolixes sur les critères de l'agrément ou de son refus[549]. Ils semblaient tous plus ou moins soumettre l'agrément au respect des conditions de forme exigées pour la demande, c'est-à-dire l'identification précise du demandeur, la situation et les limites des terrains demandés, au respect des conditions de nationalité et surtout des exigences de capacité financière[550]. Ce dernier critère pouvait déjà laisser en lui-même une grande liberté d'appréciation à l'administration et représentait sans doute l'élément principal qui comptait à ses yeux, de telle sorte qu'en dehors de ce critère et celui de la nationalité, l'administration n'avait en pratique pas vraiment d'autres raisons de refuser l'agrément d'une demande. Mais rien ne semble démontrer que l'administration restait liée par ces critères. Elle pouvait donc apparemment agréer les demandes qu'elle désirait ou les refuser selon d'autres critères[551]. Par ailleurs, le principe de l'adjudication s'accompagnait de larges dérogations, accordant une grande place à la concession de gré à gré. L'adjudication n'emportait pas pour elle toutes les opinions favorables. Par exemple, Yves Henry, dans son rapport de 1925 sur la réglementation en vigueur dans les colonies voisines hollandaises et anglaises, en pointait tous les défauts pratiques : "*[elle] favorise couramment la collusion entre les demandeurs au détriment des intérêts de l'Etat. Pour cette raison [elle] a été complétement abandonné[e] en Malaisie et aux Indes Néerlandaises*"[552]. Une large place fut donc ménagée aux concessions de gré à gré. Par exemple,

---

[548] Instructions du gouverneur général accompagnant l'arrêté du 19 septembre 1926, CAOM Indo GGI//60.768.

[549] Article 26 de l'arrêté de 1913, JOIF 1914, p.76 ; articles 6 et 8 de l'arrêté de 1926, P.1928, III, p.442-443 ; article 17 du décret de 1928, P.1928, III, p.467.

[550] En ce sens, voir la façon dont fut rédigé l'article 17 du décret de 1928 : "*Ne peuvent participer à une adjudication que les demandeurs qui auront justifié des obligations de nationalité et de la capacité financière prévue au présent décret et qui auront été dûment agréés par l'administration.*" (*ibid.*)

[551] Pouvant appuyer cette interprétation, voir l'arrêt précité CE 4 novembre 1921 *Thomas*, P.1922, I, p.35, où la juridiction déclara l'administration irresponsable, de manière générale, pour des refus successifs opposés à des demandes adressées à l'administration sous l'empire de l'arrêté de 1913, sans s'intéresser aux motifs de ces refus. De façon plus nette, la Cour de cassation rappelait, à propos d'une concession accordée sous l'empire du décret de 1928 puis transmise à un créancier étranger, que le choix des concessionnaires était "*déterminé par des considérations relatives **à leur personne** et à leur nationalité*", Cass. Civ. 22 juillet 1946 *Gouvernement de Cochinchine c. Ramassamuchetti et consorts*, P.1947, I, p.174.

[552] Rapport de l'inspecteur de l'agriculture Yves Henry, 1925, CAOM Indo GGI//60.960.

l'arrêté de 1926 les autorisait, apparemment sans condition et au seul bon vouloir des chefs d'administration locale, pour les concessions inférieures à 1000 hectares. Elles existaient en outre pour des concessions supérieures à 1000 hectares ayant en vue une entreprise "*à caractère exceptionnel*", accordées dans ce cas par le gouverneur général, et par définition, pour toutes les concessions gratuites inférieures à 300 hectares[553]. Le décret de 1928 apporta toutefois quelques restrictions à ces dérogations : il maintenait les concessions gratuites mais limitait les concessions à titre onéreux passées de gré à gré à 300 hectares. En revanche, tous les baux, quelque fût la superficie, conclus dans les régions *muong* et *moï*, l'étaient de gré à gré.

En théorie, la réglementation sauvegardait donc la liberté de l'administration dans le choix de son cocontractant. Mais, rappelons-le, pendant longtemps, le choix était inexistant car il n'existait qu'un demandeur, celui qui avait découvert le terrain, et que l'administration ne pouvait qu'accepter ou refuser mais non remplacer par un autre cocontractant. Celle-ci se trouvait donc lié dans son choix par la situation de fait. Cependant, à mesure que les pétitionnaires se firent plus nombreux, cette préférence pour le premier demandeur, qui ne pouvait plus être garantie par le seul fait, obtint une certaine reconnaissance juridique, connue sous le nom de "*droit d'inventeur*". Introduit par l'arrêté de 1926, tandis que l'arrêté de 1913 ne permettait d'accorder la concession au permier demandeur que s'il restait le seul et qu'il ne se produisait donc aucune enchère[554], le droit d'inventeur était recommandé par l'équité, comme le justifiaient Richard et Joubert dans leurs rapports respectifs. En effet, le premier demandeur avait souvent engagé des dépenses de prospection entièrement à ses risques et périls pour découvrir le terrain. Il était donc équitable de lui donner une chance supplémentaire de remporter l'adjudication par rapport aux autres demandeurs qui profitaient gratuitement de la découverte[555]. Ce "*droit d'inventeur*", selon l'expression du gouverneur général Varenne[556], équivalait juridiquement à un privilège de surenchère accordé au premier demandeur inscrit qui n'avait pas gagné l'enchère : celui-ci pouvait surenchérir d'un vingtième sur le prix le plus élevé de l'enchère, dans les quinze jours suivant l'adjudication[557].

---

[553] Articles 1 et 6 de l'arrêté de 1926, P.1928, III, pp. 441 et 442.
[554] Article 29 de l'arrêté de 1913, JOIF 1914, p.77.
[555] Rapport Joubert, CAOM Indo/NF/2190 (2) : "*c'est sur l'initiative privée qu'il faut compter pour trouver, parmi les énormes superficies stériles du domaine, les terres arables [...]*" ; rapport Richard, p.123-124.
[556] Instructions du 19 septembre 1926, CAOM Indo GGI//60.768.
[557] Article 12 de l'arrêté de 1926, P.1928, III, p.444.

Après avoir envisagé sa suppression dans un de ses projets, le décret final de 1928 le sauvegarda, mais en portant le niveau de surenchère à un cinquième du dernier prix[558]. Par ailleurs, ce privilège ne constituait pas un droit automatique du demandeur mais restait subordonné à l'appréciation de l'administration[559].

Si l'administration était libre dans ses choix, ces derniers ne s'effectuaient qu'au sein d'un ensemble déjà délimité car il existait des catégories de personnes partiellement exclues de l'octroi des concessions : les étrangers et les fonctionnaires.

B) Des exclusions

1/ Les étrangers

Toutes les réglementations réservaient les concessions aux nationaux et protégés français. Pour certains pays indochinois, ce principe découlait des traités internationaux restreignant le droit de propriété en général aux Français[560], mais il était surtout l'application d'un principe assez courant pour les contrats publics en général et dont la motivation était d'ordre politique, comme l'exprimait le rapport Richard : "*La logique commande que les concessions, consenties notamment en vue d'augmenter la puissance et la richesse de la métropole comme de la colonie, soient accordées exclusivement à des particuliers, citoyens, sujets et protégés français ou à des personnes morales de nationalité française*"[561]. Par delà ce mouvement général, cette exclusion des étrangers des concessions prenait un relief particulier en Indochine, pour deux raisons. D'une part, la zone internationale dans laquelle s'insérait l'Indochine revêtait un caractère très cosmopolite, avec la présence des Chinois dans la région, celle du Japon et bien sûr, les autres puissances coloniales ou occidentales, à savoir la Hollande, l'Angleterre et les Etats-Unis. Cette internationalisation, voulue par Albert Sarraut en 1921, qui avait rompu avec la logique de l'autarcie impériale et de la division coloniale du travail, lorsqu'il était ministre des colonies de 1920 à 1924, se répercutait sur l'économie indochinoise, pleinement intégrée

---

[558] Sur le projet de suppression, voir le rapport Joubert, CAOM Indo/NF/2190 (2). Article 17 du décret de 1928, P.1928, III, p.468.
[559] Circulaire du gouverneur général du 29 août 1933, CAOM Indo GGI//60.956.
[560] Par exemple, le traité de Hué du 6 juin 1884, dans son article 13 : "*Les citoyens ou protégés **français** pourront, dans toute l'étendue du Tonkin et dans les ports ouverts de l'Annam, [...] acquérir des biens, meubles et immeubles [...]*", Reinach, *op.cit.*, p.202.
[561] Rapport Richard, p.112.

à l'espace marchand extrême-oriental et dont la Chine représentait le premier marché d'exportation[562]. D'ailleurs, selon Pierre Delhoumeaud en 1903, les exclusions réglementaires des étrangers cherchaient à éviter "*l'infiltration chinoise*"[563]. Mais d'autre part, le souci politique de protection, que pouvait faire émerger ce cadre cosmopolite, se voyait contrarié par un certain réalisme économique, portant l'accent sur le fort besoin de capitaux nécessaires à la mise en valeur agricole de l'Indochine, besoin qui interdisait potentiellement de refuser trop catégoriquement les capitaux étrangers. Tel était l'objectif que défendait Henri Bruel en 1920 dans sa thèse, où il se félicitait de l'ordonnance du roi du Cambodge du 12 décembre 1919, qui avait accordé le droit de concession à tous les sujets des nations européennes ou assimilées (Japon et Siam) alliées ou amies de la France pendant la guerre mondiale : "*Il convient de féliciter le gouvernement cambodgien de cette initiative, car les colons français sont rares en Indochine, malgré les avantages qui leur sont consentis ; la concurrence étrangère permettra donc d'activer le développement de la colonisation. Il serait opportun qu'une semblable mesure fut adoptée par tous les pays de l'Indochine*"[564]. A cette objection de principe au nationalisme trop rigoureux, le réalisme en ajoutait une autre, d'ordre technique : la nationalité des sociétés, qui ont commencé à devenir très nombreuses en Indochine après la première guerre mondiale[565], ne se laissait pas aisément déterminer. Cet équilibre de considérations commandait donc le pragmatisme du rapport Richard, formulé en ces termes : "*Ce dont il faut s'assurer autant que possible, c'est de la nationalité des intérêts que représente*

---

[562] Giacometti, *op.cit.*, p.87 ; Brocheux, Hémery, *op.cit.*, p.172. Les auteurs rappellent simplement un décrochage temporaire par rapport à la région asiatique en faveur de la métropole dans les années 1930.

[563] Delhoumeaud, *op.cit.*, p.79.

[564] Bruel, *op.cit.*, p.93. La commission Richard déclarait sans ambages que l'Indochine avait besoin des "*capitaux hollandais et japonais, les seuls qui y demandent accès pour le moment*", les capitaux américains restant encore sur la réserve en 1927. Rapport Richard, p.115. Illustrant aussi ce retard du capitalisme français en Indochine mais sur un ton polémique, le discours de Marcel Cachin à l'Assemblée nationale : "*Dans la Malaisie britannique, à Java, à Sumatra, il y a déjà longtemps que les congénères de M. Octave Homberg ont vu l'énorme quantité de caoutchouc, de thé, de café, de poivre qu'on peut tirer de ce sol. [...] Les grands capitalistes français se sont aperçus de leur retard et ils ont décidé de le rattraper au plus vite [...].*" (AP 1927, p.694) (*NB/* Octave Homberg, cité ici par Cachin, était le fils d'un régent de la Banque de France et fut, entre autres, directeur de la Banque d'Indochine en 1920, membre de son conseil d'administration, président de la Société financière française et coloniale en 1927 et de la Compagnie des eaux et d'électricité d'Indochine. Cf. Brocheux, Hémery, *op.cit.*, p.140-141 ; *Qui êtes-vous ?*, Paris, 1924, p.385 ; *Dictionnaire de biographie française*, Paris, 1989, t.17, p.1275).

[565] Sur ce point, voir Ta Thi Thuy, *op.cit.*, p.268-269.

la société. Il faut rechercher la garantie que l'action de la société ne sera pas antifrançaise. [...] Les capitaux étrangers se trouvant, par hypothèse, mis hors d'état de nuire gravement, il nous semble que l'opportunité seule de leur concours doit faire décider de leur admission"[566].

Mais cette relative tolérance prêchée par la commission d'enquête arrivait au milieu d'une discussion bien nourrie depuis plusieurs années, au cours de laquelle les orientations de l'administration avaient fluctué, et ne fut pas vraiment suivie par le décret de 1928, qui maintenait une réglementation rigoureuse sur la nationalité des sociétés. Le débat était né, ou avait été relancé, dans la foulée de la première guerre mondiale durant laquelle un certain nombre de propriétés allemandes en France avaient été utilisées à des fins offensives. Pour prévenir le renouvellement de ce danger, un projet de loi sur le statut des étrangers était présenté en 1922 afin de restreindre le droit de propriété des étrangers et sociétés étrangères en France. D'après la note de Garnier, administrateur à l'Agence économique de l'Indochine, ce projet soumettait la nationalité française des sociétés à quatre conditions : qu'elles fussent régies par les lois françaises, qu'elles eussent leur siège social en France, que leur capital fût à majorité français et que le président du conseil d'administration, les administrateurs délégués, les gérants, les directeurs ayant la signature sociale, les commissaires aux comptes et plus de la moitié des associés en nom collectif et des membres du conseil de surveillance ou de direction fussent français. Cette même note indiquait que le projet de loi avait soulevé une forte protestation du Conseil de direction de la Chambre de commerce internationale et en son sein, du Comité national français ; or, à la différence de ce dernier, le Comité indochinois s'était déclaré favorable au projet de loi, ou à défaut, à des dispositions similaires propres à l'Indochine. Le Comité indochinois avait consulté le Comité du commerce, de l'industrie et de l'agriculture de l'Indochine – institution où siégeaient presque tous les représentants des grandes compagnies et sociétés indochinoises – qui était d'avis que le projet de loi présentait un intérêt pour l'Indochine, sans que son adoption fît craindre un exode des capitaux étrangers[567]. En conclusion, en 1923, les colons indochinois montraient une certaine rétivité à l'entrée massive des étrangers dans les affaires

---

[566] Rapport Richard, p.113.

[567] Note de Garnier, de l'Agence économique, adressée au gouverneur général sur le droit de propriété des étrangers en France et aux colonies, CAOM Indo GGI//60.951. Financée par l'Indochine mais basée à Paris, l'Agence économique de l'Indochine y représentait les intérêts de la colonie, y compris à la Chambre de commerce internationale dont il est ici question.

économiques. Cette défiance s'exprimait dans l'arrêté du gouverneur général du 17 mars 1923 qui alla jusqu'à restreindre le droit d'aliéner les concessions pourtant définitives aux étrangers, en soumettant ces cessions à une autorisation préalable et formelle de l'administration[568]. Problablement signe de l'hésitation et du débat qui devaient traverser à l'époque les instances coloniales, un arrêté pris un an plus tard, le 22 mai 1924, vint assouplir celui de 1923, n'exigeant désormais qu'une autorisation préalable, et non plus formelle, aux aliénations à des étrangers, mais cet arrêté fut lui-même abrogé quelques mois après, le 31 octobre 1924, pour rétablir l'autorisation préalable et formelle[569]. Par ailleurs, les concessions provisoires initiales restaient strictement réservées aux Français. L'arrêté du gouverneur général du 4 février 1925, dont l'article 1er imposait aux sociétés qui revendiquaient la qualité de Français, dans tous les cas où cette qualité était exigée pour bénéficier d'un contrat administratif, de justifier qu'elles avaient un siège social en France, un statut légal français, un président et vice-président du conseil d'administration, des administrateurs délégués, des gérants, des directeurs ayant la signature sociale, des commissaires aux comptes et deux-tiers des associés en nom collectif ou des administrateurs ou des membres du conseil de direction et de surveillance français. En revanche, l'arrêté n'exigeait aucune condition relative au capital, alors qu'il se montrait rigoureux sur les personnes dirigeantes. Un an plus tard en 1926, la matière connaissait une nouvelle fluctuation. Dans ses instructions relatives à l'arrêté de 1926, le gouverneur général Varenne, estimant que les raisons qui avaient motivé l'arrêté de 1925 étaient révolues, prétendait avoir assoupli la réglementation dans un sens plus favorable à l'investissement étranger en Indochine. Il proclamait ainsi : "*La possibilité donnée au capital étranger de faire les deux tiers du capital social d'une entreprise et d'avoir la majorité dans le conseil d'administration et aux assemblées générales, lui assure pratiquement le contrôle complet de cette entreprise. L'obligation qui lui est imposée de s'associer pour un tiers de capital français, et de laisser à nos nationaux les postes de président du conseil d'administration et la moitié au moins de ceux d'administrateurs délégués, constitue une contrepartie fort appréciable [...]*"[570]. Néanmoins, la comparaison de ces instructions avec l'article 2 de l'arrêté lui-même soulève une incompréhension que nous ne parvenons pas à résoudre. S'il est vrai que l'arrêté de 1926 assouplit considérablement les conditions de nationalité pour les

568 JOIF 1923, p.507.
569 JOIF 1924, p.1094 et 2414.
570 Instructions du gouverneur général du 19 septembre 1926, CAOM Indo GGI//60.768.

personnes dirigeantes par rapport à l'arrêté de 1925, il exigeait en revanche que le capital des sociétés concessionnaires fût à majorité français, et non d'un tiers comme l'écrivait le gouverneur général, condition de capital que ne posait pas, on l'a vu, l'arrêté de 1925[571]. Le rapport Richard avait été plutôt critique sur le critère du capital, qu'il jugeait être "*un leurre*" dans la mesure où la nationalité des détenteurs de capitaux était invérifiable dans le cadre des sociétés par action : si la nationalité des premiers souscripteurs pouvait être vérifiée, ce n'était plus le cas lorsque les actions étaient libérées et cessaient d'être nominatives[572]. L'article 9 du décret de 1928 ne tint cependant pas compte de ces remarques et maintint l'essentiel des dispositions de 1926, en les précisant à la marge pour la nationalité des dirigeants[573].

Sans prohiber absolument tout investissement de capital étranger, la réglementation resta donc toujours nationaliste, et la jurisprudence tendit même à renforcer ce caractère à l'occasion d'un litige en 1946. Alors que le décret de 1928, dans son article 9, prohibait toute cession *volontaire* d'une concession à des personnes étrangères, déclarant nulle de plein droit ce genre de cession, il était muet sur les cessions forcées, par voie de saisie. Tel fut pourtant le cas du créancier étranger, le sieur Mayapachetti[574], qui s'était retrouvé adjudicataire de deux concessions, de plus devenues définitives, à la faveur d'une saisie immobilière. Le gouverneur de Cochinchine avait demandé l'annulation de l'adjudication du fait de la nationalité étrangère du nouveau titulaire de la concession. Débouté dans un premier temps par la Cour d'appel de Saïgon qui restreignait l'application de l'article 9 aux cessions volontaires, l'administration fut par contre satisfaite par la Cour de cassation, qui parla, à cette occasion, de "***prohibition légale absolue*** *[...] à l'égard des étrangers [...] d'obtenir la concession de terrains domaniaux ruraux ou de les acquérir des concessionnaires*"[575]. En somme, si l'on en croit le commentaire

[571] Article 2 de l'arrêté de 1926 (P.1928, III, p.441) : "*Ne peuvent être concessionnaires de terrains ruraux que [...] les sociétés [...] dont le capital est formé en majorité par des capitaux français [...] le président du conseil d'administration et la majorité des administrateurs doivent être statutairement et effectivement nationaux [...]*".

[572] Rapport Richard, p.114-115.

[573] Seule concession faite aux remarques de la commission Richard : l'obligation pour les actions de rester nominatives ou attachées à la souche pendant au moins deux ans à compter de la délivrance de la concession. Article 9 du décret de 1928, P.1928, III, p.465.

[574] Il devait s'agir d'un créancier indien, les Indiens formant une minorité très présente dans le petit secteur bancaire de l'Indochine, cf. Brocheux, Hémery, *op.cit.*, p.148.

[575] Cass. Civ. 22 juillet 1946 *Gouvernement de Cochinchine c. Ramassamuchetti et consorts*, P.1947, I, p.174. L'arrêt poursuivait : "*il serait contraire à l'ordre et à l'intérêt publics que des concessions qui ne sont accordées que par le Gouverneur de la*

critique de Suzanne Dureteste, le décret de 1928 faisait de l'Indochine la région la plus sévère, au sein de l'Empire, dans sa réglementation à l'égard des étrangers[576].

2/ Les fonctionnaires

La thèse favorable aux fonctionnaires-concessionnaires ne manquait pas d'arguments séduisants. En premier lieu, comme l'avançait Maguet, sans l'ouverture du domaine aux fonctionnaires, sa mise en valeur se trouvait "*privée du bénéfice de l'expérience de gens connaissant le pays, ayant la notion des véritables possibilités économiques et familiarisés avec l'indigène sans lequel nulle entreprise coloniale ne peut vivre et prospérer*"[577]. En second lieu, elle faisait renaître un certain esprit romain, le mythe du soldat laboureur, dont Bugeaud, en Algérie, était semble-t-il hanté[578]. Pour ces deux raisons, la thèse séduisit donc aussi en Indochine, surtout les fonctionnaires... : "*Depuis longtemps, les petits fonctionnaires d'Indochine s'efforcent d'obtenir des concessions qu'ils font exploiter et dont ils cumulent les bénéfices avec leur traitement*"[579].

Cependant, cet engouement heurtait, jusqu'à un certain point, le principe moderne d'indépendance et d'impartialité des fonctionnaires, qui pouvait s'opposer à la prise d'intérêts par ces mêmes fonctionnaires sur un territoire qu'ils avaient pour mission d'administrer et par le biais de concessions qu'il revenait à leur propre administration de distribuer. Ce sujet constituait à cet égard un point de critique récurrent des premiers rapports d'inspection de la Cochinchine, où se pratiquaient allègrement les concessions aux fonctionnaires[580]. Les inspecteurs craignaient tout autant une rupture de l'égalité entre les fonctionnaires et les autres demandeurs dans l'accès aux concessions qu'une certaine dérive « féodale », sur laquelle

---

Cochinchine puissent, à son insu et même contre sa résistance, passer entre les mains de personnes qui sont par le fait de leur nationalité incapables de les acquérir".

576 *Ibid.*

577 E.Maguet, "Du droit pour les fonctionnaires d'acquérir des immeubles aux colonies et d'y obtenir des concessions", P.1930, II, p.1.

578 Selon Guillaume, *op.cit.*, p.214.

579 Rapport Richard, p.193. Bien avant lui, voir la thèse de René Erny en 1904, *op.cit.*, p.122, s'opposant à Alfred Schreiner jugeant, lui, incompatible le statut de fonctionnaire avec le droit de concession.

580 Voir les rapports Verrier et Rivet de 1894 et 1895, CAOM FM Indo/AF/144 et 145. D'après René Erny, une décision du 30 mars 1864 avait donné au gouverneur la faculté d'accorder des concessions gratuites aux fonctionnaires et militaires et en 1894, lorsque l'administration avait voulu restreindre ces concessions à 300 hectares par personne, une délibération du Conseil colonial, composé majoritairement de fonctionnaires ou d'anciens fonctionnaires, s'y était opposée (Erny, *op.cit.*, p.73 et 119).

nous devrons revenir plus loin, bien perçue également par la commission d'enquête de 1927 : "*le fonctionnaire qui fait exploiter un domaine dans la circonscription où il exerce a tendance à abuser de son autorité sur les chefs ou les notables indigènes pour en obtenir les travailleurs ; il résiste avec opiniâtreté lorsqu'il est menacé d'un déplacement*"[581].

L'histoire du droit des fonctionnaires à accéder aux concessions en Indochine comporte encore de nombreuses zones d'obscurité, dans la mesure où ce fut un droit mouvant, fixé de façon plus ou moins formelle au gré de circulaires ou instructions diverses des différentes autorités hiérarchiques, ce qui est en soi révélateur. Une seule certitude se dégage : ce droit était assez laxiste donc la restriction de l'accès des fonctionnaires aux concessions ne fut pas constante au fil du temps et l'interdiction, jamais absolue[582]. Le texte de référence demeurait néanmoins la circulaire du ministre des colonies Messimy aux gouverneurs généraux du 22 juin 1911[583]. Celle-ci posait le constat habituel : "*Trop souvent des concessions gratuites ont été accordées à des fonctionnaires en activité de service ou à des personnes qui venaient de quitter l'administration dans des conditions qu'on ne saurait blâmer avec trop de sévérité*"[584]. Malgré cela, la circulaire recherchait, en réalité, un équilibre assez modéré, refusant expressément toute interdiction générale d'acquérir et allant même jusqu'à encourager le placement des capitaux des fonctionnaires dans les colonies. Forte de ces principes, la circulaire fixait deux règles : d'une part, la prohibition de toute concession gratuite à un fonctionnaire ou officier en activité ou ayant quitté son service depuis moins de deux ans ; d'autre part, le droit pour les fonctionnaires d'acquérir des immeubles domaniaux à condition de passer par une vente ou une adjudication publique[585]. Quel fut le destin de cette circulaire en Indochine, qui, de toute manière, n'avait pas de force réglementaire mais était quand même revêtue de l'autorité hiérarchique à l'égard du gouverneur général et des chefs d'administration locale, comme le rappelait Maguet[586] ? D'après la thèse de l'administrateur Bruel, nous pouvons savoir qu'en 1920, cette circulaire était abrogée. Toutefois, l'auteur, favorable au droit des

---

581 Rapport Richard, p.193.

582 Pierre Brocheux, dans sa thèse, évoque une circulaire de 1895 du lieutenant-gouverneur de Cochinchine Rodier restreignant les concessions aux fonctionnaires à 300 hectares mais note aussi la répétition des circulaires, attestant bien leur respect très aléatoire (*op.cit.*, p.105).

583 JOIF 1911, p.2364.

584 *Ibid.*

585 *Ibid.*

586 Maguet, *op.cit.*, p.4.

fonctionnaires, se plaignait de l'impression qu'elle continuait de produire[587]. Le gouverneur général prit à son tour une circulaire en 1927 qui autorisait les fonctionnaires à participer à une adjudication mais pas à la demander, dans la mesure où "*les fonctionnaires peuvent, à la faveur de leurs fonctions, avoir des facilités que n'ont pas les colons libres pour la recherche de terrains et l'accomplissement de différentes formalités de la procédure de mise en adjudication*"[588]. Cela allait dans le sens de la circulaire ministérielle. En revanche, l'arrêté du gouverneur général du 28 mars 1929 s'en démarquait nettement en autorisant les fonctionnaires à obtenir des concessions gratuites dès leur radiation des contrôles[589]. Cette évolution dénote que l'assouplissement devait être « dans l'air du temps » à la fin des années 20, ainsi qu'en atteste la lecture très libérale de la circulaire de 1911 défendue par Maguet, dans son article de 1930. Ce dernier suggérait une interprétation ingénieuse, mais qui paraissait quelque peu fallacieuse, de la deuxième régle de la circulaire, celle qui conditionnait l'attribution de terrains domaniaux aux fonctionnaires à une adjudication publique. Notre auteur – également administrateur en chef des colonies et docteur en droit – soutenait que cette disposition ne concernait que les cessions domaniales faites selon le droit commun mais ne prohibait pas les concessions onéreuses de gré à gré qui étaient faites selon le droit administratif[590]. Cette interprétation aboutissait à vider la circulaire de sa substance mais il n'en est pas moins révélateur qu'elle fût soutenue par un spécialiste des questions domaniales.

C) Des exigences financières croissantes

Pour tous ceux qui n'étaient pas exclus du droit à obtenir une concession, un certain nombre de conditions devaient encore être remplies pour voir leur demande satisfaite. Parmi ces conditions, l'administration attachait du prix à la capacité financière qui devait être à la hauteur de la difficulté et de l'investissement jugé nécessaire pour mettre en valeur la concession dans les délais. Perçue très tôt par l'autorité coloniale, cette condition eut du mal à se formaliser dans le droit et à s'imposer en pratique. Là encore, la réglementation des années 1920 était parvenue à donner une relative expression aux aspirations à une plus grande rigueur dans le critère financier du choix des concessionnaires.

---

[587] Bruel, *op.cit.*, p.93.
[588] Cité par le rapport Richard, p.194.
[589] Maguet, *op.cit.*, p.4.
[590] *Ibid.*, p.5.

Les plaintes sur l'insuffisance financière des concessionnaires étaient récurrentes au début du XXe siècle. Les rapports d'inspection pointaient ce défaut systématiquement, tel celui de Picquié en 1900 qui déplorait le mauvais état des concessions : "*il doit être entendu que la concession n'est pas un droit – qu'elle constitue une faveur, et que cette faveur est subordonnée au moins à une condition : celle de réunir des capitaux proportionnés à l'importance de la concession*"[591]. En 1908, dans son discours d'ouverture de la session ordinaire du Conseil supérieur, donc d'un optimisme forcément convenu, le gouverneur général Klobukowski ne pouvait néanmoins pas s'empêcher de déclarer : "*Il y aurait même avantage à ce que le principe des grandes concessions fût adopté si le concessionnaire – et c'est là un point sur lequel je ne saurais trop insister – s'installait avec des ressources proportionnées à l'importance et aux risques éventuels de l'exploitation*"[592]. On pourrait voir dans cette défaillance une conséquence lointaine du choix général de développement colonial fait par le pouvoir politique de la IIIe République au début des années 1890. La République choisit en effet de ne pas adopter le système d'Ancien Régime des grandes compagnies monopolistiques et dotées de prérogatives de puissance publique. Elle eut l'occasion d'exprimer ce refus lors de la discussion du projet du sous-secrétaire d'Etat Etienne, soutenu en ces termes devant le Conseil supérieur des colonies : "*Il est indispensable d'imiter ce que d'autres puissances n'ont pas hésité à faire à l'égard des sociétés commerciales. L'Angleterre, l'Allemagne, l'Italie, le Congo indépendant, la Hollande ont concédé des chartes à privilèges qui donnent à des sociétés la libre possession de certains territoires avec obligation pour elles d'y créer des routes, d'y améliorer le cours des fleuves, d'y cultiver le sol [...]. Ces puissances ont justement pensé que l'effort individuel ne pouvait pas intervenir utilement dans les pays où l'élément européen n'a pas encore pénétré [...]. Des sociétés à capitaux puissants, au contraire, peuvent supporter les difficultés des premières années sans se lasser ni se décourager*"[593]. Un projet de loi fut donc déposé au Sénat en juillet 1891 mais n'y fut jamais discuté. Une nouvelle proposition de loi, celle des parlementaires Lavertujon et Pauliat, fut soutenue à la place, mais elle abandonnait le principe des grandes compagnies pour se restreindre aux seules grandes concessions de terre[594]. On devine la répugnance que devait éprouver la République à l'égard de ces compagnies très marquées du sceau de l'Ancien Régime

---

[591] Rapport Picquié du 8 février 1900, CAOM Indo/AF/147.
[592] Klobukowski, *op.cit.*, p.10.
[593] Rapporté par François, Mariol, *op.cit.*, p.250.
[594] *Ibid.*, p.251. Sur le débat des années 1890, voir aussi Maguet, *op.cit.*, p.79-86.

mais elles présentaient l'avantage de lever des capitaux massifs plus facilement que l'administration, dont ce n'était du reste pas l'objet, et *a fortiori* que les colons épars[595]. Certes, l'Indochine n'était pas concernée à titre principal par le débat, qui portait, dans l'immédiat, sur l'Afrique, mais elle était touchée indirectement ou à plus long terme.

Toujours est-il que ce choix de développement ne devait pas empêcher d'exiger des colons et concessionnaires une certaine capacité financière mais avant l'arrêté de 1926, la réglementation demeurait assez vaine. A la notable exception des arrêtés de 1899 relatifs à l'Annam et au Cambodge, qui entrouvraient la voie à une certaine vérification de la capacité financière des demandeurs, en soumettant les concessions supérieures à 500 hectares à la disposition avérée de "*ressources considérables*" ou "*de capitaux en rapport avec l'importance de la concession*"[596], les autres règlements généraux affichaient un mutisme complet sur la question. Pourtant, la Société de géographie commerciale de Paris estimait la somme minimale à apporter dès la première année dans une concession de 10.000 hectares à 150.000 piastres soit 400.000 francs[597]. Ces chiffres suffisent à dire combien la condition de réussite sur de grandes superficies était élevée et combien en étaient loin la plupart des colons. Il fallut l'expérience des premiers échecs pour introduire le critère financier du choix des concessionnaires dans les règlements. Dans le contexte des années 1920, l'établissement de ce critère répondait en plus à une exigence nouvelle et supplémentaire. Il ne s'agissait plus seulement de prévenir les échecs personnels des colons individuels, comme cela pouvait être le cas dans le passé[598], mais de lutter contre la spéculation à plus grande échelle, opérée par des

---

[595] A décharge, les quelques expériences de grandes compagnies tentées malgré tout en Afrique ne donnèrent que des résultats mitigés, même si elles ne reçurent pas non plus toute l'aide et le soutien souhaités de l'Etat, qui en 1895 avait déchu certaines d'entre elles de leurs droits, sous la pression de l'opinion. Cf. Guillaume, *op.cit.*, p.217 ; conclusion Romieu sur l'affaire *Verdier et Daumas* de 1897, un cas de déchéance, P.1897, II, p.22-23 ; Rolland, Lampué, *op.cit.*, p.251-253.

[596] Article 3 de l'arrêté du 28 avril 1899 pour l'Annam et article 4 de l'arrêté du 26 août 1899 pour le Cambodge, Rec. Dar. 1900, L., p.97 et 101. Le Cambodge était d'ailleurs cité en modèle d'une possible réforme générale dans un rapport du Gouvernement général du 1er février 1912, CAOM FP 9/PA/11.

[597] "Des concessions au Tonkin", *Bulletin de la société de géographie commerciale de Paris*, 1898, t.20, p.661.

[598] Des échecs personnels tels que ceux décrits par Guermeur en 1909 : "*Il ne faut pas, sous de fallacieuses espérances, attirer des colons qui arrivent pleins de confiance, et qui repartent quelque temps après, rapatriés comme indigents, découragés, désabusés, allant répandre dans leur pays d'origine l'écho de leurs tentatives avortées*" (*op.cit.*, p.9).

sociétés financières métropolitaines, plus ou moins scrupuleuses, qui ne redoutaient pas l'échec dans la mise en valeur, puisque leur objectif réel n'était pas l'exploitation agricole mais la réalisation de profits boursiers à court terme, en donnant l'illusion d'un investissement futur prometteur, et qui, une fois ces profits engrangés, abandonnaient la concession à son état quasi-primitif[599]. Ces sociétés n'avaient souvent pas un gros capital avant d'obtenir la concession, puisqu'elles le grossissaient seulement après avoir obtenu la concession, sans que toutefois, la concession elle-même pût valoir comme apport en nature[600]. Imposer un critère financier dans le choix du concessionnaire revenait donc à inverser ce processus pervers. Mais il importe de noter que cette exigence s'opposait à une autre solution, pourtant plus facile à mettre en oeuvre. Pourquoi en effet ne pas proportionner les superficies concédées à la capacité moyenne des demandeurs, c'est-à-dire accepter une politique de petites ou moyennes concessions, plutôt que chercher à élever la capacité financière pour continuer une politique de grandes concessions ? La réponse est en partie contenue dans la question. L'autorité coloniale a toujours refusé d'abandonner la politique des grandes concessions et de limiter les superficies concessibles. Il est vrai que la limitation des superficies était d'une efficacité limitée puisqu'elle pouvait être contournée facilement par le biais d'associations entre sociétés : "*On s'aperçoit vite que la formule « limitation des concessions par le règlement » ne recouvre plus aucune réalité, qu'elle n'apporte par elle-même aucune garantie*"[601]. Mais au-delà de cette objection technique, c'était bien l'ambition nationale qui commandait le maintien et le développement des grandes concessions, notamment à la vue du retard dans la production par rapport aux colonies concurrentes de la région[602]. Ainsi, on n'aspirait pas à adapter la superficie des concessions à la capacité financière présente mais à augmenter cette dernière, en pensant que l'exigence réglementaire d'une capacité adéquate aux grandes concessions suffirait à cela. Mais la réalité semble avoir eu raison de cette ambition qui a finalement conduit à poser des exigences financières assez lâches, pour ne pas rendre les grandes concessions totalement inaccessibles. La contrepartie inéluctable, qui se révéla dans les années 1930, fut une sous-exploitation des grandes

---

[599] C'est l'essentiel des propos tenus lors du débat parlementaire de 1927 engagé à la suite des contrats Maillot, AP.1927. Voir aussi, rapport Richard, p.131.

[600] Conclusions du commissaire du gouvernement Romieu sur l'affaire CE 26 février 1897 *Verdier et Daumas*, P.1897, II, p.25.

[601] Rapport Richard, p.131.

[602] *Ibid.*, p.135. En 1927, les exportations de caoutchouc s'élevait ainsi à 8000 tonnes par an pour l'Indochine, contre 200 000 tonnes pour les Indes néerlandaises et 250 000 tonnes pour les *Straits Settlements* de Ceylan.

concessions, comme nous le verrons plus loin. Néanmoins, dans les années 1920, qui avaient vu un afflux de capitaux en Indochine[603], cet espoir d'augmenter la capacité financière pouvait ne pas paraître absurde. C'est pourquoi l'autorité coloniale posa quelques exigences réglementaires de capacité financière, en pensant qu'elles seraient une garantie suffisante.

En réalité, les réformes des années 20 puisaient leurs racines dans la décennie précédente qui avait posé quelques jalons. Le grand arrêté Sarraut de 1913 marquait une césure en établissant le principe des concessions onéreuses, alors qu'auparavant dominait le principe de la gratuité ou de l'aliénation à prix symbolique. En toile de fond de cet arrêté, se jouait depuis longtemps un débat très théorique entre les partisans de la concession gratuite et ceux de la concession onéreuse, parmi lesquels se trouvait l'Australien Wakefield. Ces deux partis défendaient toujours le même but, le succès des entreprises coloniales, mais divergeaient sur les moyens. Pour les premiers, il ne fallait pas poser de barrière d'entrée au colon de bonne volonté, dépourvu de finances mais qui, par son travail, compenserait ce handicap de départ en donnant de la valeur à une terre qui, avant lui, ne valait de toute façon rien. Les seconds, au contraire, se méfiaient de l'amateurisme et jugeaient qu'il valait mieux créer une valeur artificielle à l'entrée, par un prix réglementaire, afin de n'attirer que les colons fiables. L'arrêté de 1913 établit un certain compromis entre ces tendances idéologiques : sa préférence générale alla aux concessions onéreuses cédées aux enchères mais des concessions de 50 hectares pouvaient encore être cédées à titre gratuit[604]. Le camp de la gratuité, évidemment majoritaire chez les colons, n'avait cependant pas dit son dernier mot et obtint la modification du compromis en sa faveur en 1918 : sur la pression du député Outrey, la limite des concessions gratuites fut relevée à 300 hectares et se maintint à ce niveau très généreux dans toutes les réglementations ultérieures[605]. Ainsi, le prix ne faisait plus office de barrière d'entrée pour des superficies aussi considérables que 300 hectares, qui requéraient donc des capitaux significatifs, et que les contemporains continuaient pourtant – ce qui est révélateur – d'appeler "*petites concessions*", selon le vocabulaire employé au début de la colonisation en Indochine pour désigner des concessions d'à peine 10 ou 20 hectares qu'une famille de colons était

---

[603] Sur les raisons de cet afflux, voir notre développement, Chapitre I, II, B), 2/.

[604] Article 22 de l'arrêté de 1913, JOIF 1914, p.76.

[605] Arrêté du 26 novembre 1918, JOIF 1918, p.1917 ; article 1er de l'arrêté du 19 septembre 1926, p.1928, III, p.441 ; article 1er du décret du 4 novembre 1928, P.1928, III, p.463 ; voir, pour la revendication coloniale, Brocheux, *op.cit.*, p.73 et voir la critique de cette générosité par Bruel, *op.cit.*, p.95.

censée pouvoir exploiter personnellement ! Néanmoins, au-delà de 300 hectares, un prix restait à verser. Quelle fut son efficacité sous l'angle qui nous intéresse ? La réponse est malheureusement, au stade actuel de la connaissance historique, difficile à donner. Citer quelques chiffres isolés n'aurait aucun sens et seule une étude statistique approfondie de l'évolution des prix, mise en rapport avec les capitaux disponibles, permettrait de jeter un éclairage sur l'efficacité du droit de ce point de vue.

Toujours est-il que les autorités ne se contentèrent pas de l'établissement d'un prix pour s'assurer de la capacité financière des concessionnaires. Celle-ci fut examinée directement. L'article 12 de l'arrêté de 1926 devait le premier régir le sujet, disposant que : "*Ne peuvent participer à une adjudication ou à un marché de gré à gré, que les acquéreurs dont les ressources financières auront été reconnues suffisantes et qui auront été dûment agréés[...]*"[606]. Encore fallait-il s'entendre sur ce qu'étaient exactement des ressources financières suffisantes ? Ce point relevait naturellement en grande partie de la casuistique, des circonstances locales, mais il était tout de même possible de préciser les critères. Dans ses instructions, le gouverneur général Varenne indiqua donc aux chefs d'administration locale quelle était la base d'appréciation. Il fallait se fonder sur un chiffre minimum de capital nécessaire par hectare, calculé soit d'après le capital moyen de mise en valeur jusqu'à l'époque de la production soit d'après des conditions spéciales s'il y en avait. Ce chiffre devait aussi tenir compte de l'extension progressive des cultures et du remploi des bénéfices. En moyenne, pour le gouverneur général, il fallait donc exiger entre un quart et un cinquième du capital total nécessaire pour mettre en valeur toute la concession dans les délais prescrits[607]. En 1927, le rapport Richard reprenait à peu près ces moyens d'évaluation. Il préconisait, en plus, l'établissement de barêmes régionaux révisables et selon trois catégories d'exploitation : l'élevage, les cultures annuelles et les cultures à récolte différée. Ces dernières consistaient dans l'hévéa, le cacao, le thé et le café, qui mettaient au moins quatre ans avant d'être productives. La commission d'enquête recommandait d'exiger pour elles une capacité immédiate d'un tiers de la dépense totale d'exploitation ou une capacité de subvenir pendant deux ans aux dépenses qu'exigerait la culture totale. Enfin, pour vérifier ces critères, il distinguait entre les particuliers, pour lesquels la réputation suffirait, et les sociétés, pour

---

[606] P.1928, III, p.443.

[607] Instructions du gouverneur général Varenne du 19 septembre 1926, CAOM Indo GGI//60.768. Article 4 de l'arrêté d'application au Tonkin du 19 octobre 1927, JOIF 1927, p.3344.

lesquelles, en revanche, il faudrait examiner les capitaux réellement versés et disponibles[608]. La commission d'enquête devait donc avoir à l'esprit les sociétés titulaires des contrats Maillot, formées et capitalisées seulement après l'obtention des concessions par le mandataire. Suivant son rapport, le ministère était initialement bien décidé à durcir la réglementation de 1926, comme en témoigne le projet de décret que le conseiller colonial Joubert eut sous les yeux, qui confiait aux arrêtés locaux le soin de fixer les détails en fonction des circonstances locales et des conditions de culture, mais en leur interdisant de descendre en-dessous des évaluations données dans les futurs barêmes régionaux. Quant aux cultures permanentes à rendement différé, le projet reprenait le seuil du capital initial d'un tiers de la somme totale nécessaire à la mise en culture. Le décret renonça finalement à cette précision et se contenta de reprendre l'expression générale de l'arrêté de 1926[609], mais les règlements locaux d'application reprenaient, eux, toutes les dispositions du projet, les prescriptions de Varenne de 1926 et les propositions de la commission d'enquête Richard[610].

Les pressions contraires du milieu colonial avaient pourtant été vives. Celui-ci avait déjà vertement protesté contre les exigences posées par l'arrêté de 1926 et ses arrêtés d'application : "*si on [...] avait appliqué [aux anciens planteurs] au début de leur entreprise la réglementation telle qu'elle est définie par les arrêtés du 19 septembre 1926 et du 19 octobre 1927, il est absolument certain qu'ils n'auraient jamais existé comme planteurs*"[611]. Le conseiller Joubert déployait d'ailleurs une argumentation assez étayée contre le projet ministériel. Il reprochait à l'administration de s'en tenir au critère unique du capital initial, alors qu'une société se développait aussi par le crédit et surtout devait avoir la certitude d'obtenir la concession pour réunir un capital : "*On ne conçoit pas, en effet, la constitution à Paris, par exemple, d'une société dont l'objet serait de « demander une concession » car si celle-ci était refusée, la société devrait être dissoute et les actionnaires ne recevraient qu'une partie de leur mise*

---

[608] Rapport Richard, p.138-140.

[609] Article 11 du décret de 1928, P.1928, III, p.466 : "*Des concessions ne peuvent être accordées qu'aux personnes ou sociétés justifiant qu'elles disposent effectivement des ressources financières qui sont jugées nécessaires pour garantir leur mise en valeur*".

[610] Tel est le cas, à tout le moins, de l'article 7 de l'arrêté d'application du résident supérieur du Tonkin du 21 juin 1929, JOIF 1929, p.3224. La seule différence concernait la somme nécessaire pour les cultures à rendement différé. L'arrêté n'exigeait qu'un cinquième de ces sommes au départ et non plus un tiers comme le proposait le projet de 1928.

[611] Lettre du président de la chambre d'agriculture du Tonkin au résident supérieur, le 20 février 1928, CAOM Indo GGI//60.878.

de fonds"[612]. Critiquant, de manière désormais convenue, l'effet dissuasif de cette mesure pour les capitaux étrangers, il en déniait aussi, ce qui peut paraître contradictoire, l'efficacité. Selon lui, "*le capital dont disposerait une société ou un particulier pour se présenter valablement à une adjudication serait, en effet, la propriété de cette société ou de ce particulier. Aussitôt après la mise en possession de la concession provisoire, rien ne pourrait empêcher le concessionnaire de disposer à sa guise de son capital [...]. Pour supprimer cette situation, il faudrait que l'Administration eût la gestion du capital affecté à une concession donnée et qu'elle fût à la fois banque et organisme de direction financière. Il est inutile d'insister sur l'absurdité d'une telle hypothèse*"[613]. Ces arguments, qui ne manquaient pas d'intelligence, s'expliquent à la lumière des intérêts que devaient représenter Joubert : ceux, non pas des petits colons, mais des colons moyens ou grands colons, exploitant plusieurs centaines voire quelques milliers d'hectares, en nom propre ou dans une petite société. Ces derniers avaient des raisons de craindre une réglementation exigeante, car, comme l'indiquait Joubert, ils risquaient de ne pas pouvoir immobiliser les fonds requis pendant toute la durée d'instruction de la demande qui, par ailleurs, s'allongeait. Le conseiller achevait sa critique peut-être partiale par une proposition d'une portée, en revanche, plus générale. Il suggérait en effet de substituer au contrôle *a priori* que constituait l'examen de la capacité financière un contrôle *a posteriori*, déjà ancré au coeur de la concession mais qui méritait d'être renforcé : celui de la mise en valeur dans les délais et une application stricte des déchéances. Cette proposition amène à étudier maintenant la nature du droit transmis par l'acte de concession.

---

[612] Rapport Joubert, CAOM Indo/NF/2190 (2).
[613] *Ibid.*

III. *La nature de l'acte – un droit administratif de la propriété privée*

Dans les discussions relatives à la forme de l'acte, nous avons vu qu'une grande part des hésitations étaient dues à un de ses objets, qui, dans la *summa divisio* traditionnelle française, relevait du droit privé : la transmission d'un droit de propriété. Ce droit de propriété était exclusivement privé et excluait formellement toute prérogative de puissance publique (A). Mais il portait les marques de son origine administrative : il était ainsi provisoire ou conditionnel dans un premier temps (B), avant de pouvoir devenir définitif dans un second temps (C).

A) Un droit de propriété exclusivement privé

Le débat des années 1890 sur les grandes compagnies a pu donner l'impression de trancher définitivement la question des prérogatives de puissance publique. En Indochine, les autorités avaient presque d'emblée rejeté le modèle anglais puis français en Afrique des grandes compagnies à charte concessionnaires. La lettre d'Albert Grodet au ministre de 1890 s'employa à le démontrer : "*Nous ne croyons pas qu'en Indo-Chine, il puisse être institué de Sociétés à charte, de ces grandes compagnies que M.Emile Cazelles, directeur de la Société Générale, a étudiées dans le très intéressant rapport qu'il a présenté à la Commission siégeant actuellement au ministère du Commerce. [...] En Annam, nous nous trouvons en face d'une société, d'une puissance, d'une administration organisée. Ce n'est point là le pays barbare [...] que doit conquérir à la civilisation et au commerce national la compagnie à charte*"[614]. Seules étaient admissibles les concessions de droits privés sur les terres du domaine. Pourtant, certains rapports d'inspection, surtout au début des grandes concessions, sont émaillés de remarques relatives à ce qu'on pourrait dénommer une certaine « dérive féodale » des concessions, expression à entendre dans le sens d'une tendance des concessionnaires à tirer partie de leur droit privé soit pour exercer des actes qui ressortissaient de la puissance publique soit pour gêner son exercice par l'autorité qui en était légalement investie. L'inspecteur Arnaud exprimait ses craintes dès 1902 : "*les prétentions manifestées par les concessionnaires, à l'occasion de leurs rapports avec les populations annamites [...] ne tendent à rien moins*

---

[614] CAOM Indo/AF/106.

*qu'à faire de chaque concession de véritables **fiefs** sur lesquels les colons exerceraient une quasi-souveraineté. Ceux-ci n'admettent pas qu'on puisse s'occuper des relations qu'ils ont avec les indigènes ; ils s'attribuent le droit de faire la police sur leurs terres au moyen des forces dont ils disposent, de lever l'impôt des villages et de le verser au Trésor. En un mot, ils veulent tenir l'administration complétement à l'écart [...], à moins que son concours ne puisse leur être utile*"[615]. Le résident de la province du Bac Giang, Eckert, dressait encore le même constat en 1914, dans son compte-rendu au résident supérieur du Tonkin : "*Quant à la surveillance des concessions, elle est rendue fort difficile, les concessionnaires français, sans exception, n'admettant pas que l'action de police des mandarins chefs de canton, autorités indigènes, s'exerce sur « leurs terres » ni dans « leurs villages ». J'en connais qui vont jusqu'à inciter leurs métayers à ne tenir aucun compte des ordres de l'administration non transmis par leur intermédiaire*"[616].

Le constat étant dressé, la question qui se pose, du point de vue de l'histoire du droit, est de savoir si cette dérive n'était qu'un fait social indépendant du droit ou si au contraire, le droit emportait une certaine responsabilité dans la naissance de cette situation. Le droit des concessions *stricto sensu*, c'est-à-dire les règlements généraux régissant la délivrance des concessions, ne comportait aucune disposition de laquelle les concessionnaires eussent pu déduire une quelconque prétention à intervenir dans le champ de la puissance publique, à savoir la police et l'impôt. Malgré cela, le droit fut bien une cause à la fois indirecte et directe de cette dérive féodale observée sur les concessions.

A vrai dire, la dérive et le malentendu entre l'administration et beaucoup de colons trouvaient leur origine dans l'expérience particulière exceptionnelle d'une concession assortie de prérogatives de puissance publique, conduite au Tonkin de 1892 à 1902 : la concession de la Croix-Cuvelier du colon Thomé. Cette expérience est passée à la postérité grâce à la thèse de Jean Borie soutenue en 1906. Abondamment traitée par des travaux plus récents, tels ceux de Pham Cao Duong et Charles Fourniau, nous renvoyons à eux pour les détails et nous contenterons d'en tirer une interprétation relative à notre

---

[615] Rapport de l'inspecteur en chef Arnaud au ministre des colonies, le 12 mars 1902, CAOM Indo/AF/147.

[616] Rapport de l'administrateur Eckert au résident supérieur, le 21 novembre 1914, CAOM Indo GGI//999. Dans le même sens, *Bulletin de la société de géographie commerciale de Paris*, *op.cit.*, p.665.

sujet[617]. A l'instigation du syndicat des intérêts lyonnais, des colonels Clamorgan et Gallieni, commandants du territoire militaire, et du gouverneur général Lanessan, l'agronome Thomé s'était vu accorder 4000 hectares de concession entre la moyenne et la haute région, zone militaire stratégique. Si cette dernière était chargée d'un but lucratif, son objectif était aussi éminemment politique : l'époque était à la pacification militaire de tout le pays. L'idée était donc de relayer les actions militaires par un rétablissement de la vie économique et agricole normale, en faisant appel aux initiatives privées puisque, dans le contexte d'une opinion française encore méfiante à l'égard de l'entreprise coloniale, les crédits publics affectés à l'Indochine étaient sévèrement comptés. Le concessionnaire devait garantir la paix et la sécurité aux villages recréés, qui, passant des contrats de métayage avec lui, relançaient leur agriculture traditionnelle : il s'agissait d'un "*protectorat agricole*" selon l'expression de Thomé. La concession était là moins un mode d'appropriation privée qu'un mode d'administration. Le concessionnaire faisait office d'administrateur en chef, "*véritable fonctionnaire*" à la tête d'une concession érigée en "*circonscription administrative indépendante du territoire des villages et cantons voisins*", d'après Jean Borie. Il choisissait les fonctionnaires indigènes et tenait la haute main sur les tâches régaliennes de police, d'impôt et d'entretien des routes, avec des agents indigènes rétribués par ses soins[618]. Le succès immédiat rencontré par Thomé, dont la concession passa de 2000 villageois en 1895 à 4800 en 1898, suscita certainement l'engouement et les vocations pour les grandes concessions à partir de 1896. L'avocat et planteur Pierre Pâris, par ailleurs conseiller colonial et futur président de la Chambre d'Agriculture de Cochinchine, revendiquait même l'introduction du modèle en Cochinchine, se plaignant de voir les colons de ce pays livrés "*à la discrétion des notables indigènes*"[619]. Comme l'analysait Jean Morel, "*la crainte des accaparements avait présidé à l'élaboration du texte de 1888. En 1896, on en était à une conception féodale de la concession*"[620]. Cette logique administrative de la concession explique également le faible souci des droits de propriété indigènes dans ces années : à partir du moment où il s'agissait d'établir dans la personne du concessionnaire non un simple homologue voisin

---

[617] J.Borie, *Le métayage et la colonisation agricole au Tonkin*, Thèse, Paris, 1906 ; Pham Cao Duong, *op.cit.* ; C.Fourniau, *Les contacts franco vietnamiens en Annam et au Tonkin de 1885 à 1896*, Thèse, Université de Provence, 1983, p.2153-2166.

[618] Borie, *op.cit.*, p.75 sqq.

[619] Pâris, *Le colon et l'administration en Basse-Cochinchine*, Paris, 1896, p.31 sqq.

[620] Morel, *op.cit.*, p.77.

des paysans indigènes mais un quasi-administrateur, ses droits devaient nécessairement englober les droits indigènes. Pourtant, Lanessan, dans l'ouvrage qu'il avait fait paraître après son départ du Gouvernement général en 1894, mettait bien en garde : la concession qu'il avait accepté de délivrer à Thomé était empreinte d'un net *intuitus personae*. C'est en raison du "*caractère bienveillant*" de Thomé que l'expérience avait été tentée[621]. Autrement dit, celle-ci n'était pas extensible au « tout-venant » colonial comme on le fit ensuite. Lanessan regrettait d'ailleurs, déjà en 1895, la "*libéralité excessive*" avec laquelle on avait distribué des terres aux colons. De plus, malgré son succès initial, la concession Thomé tourna court, au point que son titulaire quitta l'Indochine en 1902. Assez tôt, l'administration prit conscience de l'échec de cette formule « féodale » officielle. Du reste, si l'expérience Thomé devait être présente à l'esprit de beaucoup de demandeurs de concessions à partir de 1895, il faut rappeler qu'elle ne figurait pas dans les arrêtés individuels de concession ni la réglementation générale qui ne délivraient donc que des droits privés.

Néanmoins, l'immensité de la surface concédée constituait, par la force des choses *dans un contexte colonial*, une cause indirecte mais certaine de dilution de la puissance publique au profit des concessionnaires. En effet, la dimension des concessions, aboutissant à des propriétés déjà inconcevables en métropole, ne pouvait *a fortiori* être neutre dans le cadre colonial, caractérisé par deux phénomènes : la faiblesse de l'administration naissante et la confusion faite par la population locale. L'administration, si elle avait acquis la pacification, n'en demeurait pas moins balbutiante et loin d'avoir achevé une organisation et une présence homogènes sur l'ensemble du territoire indochinois pour ce qui était des tâches civiles quotidiennes. Enfin, la séparation entre personne publique coloniale et colon privé ne devait sûrement pas avoir pénétré l'esprit de la population locale – et les intimidations des concessionnaires ne devaient d'ailleurs pas l'y aider. Pour elle, le colonisateur ne devait faire qu'un. Par conséquent, l'administration coloniale était vulnérable et pouvait être facilement évincée, dans le rapport avec les villages, par les concessionnaires : l'inspecteur Arnaud relevait, par exemple, le cas d'une province spéciale, Phu-Lo, détachée de celle de Bac-Ninh et occupée entièrement par des concessions, en aboutissement de l'opposition entre les colons et l'administration[622]. Les prétentions des

---

[621] Lanessan, *op.cit.*, p.231.

[622] Cf. rapport Arnaud, CAOM Indo/AF/147. La province de Phu-Lo fut créée par l'arrêté du 6 octobre 1901, JOIF 1901, p.1075. Rappelons que c'est dans cette province

concessionnaires ne manquaient donc pas de s'exprimer de façon la plus officielle : "*elles font partie d'un programme que le journal de M. de Peretti « La tribune indochinoise » défend avec un zèle intéressé, et que la chambre d'agriculture appuie de toute son influence*"[623]. Mais il va bien de soi que ces prétentions n'auraient jamais pu naître si les concessions n'avaient jamais dépassé les 100 hectares prévus par l'arrêté de 1888. Le rapport Richard le reconnaissait d'ailleurs, sans pour autant renier la délivrance des grandes concessions : "*Il y a des motifs permanents d'empêcher la constitution de trop vastes domaines susceptibles de se transformer en véritables fiefs aux mains des particuliers, en raison des conséquences politiques et sociales qui en résultent*"[624].

Cependant, le droit et l'administration furent, par d'autres côtés, plus directement responsables de cette dérive. Les rapports qu'entretenaient les concessionnaires avec la puissance publique, plus étroits que dans le cas d'aucun autre propriétaire privé, tenaient assez souvent au consentement qu'y donnait l'administration, au travers du droit qu'elle produisait ou de sa pratique. Tout d'abord, à propos de la police, Arnaud se plaignait que Peretti "*entretient sur ses terres une force armée composée d'anciens linhs-cos congédiés, qui continuent à porter l'uniforme réglementaire*"[625]. Mais si cet abus existait, c'est bien parce que l'administration coloniale avait affecté spécialement sur les concessions des gardes indigènes, et en tolérant apparemment une certaine autorité des concessionnaires sur ces derniers[626]. D'après Ta Thi Thuy, l'arrêté du 23 janvier 1901 permettait aux colons de recruter leurs propres gardes champêtres, à tel point qu'en viêtnamien, les concessions se désignaient par le terme *dôn dien* qui signifiait littéralement "colonie militaire" ou "champs et postes"[627]. De même, lorsque dans les années 1900, une insurrection assez violente menée par un patriote dit le *Dê Tham*, à qui d'ailleurs l'autorité coloniale avait accordé une très officielle concession en échange de la paix, ravagea les concessions voisines situées dans la zone insurrectionnelle, les concessionnaires purent accéder à un traitement de faveur. S'ils se portèrent tous devant la justice, en invoquant la responsabilité

---

que naquit le contentieux entre Peretti et l'administration à propos du poste de douane construit sur un terrain que le concessionnaire revendiqua comme sien.

[623] *Ibid.*

[624] Rapport Richard, p.129.

[625] Rapport Arnaud, CAOM Indo/AF/147. *Linhs-cos* désignait les gardes indigènes.

[626] Lettre du résident de Phuc-Yen à Peretti, le 1er août 1905, CAOM Indo GGI//925.

[627] Ta Thi Thuy, *op.cit.*, p.158. L'arrêté de 1901 était aussi cité par le résident supérieur Fourès dans sa lettre-réponse à l'inspecteur Arnaud du 10 mars 1902. L'administrateur estimait que cette nouvelle réglementation permettrait de remédier aux abus des anciens *linhs-cos* (CAOM Indo/AF/147).

administrative pour le caractère défectueux du service public, et furent tous déboutés[628], certains d'entre eux avaient pu conclure des arrangements particuliers qui touchaient pourtant directement à l'organisation du service de police. Par exemple, l'arrêt du Conseil d'Etat du 8 avril 1927 faisait état d'une sentence arbitrale passée en 1904 entre le concessionnaire Gillard et l'administration, suivant laquelle celle-ci se substituait au *Dê Tham* pour le règlement des différends entre lui et le concessionnaire mais surtout s'engageait à créer des postes de police[629]. Quant à l'impôt, l'implication des concessionnaires dans le recouvrement des impôts indigènes semble avoir été, au moins au début de la colonisation, encore plus avancée et officielle que dans la police. La veille de l'arrêté du gouverneur général du 18 août 1896 relatif aux concessions françaises au Tonkin, le gouverneur général prenait un arrêté relatif à la situation des ouvriers agricoles employés sur les concessions vis-à-vis de l'administration[630]. En conformité avec le droit fiscal indigène, les ouvriers restaient assujetis à un impôt personnel, pour le paiement duquel ils devaient s'inscrire sur un registre servant à l'établissement du rôle. Si ce registre était tenu à la Résidence et si par là, l'administration sauvegardait un contact direct avec la population indigène, le concessionnaire devait, chaque année, certifier exacts les rôles et pouvait surtout opérer comme intermédiaire dans le recouvrement de l'impôt[631]. Il ne faut toutefois pas se méprendre sur le sens et la perspective poursuivis par cet arrêté : celui-ci ne consacrait pas les revendications des concessionnaires ; bien au contraire, il cherchait à les encadrer et à les réduire au minimum possible. C'est ainsi que le concessionnaire ne pouvait recouvrer l'impôt que sur délégation expresse de l'administration, qui restait aussi la seule compétente en cas de retard de paiement[632]. De plus, lorsque les employés étaient suffisamment nombreux pour constituer des villages, ceux-ci devaient être érigés selon les lois et coutumes indigènes et le concessionnaire ne pouvait communiquer avec les autorités indigènes que par l'intermédiaire du mandarin, le *huyên*, et du résident

---

[628] CE 7 décembre 1912 *Chesnay et de Boisadam*, P.1924, I, p.58 ; CE 7 décembre 1923 *Consorts Courret*, P.1924, I, p.170. Ces arrêts rejetaient les requêtes au motif qu'il n'y avait eu aucune mauvaise organisation ni fonctionnement défectueux du service public, seuls susceptibles d'engager la responsabilité de l'administration.

[629] CE 8 avril 1927 *Sieur Gillard c. Gouvernement général de l'Indochine et Protectorat du Tonkin*, Leb. 1927, p.460. Le requérant reprochait à l'administration de ne pas avoir rempli ses engagements conclus dans la sentence arbitrale.

[630] Arrêté du gouverneur général du 17 août 1896, JOIF 1896, p.656.

[631] Articles 2 § 4 et 6, *ibid.*, p.656 et 657.

[632] *Ibid.*

provincial[633]. L'arrêté n'en accordait pas moins certaines prérogatives et demeurait révélateur *a contrario* de la capacité d'immixtion des concessionnaires dans les affaires fiscales. Sur ce point encore, les rapports divers de l'administration sont tous aussi éloquents les uns que les autres, parfois pour s'en féliciter d'ailleurs. Tel était le cas du rapport Adam de 1894 qui dressait l'éloge du système de colonage partiaire : "*Ce système est [...] très apprécié par les indigènes [...]. L'Annamite, habitué de longue date à être préssuré par ses mandarins, a horreur du fisc. Les collecteurs indigènes ne se contentent pas toujours de la somme inscrite aux rôles des impôts [...]. Au moyen du colonage partiaire, l'indigène évite le contact des agents du fisc, puisque la charge de l'impôt incombe à l'Européen propriétaire [...]*"[634]. Cet optimisme a évidemment fait long feu et a vite cédé la place aux commentaires des abus engendrés par ce système aisément corruptible[635]. Sarraut, arrivé en indochine au moment de régler tous ces abus, en tira clairement la conclusion. Le principe du protectorat reposait sur la collaboration avec les autorités indigènes inférieures, les notables villageois et leur agent, le *ly-truong* ; or, d'après une note de 1912, "*le ly-truong dans l'espèce ne peut pas être l'agent d'exécution des décisions des notables : il est celui des volontés du propriétaire [...] il ne faut pas se dissimuler que l'autorité indigène devient trop timide pour être efficace là où elle se heurte à un droit de propriété française*"[636].

Au-delà de ces premières années de la colonisation, comment le droit a-t-il évolué ? *Non obstant* le souci de respecter scrupuleusement les accords de protectorat et l'idéologie républicaine, probablement à l'esprit de l'autorité coloniale, il ne faut pas se méprendre sur sa préoccupation première dans la remise en cause des pouvoirs exorbitants des concessionnaires, à savoir l'ordre public. Elle voulait éviter dans les concessions la naissance d'enclaves incontrôlées où pussent se fomenter la résistance patriotique. La même note de 1912 s'écriait ainsi : "*Que le concessionnaire y trouve son intérêt, que les délits et crimes de droit commun ne soient pas plus nombreux sur ces*

---

[633] Article 7, *ibid.* Morel, *op.cit.*, p.217.

[634] Rapport de l'inspecteur Adam, le 20 mai 1894, CAOM Indo/AF/143.

[635] Cf. rapport Arnaud de 1902 : "*M. de Peretti prétend avoir seul le droit de percevoir les impôts des villages et soutient que toute atteinte portée par l'administration à cette prérogative, ruine son prestige auprès des indigènes et compromet l'avenir de son entreprise. [...] Les villages compris dans le périmètre de la concession [...] se mettent en état de rébellion, refusent de payer leurs contributions à l'autorité locale, et déclarent ne reconnaître d'autre autorité que celle de M. de Peretti [...].*", CAOM Indo/AF/147.

[636] Note anonyme sur la situation générale au Tonkin, le 29 août 1912, CAOM FP 9/PA/11.

territoires que dans le reste de la colonie, cela ne prouve pas que l'ordre politique n'y soit pas menacé. La plupart du temps d'ailleurs, le colon sera absent, le vrai maître sera un homme de confiance indigène qui peut être un bon intendant mais n'offre aucune garantie au point de vue public. Les menées séditieuses y seront tramées en toute sécurité"[637]. L'autorité devait donc réagir. Quant à la police, l'arrêté précité de 1901 rétablit assez vite un contrôle administratif sur les gardes champêtres. Si ces derniers continuaient d'être "*armés et équipés aux frais et sous la responsabilité du planteur*" et "*investis des fonctions de police*" prévues par le droit indigène des villages, ils devaient porter une tenue distincte de l'armée et de la garde indigènes et délaisser leurs armes lorsqu'ils sortaient des limites de la concession en dehors de laquelle ils étaient incompétents. Enfin, il est piquant de remarquer que l'administration coloniale républicaine utilisa le même procédé par lequel la royauté médiévale française, en son temps, avait tenté de regagner laborieusement l'obéissance des agents publics locaux après l'ère seigneuriale, à savoir le serment, que l'article 1er de l'arrêté de 1901 ordonnait aux gardes champêtres de prêter devant le tribunal[638]. En matière fiscale, l'administration semble également avoir réussi à rétablir son autorité, jusqu'à anéantir les revendications des concessionnaires. En 1897, un an après l'arrêté du 17 août 1896, un autre arrêté réformait l'impôt personnel indigène en général. Bien que ne touchant pas à l'arrêté de 1896, une circulaire du résident supérieur du Tonkin de 1898 vint interpréter cette réforme de 1897 comme abrogeant l'article 4 de l'arrêté de 1896 : à cet article qui prescrivait l'inscription des indigènes sur un rôle spécialement établi à la concession, l'arrêté du 2 juin 1897 avait en effet substitué un système de cartes fiscales individuelles délivrées exclusivement par les autorités indigènes[639]. Cependant, le système de 1896 n'était pas franchement remis en cause. En revanche, Henri Guermeur, dans sa description assez précise du système fiscal de l'Indochine en 1909, ne disait pas un mot des concessionnaires, ce qui tendrait donc à prouver qu'à cette époque, ils ne jouaient déjà plus aucun rôle et qu'on était revenu à une interprétation stricte de l'arrêté du 17 août 1896 qui, littéralement, n'obligeait pas l'administration à recourir au concessionnaire comme percepteur intermédiaire[640]. Enfin, tous les

---

[637] *Ibid.*

[638] Articles 1er, 3, 4 et 5 de l'arrêté du 23 janvier 1901, JOIF 1901, p.140.

[639] Arrêté du gouverneur général du 2 juin 1897, JOIF 1897, p.480 ; circulaire du résident supérieur du 12 juin 1898, JOIF 1898, p.500. Evolution confirmée par deux arrêtés de 1925 abrogeant celui de 1897 (JOIF 1926, p.99).

[640] Article 6 de l'arrêté de 1896 : "*le concessionnaire **pourra** être admis...*", JOIF 1896, p.657.

arrêtés de 1929, pris pour l'application du décret du 4 novembre 1928, introduisaient dans les contrats de concessions des clauses de réserves d'ordre public qui indiquaient que les concessions n'avaient pas pour effet de restreindre l'application des règlements en matière d'impôt et de police judiciaire ou administrative, clauses dont on trouve un exemple dans le contrat de bail signé entre l'administration et la Compagnie agricole de l'Annam pour l'exploitation du Darlac[641]. Cela montre clairement que le droit était parvenu à expurger les concessions domaniales de tout droit et de toute prégrogative de puissance publique. Mais ces clauses ne pouvaient-elle pas aussi démontrer *a contrario* la facilité qu'avaient les concessionnaires de s'arroger encore, dans les faits, des prérogatives publiques ? La discussion sur ce point reste donc ouverte.

B) Un droit de propriété provisoire et conditionnel

Hormis le cas des baux emphytéotiques dans les régions de minorités ethniques[642], la concession domaniale conférait un droit de propriété, mais qui était délivré en plusieurs étapes. Pendant une période provisoire, le concessionnaire, par une sorte de mise à l'épreuve, devait remplir des obligations, principalement celle de mise en valeur, à défaut de laquelle il ne pouvait espérer obtenir son titre définitif. Cette rétention provisoire du droit de propriété par l'administration entraînait donc des restrictions nombreuses par rapport au droit commun de la propriété.

1/ Des obligations

Pendant longtemps, les concessions furent gratuites, puis elles cessèrent de l'être à partir de 1913, année où l'arrêté du gouverneur général du 27 décembre introduisit le principe de la concession onéreuse. Dès lors, l'obtention et la conservation de la concession provisoire devinrent soumises au paiement du prix. L'arrêté de 1913 obligeait à en payer la moitié au comptant lors de la remise du titre de

---

[641] Cf. JOIF 1929, p.3206 ou p.3237. Contrat de bail du 29 avril 1929, CAOM FM 4affeco/53 : cette clause reprenait l'article 12 du cahier des charges type annexé à l'arrêté du 27 mars 1929 réglementant les concessions à bail au Darlac (JOIF 1929, p.1720).

[642] Ces concessions à bail étant minoritaires, nous faisons le choix de ne décrire ici que les concessions en pleine propriété, en sachant qu'il existait de toute façon beaucoup de règles communes entre les concessions en propriété et les concessions à bail. Pour alléger le propos, nous ne mentionnerons donc pas les quelques points particuliers à ces dernières.

concession provisoire et l'autre moitié dans les deux années qui suivaient. Mais les droits de l'administration étaient bien protégés puisque les terrains restaient affectés et hypothéqués à leur sûreté, tant que le paiement n'avait pas été intégralement effectué, et en cas de retard, l'administration pouvait non seulement user des voies de droit commun mais aussi recourir à la contrainte administrative et prononcer la déchéance du concessionnaire[643]. En 1928 et 1929, ces dispositions furent plus ou moins reprises et complétées par la nouvelle réglementation. Il est vrai que la forte spéculation sur les terrains avait incité l'administration à demander un prix significatif, qui constituait donc une obligation de plus en plus substantielle pour le concessionnaire. Sans empêcher totalement la spéculation, il fallait, comme le disait le rapport Richard, éviter que le prix se réduisît à "*une prestation symbolique [...] signe matériel de la reconnaissance du droit de propriété du vendeur [...]*"[644]. Le décret de 1928 s'en remettait aux arrêtés locaux d'application sur ce point. Pour le Tonkin par exemple, ce fut l'arrêté du 21 juin 1929 qui fixa les règles. Celles-ci n'innovaient pas tellement par rapport à ce qui avait été posé en 1913. La seule exigence nouvelle résidait dans le caractère préalable de l'obligation de paiement du prix : désormais, le concessionnaire devait s'en acquitter dans le délai d'un an avant de pouvoir recevoir son titre de concession provisoire[645]. Mais cette obligation était affectée d'un tempérament : le fractionnement du paiement dans le temps. Le concessionnaire pouvait payer par annuités échelonnées sur toute la durée de sa concession provisoire, de telle sorte qu'il ne devait plus au préalable que verser la première annuité[646]. Néanmoins, les diverses sûretés établies au profit de l'administration en 1913 perduraient. Cette obligation de payer le prix représentait la contrepartie normale du transfert de propriété, au même titre que la vente de droit commun. Beaucoup plus typique de la concession était en revanche l'obligation de mise en valeur.

Raison d'être de la concession provisoire, l'obligation de mise en valeur, dont on se souvient qu'elle était personnelle au concessionnaire[647], caractérisait toute concession, qu'elle fût gratuite

643 Articles 34, 35 et 36 de l'arrêté de 1913, JOIF 1914, p.77.

644 Rapport Richard, p.166.

645 Article 40 de l'arrêté du 21 juin 1929, JOIF 1929, p.3230.

646 Articles 40 et 45, *ibid.*

647 Le Conseil d'Etat en 1918 avait bien conclu sur l'affaire *Peretti* que le concessionnaire devait prouver avoir mis en valeur la concession par ses propres moyens et non avoir attendu que des indigènes, de bonne foi ou non, l'eussent fait, pour leur propre compte, à sa place, puis invoquer une présomption en sa faveur. CE 19 juillet 1918 *De Peretti*, P.1918, I, p.209.

ou onéreuse[648]. L'arrêté de 1913 qui avait, on le sait, créé les concessions onéreuses[649], venait donc démentir l'opinion courante, exprimée par beaucoup d'auteurs comme Delhoumeaud ou même Bruel, qui tissaient un lien entre gratuité et période provisoire[650]. La période provisoire, c'est-à-dire cette durée de mise à l'épreuve pendant laquelle le concessionnaire devait démontrer sa capacité à mettre en valeur le terrain pour en devenir définitivement propriétaire, fut, en effet, maintenue après 1913. Lorsqu'à l'occasion d'une concession onéreuse, le concessionnaire payait le prix d'achat, ce prix ne transformait pas la concession en vente pure et simple, avec transfert complet et définitif du droit de propriété, parce que le concessionnaire n'achetait jamais que le droit de prouver sa capacité d'exploiter le terrain dans le délai imparti. L'obligation de mise en valeur courait donc dans un délai qui correspondait à la durée de la concession provisoire. Au début, le délai était uniformément de cinq ans[651]. Puis au fur et à mesure que les superficies s'agrandissaient, la réglementation affina les délais et en détermina plusieurs selon la surface à mettre en valeur. Ainsi, le décret de 1928 accordait 3 années pour les terrains inférieurs à 100 hectares, 5 années pour ceux de 100 à 500 hectares, 10 années pour ceux de 500 à 6000 hectares et 15 années pour ceux supérieurs à 6000 hectares[652]. Ces délais n'étaient que des *maxima*, donc à l'intérieur, la réglementation aménageait des sous-objectifs de mise en valeur à remplir sur une durée plus courte et elle autorisait aussi au profit du concessionnaire méritant la concession définitive des parties mises en valeur avant même l'extinction du délai

---

648 Article 6 de l'arrêté du lieutenant-gouverneur de Cochinchine de 1890, JOIF 1890, p.1015 ; article 8 de l'arrêté de 1896, JOIF 1896, p.658 ; article 10 de l'arrêté de 1899, Rec. Dar. 1900, L., p.98 ; articles 40 et 43 de l'arrêté de 1913, JOIF 1914, p.77 ; articles 15 et 16 de l'arrêté de 1926, P.1928, III, p.444-445 ; articles 25 et 26 du décret de 1928, P.1928, III, p.469.

649 Avec cette légère nuance que l'arrêté de 1888 au Tonkin exigeait aussi le versement d'un franc par hectare concédé. Mais la faiblesse de ce prix interdit, en pratique, d'y voir un véritable caractère onéreux, cf. article 2 de l'arrêté de 1888, *Recueil Ganter*, p.94.

650 Delhoumeaud, *op.cit.*, p.81-82 ; Bruel, op.cit., p.35 et 96. Ces auteurs restaient imprégnés des théories de Leroy-Beaulieu, dans son ouvrage phare *La colonisation chez les peuples modernes* de 1874, pour qui les concessions gratuites donnaient un droit moindre que les concessions onéreuses. Nous n'avons pas perçu cette différence dans la réglementation indochinoise et du reste, nous trouvons confirmation de notre impression dans la synthèse du contemporain Maguet de 1930 (*op.cit.*, p.67-68).

651 Par exemple, article 6 de l'arrêté du lieutenant-gouverneur de Cochinchine du 15 octobre 1890 pour la Cochinchine, JOIF 1890, p.1015 ; article 9 de l'arrêté du gouverneur général du 5 septembre 1888 pour le Tonkin, *Recueil Ganter*, p.94 ; article 8 de l'arrêté du gouverneur général du 18 août 1896 pour le Tonkin, JOIF 1896, p.658 ; article 11 de l'arrêté du gouverneur général du 28 avril 1899 pour l'Annam, Rec. Dar. 1900, L., p.99.

652 Article 25 du décret du 4 novembre 1928, P.1928, III, p.469.

de la concession provisoire. Par exemple, dans l'arrêté de 1896, il fallait avoir mis en valeur le cinquième de la concession dans un délai de deux ans, faute de quoi le concessionnaire était déchu de toute la partie restante non mise en culture, mais d'un autre côté, il pouvait demander la concession définitive des parcelles de la concession au fur et à mesure de leur mise en valeur, pour une fraction minimale de 10 hectares à chaque fois[653]. L'arrêté de 1929 se montrait en revanche plus rigoureux sur ces aménagements, même s'il en conservait le principe. Le concessionnaire devait avoir mis en valeur le quart de la concession dans la moitié du temps imparti pour le total et s'il pouvait obtenir la concession définitive des parties cultivées avant l'expiration du délai, cette première concession définitive anticipée devait être au moins égale au quart de la superficie totale[654].

Cette condition de mise en valeur était donc essentielle et la sanction de son non-respect ne pouvait que frapper la concession dans son existence même, autrement dit, consister dans la déchéance du concessionnaire, comme nous le verrons plus loin[655]. Il reste encore à préciser la nature de cette condition : était-elle résolutoire ou suspensive ?

2/ Nature de la condition

La nature de la condition de mise en valeur n'a jamais été clairement définie. Toutes les sources s'accordent sur l'idée qu'avant 1913, la condition était résolutoire, ce que corroborait d'ailleurs la jurisprudence, encore qu'on trouve un arrêt de la Cour d'appel d'Indochine qui en 1901 plaçait un concessionnaire "*sous condition résolutoire*" avant de le placer ensuite indistinctement "*sous condition résolutoire ou suspensive*"[656]. Cette anecdote suffit à démontrer le relatif flottement de la jurisprudence. Par la suite, la condition serait devenue plutôt suspensive mais les sources divergent sur la date approximative du changement. Le rapport Richard situait ce renversement à l'arrêté du gouverneur général de 1926[657]. L'article 4 de

---

[653] Article 8 de l'arrêté de 1896, JOIF 1896, p.658.

[654] Articles 53 et 54 de l'arrêté du 21 juin 1929, JOIF 1929, p.3231.

[655] Par exemple, CE 17 février 1926 *Bellan c. Gouvernement général de l'Indochine*, P.1926, I, p.162.

[656] CAI 23 septembre 1915 *Tu-Van-Khuong*, P.1916, I, p.134 : concessionnaire sous l'empire de l'arrêté du lieutenant-gouverneur de Cochinchine de 1890, "*le Sieur Tu-van-khuong est devenu propriétaire sous condition résolutoire*" ; CAI 7 mars 1901 *Le Van Hieu*, Rec.Dar. 1901, J. Rappelons qu'une condition résolutoire est celle dont la réalisation anéantit le contrat, tandis que la condition suspensive est celle qui subordonne l'application du contrat à sa réalisation.

[657] Rapport Richard, p.198.

cet arrêté disposait en effet que "*tant que la concession des terrains n'est pas devenue définitive, le détenteur de ces terrains est considéré comme jouissant à titre provisoire*" et l'article 17 prévoyait la transcription du titre de concession définitive sur un registre spécial tenu par le receveur des Domaines, dont était formellement exclu le titre de concession provisoire[658]. Il est donc incontestable qu'en 1926, la condition était suspensive mais ne l'était-elle pas devenue plus tôt ? Telle était l'opinion du Conseil colonial de la Cochinchine qui, lui, plaçait l'année du changement en 1913. Il s'appuyait sur l'apparition de l'obligation de mise en demeure par l'administration avant de prononcer la déchéance d'un concessionnaire pour en déduire, d'après la théorie des conditions, que seule une condition suspensive imposait une mise en demeure en cas de déchéance, tandis qu'une condition résolutoire rendait la résolution automatique[659]. Une certaine confusion planait donc dans ce débat mais cela s'explique par le fait que la thèse dominante chez les contemporains sur la nature résolutoire ou suspensive était surtout l'indifférence.

Pour eux, ce débat ne recouvrait qu'un intérêt théorique : savoir si le concessionnaire provisoire était un propriétaire à venir ou, au contraire, un propriétaire avéré mais provisoire, si la concession transférait "*l'espérance d'un droit*" ou un "*droit résoluble*", pour reprendre les expressions du rapport Richard[660]. La commission d'enquête déclarait d'ailleurs n'avoir aucune préférence pour l'une ou l'autre condition[661]. De même, lorsqu'en 1933, le ministère lui demanda s'il ne vaudrait pas mieux réformer la réglementation pour transformer la condition suspensive en condition résolutoire, afin d'investir le concessionnaire d'un véritable droit de propriété, le Gouvernement général répondit que les deux systèmes étaient équivalents et que la condition résolutoire laisserait le système tout aussi précaire, dans la mesure où l'administration pourrait exercer son droit de reprise[662]. On pourrait légèrement nuancer ce jugement au regard d'une situation qui ne rendait pas complétement indifférente et neutre la nature de la condition : celle de l'affaire *Chapuis*. La question s'était posée de savoir si l'administration aurait dû faire précéder l'arrêté de déchéance

---

[658] P.1928, III, p.442 et 445.

[659] Délibération du Conseil colonial du 9 septembre 1930 sur l'affaire *Chapuis*, du nom d'un concessionnaire déchu en 1915 par le gouvernement de Cochinchine. En l'espèce, le Conseil colonial délibérait sur une offre de transaction faite par Chapuis et sur l'autorisation de l'administration à se défendre devant le Conseil du contentieux administratif, au cas où Chapuis le saisirait. CAOM FM 4affeco/78.

[660] Rapport Richard, p.197.

[661] *Ibid.*, p.198.

[662] Réponse au questionnaire du Conseil supérieur des colonies, le 23 mai 1933, CAOM Indo GGI//60.755.

de ce concessionnaire d'une mise en demeure. Or, selon le Conseil colonial, la réponse dépendait de la nature de la condition : la mise en demeure ne s'imposait que si la condition était suspensive, alors qu'à l'inverse, dans le jeu de la condition résolutoire, la résolution intervenait automatiquement. En l'espèce, l'arrêté de concession ayant été délivré avant 1913, le Conseil colonial penchait pour la thèse de la condition résolutoire[663]. Il est vrai que la question fut renvoyée dans le champ de la théorie, puisque le Conseil du contentieux administratif jugea que la mise en demeure s'imposait par principe, sans chercher, dans son raisonnement, à qualifier la condition. Mais avant cette décision, le sujet pouvait revêtir un certain intérêt pratique[664].

3/ Un droit de disposition restreint

Que la condition fût suspensive ou résolutoire, la caractère restreint du droit de propriété ne faisait lui, dans un cas comme dans l'autre, aucun doute. Le concessionnaire était, d'une part, entravé dans beaucoup de ses relations privées, pour transmettre des droits réels à d'autres particuliers sur ses terrains concédés. L'administration s'octroyait, d'autre part, un droit de reprise sur les terrains afin de réaliser des travaux d'utilité publique.

La réglementation donnait aux prohibitions des transferts de droits réels un caractère en apparence absolu. L'article 8 de l'arrêté du lieutenant-gouverneur de Cochinchine de 1890 ne permettait ni hypothèque ni aliénation tant que le titre définitif n'avait pas été délivré, et l'article 10 de l'arrêté du gouverneur général du 5 septembre 1888 pour le Tonkin employait à peu près les mêmes termes[665]. Mais ce caractère absolu n'était qu'une apparence ou plus exactement, il ne valait qu'en droit administratif, mais en droit civil, une cession opérée par le concessionnaire, bien que contraire au règlement, n'était jamais frappée de nullité en tant que telle : elle était simplement inopérante au regard de l'administration et des actes que celle-ci continuait de prendre relativement à la concession. Le cas type se présenta dans deux affaires, l'affaire *Le Van Hieu* et l'affaire *Chapuis*. La première

---

[663] Délibération du 9 septembre 1930, CAOM FM 4affeco/78.

[664] Conseil du contentieux administratif 4 janvier 1933 *Chapuis c. Gouvernement général et Gouvernement de Cochinchine*, *ibid.* En revanche, statuant la première fois en 1925 lors de cette longue affaire, il avait incliné dans le sens d'une condition résolutoire, cf. Conseil du contentieux administratif 18 février 1925, CAOM FM 4affeco/78.

[665] Arrêté du 15 octobre 1890, JOIF 1890, p.1015 ; arrêté du 5 septembre 1888, *Recueil Ganter*, p.95.

affaire opposa, en 1901, un nommé Le Dinh Le concessionnaire d'un terrain sous l'empire de l'arrêté de 1890. Le Dinh Le avait cédé sa concession à Le Van Hieu pendant la période provisoire, malgré l'interdiction d'aliénation. Mais quelques années plus tard, la concession étant apparemment devenue définitive et ayant probablement pris de la valeur entre temps, le vendeur Le Dinh Le vint alors arguer de la nullité de la vente et réclamer un nouvel acte de vente, à un prix que l'on imagine plus avantageux pour lui. A cette fin, ne manquant ni d'astuce ni, vraisemblablement, de hardiesse, il invoqua l'article 8 de l'arrêté de 1890 qui donc, prohibait les aliénations de concessions provisoires. Cependant, la Cour d'appel le débouta, lui répondant que d'une part, la condition de déchéance ne s'étant pas produite, il avait *a posteriori* cédé un droit plein dont il ne pouvait pas demander la nullité et d'autre part, la nullité des cessions prévue par l'article 8 ne pouvait être invoquée que par l'administration et non le vendeur lui-même[666]. Quant à la seconde affaire, l'affaire *Chapuis*, plus complexe et plus longue, elle n'en soulevait pas moins les mêmes questions. Ce concessionnaire originaire avait bénéficié d'une concession en Cochinchine délivrée en 1904 sous l'empire du règlement de 1890. Puis en 1912, Chapuis avait cédé ses droits à un certain Queinnec. Mais en 1915, la concession étant toujours en friche, l'administration décida de la réintégrer au domaine et de déchoir le titulaire qui, à ses yeux, n'était autre que Chapuis, alors que le véritable lésé était bien évidemment le cessionnaire, Queinnec. C'est d'ailleurs ce dernier qui déféra l'arrêté de déchéance devant le Conseil du contentieux administratif, et répondant à l'administration qui lui déniait un intérêt pour agir en son nom personnel, Queinnec invoqua en sens contraire la pleine conformité de la cession, dont il avait bénéficié, à l'article 1598 du Code civil[667]. Mais le Conseil du contentieux administratif ne reçut pas cet argument : s'il annula l'arrêté de déchéance pour des motifs de procédure, il considéra que cette annulation ne profitait à Queinnec qu'en tant que représentant des intérêts et des droits de Chapuis, ce qui n'était pourtant pas logique, comme le notait d'ailleurs l'administrateur Delsalle en 1930[668]. En revanche, il dénia à Queinnec tout droit réel quelconque opposable à l'administration, au nom de l'article 8 de l'arrêté de 1890 précité, qui défendait toute aliénation en période de concession provisoire. Le Conseil du contentieux motivait sa décision en ces termes : "*même en*

[666] CAI 7 mars 1901 *Le Van Hieu c. Le Dinh Le*, Rec.Dar. 1901, J.
[667] Article 1598 : "*Tout ce qui est dans le commerce, peut être vendu lorsque des lois particulières n'en ont pas prohibé l'aliénation*".
[668] Note de Delsalle au gouverneur général sur la requête de Chapuis, le 19 avril 1930, CAOM Indo GGI//60.741.

droit civil, si la défense d'aliéner est prohibée quand elle a un caractère absolu et indéfini, il n'en est plus de même quand elle est relative et temporaire [...] en outre elle se trouve justifiée par un intérêt sérieux. C'est l'intérêt de la colonisation, de la mise en valeur des terres incultes le plus rapidement possible par des personnes que le concédant choisit comme particulièrement capables de le faire [...] c'est par conséquent l'intérêt d'empêcher la spéculation sur ces terres incultes"[669]. Saisi en appel, le Conseil d'Etat ne statua pas autrement en 1929. Selon la juridiction suprême, les clauses des conventions particulières en contradiction avec les dispositions de l'arrêté de 1890 étaient inopérantes à l'égard de l'administration, donc les décisions de cette dernière étaient inattaquables par les ayants-cause ou les simples cessionnaires des concessionnaires[670]. Il est bon toutefois, pour la parfaite compréhension du problème juridique posé par les cessions, de rappeler que si l'administration, dans l'affaire *Chapuis*, avait ignoré la cession *en droit*, elle ne l'avait pas ignorée *en fait* et qu'elle semblait même l'avoir approuvée tacitement puisqu'elle n'avait pas prononcé la déchéance pour ce motif et avait laissé trois années au cessionnaire pour mettre la concession en valeur. Autrement dit, c'est après avoir laissé un espoir au cessionnaire pendant plusieurs années et après l'avoir laissé engager des dépenses de mise en valeur qu'elle prétendit ne rien lui devoir lorsqu'elle se décida à déchoir la concession. Il est aisé de percevoir la source de ce résultat inéquitable qui n'était finalement que le produit du dualisme juridique. Ce dualisme, particulièrement inadapté au droit des concessions domaniales qui chevauchait tout à la fois sur le droit privé et le droit public, aboutissait à maintenir l'existence juridique de l'acte de cession au point de vue du droit civil, mais à le priver de tous ses effets à l'égard de l'administration au point de vue du droit administratif.

Il fallut du temps pour que la réglementation daignât remédier à cette situation qui était inéluctablement source de complication et d'injustice. Il est vrai que la nouvelle réglementation prise dans les années 1890, au Tonkin et en Annam, avait éclipsé momentanément ce problème, puisqu'elle ne comportait aucune disposition prohibitive expresse sur les cessions[671]. Est-ce à dire que les cessions étaient complétement libres ? A l'évidence, il n'existait pas de restrictions aussi intenses qu'en Cochinchine et au Tonkin sous l'empire de l'arrêté de 1888, mais le *Journal officiel* fourmille d'arrêtés de substitution

---

[669] Conseil du contentieux administratif 18 février 1925 *Queinnec et consorts c. Gouvernement de Cochinchine*, CAOM FM 4affeco/78.

[670] CE 19 juillet 1929 *Queinnec et autres c. Gouvernement de Cochinchine*, P.1929, I, p.198.

[671] Arrêté de 1896 au Tonkin et arrêté de 1899 en Annam.

d'un concessionnaire à un autre, ce qui laisse à penser qu'il existait une forme d'agrément administratif aux cessions[672]. En tous les cas, ce système de substitution de concessionnaires, faite à la demande du concessionnaire primitif et autorisée par arrêté, s'était manifestement établi en dehors de la réglementation générale[673]. En 1913, le nouvel arrêté du gouverneur général devait bien réintroduire des dispositions expresses sur les cessions. Mais l'article 39, modifié en 1918, n'innovait pas vraiment par rapport au droit et à la pratique antérieurs. Il reprenait le système établi en Cochinchine, dont on a vu les effets pervers, et il s'inspirait partiellement du système de substitution forgé par la pratique en Annam et au Tonkin, restreignant néanmoins la faculté de substitution au seul cas où le concessionnaire primitif était déchu. L'article 39, tel que modifié en 1918, était donc rédigé de la façon suivante : "*Les baux consentis par le concessionnaire déchu ne pourront être opposés au Domaine ; il en sera de même des ventes et des constitutions de droits réels qu'il aura pu consentir. Cependant le nouvel acquéreur pourra, avec l'autorisation expresse de l'autorité qui a accordé la concession provisoire, se substituer à son vendeur déchu en se conformant aux charges, clauses, et conditions qui avaient été imposées à ce dernier*"[674]. Tous les inconvénients, révélés par l'affaire *Chapuis et Queinnec* en 1925, persistaient donc dans une pareille réglementation. Pour les prévenir réellement, il valait mieux soumettre les cessions *dès l'origine* à une autorisation administrative. Cette réforme ne fut opérée qu'en 1926, par les articles 4 et 14 de l'arrêté du 19 septembre. Désormais, le concessionnaire ne pouvait pas mettre en vente, hypothéquer, louer ni affecter de droits réels ses terrains sans autorisation de l'administration, qui devait motiver et agréer toute substitution de personne et tout transfert de droit réel[675]. Le décret de 1928 ne fit que poursuivre dans cette orientation, ajoutant quelques précisions sur les motivations que l'administration devait prendre en compte pour accorder ou refuser son agrément : ces motivations

---

[672] Voir par exemple l'arrêté du gouverneur général du 2 mars 1911 autorisant la substitution de Dandolo aux droits de Jacques sur une concession provisoire délivrée en 1910 en Annam, JOIF 1911, p.470.

[673] Notre hypothèse trouve du reste une confirmation chez Jean Morel qui s'accordait avec une instruction du résident supérieur de 1901 interprétant le silence de l'arrêté de 1896 comme une liberté d'aliéner mais sous condition d'autorisation administrative, faute de quoi le premier concessionnaire restait responsable vis-à-vis de l'administration (Morel, *op.cit.*, p.126 sqq).

[674] Article 39 de l'arrêté du 27 décembre 1913, modifié par l'arrêté du 26 novembre 1918, JOIF 1918, p.1917.

[675] Articles 4 et 14 de l'arrêté du gouverneur général de 1926, P.1928, III, p.442 et 444.

portaient principalement – ce n'est pas surprenant – sur la capacité financière et la nationalité du cessionnaire[676].

Le droit de disposer des terrains par le concessionnaire, tel qu'il existait en droit commun, se trouvait donc notablement entravé par la nature administrative de l'acte de concession. Si le concessionnaire ne pouvait pas céder sa concession à sa guise, ces restrictions pouvaient aussi le gêner dans l'exploitation même de ses terrains. En effet, il ne pouvait pas hypothéquer et d'une façon plus générale, engager ses terrains en sûreté des droits de ses créanciers. Cette entrave fut toujours une cause de tracas pour les concessionnaires qui éprouvaient souvent des difficultés à convaincre des prêteurs – pourtant indispensables à mesure que s'accroissaient les superficies à mettre en valeur – de s'engager dans leurs affaires[677]. "*Un colon qui a consacré son capital à mettre sa concession en valeur, trouvera difficilement des appuis financiers quand il voudra développer son entreprise, s'il ne peut offrir qu'un titre provisoire*", comme s'en plaignait déjà un rapport de la Chambre d'agriculture du Tonkin en 1895[678]. Là encore, seule une acceptation, même tacite, de l'administration pouvait lever l'obstacle, d'après une jurisprudence de la Cour d'appel de l'Indochine de 1908, mais sans que cette solution fût vraiment satisfaisante du point de vue de l'équité et de la clarté du droit. Un concessionnaire provisoire, Pham-Van-Vien, avait obtenu une concession en Cochinchine sous le régime de l'arrêté de 1890. Le concessionnaire s'était néanmoins fait saisir une partie de sa concession par son créancier, en exécution de deux jugements favorables à ce dernier. Après cette saisie, il avait néanmoins réclamé la concession définitive auprès de l'administration, qui, fidèle à son principe d'indifférence aux actes de droit privé – même d'origine judiciaire –, lui avait accordé le titre définitif, mais sans déduire les parcelles saisies. Fort de cet arrêté,

---

[676] Articles 9 et 10 du décret de 1928, P.1928, III, p.466. Le projet initial du décret envisageait même de limiter le prix maximum des cessions au montant des dépenses engagées par le premier concessionnaire, additionnées de l'intérêt normal des capitaux engagés pendant la période de non-productivité, mais cette disposition, jugée excessive par le conseiller colonial Joubert, fut abandonnée par le projet définitif, CAOM Indo/NF/2190 (2).

[677] Par exemple, la Compagnie agricole de l'Annam, titulaire d'une concession à bail au Darlac, dut faire appel au public en 1932 pour renflouer ses finances, et pour cela, dut solliciter la constatation de la mise en valeur de certaines parcelles, afin d'en obtenir la concession définitive et d'offrir ainsi aux souscripteurs la garantie que ne présentaient pas les terrains en concession provisoire, Cf. PV de séance de la Commission des concessions coloniales et du domaine, le 22 février 1935, CAOM FM 4affeco/53. On devine le cercle vicieux enclenché ici d'un point de vue financier et juridique : seule une concession définitive pouvait convaincre un investisseur de s'engager, alors que l'apport financier était souvent la condition préalable de cette concession définitive.

[678] Cité par Ta Thi Thuy, *op.cit.*, p.123.

le concessionnaire avait ensuite hypothéqué toute sa concession en faveur des frères Speidel, tous deux agents de la société Rizerie de l'Union, qui lui avaient consenti un prêt. Lorsque les Speidel s'aperçurent de la supercherie, ils assignèrent le concessionnaire en justice mais aussi et surtout, demandèrent l'annulation de la saisie et de l'adjudication qui l'avait suivie, en invoquant le fameux article 8 de l'arrêté de 1890, prohibant les hypothèques et aliénations de toute sorte pendant la période provisoire. La Cour d'appel de l'Indochine débouta les Speidel au motif que l'article 8 n'existait que dans l'intérêt de l'administration, qui pouvait ne pas s'en prévaloir et accepter tacitement les aliénations réalisées pendant la période provisoire ; or, en l'espèce, la transcription de l'adjudication sur les registres de l'Inspection valait comme acceptation tacite, selon la Cour[679]. Par delà l'embarras perceptible de la Cour dans le traitement de cette affaire, elle n'en confirmait pas moins le principe de nécessité d'une autorisation administrative pour tout engagement de la concession provisoire en faveur d'un créancier. Cette solution demeurait invariable. Même dans les années 1930, au moment où les entreprises agricoles pâtissaient de la crise et où les pressions des créanciers se faisaient donc sentir plus efficacement, l'administration n'était pas prête à assouplir la réglementation en leur faveur. A la question qui lui était posée en 1933 de savoir s'il n'y aurait pas lieu de modifier le décret de 1928 pour que les droits des titulaires de concession pussent être engagés comme garantie des prêts à obtenir, le Gouvernement général répondait : "*Reconnaître administrativement au créancier des droits sur les terrains concédés à titre provisoire à son débiteur, ce serait affaiblir considérablement les pouvoirs de l'administration en cas de déchéance ; il y aurait conflit entre ces droits [...]*"[680]. La réponse restait invariablement la même à deux autres questions à peu près similaires – à savoir l'opportunité d'accorder au prêteur un droit de préférence pour la reprise de la concession après la déchéance ou celle d'établir une procédure spéciale et expéditive de réalisation du gage –, ce qui témoignait bien de la prégnance de l'enjeu à cette époque. L'administration se contentait de rappeler, en le défendant, le droit posé en 1928, c'est-à-dire son entière liberté d'appréciation pour les successeurs aux droits des concessionnaires déchus, liberté éventuellement assortie d'une bienveillance à l'égard des créanciers, mais certainement pas obligatoire pour l'administration[681]. De façon

---

679 CAI 11 septembre 1908 *W. et Th. Speidel et Pham-van-vien, Nguyen-van-nang c. Nghô-thi-Sam*, P.1909, I, p.11.

680 Réponse au questionnaire du ministère de colonies, le 6 février 1933, CAOM Indo GGI//60.755.

681 *Ibid.*

paradoxale, le droit des concessions subissait finalement, sur ce point, les mêmes reproches que ceux que les inspecteurs des colonies adressaient au droit de la propriété indigène au début de la colonisation : "*Cette assistance du crédit est complétement insuffisante [...]. La terre n'est pas grevée en Cochinchine, mais la propriété foncière n'offrant pas les garanties du régime hypothécaire perd la plus grande partie de sa valeur vénale*"[682].

La concession provisoire gardait donc toute la marque de son origine domaniale et le caractère conditionnel du droit conféré au concessionnaire justifiait l'octroi à l'administration d'un autre privilège particulier : celui de disposer des terrains à fin de travaux d'utilité publique, sans recourir à la procédure longue et coûteuse de l'expropriation[683]. Constante de toutes les réglementations successives, ce droit de reprise a connu quelques variations mais il a toujours gardé ce caractère relativement expéditif par rapport à une expropriation ordinaire : il s'agissait d'un droit que l'administration se réservait et pouvait exercer même pour des travaux seulement envisagés et encore incertains[684], sans procédure particulière à suivre. Les trois seules garanties accordées au concessionnaire – mais elles restaient minces – résidaient dans l'absence de détournement de pouvoir, dans une indemnisation et dans un certain délai d'exercice du droit de reprise. Tout d'abord, l'administration ne pouvait exercer ce droit de reprise que dans le but de travaux d'utilité publique, telles que des routes, selon les premières réglementations[685]. Il faut reconnaître qu'au départ, l'administration semble avoir entendu cet objectif assez strictement. Le cas de la reprise envisagée sur la concession Mondange en fournit un exemple. L'armée souhaitait reprendre une partie de la concession provisoire de Mondange, régie par l'arrêté de 1896, dans le projet d'en faire une réserve, elle-même en vue d'y établir un ouvrage fortifié ; or, l'administration civile, compétente pour opérer la reprise, n'accueillit pas de bonne grâce ce projet et l'on voit plusieurs notes

---

[682] Rapport de l'inspecteur Trillard sur la situation en Cochinchine, 1874, CAOM Indo/AF/143.

[683] CE 28 novembre 1923 *Sieurs Chesnay et de Boisadam*, Leb. 1923, p.765 : "*il appartenait à l'administration d'ordonner le retour au domaine [...] sans être tenue de recourir préalablement à la procédure de l'expropriation [prévue] par le décret du 14 juin 1893, lequel n'est applicable qu'au cas d'expropriation*".

[684] Cf. article 8 du décret de 1928 : "*[...] le droit de reprendre [...] les terrains [...] qui* ***seraient*** *nécessaires aux services de l'Etat ou de la colonie et à l'exécution des travaux publics*", P.1928, III, p.465.

[685] Article 5 de l'arrêté de 1890 pour la Cochinchine, JOIF 1890, p.1015 ; article 12 de l'arrêté de 1888 pour le Tonkin, *Recueil Ganter*, p.95 ; article 13 de l'arrêté de 1896 pour le Tonkin, JOIF 1896, p.659 ; article 15 de l'arrêté de 1899 pour l'Annam, Rec. Dar. 1900, L., p.99.

administratives contester le caractère de travaux d'utilité publique à la réserve envisagée. Ainsi, le secrétaire général déclamait en 1906 : "*Il est tout à fait contestable que la construction éventuelle d'ouvrages militaires puisse être compris dans cette énumération limitative [celle de l'article 13 de l'arrêté de 1896]*"[686]. Sous la pression de l'autorité militaire, l'administration lui accorda les réserves, mais l'armée y renonca finalement un an plus tard. Si ce n'était cette pression extérieure, cet exemple tendrait à prouver que l'administration n'était pas encline à abuser de la notion de travaux d'utilité publique en lui donnant une signification très extensive. Mais cette garantie restait suspendue au bon vouloir de l'administration et l'évolution de la réglementation paraît de toute façon l'avoir balayée, puisqu'à partir de l'arrêté de 1913, le droit de reprise pouvait non seulement être exercé à fin de travaux d'utilité publique mais encore plus vaguement, pour "*les besoins des services de l'Etat ou de la colonie*", ce qui élargissait considérablement le champ de la reprise[687]. En revanche, la jurisprudence continua d'interdire formellement de reprendre la totalité de la concession lorsque seule une partie des terrains était nécessaire aux travaux[688]. La seconde garantie, qui s'améliora quelque peu au fil du temps, était l'indemnisation. Pendant longtemps, celle-ci fut très limitée : elle se cantonnait au remboursement des dépenses effectuées sur la parcelle reprise, c'est-à-dire les constructions et les plantations[689]. Lorsque les concessions devinrent onéreuses, l'indemnisation s'élargit au prix des parcelles retirées[690] mais il est manifeste qu'elle restait relativement maigre. En effet, elle ne prenait en compte ni l'intérêt compensant l'immobilisation des fonds avant la reprise ni la plus-value apportée par la mise en valeur au terrain repris ni, en sens contraire, la moins-value que la reprise pouvait faire subir au reste du terrain non repris. Le cas Mondange était à nouveau illustratif des abus auxquels ces règles pouvaient conduire. De l'aveu même du secrétaire général, les parcelles qui étaient reprises à Mondange représentaient une telle proportion de sa concession que ce

---

[686] Note du secrétaire général au gouverneur général, le 18 mars 1906, CAOM Indo GGI//239. Voir aussi une note du chef du service des Domaines au secrétaire général, le 6 juin 1906, *ibid.*

[687] Article 45 de l'arrêté de 1913, JOIF 1914, p.78. Idem dans l'article 4 de l'arrêté de 1926, P.1928, III, p.442, et dans l'article 8 du décret de 1928, P.1928, III, p.465.

[688] CE 28 novembre 1923 *Sieurs Chesnay et de Boisadam*, Leb.1923, p.765 : "*cette reprise [...] devait être limitée aux portions du terrain concédé qui seraient nécessaires à cette exécution [des travaux]*".

[689] Article 5 de l'arrêté de 1890 ; article 12 de l'arrêté de 1888 ; article 13 de l'arrêté de 1896 et article 15 de l'arrêté de 1899.

[690] A partir de l'arrêté de 1913. Il faut toutefois mentionner l'exception de l'arrêté de 1888, qui prévoyait aussi le remboursement du prix de 1 franc versé par hectare.

qui lui restait perdait l'essentiel de sa valeur[691]. Le système d'indemnisation n'était donc pas adapté aux cas où la reprise portait sur de grandes superficies. La réglementation de 1913, imitée par celles de 1926 et 1928, ne semble avoir apporté qu'une solution partielle à cet inconvénient : lorsque les terrains étaient bâtis ou mis en valeur, l'indemnité devait être fixée de concert avec le concessionnaire et en cas de désaccord, par le tribunal, ce qui ouvrait peut-être la voie à une indemnisation plus équitable, mais pour les terrains non mis en valeur, l'indemnité restait toujours au prix des seuls terrains repris[692]. Enfin, la troisième garantie, celle du délai d'exercice du droit de reprise, a existé au moins jusqu'à l'arrêté de 1913. Jusque là en effet, l'administration ne pouvait faire valoir son droit que pendant la période provisoire de la concession. Mais encore fallait-il définir exactement la période provisoire dans l'optique du droit de reprise ? Dans les affaires *Mondange* et *Dandolo*, trois thèses s'opposaient. Selon la première, on pouvait définir la période provisoire comme celle précédant la délivrance de l'arrêté de concession définitive. Cette thèse présentait une telle source d'abus que personne, dans les deux affaires, n'osa d'ailleurs la soutenir : en retardant la délivrance des arrêtés de concession définitive – et de fait, les concessions définitives n'intervenaient souvent que plusieurs années après l'expiration du délai de mise en valeur –, on pouvait allonger indéfiniment la période provisoire. La deuxième thèse favorisée par l'administration prenait donc pour base le délai de mise en valeur, généralement de cinq ans, à compter de l'arrêté de concession provisoire. Ainsi, dans les affaires *Mondange* et *Dandolo*, elle s'arrangea pour envoyer une lettre avertissant de la possibilité de reprise avant l'expiration du délai. Cette thèse, plus juste en apparence, pouvait encore engendrer certains abus : dans le cas Mondange, l'administration n'informa le concessionnaire de son intention de reprise qu'*in extremis*, trois jours seulement avant l'expiration du délai[693]. Aussi est-ce une troisième thèse qui emporta les faveurs de la jurisprudence. En vérité, l'administration l'avait déjà plus ou moins cernée, sans s'y rallier cependant[694]. Cette thèse faisait jouer la condition de mise en valeur, en considérant que la période provisoire s'éteignait le jour où le

[691] Note du secrétaire général, le 18 mars 1906, CAOM Indo GGI//239.

[692] Article 45 de l'arrêté de 1913 ; article 4 de l'arrêté de 1926 et article 8 du décret de 1928.

[693] Cf. Note du chef du service du Domaine au secrétaire général, le 25 juillet 1906, CAOM Indo GGI//239 ; Conseil du contentieux administratif 21 juin 1909 *Mondange c. Protectorat du Tonkin*, P.1909, I, p.334 ; Conseil du contentieux administratif 21 juin 1909 *Dandolo et Desfossés c. Protectorat du Tonkin*, P.1909, I, p.371.

[694] Voir la note du chef du service du Domaine du 6 juin 1906 et la note du gouverneur général du 4 août 1906, CAOM Indo GGI//239.

concessionnaire avait mis en valeur les parcelles et pouvait prétendre à l'obtention de la concession définitive, même si le délai de mise en valeur n'avait pas encore expiré et *a fortiori*, si l'arrêté de concession définitive n'avait pas encore été adopté. Tel était le cas d'espèce *Dandolo* : la commission de visite avait constaté la mise en valeur en février 1905, tandis que le délai courait encore jusqu'en 1906 et que l'administration ne formula ses intentions de reprise qu'en novembre 1905. Fort de cette théorie, le Conseil du contentieux administratif donna tort à l'administration, qui ne pouvait plus reprendre les terrains, dès lors que les conditions de mise en valeur avaient été remplies[695]. Cette théorie avait donc pour effet d'empêcher toute reprise sur les terrains mis en valeur et dûment constatés comme tels par la commission de visite. Mais, comme on le verra plus loin, cette jurisprudence, et toute la garantie du délai imposé à l'exercice du droit de reprise, succomba lors de la réforme de 1913.

Le droit des concessions instaurait donc, pendant une période provisoire, un droit administratif de l'appropriation privée bien spécial et fort restrictif pour les droits privés du concessionnaire. Ce constat n'en est que plus surprenant au regard de la profession de foi affichée par le résident général Parreau, dans son rapport exposant les motifs du célèbre arrêté du 4 octobre 1888 qui proclamait l'abandon des droits fonciers du Roi d'Annam sur les propriétés européennes au Tonkin et faisait désormais passer ces dernières sous l'empire de la loi française. Le résident général y fustigeait la précarité du droit de propriété indigène : "*Est-il besoin de dire que cette précarité dans la possession trouble nos nationaux et est un des plus grands obstacles au développement de leurs entreprises ?*"[696]. Ce n'est donc pas la moindre ironie de l'histoire que le droit des concessions domaniales, produit de l'administration française et ayant vocation à développer l'entreprise agricole, ait pu, lui aussi, en partie, subir ce reproche, non seulement pour la période provisoire des concessions mais encore pour la période définitive.

C) Un droit de propriété qui a vocation à devenir définitif

Le concessionnaire ne visait qu'à devenir un propriétaire au sens plein, lorsqu'il contractait avec l'administration. Mais cette conversion de la concession en droit définitif ne pouvait intervenir qu'après qu'il

[695] Conseil du contentieux administratif 21 juin 1909 *Dandolo et Desfossés, ibid.*
[696] Rapport du résident général Parreau, précédant l'arrêté du 4 octobre 1888, *Recueil Ganter*, p.552.

avait démontré avoir rempli ses obligations de mise en valeur, faute de quoi, il encourait la déchéance de ses droits. Cependant, le droit de propriété qui naissait de la concession définitive restait empreint de son origine administrative et comportait quelques exceptions par rapport au droit commun.

1/ Le respect des obligations

Nous avons vu précédemment en quoi consistaient ces obligations. Il importe ici de savoir comment leur respect était vérifié par l'administration. Cette vérification constituait l'étape obligatoire avant la délivrance d'un arrêté de concession définitive. Tous les règlements la confiaient à une instance collégiale, composée de personnes d'horizons institutionnels divers, appelée généralement commission de visite ou de constat. Leur composition a plus ou moins varié selon les règlements successifs mais eut tendance à s'étoffer au fil du temps. L'article 8 de l'arrêté de 1896 y faisait, par exemple, entrer le résident chef de la province, un agent des travaux publics et un colon agriculteur habitant la province concernée ou une province limitrophe[697], alors qu'en 1929, la commission, toujours présidée par le résident provincial, inclut désormais un fonctionnaire des services agricoles, un autre du service forestier, un géomètre chargé de vérifier le plan, un agriculteur français et une autorité indigène de la situation des terrains[698]. Cette commission de visite se réunissait de deux manières : soit elle était sollicitée par le concessionnaire, lorsque celui-ci s'estimait en droit d'obtenir sa concession définitive, soit elle devait se réunir d'office, une fois le délai de la concession provisoire écoulé. En pratique, les réunions d'office semblent avoir été rares et quand elles avaient lieu, elles étaient souvent circonstanciées et propres à des concessions particulières, car l'administration n'a jamais organisé un calendrier général et rigoureux des visites pour toutes les concessions provisoires qui expiraient à un moment donné. Avant 1920, Ta Thi Thuy n'a ainsi recensé que deux grandes visites générales : l'une en 1912, portant sur quarante concessions, et l'autre en 1920, ayant concerné trente-trois concessions, et encore ces visites ont-elles dû englober des concessions dont le délai de mise en valeur

---

[697] JOIF 1896, p.658.

[698] Articles 27 et 52 de l'arrêté du 21 juin 1929, JOIF 1929, pp. 3227 et 3231. La composition des commissions éveillait fréquemment l'attention susceptible des colons. En 1900, c'est le baron Pérignon (pseudonyme ?) qui se plaignit de la présence d'un délégué indigène en Annam (*Courrier d'Haïphong*, 6 mars 1900, CAOM Indo/AF/106) et en 1906, à la demande des colons, les résidents provinciaux furent exclus des commissions de visite au Tonkin (arrêté du 19 avril 1906, CAOM FP 9/PA/11).

avait expiré depuis déjà longtemps[699]. Le manque de rigueur et la complaisance des commissions de constat ont été décriés de façon récurrente par les observateurs, leurs visites étant souvent tardives, succinctes et bienveillantes.

L'administration ne parvenait jamais à suivre le rythme trop rapide qu'imposaient théoriquement les délais des concessions provisoires. L'inspecteur Picquié déplorait déjà en 1900 que l'obligation de mise en valeur du cinquième des concessions dans un délai de deux ans ne fût pas scrupuleusement respectée, faute certainement de visites administratives pourtant obligatoires d'après les règlements de 1896 et 1899[700]. Mais les visites à l'expiration du délai global de la période provisoire, pourtant exigence minimale, n'étaient guère mieux assurées[701]. Par exemple, pour la concession Mondange, la commission de visite ne se réunit qu'en 1904, soit deux ans après la fin de la période quinquennale[702]. Même lorsque les concessionnaires le demandaient, l'administration ne parvenait pas, du moins au début de la colonisation, à envoyer une commission dans les temps : Bellan, qui sollicita la visite en janvier 1908, ne la reçut qu'en décembre 1909, presque deux ans plus tard[703]. La cause de ces retards ne faisait pas mystère. Si dans certains cas, ils pouvaient être dus à une "*générosité*" de l'administration ou, au contraire, comme dans l'affaire *Mondange*, à une mauvaise volonté de sa part voire à une intention délibérée de retarder la délivrance de l'arrêté de concession définitive[704], dans la majorité des cas, l'administration ne possédait ni du temps ni du personnel suffisant pour assurer toutes les visites régulièrement et fréquemment. Par exemple au Tonkin, c'est dans l'urgence que le résident supérieur Simoni ordonna un grand rattrapage général en 1909[705]. Encore en 1927, le rapport Richard

---

[699] Ta Thi Thuy, *op.cit.*, p.401.

[700] Rapport de l'inspecteur Picquié du 8 février 1900, CAOM Indo/AF/147 ; article 8 de l'arrêté de 1896 pour le Tonkin et article 10 de l'arrêté de 1899 pour l'Annam ; circulaire du résident supérieur du Tonkin Morel aux résidents provinciaux du 1er mai 1900, JOIF 1900, p.400.

[701] Cf. le rapport du secrétaire général du 4 novembre 1905 à propos de la concession Peretti : "*En attendant, je proposerais l'application immédiate et rigoureuse au Tonkin, de l'article 9 de l'arrêté du 18 août 1896 qui prévoit la visite des concessions à l'expiration de la période quinquennale et la réintégration dans le domaine public des parties encore incultes*", CAOM Indo GGI//925.

[702] Conseil du contentieux administratif 21 juin 1909 *Mondange*, P.1909, I, p.334.

[703] Lettre de Bellan au gouverneur général, le 4 novembre 1912, CAOM Indo GGI//924.

[704] On se souvient que dans l'affaire Mondange, se posait le problème des réserves militaires qui s'élevait en point de contestation entre le concessionnaire et l'administration. Sur la générosité administrative, voir la note du gouverneur général Sarraut au ministre du 1er février 1912, CAOM FP 9/PA/11.

[705] Note de Sarraut, 1er février 1912, CAOM FP 9/PA/11.

pouvait se résigner à écrire : "*il n'est pas douteux que l'Administration, fût-elle décidée à faire les dépenses que nécessiterait une surveillance constante, ne dispose pas du personnel nécessaire*"[706]. Qui de l'administration ou du concessionnaire tirait avantage de ces visites tardives ? En apparence, le concessionnaire pouvait en tirer un privilège indu : l'allongement du délai qui lui était imparti pour mettre en valeur les terrains, comme le déplorait le gouverneur général en 1926[707]. De plus, les déchéances prononcées trop tardivement devenaient inefficaces contre les sociétés de pure spéculation, qui avaient largement le temps de se désengager financièrement avant la sanction[708]. Mais en réalité, la situation créée par ces retards n'était pas aussi univoque car d'un autre côté, le retard prolongeait par définition la période provisoire et précaire du droit de propriété. Le cas *Bellan* suffit à prouver que l'allongement des délais n'avantageait pas toujours le concessionnaire. Titulaire d'une concession provisoire en 1903, Bellan en demanda la conversion en droit définitif à l'expiration du délai de cinq ans, au début de 1908, mais la commission de visite n'inspecta la concession que fin 1909, proposant, de façon manifestement généreuse, la concession définitive de 1249 hectares et le retour au domaine de 1000 hectares. Toutefois, en 1912, l'arrêté de concession définitive n'était toujours pas délivré, lorsqu'à cette fin, une seconde commission de visite se rendit sur les lieux et constata une superficie cultivée qui n'était plus que de 261 hectares. Entre 1908, année de l'expiration du délai de concession provisoire, et 1912, année de la dernière visite, l'état de la concession s'était donc dégradé. La question qui s'en suivait était naturellement de savoir si la concession définitive devait englober les terrains seulement cultivés au jour de la visite tardive faite par la commission ou les terrains qui paraissaient avoir été mis en valeur à la fin de la période provisoire mais étaient retombés en friche le jour de la visite. Bellan optait bien entendu pour la seconde solution, qui fut aussi celle de l'administration durant un moment. Ainsi, le résident supérieur écrivait au gouverneur général en 1913, que Bellan ayant demandé lui-même la visite en 1908, "*une présomption de mise en valeur intervient en sa faveur. Il est indéniable que la seule obligation imposée au concessionnaire est d'avoir mis sa terre en valeur à l'expiration de la cinquième année, et ce serait lui imposer une obligation supplémentaire que d'exiger qu'il la maintint en valeur aussi longtemps qu'il plaira à l'administration*

---

[706] Rapport Richard, p.172.
[707] Instructions du gouverneur général Varenne du 19 septembre 1926, CAOM Indo GGI//60.960.
[708] Rapport Richard, p.173.

d'en retarder la visite"[709]. Mais si le gouverneur général se rallia à la thèse du résident supérieur dans un premier temps, il se ravisa presque immédiatement après et refusa de céder davantage que ce que la seconde commission de visite avait évalué comme terre cultivée : "*Des abandons de terrains atteignant cette superficie [1249 hectares, alors que la superficie cultivée ne dépassait pas 261 hectares] ne me paraissent pas pouvoir être consentis dans une simple vue d'équité ou pour réparer un préjudice qui a pu être subi ou des erreurs que l'administration a pu commettre dans le passé*"[710]. Le Conseil du contentieux administratif, à qui Bellan avait demandé d'annuler l'arrêté de concession définitive qui ne lui accordait donc qu'environ 250 hectares, ne trancha pas clairement entre les deux thèses. Sa décision fut assez opportuniste : d'un côté, elle semblait aller dans le sens de Bellan en recherchant si le caractère tardif de la visite par rapport à l'expiration de la période provisoire n'avait pas porté préjudice au concessionnaire ; mais d'un autre côté, elle s'appuyait sur divers indices pour estimer que l'état de la concession en 1908 était à peu près équivalent à celui constaté quatre ans plus tard par la commission de visite et inscrit dans l'arrêté de concession définitive, que le Conseil du contentieux refusa donc d'annuler[711]. Indépendamment de cette décision, manifestement marquée par des considérations d'espèce, l'affaire *Bellan* avait soulevé une vraie question de principe. Saisi tant de cette affaire que de l'affaire *Peretti*, le Conseil d'Etat eut l'occasion de fixer sa doctrine sur les conséquences générales du retard dans l'accomplissement des visites. La haute juridiction décida que l'inobservation des délais impartis à l'administration pour achever la procédure préalable à un arrêté de concession définitive ne pouvait ouvrir droit à indemnité qu'en cas de "*mauvais vouloir*" ou de "*négligence inexcusable*" de la part de l'autorité[712]. Si dans les deux cas d'espèce, l'administration échappait à la condamnation, elle n'était donc pas à l'abri par principe. C'est vraisemblablement afin de parer à ce risque que le Gouvernement général réforma l'article 42 de son arrêté de 1913 pour y introduire la disposition suivante : "*Seule la mise en demeure adressée par le concessionnaire à l'Administration d'avoir à faire constater l'état de mise en culture et l'exécution des formalités qui lui incombent ouvrent*

---

[709] Lettre du résident supérieur du Tonkin au gouverneur général du 4 juin 1913, CAOM Indo GGI//924.

[710] Première lettre du gouverneur général d'approbation du résident supérieur, sans date, et seconde lettre de réprobation du 27 juin 1913, CAOM Indo GGI//924.

[711] Conseil du contentieux administratif 30 octobre 1915 *Bellan c. Gouvernement général et Protectorat du Tonkin*, CAOM Indo GGI//924.

[712] CE 19 juillet 1918 *De Peretti*, P.1919, I, p.213 ; CE 17 février 1926 *Bellan*, P.1926, I, p.162.

au colon des droits pour se prévaloir de l'état de ses cultures à la date de sa demande"[713]. Maintenue dans l'arrêté de 1929[714], cette disposition offrait une certaine « couverture » au concessionnaire contre les risques du retard de la visite. Sans aller jusqu'à faire présumer la bonne foi des déclarations du concessionnaire, elle lui accordait la garantie de pouvoir au moins les défendre valablement, en cas de contestation par la commission de visite.

Conduites tardivement parce que la disponibilité de l'administration faisait défaut, les visites étaient encore succinctes, pour la même raison. Les procès-verbaux de constat étaient souvent laconiques et peu détaillés[715]. Les autorités de décision s'en plaignaient fréquemment, tel le gouverneur général, dans sa lettre au résident supérieur, à propos de la concession Bellan en 1913 : "*Je vous signale tout d'abord le passage du procès-verbal où il est dit que « la commission devant continuer ses opérations sur la concession Beau (Thai Nguyen) le 12 décembre, ne peut, faute de temps, visiter plus en détail la concession de M. Bellan »*" et le gouverneur général d'exiger à l'avenir "*des enquêtes sérieuses en y consacrant le temps nécessaire*"[716]. Cette recommandation du gouverneur général Sarraut ne fut pas suivie puisque treize ans plus tard, Varenne formulait le même voeu[717]. Pour alléger la tâche des commissions de constat, la réglementation, à partir de 1918, avait bien cherché à mettre le concessionnaire à contribution, en l'obligeant à fournir lui-même à l'avance le plan des parcelles cultivées[718]. Mais comme on ne pouvait lui faire une confiance aveugle, les commissions de constat devaient bien consacrer le temps nécessaire à sa vérification. L'apport de cette réforme devait donc être limité.

Le caractère tardif et succinct des visites restait au moins indépendant de la volonté de l'administration. Tel n'était pas le cas en revanche de la bienveillance des commissions de constat dans les

---

[713] Article 42 de l'arrêté de 1913 modifié par l'arrêté du 26 novembre 1918, JOIF 1918, p.1918.

[714] Article 55 de l'arrêté du 21 juin 1929 pour l'application du décret de 1928, JOIF 1929, p.3232.

[715] Cf. par exemple, le procès-verbal de la commission de visite de la concession Bellan, le 24 décembre 1909, CAOM Indo GGI//924.

[716] Note du gouverneur général au résident supérieur, le 4 avril 1903, CAOM Indo GGI// 924.

[717] Cf. instructions du gouverneur général du 19 septembre 1926, préconisant de "*rompre avec quelques errements du passé, qui s'autorisaient des constats un peu à la légère, par des fonctionnaires dont la bonne volonté ne pouvait tenir lieu de compétence*", CAOM Indo GGI//60.768.

[718] Article 42 de l'arrêté de 1913 modifié en 1918, JOIF 1918, p.1918 ; article 15 de l'arrêté de 1926, P.1928, III, p.445 ; articles 55 et 56 de l'arrêté de 1929, JOIF 1929, p.3232.

conclusions de leurs procès-verbaux. Le rapport Richard pointait cette tendance très répandue : "*le rapprochement du nombre des concessions accordées et des déchéances prononcées ne permet guère de croire que toutes les défaillances aient été sanctionnées*"[719]. A vrai dire, en dépit de cette complainte, une visite de concession n'était qu'une question de pratique administrative et de pure appréciation des faits envers lesquelles les textes, aussi sévèrement fussent-ils rédigés, étaient totalement impuissants. Certes en droit, l'avis ne liait pas l'autorité concédante[720], mais en fait, il était quasiment souverain, parce que d'une part, l'administration ne disposait pas des informations qui permettaient de le contredire[721] et que, d'autre part, en cas de contradiction, portée devant la justice, entre les conclusions de la commission et l'arrêté de concession définitive, le juge restait lui aussi dépendant de la source d'information qu'était le procès-verbal de la commission, quitte à l'interpréter pour le concilier partiellement avec l'arrêté de concession définitive[722]. A partir du moment où les visites se faisaient bienveillantes, il était donc plus difficile à l'autorité de décision de faire montre de sévérité, même si elle subodorait de la complaisance excessive, y compris lorsque cette complaisance s'affichait de manière grossière. Le cas de la Compagnie agricole de l'Annam en fournit un bon exemple. Cette société avait sollicité un prêt important de la part du Gouvernement général en 1933. A cette fin, l'administration, plutôt rétive, avait enquêté sur l'état de la concession et conclu en ces termes : "*Cette plantation, à part quelques lots, est dans un état lamentable [...] En résumé, plantation dans un état désespéré qui ne résistera pas une année encore à de telles méthodes*"[723]. Or, lorsque la société avait, cette fois-ci, réclamé la concession définitive tout juste un an plus tard, la commission de visite et, à sa suite, la Commission des concessions coloniales dressaient le constat d'une mise en valeur satisfaisante, au point que le

---

[719] Rapport Richard, p.172-173.

[720] Conseil du contentieux administratif 30 octobre 1915 *Bellan*, CAOM Indo GGI//924. Voir aussi, l'article 57 de l'arrêté du 21 juin 1929, JOIF 1929, p.3232 : la commission n'émet que des "*propositions*".

[721] Cf. l'avis de la Commission des concessions coloniales et du domaine, placée auprès du ministre des colonies et chargée de se prononcer sur la demande de concession définitive adressée par la Compagnie agricole de l'Annam pour ses terres au Darlac, le 22 février 1933 : "*Vu les pièces du dossier, notamment le procès-verbal de la commission de constat et le plan des terrains. Considérant qu'il résulte des énonciations du procès-verbal dressé après visite des lieux, par la Commission de constat que l'ensemble des terres faisant l'objet de la demande ont été mises en valeur [...]*", CAOM FM 4affeco/53.

[722] C'est ce que fit le Conseil du contentieux dans l'affaire *Bellan, ibid.*

[723] Extrait d'un rapport cité dans la lettre du secrétaire général de l'Indochine au ministre des colonies, le 31 janvier 1934, CAOM FM 4affeco/53.

ministre des colonies se déclara favorable à la concession définitive de 2610 hectares sur les 8000 qu'en comptait la concession provisoire[724]. Est-il vraiment possible de croire en une amélioration réelle aussi fulgurante de l'état de la concession en à peine un an, de la part d'une société qui affichait ses difficultés financières ? L'appréciation des visites variait plus probablement selon l'objet de la décision à prendre : pour un prêt, elle se montrait sévère mais pour les concessions définitives, elles était indulgente. Il serait cependant erroné de tout réduire à une appréciation des faits. La qualification juridique de ces faits jouait aussi et rétablissait, par là, toute sa place au droit, dans le sens bienveillant ou non des visites. Le problème principal auquel était confrontée l'administration concernait la qualification des pâturages : pouvait-on les qualifier de terrains mis en valeur, sachant que cela pouvait ouvrir une brèche à de nombreux abus ? Il était, en effet, facile de faire passer, plus ou moins frauduleusement, pour pâturages des terrains en réalité inexploités et à peine défrichés. Il s'agissait donc, comme l'indiquait Yves Henry, inspecteur général de l'agriculture, d'empêcher "*le concessionnaire de se faire attribuer des superficies considérables de bonnes terres de culture non mises en valeur, par la simple accumulation sur la concession d'un nombre considérable de têtes de bétail au moment du passage de la commission de constat*"[725]. Dans un premier temps, la réglementation, en l'occurence celle de 1913 et 1914, avait purement et simplement exclu des superficies concessibles à titre définitif "*les landes et pâtis naturels servant de pâturages*"[726]. Mais très rapidement, cette exclusion dut se révéler inadaptée à la réalité car elle fut reformulée un peu plus finement. A partir de l'arrêté de 1926 et des arrêtés locaux d'application, le droit distingua entre les pâturages bruts et les pâturages aménagés, qui seuls pouvaient être compris dans les terres mises en valeur, dans la limite d'un cinquième de la totalité des autres parcelles mises en culture ou bâties[727]. Cette distinction fut

---

[724] Avis de la Commission des concessions coloniales et du domaine, le 22 février 1935 ; lettre du ministre des colonies au ministre des finances, le 29 mars 1935, CAOM FM 4affeco/53.

[725] Note d'Yves Henry, inspecteur général de l'agriculture, de l'élevage et des forêts, au gouverneur général, le 19 mars 1928, CAOM Indo GGI//60.878. Voir aussi le rapport du maître des requêtes au Conseil d'Etat Blondeau à la séance de la Commission des concessions coloniales, le 22 février 1935, sur la demande de concession définitive de la Compagnie agricole de l'Annam : "*On peut se demander, en effet, si la promotion facile de terres incultes à la qualité de pâturages n'a pas pour but d'arrondir la concession définitive [...]*", CAOM FM 4affeco/53.

[726] Article 16 de l'arrêté du résident supérieur au Tonkin du 6 mars 1914 portant application de l'arrêté du gouverneur général de 1913, JOIF 1914, p.793.

[727] Note précitée d'Yves Henry du 19 mars 1928, CAOM Indo GGI//60.878. Article 39 de l'arrêté du 19 octobre 1927 pour le Tonkin, JOIF 1927, p.3348.

adoptée par la nouvelle réglementation de 1928 et 1929, juste avec une modification des limites : désormais, les pâturages aménagés ne pouvaient être accordés à titre définitif qu'à concurrence de deux hectares par tête de bétail, et plus si l'objet principal de la concession était l'élevage[728]. Ce sujet menait, en tout cas, souvent à des frictions entre administration et colons, qui n'accueillirent d'ailleurs pas favorablement les réglementations restrictives.

La généralité de la bienveillance n'empêchait néanmoins pas des déchéances d'être prononcées, car telle était la sanction de l'échec du concessionnaire.

2/ La déchéance

Prévu par toutes les réglementations, sous les noms divers de "*reprise*", "*retour au domaine*" ou "*annulation totale ou partielle de l'arrêté de concession provisoire*", ce qui était communément appelé "*déchéance*" représentait la suprême sanction du non-respect de l'obligation de mise en valeur[729]. Prise sous la forme d'un arrêté, elle pouvait n'être que partielle, puisqu'elle ne réintégrait au domaine que les portions inexploitées. Le principe en était donc simple mais son application recelait quelques complexités juridiques et soulevait plusieurs questions : était-elle obligatoire ? Ensuite, frappait-elle absolument toutes les terres non mises en valeur ? La procédure offrait-elle quelques garanties au concessionnaire ?

Dès lors que la commission de visite avait constaté l'état d'inculture, l'autorité concédante était-elle tenue de déchoir ? Autrement dit, l'administration conservait-elle la liberté d'apprécier l'opportunité de la déchéance ? La réponse n'apparaît nulle part de façon évidente. Les textes se contentaient d'indiquer que les terrains non mis en valeur faisaient retour au domaine mais sans préciser si une véritable obligation pesait sur l'administration. Sur l'affaire de la concession Tu Van Khuong, accordée sous l'empire de l'arrêté de 1890 en Cochinchine, la Cour d'appel de l'Indochine décidait que

---

[728] Article 58 de l'arrêté du 21 juin 1929, JOIF 1929, p.3232.

[729] Article 9 de l'arrêté du 5 septembre 1888 pour le Tonkin, *Recueil Ganter*, p.94 ; article 7 de l'arrêté modificatif du gouverneur de Cochinchine du 16 octobre 1889 pour la Cochinchine, *Code Michel*, p.487 ; article 9 de l'arrêté du 18 août 1896 pour le Tonkin, JOIF 1896, p.658 ; article 11 de l'arrêté du 28 avril 1899 pour l'Annam, Rec. Dar. 1900, L., p.99 ; article 41 de l'arrêté du 27 décembre 1913, JOIF 1914, p.77 ; article 16 de l'arrêté du 19 septembre 1926, P.1928, III, p.445 ; article 25 du décret du 4 novembre 1928, P.1928, III, p.469.

l'administration restait la seule juge de l'opportunité de résilier ou non la concession[730]. Cette jurisprudence impliquait donc la possibilité de prolonger la concession provisoire au-delà de ses délais légaux. Il est vrai que l'administration semblait avoir pris l'habitude de proroger la concession provisoire sur les portions concédées non mises en valeur, lorsqu'elle délivrait un arrêté de concession définitive partielle. Peretti a notamment bénéficié de cette largesse, comme le démontre l'article 2 de son arrêté de concession définitive : "*La partie des terrains visés à l'arrêté du 24 juin 1900 [portant concession provisoire], non accordée en concession définitive par le présent arrêté reste considérée [sic] à titre provisoire à M. de Peretti, tous droits demeurent réservés*"[731]. Pareille solution contrariait pourtant la lettre des règlements et pervertissait toute l'économie du droit des concessions provisoires. L'administration n'était d'ailleurs pas toujours unanime pour pratiquer ce système : dans l'affaire *Bellan*, le gouverneur général le refusa catégoriquement au nom de son illégalité. Mais la position du gouverneur général n'était pas non plus dénuée de toute ambiguïté car tout en refusant la prorogation expresse de la concession provisoire, le gouverneur général ne proposait pas de prendre un arrêté de déchéance pour les terres non mises en valeur mais suggérait de laisser la possibilité au concessionnaire de prouver qu'il les avait bien mises en culture au jour de l'expiration du délai légal[732]. En résumé, l'administration pouvait jouer de trois possibilités : en premier lieu, prendre un arrêté de déchéance, en second lieu, prolonger *expressément* la concession provisoire dans l'arrêté de concession définitive partielle et en dernier lieu, la prolonger *implicitement* en ne prononçant pas la déchéance. De ces trois solutions, la seconde semblait clairement illégale mais la troisième, qui, sur le fond, revenait pourtant au même, demeurait plus problématique. Elle reflétait en réalité le peu d'enthousiasme que l'administration éprouvait à exercer son pouvoir de déchéance. Au regard des statistiques qui affichaient des taux de mise en valeur assez faibles[733], le nombre de déchéances paraît ridiculement bas. Dans sa

---

[730] CAI 23 septembre 1915 *Tu Van Khuong*, P.1916, I, p.132.

[731] Article 2 de l'arrêté du 25 août 1908 portant concession définitive, JOIF 1908, p.1479.

[732] Note du gouverneur général au résident supérieur du Tonkin, le 4 avril 1913, CAOM Indo GGI//924.

[733] En 1900, le *Bulletin économique de l'Indochine* estimait que seules 10 % des superficies avaient été mises en valeur au Tonkin (cité par Ta Thi Thuy, *op.cit.*, p.400). En 1927, sur les 800.000 hectares concédés aux Français, le rapport Richard estimait que deux tiers de la superficie étaient encore en friche (p.77). Enfin, en 1942, sur les 905.500 hectares concédés aux Européens, 566.800 étaient effectivement mis en valeur, d'après Pierre Brocheux et Daniel Hémery (*op.cit.*, p.154).

circulaire du 19 août 1910, le résident supérieur du Tonkin tançait vertement ses subordonnés à la suite du constat d'une "*contradiction flagrante*" entre la superficie des terres concédées définitivement, supposées productives, chiffrées à 170.000 hectares et la surface cultivée déclarée aux rôles de l'impôt s'élevant à 16.000 *maû* (5760 ha). L'immense majorité des terres, restée inculte, n'était donc pas retournée au domaine[734]. Deux ans plus tard, le gouverneur général pouvait bien annoncer au ministre qu'une commission de visite d'office instituée en novembre 1911 avait réintégré vingt et une parcelles au domaine, portant les déchéances à 96.000 hectares depuis l'origine du système, les largesses se poursuivaient[735]. En 1927, le gouverneur général envoyait au ministre des colonies la dépêche suivante : "*en prenant plantations les plus anciennes ouvertes depuis 12, 15 et 20 ans, mise en culture, malgré effort considérable capitaux importants et excellente direction est loin de représenter totalité superficie concédée à titre provisoire*"[736]. Le nombre des déchéances n'atteignait donc pas le niveau qu'il aurait dû atteindre, si la réglementation avait été appliquée à la lettre, comme l'écrivait pudiquement la commission Richard : "*le rapprochement du nombre de concessions accordées et des déchéances prononcées ne permet guère de croire que toutes les défaillances aient été sanctionnées*"[737]. Dix ans plus tard, le sénateur et chargé de mission Justin Godart constatait implicitement le même laxisme, sous la forme d'une recommandation pour l'avenir : "*les concessions non mises en valeur dans les conditions où elles ont été accordées doivent être résiliées avec rigueur [...]*"[738]. L'autorité envisageait donc la déchéance comme une solution ultime réservée aux cas irrécupérables, qui avaient fini

---

[734] Circulaire citée intégralement par J.Morel, *op.cit.*, p.119. Données reprises par la note de Sarraut au ministre du 1er février 1912, CAOM FP 9/PA/11.

[735] Second rapport du 1er février 1912, *ibid.*

[736] Le gouverneur général assortissait son commentaire des données suivantes : à Loc Ninh, Société des caoutchoucs d'Indochine, 4 800 hectares mis en culture sur 10 000 hectares concédés, à Quang Loi, Société des plantations des terres rouges, 3 200 hectares sur 6 400, à Natrach 1 000 hectares sur 2 750, à Than Thin, 700 hectares sur 3 100, à Xuan Loc, 1 000 hectares sur 2 400, à Anloc Tuc, 1 000 hectares sur 4 578, à Suzannah, 900 hectares sur 5 300, cf. Dépêche télégraphique n° 216 du 31 mars 1927, CAOM Indo/NF/2195.

[737] Rapport Richard, p.172. Sur 107 469 concessions en Cochinchine et 449 en Annam, le rapport ne comptait respectivement que 270 et 47 déchéances. Ta Thi Thuy recense, sur les 476 concessions délivrées au Tonkin entre 1884 et 1918, 38 déchéances, alors que le nombre de concessions mises en valeur s'élevait seulement à 295 (*op.cit.*, p.403).

[738] J.Godart, *Rapport de mission en Indochine, 1er janvier-14 mars 1937*, Paris, 1994 [rééd.], p.109. Juriste de formation, sénateur radical et ancien ministre, Justin Godart avait été envoyé en Inde et en Indochine, sous le Front populaire, comme délégué général pour l'étude et le contrôle des questions relatives au travail, à l'hygiène et à la législation sociale.

par user toute la patience de l'administration ou sur lesquels pesait une surveillance « politique » particulière : par exemple, un des contrats Maillot de 1926, à l'origine du « scandale » de 1927, renégocié en 1929 et à ce titre placé dans le « collimateur » de l'autorité, fut frappé par un arrêté de déchéance en 1934[739]. Dans la majorité des cas, l'indulgence de l'administration s'expliquait peut-être par les difficultés indépendantes de leur volonté qu'affrontaient les concessionnaires, notamment le manque de capital. Les historiens s'accordent sur l'insuffisance du capital et du crédit disponible de manière générale pour le développement agricole dans les colonies, en particulier en Indochine – hormis pour l'hévéa jusqu'à la crise des années 30[740]. Même les aides publiques, pourtant accrues au début de cette décennie, ne parvenaient pas à compenser ce manque de capital[741]. Mais cette raison n'expliquait pas tous les échecs, qui provenaient également du fait soit des colons, qui ne consacraient pas la disponibilité en temps nécessaire à l'entretien de leur concession[742], soit de l'administration qui avait commis l'erreur de concéder des superficies manifestement excessives au regard des possibilités. Sur ce dernier point, Yves Henry avait, dès 1925, informé l'administration de la vanité des grandes concessions, sur la base des résultats qu'il avait recueillis à l'étranger : "*Il ressort de ces indications que la rapidité de mise en valeur d'une concession est en raison inverse de sa superficie et qu'elle tombe dans le cas des grandes concessions, à un chiffre ridiculement faible. [...] Il en résulte que des superficies considérables peuvent être soustraites un temps indéterminé à la colonisation au détriment de l'Etat et de la masse des planteurs. C'est la raison qui a déterminé les gouvernements anglais en Malaisie et hollandais aux Indes à retirer aux anciens gouvernements indigènes la libre disposition du domaine et à limiter à 3500 hectares au maximum l'étendue concédée ou louée*"[743]. L'exemple étranger ne fut cependant pas suivi, puisque l'arrêté de 1926 tolérait des concessions provisoires

---

[739] Arrêté du gouverneur général du 1er décembre 1934 portant déchéance du contrat de bail emphytéotique du 20 avril 1929, CAOM Indo GGI//60.888.

[740] Sur ce point, voir Guillaume, *op.cit.*, pp.217 et 262 ; Brocheux, Hémery, *op.cit.*, p.118 et p.125-126. D'après ces auteurs, la Banque d'Indochine a très peu participé au développement agricole : en 1921, l'agriculture ne représentait que 10,1 % de son poste "escomptes et avances" et en 1929, 18,9 % seulement, pour des prêts réservés à la grosse riziculture viêtnamienne et sous forme de crédits à court terme (*op.cit.*, p.144-145).

[741] *Ibid.*, p.263-265.

[742] Sur la motivation et l'absentéisme des colons, voir Ta Thi Thuy, *op.cit.*, p.316 et Brocheux, Hémery, op.cit., p.183.

[743] Rapport d'Yves Henry sur le régime des concessions en Malaisie, aux Indes néerlandaises et en Indochine, 1925, CAOM Indo GGI//60.960.

jusqu'à 15 000 hectares, et 6 000 hectares d'un seul tenant[744]. Pour ces causes de non-mise en valeur, la clémence de l'administration ne se justifiait plus et les déchéances auraient sans doute dû être prononcées plus vigoureusement.

L'indulgence de l'administration, d'une légalité hautement contestable, n'était pas le seul facteur de restriction des déchéances. Celles-ci étaient parfois empêchées par la réglementation elle-même, qui autorisait, dans une certaine limite, la prolongation de la concession provisoire ou la concession définitive de terrains pourtant non mis en valeur. Par là, la réglementation cherchait soit à récompenser un effort de mise en valeur accompli sur l'essentiel des parcelles soit à excuser l'impossibilité d'avoir pu faire aboutir cet effort. L'esprit de récompense inspirait par exemple l'article 59 de l'arrêté du 21 juin 1929 pour l'application du décret de 1928 au Tonkin. Suivant cet arrêté, le fait d'avoir mis en valeur les deux-tiers de la concession donnait le droit d'obtenir en concession définitive le dernier tiers inexploité et lorsque la mise en valeur n'atteignait pas ce seuil des deux-tiers, le concessionnaire pouvait quand même obtenir en supplément la moitié de la surface qu'il avait mise en culture[745]. Cette mesure, qui existait dans la réglementation de 1926 et 1927, ne figurait pas au projet initial de décret mais dut être réintroduite à la demande des colons[746]. Quant à l'excuse de l'impossibilité d'avoir pu toucher le fruit des efforts de mise en culture, elle s'immisca progressivement dans la réglementation, sous la forme de la force majeure. On se souvient que la force majeure avait été refusée aux indigènes pour justifier l'abandon de leur culture pendant les troubles. Signe de l'inégalité coloniale, elle était, à l'inverse, admise en faveur des concessionnaires qui n'avaient pas réussi à mettre en valeur leurs terrains dans les temps prescrits. Jusqu'en 1913, la réglementation ne touchait mot de cette situation et c'est à l'occasion de l'affaire *Bellan* que l'administration prit conscience de la lacune. Ce concessionnaire alléguait de faits de piraterie, de vols de troupeaux, d'inondations et de feux de brousse pour justifier le mauvais état de sa concession ; or,

---

[744] Article 5 de l'arrêté de 1926, P.1928, III, p.442. Le décret de 1928, quant à lui, n'imposa aucune limite, bien que l'arrêté d'application au Tonkin de 1929 conserva la limite de 6000 hectares pour une parcelle d'un seul tenant (JOIF 1929, p.3224). Le projet de décret avait pourtant envisagé d'étendre la limite de 15000 hectares aux concessions définitives et non plus seulement provisoires mais une opposition des colons, invoquant le droit de propriété et l'exemple de la Malaisie et de Sumatra, dut faire reculer le gouvernement (cf. rapport Joubert, CAOM Indo/NF/2190-2).

[745] JOIF 1929, p.3232.

[746] Article 40 de l'arrêté du résident supérieur au Tonkin du 19 octobre 1927, JOIF 1927, p.3348. Rapport Joubert, CAOM Indo/NF/2190 (2).

l'administration n'avait pas voulu tenir compte de ces excuses dans un premier temps. Ainsi, dans une séance du Conseil du protectorat du 29 août 1912, le résident supérieur du Tonkin avait recommandé une seconde visite de la concession "*qui ne devra sous aucun prétexte, faire entrer en ligne de compte les difficultés que M. Bellan prétend avoir eu à supporter, mais simplement déterminer suivant les arrêtés l'étendue des terrains mis en culture actuellement*"[747]. Cependant, dans sa décision rendue sur l'arrêté de concession définitive, si le Conseil du contentieux administratif rejeta l'argument de force majeure, ce rejet fut motivé uniquement au regard des circonstances de l'espèce et non par principe. Bien au contraire, le Conseil se livra à un examen des faits allégués par le requérant[748]. Le principe de la force majeure était donc confirmé, comme l'avait déjà implicitement fait l'arrêté du gouverneur général du 27 décembre 1913, dans son article 40 : "*A titre exceptionnel, le concessionnaire peut obtenir des délais complémentaires, soit pour commencer les travaux d'exploitation, soit pour achever la mise en valeur dans le cas où les retards constatés ne lui seraient pas imputables*"[749]. Les règlements de 1926 et 1928 poursuivirent sur cette lancée, en ajoutant à cette disposition l'expression plus franchement juridique de "*force majeure*" : "*[...] en cas de force majeure constatée qui aurait retardé ou paralysé la mise en valeur, le concessionnaire peut bénéficier de délais supplémentaires*". Toutefois, les nouveaux règlements plafonnaient ces délais complémentaires à la moitié des premiers délais prévus par le cahier des charges[750]. Il n'en demeure pas moins que la réglementation encadrait et donnait une forme légale à la pratique administrative de prolongation des concessions provisoires en fonction des circonstances.

Lorsque plus rien ne permettait d'éviter la déchéance, selon quelle procédure celle-ci devait-elle s'opérer ? Pour la forme, elle suivait le principe du parallélisme : une simple décision, motivée par le constat de défaillance du concessionnaire, prise par l'autorité concédante suffisait. Assez rapidement, l'exclusivité de la compétence du Conseil du contentieux administratif fut contournée. Le droit colonial de la Restauration, en créant les Conseils du contentieux administratif, leur

---

[747] Extrait du procès-verbal de séance, rapporté par une lettre de Bellan à Baudoin, directeur des Bureaux du Gouvernement général, le 2 octobre 1912, CAOM Indo GGI//924.
[748] Conseil du contentieux administratif 30 octobre 1915 *Bellan*, CAOM Indo GGI//924.
[749] Article 40 de l'arrêté de 1913, JOIF 1914, p.77.
[750] Article 16 de l'arrêté de 1926, P.1928, III, p.445 ; article 26 du décret de 1928, P.1928, III, p.469.

avait, en effet, attribué la compétence de déchéance des concessions[751]. Mais le Conseil d'Etat avait admis que les règlements et les cahiers des charges pouvaient transférer cette compétence aux autorités concédantes[752]. La jurisprudence vint assortir toutefois la déchéance d'une obligation de mise en demeure préalable. Seul l'arrêté de 1913, parmi toutes les réglementations successives, la prescrivait explicitement[753], mais elle paraissait s'imposer même dans le silence des textes. Dès 1897, dans ses conclusions sur l'affaire africaine *Verdier et Daumas*, le commissaire du gouvernement Romieu l'avait presque érigée en principe du droit administratif, équivalent au droit civil, en vertu duquel toute sanction d'une obligation devait être précédée d'une mise en demeure, sauf si une stipulation contraire formelle ou une disposition contraire par la nature même du service en cause en dispensait[754]. La jurisprudence relative à l'Indochine avait emprunté la même voie. Elle avait en effet écarté la théorie de la déchéance de plein droit, par le seul fait du non-respect des conditions. Dans l'affaire *Queinnec et Chapuis*, concessionnaires dont la déchéance n'avait pas été précédée d'une mise en demeure, en 1925, le Conseil du contentieux administratif avait réfuté l'assimilation des dispositions réglementaires sur la déchéance à la clause résolutoire instaurée par l'article 1183 du Code civil ; il n'y avait vu au contraire qu'une clause comminatoire[755]. Mais la situation n'était pas encore affermie car en 1930, le Conseil colonial de Cochinchine essayait à nouveau d'avancer la thèse de la condition résolutoire qui aurait rendu la résiliation automatique sans mise en demeure[756]. Puis en 1933, toujours dans la même affaire, la juridiction administrative changeait

---

[751] Il s'agissait des articles 160 et 176 des ordonnances du 21 août 1825 et du 9 février 1827, inspirés d'une ordonnance du 18 mars 1766 et rendus applicables en Indochine par l'article 3 du décret du 5 août 1881, cf. Conseil du contentieux administratif 18 février 1825 *Queinnec*, CAOM FM 4affeco/78, et observations sous l'arrêt CE 11 avril 1930 *Consorts Do Huu Buu c. Colonie de Cochinchine*, P.1930, I, p.239.

[752] Conseil du contentieux administratif 4 janvier 1933 *Chapuis*, citant l'arrêt CE 21 février 1919 *Chesnay et Boisadam*, CAOM FM 4affeco/78. Egalement, CE 11 avril 1930 *Do Huu Buu*, précité.

[753] Article 41 de l'arrêté de 1913, JOIF 1914, p.77.

[754] Conclusions Romieu sur l'affaire CE 26 février 1897 *Verdier et Daumas*, P.1897, II, p.28. Romieu s'appuyait sur les principes des articles 1146, 1230 et 1180 du Code civil. Dans le même sens, voir l'arrêt CE 11 avril 1930 *Consorts Do Huu Buu c. Colonie de Cochinchine*, Leb. 1930, p.440.

[755] L'article 1183 définissait la clause résolutoire comme "*celle qui, lorsqu'elle s'accomplit, opère la révocation de l'obligation, et qui remet les choses au même état que si l'obligation n'avait pas existé*". A la différence, la clause comminatoire se contente de menacer d'une sanction, sans emporter la réalisation immédiate de cette sanction. Cf. Conseil du contentieux administratif 18 février 1925 *Queinnec et consorts c. gouverneur de Cochinchine*, CAOM FM 4affeco/78.

[756] Délibération du 9 septembre 1930, CAOM FM 4affeco/78.

de perspective : interprétant l'arrêté de concession à titre gratuit comme créant une situation réglementaire et non contractuelle – à l'inverse des concessions onéreuses –, il estimait que la mise en demeure avant la déchéance n'était plus obligatoire[757]. Cette interprétation « déviante » ne devait toutefois pas perdurer, puisqu'elle fut sanctionnée par le Conseil d'Etat en 1936, qui rappelait sa position traditionnelle, en l'assouplissant quelque peu : la mise en demeure constituait une obligation du moment qu'aucune dispense ne ressortait de l'arrêté de concession, soit expressément – jurisprudence classique[758] – soit par interprétation de la commune intention des parties – innovation jurisprudentielle ici[759]. Sur le fond, après la déchéance précédée de la mise en demeure, l'administration était seulement tenue d'indemniser le concessionnaire pour le prix que celui-ci avait versé à l'achat des terrains. Toutefois, elle retenait à titre de dommages et intérêts, et pour inciter les concessionnaires à mettre en valeur, une pénalité du dixième de ce prix[760]. Comme cette pénalité n'était finalement pas assez dissuasive, et sur la proposition des représentants des colons eux-mêmes, par la voix du conseiller colonial Joubert, le décret de 1928 éleva ces pénalités à une fourchette comprise entre trois dixièmes et cinq dixièmes du prix[761]. En dehors de ces garanties, la procédure était donc assez expéditive, toute concentrée entre l'autorité concédante et le seul concessionnaire, à tel point qu'en 1935, un projet de décret imagina de faire intervenir une commission pour donner un avis sur l'opportunité de la déchéance et surtout consulter les créanciers du concessionnaire, que la déchéance pouvait aussi sérieusement léser[762]. Ce projet suffit à démontrer que la procédure de déchéance aurait pu être dissuasive à l'encontre des concessionnaires peu sérieux ou incompétents, pour autant qu'elle eût été enclenchée plus fréquemment. L'administration, on l'a vu, y répugnait, à tel point qu'en 1911, à la suite des spéculations abusives au Tonkin, elle imagina une manière indirecte et moins coercitive de déchoir, plus exactement une forme d'autodéchéance du concessionnaire : l'impôt. Astreints à une charge fiscale significative, les concessionnaires improductifs incapables de l'assumer n'auraient

---

757 Conseil du contentieux administratif 4 janvier 1933 *Chapuis c. Gouvernement général d'Indochine et Gouvernement de Cochinchine*, CAOM FM 4affeco/78.

758 CE 11 avril 1930 *Do Huu Buu*, Leb. 1930, p.440.

759 CE 19 février 1936 *Sieur Chapuis*, Leb. 1936, p.218.

760 Article 41 de l'arrêté de 1913, JOIF 1914, p.77 ; article 16 de l'arrêté de 1926, P.1928, III, p.445.

761 Rapport Joubert, CAOM Indo/NF/2190 (2). Article 25 du décret de 1928, P.1928, III, p.469.

762 Il semble que ce projet n'ait pas abouti. En tout cas, voir la lettre du ministre aux gouverneurs généraux, le 10 mai 1935, CAOM Indo/NF/2190 (2).

plus eu d'intérêt à conserver leurs terres incultes ; or, si jusque là les règlements envisageaient l'imposition des concessionnaires, ceux-ci avaient toujours su se soustraire à l'obligation[763]. Simoni, le résident supérieur du Tonkin, et Sarraut, le gouverneur général, reprirent donc l'idée ingénieuse de Le Myre de Villers en Cochinchine dans l'arrêté de 1882, elle-même empruntée à la législation indigène, qui préférait à l'obligation brute d'exploiter, facilement contournable, l'astreinte à l'impôt[764]. Sarraut anticipa les attaques et les critiques des colons, solidement relayées par leur presse. L'opposition s'exprima en effet, contestant autant le principe, au nom de tous les aléas traversés par les colons dans leurs entreprises périlleuses, que les modalités. A l'exception de Marius Borel, vice-président de la Chambre d'agriculture au Tonkin et colon méritant, favorable à un impôt foncier et contre un impôt sur le revenu qui aurait frappé le plus durement les concessionnaires productifs, les colons se déclaraient dans l'ensemble en faveur d'un impôt fondé sur le rendement réel, épargnant les terres encore improductives, ce qui sapait bien sûr tout l'objectif de la mesure[765]. Les débats débouchèrent sur un compromis dans l'arrêté du résident supérieur du Tonkin du 20 décembre 1913. L'impôt était foncier mais les terres imposables, classées en plusieurs catégories selon leur rendement. Aucune terre inculte n'était exemptée. Le système toucha-t-il son objectif ? Eu égard aux quelques chiffres cités plus haut portant sur la période postérieure, il est permis d'en douter. Le système restait très généreux : le tarif général avait été diminué de 50% par rapport au règlement de 1897 et même si les terres incultes étaient imposées au tarif d'une catégorie de rizière, un tarif plus bas était créé en faveur des pâturages sur lesquels il était facile de frauder[766]. L'idée juste du départ fit donc long feu.

3/ Des exceptions au droit privé

L'accomplissement des conditions par le concessionnaire – ou l'indulgence administrative – et la délivrance de l'arrêté de concession définitive faisaient du concessionnaire un propriétaire au sens plein et de façon définitive[767]. A cet égard, le décret du 21 juillet 1925 relatif

---

763 Rapport Sarraut du 1er février 1912, CAOM FP 9/PA/11 ; Morel, *op.cit.*, p.151 sqq.

764 Note d'Albert Grodet de 1890, CAOM Indo/AF/106 ; rapport Sarraut de 1912 et note du 3e bureau du 4 mars 1912, CAOM FP 9/PA/11.

765 Lettre de Marius Borel au gouverneur général du 2 août 1913 et rapport de M.Blanc devant la Chambre d'agriculture, le 13 octobre 1911, CAOM FP 9/PA/11.

766 Arrêté du 20 décembre 1913, JOIF 1914, p.60, et la note explicative du gouverneur général, CAOM FP 9/PA/11.

767 Pour une application jurisprudentielle, CAI 23 septembre 1915 *Tu Van Khuong*, P.1916, I, p.128.

au régime de la propriété foncière en Indochine obligeait l'inscription aux nouveaux livres fonciers de toutes les propriétés privées acquises par voie de concession domaniale, à partir du jour où les droits réels étaient devenus définitifs[768]. Cette disposition, alors que les livres fonciers marquaient par excellence la consolidation du droit de propriété, illustrait sans ambiguïté possible la valeur et la portée du droit conféré par la concession définitive. Toutefois, sans aller jusqu'à dire que ce droit de propriété privée était dérogatoire, il restait empreint de certaines exceptions par rapport au droit commun, telles des « stigmates » de son origine administrative. Ces exceptions, apparues surtout à l'occasion du décret de 1928, s'introduisaient à la fois dans la relation du concessionnaire définitif avec d'autres particuliers et dans sa relation avec l'administration.

Même après être devenu un propriétaire ordinaire, le concessionnaire ne pouvait pas céder sa concession à qui il entendait. Longtemps libre de ce point de vue, le décret de 1928 vint lui interdire toute cession à des personnes étrangères, frappée d'une nullité de plein droit[769]. Cette mesure visait à éviter le passage des concessions immédiatement rentables en des mains étrangères qui n'auraient pas eu à subir toutes les dépenses de viabilité : "*Comment ne pas s'inquiéter de la facilité donnée aux capitalistes des pays favorisés par le change élevé de leur monnaie, pour se substituer à nos colons en profitant du découragement causé par une crise économique ? [...] Accepterons-nous une éventualité qui nous laisserait les charges de la défense et de l'administration de nos établissements, les soucis et les peines de la colonisation de leurs terres, et qui transférerait à des rivaux le bénéfice de nos efforts ?*"[770]. Cette interdiction édictée par l'article 9 du décret avait un caractère absolu, ainsi qu'en décida la Cour de cassation en 1946. Un créancier étranger avait obtenu par voie de saisie et d'adjudication judiciaires des parcelles concédées définitivement. Contestée par le Gouvernement de Cochinchine, ce dernier se vit satisfait par la Cour de cassation, qui lut dans le décret de 1928, une "*prohibition légale absolue*" de transmission des concessions aux étrangers, y compris après une saisie immobilière

---

[768] Article 319 du décret du 21 juillet 1925, P.1926, III, p.13. On se souvient que l'applicabilité de ce décret fut restreinte à la Cochinchine, au Laos et aux concessions internationales de Hanoï, Haïphong et Tourane.

[769] Article 9 du décret de 1928, P.1928, III, p.465.

[770] Rapport Richard, p.117. Toutefois, le rapport n'allait pas aussi loin que le décret : il proposait une interdiction de cession aux étrangers pendant une durée de 30 ans seulement (p.190).

indépendante de la volonté du concessionnaire[771]. Par conséquent, même pour des établissements de crédit étrangers qui n'avaient pas vocation à supplanter le débiteur dans son exploitation agricole, un concessionnaire définitif n'était pas un propriétaire comme les autres, solution qui pouvait priver les concessionnaires d'un certain accès au crédit[772].

Après la concession définitive, le concessionnaire n'était pas non plus totalement libéré de l'autorité concédante, qui conservait, au contraire, certains privilèges exorbitants de droit commun. Avant 1913, l'administration jouissait d'un droit de reprise pour les travaux publics limité à la durée de la concession provisoire, même si elle s'accordait parfois ce droit au-delà, par une disposition spéciale insérée dans certains arrêtés particuliers de concession définitive[773]. L'arrêté du gouverneur général de 1913, et à sa suite, les arrêtés de 1926 et le décret de 1928, ôtèrent cette limite temporelle pour autoriser l'administration à exercer son droit "*à une époque quelconque*" ou "*à toute époque*", dérogeant ainsi à l'article 1660 du code civil français qui imposait une limite temporelle aux facultés de rachat[774]. A vrai dire, c'était déjà le cas en Annam depuis l'arrêté de 1899 et au Tonkin, entre 1888 et 1896. Il n'était donc pas besoin de recourir à la procédure normale d'expropriation pour exproprier un concessionnaire devenu pourtant propriétaire à part entière. La justification historique de cette mesure se comprend facilement. Dans un contexte colonial, l'organisation et la répartition de l'espace public étaient loin d'être achevées et devaient demeurer dans cette incertitude pendant encore de nombreuses années. L'administration ne pouvait donc pas se priver de toute marge de manoeuvre sur des espaces de plusieurs milliers d'hectares, uniquement au nom du droit de propriété définitif des concessionnaires. Ce même contexte fait aussi comprendre que le droit de reprise pouvait n'être pas que théorique aux yeux des colons, ce qui motivait l'emportement du baron Pérignon contre l'arrêté relatif à l'Annam de 1899 : "*c'est la suppression même, en fait, du droit de propriété. Quel homme sérieux [...] voudra s'expatrier, risquer son temps, son travail et ses capitaux dans une*

---

771 Cass. Civ. 22 juillet 1946 *Gouvernement de Cochinchine c. Ramassamuchetti et consorts*, P.1947, I, p.174, avec le commentaire critique de Suzanne Dureteste.

772 *Ibid.*

773 A titre d'exemple, voir un arrêté de concession définitive de 1908 reconnu légal et appliqué par le Conseil d'Etat, dans un litige né d'une reprise à fin de travaux d'endiguement, CE 28 janvier 1931 *Dame Nguyen Thi Dzoanh*, Leb. 1931, p.93.

774 Article 45 de l'arrêté de 1913, JOIF 1914, p.78 ; article 4 de l'arrêté de 1926, P.1928, III, p.442 ; article 8 du décret de 1928, P.1928, III, p.465 ; Morel, *op.cit.*, p.73.

entreprise agricole pour n'acquérir, en cas de réussite, qu'un droit de propriété si précaire, si illusoire ?"[775].

A côté de ce droit de reprise, l'autorité concédante jouissait enfin d'un dernier privilège, beaucoup plus notable, puisqu'il touchait toutes les concessions et en permanence : celui d'une participation aux résultats généraux de l'exploitation. Introduite pour la première fois après 1926 sous la forme d'une redevance de 2 % *ad valorem* du produit brut des concessions[776]. le décret de 1928 accrut l'ampleur de cette participation. L'article 24 instaura une participation de l'autorité concédante dans toutes les concessions supérieures à 300 hectares sous deux formes : soit l'attribution d'actions d'apport libérées ou de parts de fondateur soit le versement d'une redevance annuelle d'exploitation[777]. Les arrêtés locaux d'application en fixèrent les détails : par exemple, l'arrêté de 1929 pour le Tonkin établit la participation dans les sociétés par action à 2 % du nombre total d'actions ou 1/20e du nombre de parts de fondateur et quant aux particuliers ou aux autres sociétés, l'autorité prélevait une redevance annuelle d'exploitation[778]. Cette dernière s'appliquait de façon variable en fonction des types de cultures – annuelles ou à rendement différé – mais dans les deux cas, son taux maximal s'élevait à 0,75 % de la valeur du produit pour l'année envisagée et elle était due à compter de l'année où la concession se trouvait en rapport normal[779]. Cela signifie qu'en pratique, la redevance provenait surtout de concessions définitives. Cependant, les textes reliaient son existence *juridique* à la délivrance de la concession provisoire. D'ailleurs, la participation dans le capital des sociétés par action commençait au jour de la délivrance de la concession provisoire. Cela s'expliquait par un but de la

---

[775] *Courrier d'Haïphong*, 6 mars 1900, CAOM Indo/AF/106. Il est intéressant de noter que l'arrêté relatif au Cambodge, pris pourtant à la même époque, ne comportait pas ce droit de reprise illimité. En 1927, la proposition du rapport Richard de limiter l'exercice du droit de reprise à une période de 30 ans ne fut pas suivie (Rapport Richard, p.189). Critique aussi de Ly-Binh-Huê, *op.cit.*, p.120.

[776] Instructions du gouverneur général Varenne, le 19 septembre 1926, CAOM Indo GGI//60.768. Aucune disposition sur la redevance ne figure dans l'arrêté de 1926 ni dans l'arrêté d'application de 1927 pour le Tonkin, puisque dans ses instructions, Varenne disait lui-même que ses modalités étaient encore à l'étude. Elle fut donc vraisemblablement instituée par un règlement spécial, dont nous n'avons pas trouvé trace, mais qui existait bel et bien puisque le rapport Richard mentionnait l'existence de cette redevance.

[777] Article 24 du décret de 1928, P.1928, III, p.469.

[778] Articles 12 et 13 de l'arrêté du 21 juin 1929, JOIF 1929, p.3223.

[779] Articles 13 et 14, *ibid.* Une plantation était en rapport normal à l'expiration du délai de mise en valeur pour les cultures annuelles et à l'expiration de ce délai augmenté du délai de non-productivité des plants pour les cultures permanentes à rendement différé (article 13).

participation qui était de dissuader les spéculateurs[780]. Mais elle visait d'autres objectifs, ce qui invite à approfondir quelque peu la nature et la logique multiples de cette participation, qui s'analysait tout autant comme un prix différé et une ressource fiscale, mais pas comme un instrument d'intervention économique, ainsi que certains avaient pu le redouter. Tout d'abord, la participation aux produits d'exploitation pouvait être considérée comme un complément de prix de l'aliénation du domaine, plaçant ce dernier à sa valeur réelle, qui restait sous-estimée au moment de sa concession. C'est cette interprétation que défendait André Hesse, député et ancien ministre des colonies, à la Chambre en 1927, lorsqu'il déclarait : "*Quand l'Etat accorde une concession, il cède une partie de son domaine et il est logique qu'un prélèvement soit opéré en sa faveur sur les bénéfices de la société concessionnaire*"[781]. Il serait néanmoins restrictif de ne voir dans cette participation que le rattrapage d'un prix de vente, car, par elle, l'administration visait plus loin : elle l'envisageait comme un moyen de couvrir en partie les dépenses publiques diverses consacrées au développement agricole. La participation entrait alors dans une logique davantage fiscale, qui paraît d'ailleurs avoir été prédominante dans les différents écrits. Telle était la conception de l'initiateur de la participation, le gouverneur général Alexandre Varenne en 1926 : "*Il était au début dans mes intentions, d'incorporer à l'arrêté une disposition qui permît à la colonie, de tirer de l'aliénation de son domaine rural et sa mise en valeur, des ressources en rapport avec la part qu'elle prend dans la création et le développement de la richesse agricole. Cette mesure [...] se justifie d'autant plus pour les entreprises agricoles, que la cession des terres à un prix modique constitue un véritable apport, et que leur mise en valeur nécessite des travaux publics importants, exécutés à cette seule intention, et dont la colonie assume tous les frais. [...] En dernier lieu, je me suis arrêté à un impôt sur la production, sous la forme d'une redevance de 2 % ad valorem du produit brut*"[782]. D'autres rapports, avant ou après les instructions de Varenne, abondaient dans le même sens[783]. Quant à la

---

[780] Rapport Richard, p.174 ; rapport d'Yves Henry sur le droit colonial étranger, CAOM Indo GGI//60.960.

[781] AP. 1927, p.715. Dans un sens voisin, Yves Henry : "*De toutes façons les Etats voisins tirent de leur domaine rural aliéné des ressources ou des revenus très élevés*", rapport précité.

[782] Instructions du gouverneur général relatives à l'arrêté du 19 septembre 1926, CAOM Indo GGI//60.768.

[783] Rapport Henry, CAOM Indo GGI//60.960 ; rapport Richard, p.200 : "*à mesure que les concessions se multiplient et se développent, les dépenses de la colonie s'accroissent et que les finances publiques ont besoin de plus en plus de ressources pour faire face à*

jurisprudence, elle consacrait ce point de vue, déclinant tout caractère contractuel à la redevance pour y voir une taxe assimilée à une contribution indirecte[784]. En revanche, tous les contemporains s'accordaient à refuser de voir ou d'utiliser cette participation comme moyen d'intervention de l'autorité concédante dans la gestion des entreprises concessionnaires. Cette remarque mérite d'être soulignée car elle se distingue de l'historiographie assez courante qui tend à voir dans le développement colonial une version anticipée du dirigisme ou de l'interventionnisme économique de la puissance publique, qui a gagné la France progressivement à la fin des années 30 et surtout après la seconde guerre mondiale. Cette lecture compte, du reste, une part de vérité : n'est-ce pas d'ailleurs à l'occasion d'une affaire authentiquement coloniale que la jurisprudence commença d'engendrer la notion de service public à caractère industriel et commercial[785] ? Cependant, cette perspective ne se vérifie pas à propos de la participation publique dans les concessions, même lorsqu'elle résidait dans la possession d'actions et en dépit du jugement abrupt du conseiller colonial Joubert : "*Cet article qui prévoit sans aucune contre-partie, l'ingérence de l'Etat dans les affaires agricoles privées, constitue, vis-à-vis de la colonisation européenne et annamite, une menace dont la gravité n'avait pas échappé à M.Varenne. L'application d'une telle mesure, dont le caractère nettement socialiste est évident était de nature à séduire l'ancien gouverneur général de l'Indochine*"[786]. Pour preuve, le questionnaire de 1933 envoyé au gouverneur général de l'Indochine lui soumettait la question de savoir s'il ne fallait pas stipuler dans les cahiers des charges que la participation conférerait à l'administration un droit de contrôle sur la marche de l'affaire. Or, le gouverneur général rejetait une pareille évolution et défendait le *statu quo*, notamment la disposition insérée dans la réglementation locale qui, pour la redevance, faisait établir son assiette sur des bases fixées par une commission locale de colonisation, "***en vue d'éviter un contrôle rigoureux** des exploitations envisagées*"[787]. La distinction bien mise en exergue par le rapport Richard entre une concession domaniale, affaire principalement

---

ces dépenses [...], l'idée de la participation aux bénéfices apparaît alors absolument normale".

[784] Arrêts Cass. 15 mars 1937 et Cass. Civ. 25 février 1947, d'après l'ancien résident supérieur Eutrope, dans ses observations sous l'arrêt Cour d'appel de Saïgon 13 octobre 1944, P.1948, I, p.42.

[785] La fameuse jurisprudence *Bac d'Eloka*, TC 22 janvier 1921 *Société commerciale de l'ouest africain*.

[786] Rapport Joubert, CAOM Indo/NF/2190 (2).

[787] Article 15 de l'arrêté du 21 juin 1929 pour le Tonkin, JOIF 1929, p.3224. Réponse au questionnaire de 1933, CAOM Indo GGI//60.755.

privée, et une concession de service public, avait donc encore de l'avenir : "*Sans doute, en France, l'idée de participation aux bénéfices, lorsqu'il s'agit de concessions, paraît de plus en plus s'imposer. Qu'il s'agisse de concessions de mines, de chemins de fer, de concessions de services publics, distribution de gaz, d'électricité, de force motrice, il est fréquent de voir figurer dans le cahier des charges une clause de participation aux bénéfices, au profit de l'autorité concédante. Mais il importe de remarquer que la concession d'un service public ou la concession, – on devrait dire plus exactement la cession, – d'une certaine superficie de terres cultivables sont deux choses absolument différentes de nature*"[788]. *In fine*, ce débat suscité par la participation de l'administration renvoyait plus largement à la forme et à la nature de cet acte bien spécial qu'était la concession domaniale aux colonies : acte administratif visant un but de service public certes, mais aussi d'une nature partiellement et irréductiblement privée. Ce « mélange » édifia donc un droit administratif de la propriété privée d'une grande originalité historique.

[788] Rapport Richard, p.200.

Carte postale d'une plantation

CONCLUSION

Si ce droit des concessions domaniales en Indochine était original ou *sui generis*, il n'avait pas pour autant été créé *ex nihilo*. Quelles peuvent donc être ses origines identifiables ? Comme les hypothèses sont multiples, il convient seulement de les effleurer sans les approfondir. Pour ce qui est des origines lointaines, on pourrait probablement trouver des ressemblances avec le droit romain et le droit médiéval. Telle était la conviction de Paul Blanc en 1958 : "*[...] ce n'est guère déformer la réalité que de voir dans la concession domaniale un résidu du système féodal, lui-même issu, pour partie du droit « colonial » romain*"[789]. L'auteur soulignait plus précisément la ressemblance entre la concession coloniale et la censive médiévale[790]. Cette intervention dresse une comparaison intéressante mais à une réserve près, selon nous : de considérer ces ressemblances avec le droit ancien plus comme des coïncidences que comme de pures filiations. Paul Blanc l'admettait d'ailleurs implicitement quand il indiquait que le droit qui avait servi de modèle aux concessions de la période coloniale contemporaine avait été celui forgé aux Antilles et à Saint-Domingue ; or, ce droit domanial était vraiment propre aux colonies et irréductible à une simple transposition du droit féodal[791]. Plus récemment, Jean Bastier a lui aussi rappelé combien les juristes coloniaux, pétris des idées républicaines de progrès, étaient résolument tournés vers l'avenir donc fort peu disposés à rechercher leurs modèles dans les droits anciens[792].

L'Ancien Régime colonial constitue en revanche une origine beaucoup plus pertinente. Son héritage a pu se transmettre aux colonies nouvelles comme l'Indochine, conquises par la République, par le biais des anciennes colonies insulaires dont le droit domanial avait été largement fixé par la Royauté puis conservé après la Révolution avant d'inspirer le droit des colonies nouvelles. Pour la ressemblance entre le droit d'Ancien Régime et le droit construit en Indochine, il ne serait donc certainement pas abusif de parler de

---

[789] P.Blanc, "A propos des concessions domaniales outre-mer sous l'Ancien Régime", *Revue juridique et politique de l'Union française*, 1958, p.506.
[790] *Ibid.*, p.515.
[791] *Ibid.*, p.516.
[792] J.Bastier, "L'image de Rome et le modèle du droit romain dans la construction du droit colonial français", in J.Krynen (dir.), *Droit romain, jus civile et droit français*, Toulouse, 1999, p.86.

filiation[793]. Comme origines plus proches encore, le droit comparé a dû exercer quelques influences ponctuelles. Le rapport d'Yves Henry sur le système anglais et néerlandais comme l'intérêt éprouvé pour le *Torrens act* l'attestent. L'originalité est que le droit comparé n'avait pas qu'un intérêt scientifique mais pratique immédiat. Ce phénomène découlait directement de la logique impérialiste mondiale, qui émoussait la concurrence et les rivalités entre puissances coloniales, et favorisait naturellement les comparaisons de méthode. Si l'objectif du droit colonial était donc farouchement nationaliste – au service de la nation colonisatrice bien sûr –, ses techniques étaient en revanche beaucoup plus ouvertes à ce qui se pratiquait efficacement à l'étranger. Il ne se résumait donc pas à une importation des techniques de tradition française.

Enfin, il est peut-être une origine beaucoup plus surprenante mais non dépourvue d'arguments : le « métissage » avec le droit indigène. Souvenons-nous que le principe de la concession n'était rien d'autre que l'octroi d'une propriété privée sous condition de l'avoir mise en culture. Or, cela était assez proche du droit indigène. Il serait bien hasardeux d'oser souligner une pareille relation, s'il n'y avait pas toutefois une remarque assez troublante dans l'une des sources étudiées dans cet ouvrage, en l'occurence une observation du *Recueil Penant* portée sous l'arrêt *Peretti* du Conseil d'Etat et déclarant à propos du délai légal de mise en valeur : "*Quelque faveur que méritent les colons français, il serait étrange qu'il leur fût fait une situation qui vint se heurter à un principe d'ordre public établi par la législation indigène. Il ne faut pas oublier que nous ne sommes qu'en pays de protectorat [...]*"[794]. Cette remarque ne laisse pas de surprendre : voilà un droit des concessions domaniales forgé par une administration entièrement française, opérant certes dans un protectorat mais avec toutes les délégations pour édicter ce qu'elle entendait, et un droit destiné à des Français, mais qui s'inspirait de principes d'ordre public de la législation indigène... La remarque du *Recueil Penant* ne reste pas isolée, telle une originalité incongrue ; elle s'insère dans un ensemble de formulations doctrinales et même de réglementations qui incitent à la réflexion. Précisons d'emblée que le phénomène n'apparaissait pas cantonné aux protectorats, puisque dans la colonie de Cochinchine, la reprise du droit indigène est ouvertement pratiquée dans les premiers règlements, dans la mesure où ils devaient s'appliquer aussi aux indigènes. René Erny, qui retraçait la genèse de l'arrêté cochinchinois de 1882, indiquait explicitement que l'intention

---

[793] Pour une description synthétique de ce droit d'Ancien Régime, voir l'article précité de Paul Blanc. Egalement, Dareste, *op.cit.*, p.262.

[794] Observation sous CE 19 juillet 1918 *De Peretti*, P.1918, I, p.209.

de l'administration, constatant l'échec des arrêtés antérieurs, avait été de se rapprocher de la législation indigène[795]. Sombsthay, en 1898, avait beau nier toute ressemblance entre le droit français des concessions et le droit indigène, c'était pour mieux déplorer cette dissemblance : "*S'est-on inspiré de la législation annamite vis-à-vis de nos colons ? Nullement. On a compliqué à plaisir les formalités administratives de manière à décourager les plus absolus*"[796]. Pour cet administrateur, la logique et la justesse, à défaut d'être effectives dans la réglementation existante, recommandaient le métissage, et de vanter "*la supériorité de l'efficacité de cette législation [annamite]*" : "*La législation actuelle des concessions agricoles est bien imparfaite et bien compliquée. Elle est loin d'avoir la souplesse et la fécondité de la législation indigène. Aussi n'est-elle pas de nature à provoquer l'émigration des capitaux agricoles [...]*"[797]. La même louange au droit indigène, mais pour d'autres motifs, se lit sous la plume du capitaine Bernard en 1901[798].

Affirmer catégoriquement que le droit des concessions domaniales fut donc un droit « métissé » irait peut-être un peu loin mais une analyse du processus historique de la colonisation expliquerait bien comment l'administration pût au moins s'inspirer des principes du droit indigène, y compris à l'égard de ses compatriotes, hypothèse que défient *a priori* le principe de dualité de la législation coloniale et l'intention politique de placer les Français dans une situation privilégiée. La *force des choses*, en l'occurence la capacité de résistance de la société autochtone et de ses règles, empêchait peut-être l'autorité coloniale d'importer directement un

---

[795] Erny, *op.cit.*, p.80-83. Voir aussi la note du gouvernement général de l'Indochine au département, le 10 juillet 1899 : "*à noter que le principe [annamite] de cette déchéance des droits du propriétaire par le seul fait de la cessation du paiement de l'impôt a été conservé à l'article 28 de l'arrêté du 22 août 1882 réglementant les concessions en Indochine*" (CAOM Indo/AF/106).

[796] Sombsthay, *op.cit.*, p.250. L'auteur critiquait ici la réglementation tonkinoise de 1896.

[797] *Ibid.*, p.248 ; note administrative du même, le 29 mai 1897, CAOM Indo/AF/106. Un pareil hommage rendu au génie de la législation autochtone peut surprendre tant elle semble entamer le mythe colonial de la supériorité européenne. Apparemment, cela n'effleurait pas Sombsthay ni ceux qui pensaient comme lui, mais peut-être parce qu'à leurs yeux, il n'y avait point contradiction et que la supériorité du colonisateur résidait moins dans l'imposition brutale de sa civilisation qui aurait été absolument supérieure et universellement applicable que dans sa capacité à s'emparer des civilisations autochtones, à les comprendre, à composer avec elles et à prétendre les gouverner encore mieux que les autochtones eux-mêmes : en somme, une conception bien paradoxale – et certainement aporétique – de la supériorité.

[798] Bernard, *op.cit.*, p.138-139.

droit complètement étranger au pays colonisé[799]. Ainsi en Cochinchine, la réglementation de 1882, qui s'appliquait de manière commune aux indigènes et aux Européens, faisait-elle œuvre de compromis. *A fortiori*, lorsque les réglementations restaient appliquées selon le critère de nationalité[800], donner *immédiatement* au concessionnaire un titre définitif, conforme au droit commun de la propriété en métropole, sur des terres incultes, alors que les autochtones devaient, eux, suivant leur droit, prouver leur capacité à les mettre en culture, eût été certainement trop brutal et impossible à soutenir dans le contexte colonial conflictuel de course aux terres. Cette force des choses n'était-elle pas finalement ce qu'exprimait le contemporain Jean Morel : "*Il n'est pas possible d'admettre que, dans quelques lustres, les Annamites toléreront qu'il y ait deux modes de tenure des terres : l'une conforme à la règle commune, l'autre emportant certains privilèges*"[801] ? Or, ce système de la concession, en dépit même de la réprobation de Morel qui n'en touchait que l'application et non le principe, demeurait encore le meilleur moyen de soumettre le bénéficiaire à des règles *proches* de celle du droit indigène pendant la période provisoire. Le même esprit régnait bien plus tard encore, en 1925, dans le rapport Henry, à propos du bail emphytéotique : "*Ce mode d'aliénation devra sans doute être envisagé en Annam, en conformité des coutumes*"[802]. Toutefois, à côté de cette contrainte politique, une raison plus positive pouvait conduire l'administration à s'inspirer du droit local. Les savants français constatèrent très tôt, à travers l'histoire des institutions viêtnamiennes, que le droit viêtnamien était lui aussi un droit colonial, forgé pour la conquête des terres et l'expansion vers le sud et l'ouest de la péninsule indochinoise. Sombsthay en avait conscience, qui écrivait : "*ainsi qu'on a pu s'en rendre compte par les dispositions législatives en usage dans l'empire d'Annam, la colonisation était une des idées dominantes du gouvernement et chez nul peuple, on ne rencontre, à un pareil degré d'intensité, la force colonisatrice*"[803]. Pareille observation

---

[799] Cette composition avec le droit indigène se vérifiait, cette fois-ci de manière incontestable, dans le domaine du droit public et de l'organisation administrative, à travers l'intégration de nombreuses institutions indigènes au système colonial, cf. Brocheux, Hémery, *op.cit.*, p.66 et 93, et les travaux d'Emmanuel Poisson. Voir aussi, pour le droit privé, les développements généraux de J.C Careghi, *Le statut personnel des Vietnamiens en Indochine de 1887 à 1954*, Thèse Aix-Marseille III, 2001, pp.19-43.

[800] Tel était le cas en Annam pendant toute l'occupation coloniale et au Tonkin jusqu'en 1914. C'était aussi le cas au Laos jusqu'en 1914 et au Cambodge jusqu'en 1916, où le droit autochtone n'était cependant et évidemment pas le droit viêtnamien.

[801] Morel, *op.cit.*, p.229.

[802] CAOM Indo GGI//60.960.

[803] Sombsthay, *op.cit.*, p.247.

dut donc mener les juristes français, en quête de leur propre droit colonial, à prendre en compte cette expérience locale plutôt qu'à construire un droit entièrement *ex nihilo,* à partir de modèles purement rationnels. Faut-il considérer que Sombsthay marquait ici sa fidélité au proverbe viêtnamien qu'il proclamait fièrement en épigraphe de son ouvrage : "*Nhập giang tuy khúc, nhập gia tuy tục (quand on entre dans un fleuve, il faut en suivre les détours, quand on entre dans une maison, il faut en suivre les usages)*"[804] ? Peut-être, mais par-delà cette politesse rendue à l'« hôte » indigène, Sombsthay mettait surtout en exergue les avantages du droit indigène pour les colons français, droit jugé par tous les auteurs comme moins formaliste et donc moins coûteux que le droit français[805]. Mais l'on sait aussi que cet auteur, et d'autres avec lui, se plaignait de ne pas retrouver suffisamment l'esprit de la loi indigène dans la réglementation française. La part exacte d'inspiration du droit indigène et ses raisons demeurent donc bien obscures et difficiles à évaluer mais leur existence nous paraît certaine.

En guise de bilan général, le droit des concessions domaniales, reflet parfait de l'oeuvre coloniale, fut en construction, ou plutôt reconstruction, permanente jusqu'en 1929, et même en 1929, s'il semblait avoir atteint le degré de maturité, des changements ultérieurs n'étaient pas exclus. Cette caractéristique aide à comprendre l'incertitude persistante de certaines solutions juridiques et parfois les contradictions et divergences inexpliquées d'une autorité à l'autre sur un même problème. Retenons que l'administration fut souvent plurivoque et donc indécise, y compris sur des orientations fondamentales, telles que le choix ou non des grandes concessions, constat qui tranche avec l'image mythique véhiculée, aujourd'hui encore, à propos de l'administration de la IIIe République, image d'une civilisation bureaucratique triomphante et sûre d'elle-même.

L'impression qui se dégage à l'issue de cette étude, celle d'un droit laborieux et difficile, ne doit peut-être pas faire préjuger de la réalité. D'abord, l'embarras et les tergiversations de l'administration furent, par un autre côté, gages de prudence et de souplesse, attitudes qui, dans le contexte colonial, sont au moins aussi payantes que la force. Peut-être est-ce même dans ce comportement qu'il faut *également* rechercher le secret de la longévité relative de la présence française dans un territoire aussi étendu que l'Indochine et si lointain

---

[804] Sombsthay, *op.cit.*, p.1.

[805] Pour la procédure des concessions en droit indigène, voir Schreiner, *op.cit.*, p.307. Schreiner retenait surtout le traitement local et déconcentré de la procédure, source de gain de temps.

du renfort métropolitain. Enfin, les cas particuliers présentés ici furent souvent des échecs, qu'il ne convient pas de généraliser. Il ne faudrait pas oublier que si beaucoup de concessions ont prospéré, c'est que le droit le leur a permis. Autrement dit, le tableau juridique qui se révèle, de manière *ultime*, à l'occasion des litiges et des difficultés ne se confond pas avec le tableau des faits économiques et sociaux qui intéresse les historiens généralistes et dans lequel ces derniers trouveraient certainement une situation générale, à l'échelle de toute l'Indochine, plus favorable aux concessionnaires. Le tableau juridique n'en a pas moins existé et il méritait d'être examiné sous un angle historique.

De cette analyse, il ressort que le droit des concessions a facilité l'accès des colons à la propriété des terres en Indochine mais recelait quelques surprises. D'une part, les indigènes n'étaient pas complètement désarmés d'un point de vue juridique pour se défendre et le titre de concession provisoire était loin d'offrir toute la solidité à laquelle on se serait attendu de la part d'un droit que l'autorité coloniale voulait « supérieur » et tourné vers l'efficacité économique. D'autre part, ce droit accouplait deux notions habituellement séparées et opposées en droit métropolitain : le droit administratif et la propriété privée. Malgré les pétitions de principe sur l'intérêt général et le rôle de l'autorité coloniale dans la prise en charge du développement économique, ce droit n'était pas totalement administratif, ni totalement privé non plus. C'est ce caractère hybride qui doit susciter l'étonnement de l'historien. Alors que d'un côté, l'autorité coloniale s'échinait à introduire le droit de propriété civiliste chez les indigènes, au nom du progrès[806], d'un autre côté, elle entamait, à l'égard des Français, comme une « régression », en instituant un droit de la propriété privée on ne pouvait plus dérogatoire au droit commun. Ce droit était, en effet, éloigné de ce que professait Delhoumeaud en 1903, invoquant l'autorité du physiocrate Quesnay : "*Pour attirer des capitaux, des activités dans les pays neufs, où tout est à créer et souvent beaucoup à risquer, il faut au colon la certitude d'un droit de propriété inébranlable*"[807]. De même, René Gueyffier en 1928 ne distinguait-il pas la théorie française de la propriété de la théorie annamite en ce que la première ne fondait pas

---

[806] Pour la jurisprudence précoce, voir CAI 13 août 1891, P.1891, I, p.685, ou CAI (Chambre civile indigène) 22 mars 1922, P.1922, I, p.196 : "*en Annam, le droit de propriété est entier*". Pour la réglementation, voir l'article 462 du Code civil tonkinois de 1931 définissant le droit de propriété comme "*le droit de jouir et disposer des choses de la manière la plus absolue, pourvu qu'on n'en fasse pas un usage prohibé par la loi*" (cité par Dureteste, *op.cit.*, p.142). Egalement, Brocheux, Hémery, *op.cit.*, p.102 et 198.
[807] Delhoumeaud, op.cit., p.73.

le droit de propriété sur le travail et la productivité du bien possédé[808]? Une « dénaturation » dans le milieu juridique colonial s'opérait donc dans les deux sens, phénomène d'autant plus remarquable qu'il concernait le droit de propriété, pourtant figure emblématique du droit métropolitain jugé civilisé et supérieur dans l'idéologie coloniale[809]. Certes, nous accordons volontiers que ce regard de l'historien actuel ne correspond pas à celui de tous les contemporains, par exemple des Bruel et des Ly-Binh-Huê dont les thèses saluaient, au contraire, dans le droit des concessions devenues définitives une étape vers le but révéré, l'introduction du droit de propriété à la française en Indochine, ou même la thèse d'un Borel qui stigmatisait les privilèges excessifs des concessionnaires[810]. Pour autant, rappelons que les complaintes des auteurs sur le caractère trop précaire des concessions ne manquaient pas non plus[811], et si certains auteurs voyaient plutôt un droit favorable aux concessionnaires, c'est parce qu'ils souhaitaient en réalité un droit beaucoup plus strict à leur encontre, tels Fernand Bernard, Jean Borie et Jean Morel qui, tous trois, prônaient l'abandon des concessions définitives, même en cas de réussite du concessionnaire, au profit d'une possession temporaire qui obligerait le concessionnaire à transférer sa terre aux autochtones, une fois la mise en valeur opérée[812]. Dès lors, on comprend que le droit des concessions ne pouvait pas apparaître à ces auteurs comme très dérogatoire du droit métropolitain. Il le demeurait pourtant, dans une mesure relative mais non négligeable.

Ce constat invite à poser quelques jalons possibles d'une étude historique du droit colonial. Celle-ci pourrait tout d'abord remettre ses pas dans ceux des juristes colonialistes et porter son intérêt au *droit*

---

808 Gueyffier, *op.cit.*, p.44.

809 Une conclusion sur le *droit* à tempérer, on l'a vu, par l'observation des faits et de la pratique administrative beaucoup plus indulgente à l'égard des concessionnaires. Toutefois, en illustration ultime de ce droit dérogatoire, on pourra citer un attendu de la Cour d'appel d'Indochine dans son fameux arrêt *Marty* : "*Attendu, en ce qui concerne l'acte précité du 1er octobre 1891 dont se réclame Marty, que la valeur prédominante de cet acte ne saurait être sérieusement déniée ; qu'il ne constitue nullement un titre de concession ayant à se conformer, pour sa validité, aux règles en vigueur en cette matière mais une véritable vente ferme et définitive [...]*". Faut-il en conclure que, d'après le juge colonial, si l'acte avait été une concession, il n'aurait pas eu une valeur suffisante pour faire triompher Marty, ce qui prouverait encore la différence bien réelle entre les concessions administratives et les aliénations de droit commun ?

810 Bruel, *op.cit.*, p.97 ; Ly-Binh-Huê, *op.cit.*, p.121 ; Borel, *op.cit.*, p.229.

811 Voir Ly-Binh-Huê lui-même, *ibid.*, et Lejeune, *op.cit.*, p.137.

812 Bernard, *op.cit.*, p.261 ; Borie, *op.cit.*, p.111 et Morel, *op.cit.*, p.163 et 223, que nous pouvons citer une dernière fois : "*La socialisation des moyens de production est dans le programme de notre politique intérieure en France, n'est-il pas singulier qu'hors de France nous instituions la propriété du sol alors que chez nous nous en demandons la socialisation*".

autochtone précolonial, dont la compréhension est nécessaire à celle du droit colonial et qui mériterait d'être revisité par une étude authentiquement juridique, éclairée par l'histoire et l'ethnologie, dans la limite naturellement des sources existantes sûrement moins riches – le temps et les guerres ayant fait leur œuvre – que celles dont disposaient les colonialistes. Une telle étude nous éclairerait sur les transformations opérées par le droit colonial et sa doctrine, que nous n'avons pu ici analyser que de façon interne. Enfin, une étude du droit colonial pourrait se placer sous l'angle des *formes*. Le droit colonial mettait en effet à l'épreuve et transcendait souvent les cadres conceptuels du droit français – droit international et droit interne, droit public et droit privé – et il se constituait au carrefour des espaces – ici, produit de la rencontre entre l'Occident et l'Extrême-orient, et même au sein de l'Occident, entre la France, l'Angleterre et la Hollande – et au carrefour des époques – système « moderne » confronté à un système « féodal ». Il ressortait de ces multiples croisements un produit original, qui peut, aujourd'hui, souvent s'analyser comme un « monstre », non point au sens moral – encore que ce sens puisse être aussi valide dans le droit colonial – mais au sens formel du terme, et les concessions domaniales en sont un parfait exemple.

ANNEXES

A) Cour d'appel de l'Indochine 1er mai 1908 *Marty c. Rainoird* (P.1908, I, p.333).

"*Au fond :*

Attendu que la solution de ce procès doit être demandé à la fois à la législation française et à la législation annamite, suivant qu'il y aura à se prononcer sur le mérite des droits concurrents des citoyens français parties en cause, ou sur les actes accomplis par les Annamites dont lesdites parties tiennent leurs droits ; que la légalité de ce dualisme de législation dans une même instance a été consacrée, pour l'Indo-Chine par un arrêt de la Cour de cassation du 19 janvier 1900 ;

Attendu que Marty, acquéreur du sieur Courret de 1183 hectares de terres sises à Gia Lam, province de Bac Ninh, que ledit Courret a achetées du Protectorat du Tonkin le 1er octobre 1891, demande le déguerpissement de Rainoird dudit terrain dont il revendique la propriété ;

Attendu que Rainoird oppose à cette action et les droits qui lui ont été transmis par le sieur Faucon et provenant de 14 actes de vente consentis à ce dernier par quelques indigènes et par divers villages de ladite province de Bac Ninh, dans les années 1897 et 1898, et les droits de sa possession qui n'est pas contestée ;

Attendu que déjà il est permis de voir que la possession de rainoird, ayant la date de ses titres pour point de départ, est postérieure au titre de Marty et ne saurait lui faire échec ;

Que la jurisprudence de la Cour de cassation consacrée par une série d'arrêts, décide en effet, dans le cas de conflit de titres émanant d'auteurs différents, que « la preuve du droit réel résultant du titre translatif produit ne peut être combattue que par la production d'un titre préférable ou par la justification d'une possession légale d'une date antérieure au titre produit » ;

Attendu que la possession de Rainoird, ne justifiant pas de la réalisation de cette condition, doit être dès à présent déclarée inopérante en la cause ;

Attendu, en ce qui concerne l'acte précité du 1er octobre 1891 dont se réclame Marty, que la valeur prédominante de cet acte ne saurait être sérieusement déniée ; qu'il ne constitue nullement un titre de concession ayant à se conformer, pour sa validité, aux règles en vigueur en cette matière, mais une véritable vente ferme et définitive de 1183 hectares environ, consentie à Courret par le résident de France à Bac Ninh, au nom du résident supérieur et ratifiée par le Gouverneur général de l'Indo-Chine, qualifié à cet effet par l'ordonnance du 3 octobre 1888 par laquelle le roi d'Annam a, relativement au règlement des acquisitions de terres, délégué ses pouvoirs au chef de la colonie ;

Que l'art. 1er de cette ordonnance est ainsi conçu :

« Les citoyens et protégés français qui acquerreront des biens sur le territoire du Tonkin en auront, par le seul fait de l'acquisition régulière, l'entière propriété dans les conditions prévues par la loi française. Les acquisitions faites en vertu de cette ordonnance seront en outre soumises aux règles générales que croira devoir tracer M. le Gouverneur général de l'Indo-Chine auquel nous déléguons tous nos droits ». [...] ;

Attendu que ladite ratification du Gouverneur général résulte manifestement de l'arrêté du 2 décembre 1893, par lequel le chef de la colonie donne mainlevée et consent radiation « de l'inscription prise d'office au profit du Domaine local contre Charles Courret sur les terrains incultes sis à Bac Ninh, tels qu'ils sont indiqués dans l'acte de vente du 1er octobre 1891, en garantie du paiement de la somme de 5915 ligatures, formant en principal le prix total de la vente » ;

Qu'on ne saurait trouver une confirmation plus complète de l'acte dont se prévaut Marty ; qu'il y a lieu de remarquer que cette ratification témoigne en même temps du paiement du prix de la vente et qu'elle est d'une date antérieure aux ventes consenties à Faucon, auteur de Rainoird ;

Attendu que la force probante de l'acte de Marty, réunissant les conditions de régularité qui viennent d'être indiquées, ne pourrait être détruite que par la démonstration que la propriété du terrain qui en fait l'objet appartenait à cette époque à autrui ;

Attendu qu'il résulte au contraire des documents de la cause que lesdites terres étaient incontestablement de nature domaniale, comme terres abandonnées ;

Attendu que, quelles qu'aient été les causes pour lesquelles l'abandon dudit terrain s'est produit, causes développées au jugement attaqué et tenant à l'état de trouble que traversait à ce moment le pays, il n'en est pas moins vrai que le fait en est certain ; qu'il n'est pas contesté par Rainoird qui invoque la force majeure pour le justifier et qu'il est attesté par les pièces du procès indiquant que les terres vendues étaient incultes ;

Attendu qu'il est également indéniable que le paiement de l'impôt avait cessé en même temps que s'est effectué ledit abandon ; que cette circonstance, corroborant l'état d'inculture des terres, ne laisse aucun doute sur leur retour définitif au Domaine ;

Attendu que le droit de propriété en Annam n'a nullement le caractère plein et total que lui a conféré le Code civil, la propriété individuelle n'étant qu'une délégation de la grande famille nationale, c'est-à-dire de l'Etat, qui seul possède le *dominium plenum*. D'où il suit que des conditions étroites, sous peine de déchéance, ont été imposées au maintien des droits de tout propriétaire ;

Que c'est en vertu de ce concept succinctement énoncé que celui qui laisse tomber une terre en friche et n'en paie pas plus l'impôt, perd sur elle ses droits de propriété, parce que ne rendant plus aucun service à la collectivité, il ne peut continuer de priver la société d'un bien qui pourrait être utilisé par d'autres dans l'intérêt général [...] ;

Attendu que cette règle de déchéance qui s'applique à partir du moment où la cessation du paiement de l'impôt coïncide avec le délaissement évident de la terre est un des principes essentiels du régime de la propriété en

Annam ; que les commentateurs du Code annamite le considèrent comme la résiliation du contrat tacite passé entre l'Etat et chaque propriétaire ;

Attendu que c'est en vain qu'il a été prétendu que le titre de propriétaires donné à certains villages dans l'acte du 1er octobre 1891, et que la mention qui y est aussi inscrite déclarant que le prix de la vente serait réparti entre les mêmes villages établissaient la persistance des droits de ces villages à l'encontre de Marty ;

Attendu que ladite qualification de *propriétaires*, incidemment exprimée au contrat, ne représente au contraire qu'une vague énonciation, non seulement parce qu'elle ne s'autorise d'aucune preuve et qu'elle ne saurait prévaloir contre les droits du Domaine résultant, comme il vient d'être dit, du fait de l'abandon des terres, mais parce que, transférant la propriété du Domaine au sieur Courret, le Protectorat a agi en son propre nom, sans mandat de qui que ce soit et sans autres réserves que celles relatives aux édifices de culte existant sur le vaste terrain vendu et à une servitude de passage ; que le Protectorat faisant acte d'unique propriétaire n'a donc pu vouloir déclarer en même temps que, comme lui, lesdits villages étaient aussi propriétaires ;

Attendu que, pour les mêmes considérations, la mention relative à la répartition du prix de la vente ne saurait être opposable à Marty ; qu'on peut dire que cette mention ajoute plutôt à ces considérations en indiquant que ladite répartition devait se faire par les soins du résident au lieu de l'être directement auxdits villages par l'acquéreur, comme dans les contrats de Rainoird, et en général, comme toutes le ventes où le prix doit être payé à celui qui agit en qualité de propriétaire ; qu'il ne faut donc voir dans cette répartition du prix aux villages qu'une indemnité de bienveillance, d'un caractère peut-être politique, mais impuissante à influer sur l'attribution de la propriété des terrains litigieux ;

Attendu que dès lors on comprend mal que le premier juge, considérant qu'il y a eu cessation du paiement de l'impôt de la part des précédents détenteurs, mais estimant qu'elle n'entraînait pas déchéance de la propriété, ait vu à l'appui de cette dernière opinion, dans les seules expressions de *propriétaires* et de *répartition du prix de la vente* qui viennent d'être examinées, la preuve que les villages dénommés au contrat avaient été exemptés dudit impôt ;

Attendu que non seulement lesdites expressions n'ayant pas, comme il a été établi, de portée juridique, ne sauraient produire de tels effets, mais qu'aucun rapport ne peut exister entre elles et le fait de l'exemption de l'impôt : la qualité de propriétaire ne pouvant s'entendre, en l'espèce, que conjointement au paiement de l'impôt ;

Attendu que l'argument de force majeure tiré par Rainoird de l'état troublé du pays, en vue de soustraire aux conséquences de l'abandon les terres qui font l'objet des contrats dont il se prévaut, n'a pu empêcher ces conséquences de se réaliser ; qu'on ne saurait en effet caractériser la force majeure alléguée tant à ce point de vue qu'au regard de l'exemption d'impôt susdite, aucun élément n'ayant été fourni dans ce but, ni quant à la durée dans ces régions des actes de piraterie ayant occasionné lesdits troubles, ni quant aux causes ou aux circonstances à raison desquelles ceux qui possédaient ont cru devoir laisser leurs terres retomber complètement en friche ; qu'au surplus, alors même qu'il y aurait détermination de force majeure, les villages dont s'agit ne pouvaient être dispensés d'impôts que si, sur leur demande, ils avaient obtenu d'en être dégrevés ; mais qu'il n'est justifié d'aucun acte semblable de leur part, ni d'aucun dégrèvement à eux accordé ;

Attendu qu'il résulte de ce qui précède que les droits du domaine sur les terres litigieuses étant certains de par la loi annamite, ont pu être légalement cédés par le gouverneur général qui avait qualité pour en disposer ; qu'en en faisant l'acquisition, Courret a placé, à l'instant même, sa propriété sous la sauvegarde des lois françaises ; que cette double garantie de législation est nettement prévue par les art. 1 et 3 de l'ordonnance royale précitée du 3 octobre 1888.

En ce qui concerne la valeur des droits de Rainoird :

Attendu qu'indépendamment de la qualité domaniale des terres et de ce que, d'une part, Rainoird n'oppose que des titres et une possession postérieurs au titre de Marty ; de ce que d'autre part, il ne fait même pas la preuve des droits de propriété des indigènes et des villages qui ont vendu à Faucon dont il est cessionnaire, puisqu'il n'a produit ni offert de produire aucun *dia bô* où soient inscrits les noms des vendeurs de Faucon, il est encore incontestable que les villages de Dang, de Phin-Thi, de An-Da, de Yen-Da, de Co-Bi, de Ca-Da, de Kim-An, de Dao-Xuyen et de Cam, que ces villages en un mot, qui ont cédé à Faucon les uns une parcelle de terre, les autres deux, n'avaient aucun droit d'effectuer ces aliénations, alors même qu'ils fussent réellement propriétaires desdites parcelles ; qu'en effet, les terrains appartenant aux villages étant communaux sont frappés d'inaliénabilité ; qu'aux termes de l'ordonnance de la 2e année de Gia-Long, qui n'a jamais cessé d'être en vigueur, les biens communaux ne peuvent être ni vendus ni donnés en location ; que toute vente les concernant doit être tenue pour nulle et non avenue ; qu'ils ne peuvent être que loués, sans que la durée de la location puisse excéder 3 ans, lorsque le village justifie de pressants besoins d'argent ; qu'ainsi, la grande majorité des acquisitions faites par Faucon peuvent être considérées comme de nulle valeur, alors même que les titres de Marty n'existeraient pas ;

Attendu que les constatations qui viennent d'être faites établissent que les documents et circonstances de la cause s'ajoutent à l'antériorité des titres de Marty pour qu'il soit fait droit à la revendication de ce dernier et à la 1re partie de ses conclusions ;

Attendu, en ce qui concerne la seconde partie desdites conclusions tendant à la condamnation de Rainoird au paiement de la somme de 9,000 piastres, soit 5 piastres par *mau*, représentant les fruits indûment perçus par l'intimé depuis le 25 mars 1903 ;

Attendu que, sans s'arrêter à l'examen du quantum de cette évaluation, il y a lieu de déclarer conformément aux art. 549, 550 et 555 du Code civil applicables entre Marty et Rainoird, que celui-ci, s'autorisant de titres qu'il a pu croire valables et dont il ne connaissait pas les vices, a possédé et cultivé de bonne foi ; que, par suite, il a fait siens les fruits par lui récoltés ;

Attendu que la seule obligation incombant au possesseur de bonne foi est de restituer le fonds tel qu'il l'a reçu du propriétaire évinçant ;

Attendu encore qu'étant donné l'ignorance dans laquelle Rainoird a pu se trouver de la législation annamite à laquelle il n'est pas soumis statutairement, mais qui régit les transmissions de terres indigènes, il convient d'élargir en sa faveur le principe généralement observé en matière de bonne foi, en vertu duquel la bonne foi ne peut durer après la demande en justice ; que la question de savoir à quel moment cesse la bonne foi étant aussi un point de fait laissé à l'appréciation des tribunaux, il est juste et équitable d'admettre la bonne foi de Rainoird jusqu'à la signification du présent arrêt, et de décider qu'à partir seulement de cette signification, il n'aura plus droit aux fruits ;

Attendu que Rainoird ne peut être condamné à déguerpir que des terrains qu'il occupe dans la superficie des 1183 hectares environ acquise par Marty.

Par ces motifs :

Reçoit l'appel ;

Infirme le jugement attaqué ;

Dit que l'acte du 1er octobre 1891, consenti à Courret par le Protectorat du Tonkin est bon et valable et préférable aux titres et à la possession de Rainoird ;

[...]".

B) Conseil d'Etat, 19 juillet 1918 *De Peretti c. Gouverneur général de l'Indochine et Protectorat du Tonkin* (P.1918, I, p.213).

"I.– *En ce qui touche le préjudice que le requérant aurait subi par suite des retards apportés dans la procédure qui a précédé la concession définitive des terrains qui lui ont été attribués :*

Considérant, d'une part, que si l'arrêté du 18 août 1896, relatif à la concession des terres domaniales incultes, fixe dans les art.5 et suivants, les délais dans lesquels s'effectue la procédure qui commence après l'arrêté de concession provisoire, pour se clore par l'arrêté de concession définitive, ce même arrêté, ni aucune autre disposition réglementaire n'impartissent à l'administration un délai pour statuer sur une demande de concession provisoire de terres incultes ; que, d'autre part, l'inobservation des délais prévus pour l'achèvement de la procédure préalable à l'arrêté de concession définitive ne saurait, à elle seule, ouvrir, au demandeur, un droit à indemnité ; que celui-ci ne pourrait prétendre à des dommages-intérêts, de la part de la colonie, à raison du retard apporté à l'attribution de la concession sollicitée, que si ce retard était l'effet du mauvais vouloir de l'administration ou d'une négligence inexcusable ;

Considérant, qu'en fait, il résulte des pièces versées au dossier que le requérant ne saurait s'en prendre qu'à lui-même du long délai qui s'est écoulé entre l'arrêté de concession provisoire et celui du 25 août 1908, par lequel le

Gouverneur général lui attribuait la concession définitive de 1,870 hectares de terrains domaniaux ; que le sieur de Péretti, aussitôt qu'il eut reçu l'autorisation de s'établir sur les terrains dont il sollicitait la concession, et spécialement à partir de 1900, s'est rendu coupable, à l'égard des indigènes propriétaires ou exploitants de terres enclavées dans le périmètre de sa future concession, de vexations, d'abus de pouvoir et d'usurpations, reconnus et réprimés par l'autorité judiciaire ; qu'il a ainsi retardé, par ses propres agissements, l'accomplissement des mesures de vérification qui incombaient à l'administration et l'achèvement de la procédure qui devait aboutir à l'arrêté de concession définitive ; que, d'autre part, le sieur de Péretti ne s'est acquitté qu'avec une grande négligence et après de longs délais de l'obligation de délimiter les terrains qui lui avaient été provisoirement concédés, obligation qui lui avait été imposée tant par l'arrêté réglementaire du 18 août 1896 que par l'art.6 de l'arrêté de concession provisoire ; que le requérant prétend, il est vrai, que l'administration s'était chargée de procéder elle-même à la délimitation, mais qu'il ne justifie, à cet égard, d'aucun engagement pris au nom de la colonie ; que, dès lors, et en admettant que le sieur de Péretti ait éprouvé un péjudice en raison de la longue durée de la procédure suivie sur sa demande de concession, il n'est pas fondé à réclamer, de ce chef, une indemnité à la colonie.

II.– En ce qui touche le préjudice résultant, pour le sieur de Péretti, de ce que la superficie des terrains définitivement concédés, mesurant 1,870 hectares, serait notablement inférieure à celle sur laquelle il était en droit de compter :

Considérant qu'aux termes de l'art.2 de l'arrêté du 18 août 1896, les concessions, d'abord provisoires, deviennent définitives sur la demande des concessionnaires, au fur et à mesure de leur mise en culture ou en exploitation dans les conditions et suivant les formes déterminées à l'art.8 dudit arrêté ; que, d'après le § 2 de ce dernier article, le concessionnaire est tenu d'avoir mis en état de culture ou d'exploitation le cinquième au moins de la surface des terrains qui lui ont été provisoirement concédés, dès l'expiration de la deuxième année à partir de la date de l'arrêté de concession provisoire ; que, de ces dispositions, il résulte, d'une part, que la superficie concédée à titre définitif ne peut excéder celle qui a fait l'objet de l'arrêté de concession provisoire, et, d'autre part, que l'administration a le droit de subordonner la concession définitive des terrains à la justification que le demandeur en a effectué la mise en culture par ses propres moyens et à ses frais ;

Considérant qu'il résulte de l'instruction que le sieur de Péretti avait, à la date du 19 janvier 1897, demandé la concession d'une étendue de 4,467 hectares ; qu'il avait ensuite, au mois d'avril de cette même année, ramené sa demande à 3,500 hectares ; que l'arrêté du 24 juin 1900 concédait au requérant, à titre provisoire et sans aucune garantie de contenance, une superficie de 3,756 hectares ;

Considérant que le requérant ne pouvait, ainsi qu'il a été exposé plus haut, prétendre à la concession définitive d'une étendue de terrains supérieure à celle qui lui avait été provisoirement concédée, et que, d'autre part, il ne pouvait être déclaré concessionnaire, à titre définitif, de tout ou partie des 3,756 hectares 44 ares, dont l'arrêté du 24 juin 1900 donnait l'emplacement exact et l'indication détaillée, qu'en justifiant de leur mise en culture par ses propres moyens et à ses frais ;

Considérant qu'il ressort des pièces versées au dossier, que le sieur de Péretti, jusqu'à la date à laquelle est intervenu l'arrêté de concession définitive, n'a pu fournir les justifications nécessaires pour établir qu'il avait mis en culture, par ses propres moyens et à ses frais, la totalité de la superficie provisoirement concédée ; que cette preuve n'a été rapportée qu'en ce qui touche une partie de cette superficie, soit 1,870 hectares ; que c'est à bon droit que, par l'arrêté du 25 avril 1908, le Gouverneur général, tout en accordant la concession définitive de la superficie restreinte indiquée ci-dessus, a subordonné la concession du surplus, soit des 1,886 hectares sur les 3,756 hectares et 44 ares concédés provisoirement, à la justification du fait que leur mise en culture était bien l'œuvre du requérant ; qu'il résulte de ce qui précède, que le sieur de Péretti n'est pas fondé à soutenir que c'est à tort que le Conseil du contentieux administratif de l'Annam et du Tonkin a rejeté sa demande d'indemnité.

Décide :

La requête du sieur de Péretti est rejetée."

SOURCES et BIBLIOGRAPHIE

NB : Beaucoup de prénoms des auteurs nous sont inconnus, nous ne pouvons donc que restituer leurs initiales.

A) Sources législatives, réglementaires et jurisprudentielles imprimées

- AUBARET, Louis G., *Code annamite. Lois et règlements du royaume d'Annam*, Paris, Imprimerie impériale, 1865.
- BATAILLE, M., *Recueil de la législation et réglementation en Cochinchine au 1er janvier 1880*, Saïgon, [éd. ?], 1881. (dit "Recueil Bataille").
- *Bulletin des lois du Royaume de France et de l'Empire français.*
- *Bulletin officiel de l'administration des colonies.*
- *Bulletin officiel de Cochinchine* (jusqu'en 1890).
- *Bulletin officiel de l'Indo-Chine française* (avant 1890).
- *Code civil*, Paris, Dalloz, 1926.
- DELOUSTAL, Raymond, et MICHEL, Gabriel, *Recueil des principales ordonnances royales édictées depuis la promulgation du Code annamite et en vigueur au Tonkin*, Hanoï, Schneider, 1903.
- GANTER, D., *Recueil de la législation en vigueur en Annam et au Tonkin (jusqu'au 1er mai 1895).* 2e éd., Hanoï, Schneider, 1895. (dit "Recueil Ganter").
- *Journal officiel de l'Indochine française* (après 1890).
- MICHEL, Gabriel, *Code judiciaire de la Cochinchine*, Saïgon, [éd. ?], 1896. (dit "Code Michel").
- MICHEL, Gabriel, *Jurisprudence générale de la Cour de cassation, du Conseil d'Etat et des Cours, Tribunaux et Conseils du contentieux de l'Indochine*, Hanoï, Schneider, 1901.
- PETITJEAN, H., *Répertoire chronologique et alphatbétique des lois, décrets et ordonnances... promulguées ou appliquées en Indochine depuis l'occupation de la Cochinchine (1861) jusqu'au 31/12/1917*, Saïgon, A.Portail, 1918.
- PHILASTRE, Paul, *Le Code annamite. Nouvelle traduction complète*, Paris, E.Leroux, 1876. (dit "Code Philastre").
- *Recueil périodique et critique de jurisprudence générale Dalloz.*
- *Recueil des arrêts du Conseil d'Etat*, (dit "Recueil Lebon").
- *Recueil général de jurisprudence, de doctrine et de législation coloniales et maritimes*, (dit "Recueil Penant").

- *Recueil de législation, de doctrine et de jurisprudence coloniales*, (dit "Recueil Dareste").
- *Revue du droit public et de la science politique en France et à l'étranger*.
- REINACH, Lucien (de), *Recueil des traités conclus par la France en Extrême-Orient (1864-1902)*, Paris, E.Leroux, 1902.

B) Autres sources imprimées

1/ Articles de périodiques

- BOUCHIÉ DE BELLE, "Le régime des concessions aux colonies", Rec. Dar. 1904, D., pp.57-75.
- BOUDET, Paul, "Léopold Sabatier, apôtre des Rhadés", *Indochine. Hebdomadaire illustré 113*, 29 octobre 1942, p.I à VII.
- *Bulletin de la Société de Géographie Commerciale de Paris*, "Des concessions au Tonkin", 1898, t.20, pp.658-669.
- COQUET, Etienne, "L'attribution du domaine public et privé dans les colonies françaises", Rec. Dar. 1905, D., pp.49-64.
- DEMARTIAL, G., "La question du domaine aux colonies", *Revue politique et parlementaire 13*, juillet-septembre 1897, pp.102-120.
- HUGUES, Léon, "De la compétence judiciaire aux colonies en matière d'actes de vente et de concession d'immeubles du domaine privé", P.1918, II, pp.17-20.
- *L'Humanité*, 1926 et 1927.
- MAGUET, Edgard, "Sur la question du domaine aux colonies", P.1928, II, pp. 1-9.
- MAGUET, Edgard, "Du droit pour les fonctionnaires d'acquérir des immeubles aux colonies et d'y obtenir des concessions", P.1930, II, pp. 1-5.
- PENANT, D., "La question foncière en Annam-Tonkin", P.1908, II, pp.33-48.
- *Quinzaine coloniale (La)*, 10 novembre 1935, pp.416-418.

2/ Ouvrages

- ANTONETTI, E., *Manuel de législation coloniale*, Paris, PUF, 1925.
- BERNARD, Fernand, *L'Indo-Chine. Erreurs et dangers-un programme*, Paris, Charpentier, 1901.
- BOREL, Marius, *Souvenirs d'un vieux colonialiste*, Rodez, Imprimerie Subervie, 1963.

- BORIE, Jean, *Le métayage et la colonisation agricole au Tonkin*, Thèse, Paris, 1906.
- BOUDILLON, A., *Le régime de la propriété foncière en Indochine, rapport présenté à Monsieur le Ministre des colonies*, Paris, Larose, 1915.
- BOURAYNE, Louis, *Code civil annamite ou les lois civiles annamites disposées d'après le code civil français*, Saïgon, Imprimerie Claude, 1904.
- BRÉBION, Antoine, *Dictionnaire de bio-bibliographie générale, ancienne et moderne de l'Indochine française*, Paris, Société d'Editions géographiques, maritimes et coloniales, 1935.
- BRUEL, Henri, *Du régime des aliénations domaniales en Indochine*, Alger, thèse pour la faculté de droit de Poitiers, Gaudet et Pfeiffer, 1920.
- DARESTE, Pierre (dir.), *Traité de droit colonial*, Paris, [éd. ?], 1931.
- DELHOUMEAUD, Pierre, *La propriété foncière et les concessions domaniales en Indochine*, Paris, thèse pour la faculté de droit, 1903.
- DISLÈRE, Paul, *Traité de législation coloniale*, Paris, P.Dupont, 1re éd. 1886, 2e éd. 1897, 3e éd. 1906 et 4e éd. 1914.
- DORGELÈS, Roland, *Chez les beautés aux dents limées*, Paris, Laboratoires Martinet, 1930.
- DOUMER, Paul, *Situation de l'Indo-Chine (1897-1901)*, Hanoï, Schneider, 1902.
- DOUMER, Paul, *L'Indo-Chine française (Souvenirs)*, Paris, Vuibert et Nouy, 1905.
- DURETESTE, André, *Cours de droit de l'Indochine*, Paris, Larose, 1938.
- ERNY, René, *Les concessions de terres domaniales en Cochinchine*, Thèse, Poitiers, 1904.
- FEYSSAL, P. (de), *La réforme foncière en Indochine*, Hanoï, Imprimerie d'Extrême-Orient, 1931.
- FRANÇOIS, G., MARIOL, H., *Législation coloniale*, Paris, Larose (coll. "Les manuels coloniaux"), 1929.
- GALEMBERT, J. (de), *Les administrations et les services publics indochinois*. 2e éd., Hanoï, Le Van Tan, 1931.
- GARNIER, Gustave, *Législation domaniale et propriété foncière dans les colonies et pays de protectorat français*, Paris, Challamel, 1897.
- GIRAULT, Arthur, *Principes de colonisation et de législation coloniale*, Paris, Sirey, 1930.

- GODART, Justin, *Rapport de mission en Indochine, 1er janvier-14 mars 1937*. Réimpression. Paris, L'Harmattan (coll. "Mémoires asiatiques"), 1994.
- GOUROU, Pierre, *L'utilisation du sol en Indochine*, Paris, P.Hartmann, 1940.
- GRANDJEAN, Philippe, *Le statut légal des Missions catholiques et protestantes en Indochine française*, Paris, thèse pour la faculté de droit, Sirey, 1939.
- GUERMEUR, Henri, *Le régime fiscal de l'Indochine*. Réimpression [1re éd. 1909]. Paris, L'Harmattan, 1999.
- GUEYFFIER, René, *Essai sur le régime de la terre en Indochine (pays annamites)*, Thèse, Lyon, 1928.
- HAMELIN, Maurice, *Des concessions coloniales. Etude sur les modes d'aliénation des terres domaniales en Algérie et dans les colonies françaises*, Thèse, Paris, A.Rousseau, 1898.
- HANOTAUX, Gabriel, MARTINEAU, Alfred (dir.), *Histoire des colonies françaises et de l'expansion de la France dans le monde*, Paris, Plon, 1932, t. 5.
- HAURIOU, Maurice, *Précis de droit administratif et de droit public*. 9e éd., Paris, Sirey, 1919.
- HENRY, Yves, *Economie agricole de l'Indochine*, Hanoï, 1932.
- HÔ CHI MINH, *Oeuvres choisies, t.1, Le procès de la colonisation française*, Hanoï, Editions en langues étrangères, 1960.
- KLOBUKOWSKI, Antony, *Discours prononcés à l'ouverture de la session ordinaire du Conseil supérieur*, Hanoï / Saïgon, [éd. ?], 1908-1910.
- LAFERRIÈRE, Edouard, *Traité de la juridiction administrative et des recours contentieux*, Paris, Berger-Levrault, 1887-88.
- LANESSAN, Jean-Marie (de), *La colonisation française en Indochine*, Paris, F.Alcan, 1895.
- LEJEUNE, Camille, *Régime de la propriété foncière en pays annamite*, Thèse, Paris, Imprimerie Jouve, 1904.
- LURO, Eliacin, *Cours d'administration annamite*, s.l., [éd. ?], 1875.
- LURO, Eliacin, *Le pays d'Annam. Etude sur l'organisation politique et sociale des Annamites*, Paris, E.Leroux, 1878.
- LY-BINH-HUÊ, *Le régime des concessions domaniales en Indochine*, Paris, thèse pour la faculté de droit, Domat-Montchrestien, 1931.
- MAGUET, Edgard, *Les concessions domaniales dans les colonies françaises*, Villefranche, Imprimerie du Beaujolais, 1930.
- MATHIEU, Edgar, *La propriété foncière en Indochine et ses modalités en droit annamite, Paris*, Sirey, 1909.

- MÉRIGNHAC, A., *Traité de législation et d'économie coloniales*. 2e éd., Paris, Sirey, 1925.
- MIRABEN, A., *Précis de droit annamite et de jurisprudence en matière indigène*, Paris, Plon, 1896.
- MONFLEUR, A., *Monographie de la province du Darlac (1930)*, Hanoï, Imprimerie d'Extrême-Orient, 1931.
- MOREL, Jean, *Les concessions de terres au Tonkin*, Thèse, Paris, 1912.
- PÂRIS, Pierre, *Le colon et l'administration en Basse-Cochinchine*, Paris, Challamel, 1896.
- PETIT, Edouard, *Organisation des colonies françaises et des pays de protectorat*, Paris, Berger-Levrault, 1895.
- PLANIOL, Marcel, *Traité élémentaire de droit civil*. 5e éd., Paris, LGDJ, 1908.
- *Qui êtes-vous ? Annuaire des contemporains. Notices biographiques*, Paris, G.Ruffy, 1924.
- ROBEQUAIN, Charles, *L'évolution économique de l'Indochine française*, Paris, P.Hartmann, 1939.
- ROLLAND, Louis, LAMPUÉ, Pierre, *Précis de législation coloniale*, Paris, Dalloz, 1931.
- ROLLAND, Louis, *Précis de droit administratif*. 5e éd., Paris, Dalloz, 1934.
- ROUGIER, Paul, *Précis de législation et d'économie coloniale*, Paris, Larose, 1895.
- SABATIER, Léopold, *Palabre du Serment du Darlac. Assemblée des Chefs de Tribus, 1er janvier 1926*. 2e éd. remise à jour par la Mission Culturelle Française en l'honneur de Sabatier. [1re éd., Hanoï, 1930], s.l, 1956.
- SABATIER, Léopold, ANTOMARCHI, D., *Recueil des coutumes rhadées du Darlac*, Hanoï, Imprimerie d'Extrême-Orient, 1940.
- SARRAUT, Albert, *La mise en valeur des colonies françaises*, Paris, Payot, 1923.
- SCHREINER, Alfred, *Les institutions annamites en Basse-Cochinchine avant la conquête française*, Saïgon, Imprimerie Claude, 1901-1902, tomes 2 et 3.
- SOMBSTHAY, E., *Cours de législation et d'administration annamites*, Paris, J.André, 1898.
- TRAN VAN CHUONG, *Essai sur l'esprit du droit sino-annamite*, Thèse, Paris, LGDJ, 1922.
- *Variétés sur les pays moïs*, s.l., Gouvernement de Cochinchine, 1935.

- VILLARD, Ernest, *Etude sur le droit administratif annamite*, Saïgon, Imprimerie du Gouvernement, 1882.

C) Sources d'archives

1/ Assemblée Nationale

- *Annales de la Chambre des députés. 13e législature – Débats parlementaires* – session ordinaire de 1927, séance du 18 mars 1927, Paris, Imprimerie des journaux officiels, 1927.

2/ Centre des Archives d'Outre-Mer d'Aix-en-Provence

NB : les intitulés suivant les références des cartons nous sont personnels. Nous nous sommes orienté dans les archives en utilisant les fichiers modernes et celui du Gouvernement général, ramené en 1954, extrêmement détaillé et permettant, notamment, de retrouver tous les dossiers correspondant aux affaires contentieuses rapportées dans les recueils de jurisprudence. Nous avons pu aussi nous aider de certaines références données par la thèse de Ta Thi Thuy.

♦ Fonds ministériels

- 4affeco/53 "Darlac et Compagnie agricole de l'Annam"
- 4affeco/78 "Affaire Chapuis"
- 1affpol/823/3 "Domaine 1939-1941"
-Indo/AF/106 "Domaine"
- Indo/AF/143 "Missions d'inspection Esperit et Trillard"
- Indo/AF/144 "Mission d'inspection Verrier"
- Indo/AF/145 "Mission d'inspection Rivet"
- Indo/AF/147 "Missions d'inspection Arnaud et Picquié"
- Indo/NF/1479 "Domaine"
- Indo/NF/2190 (2) "Projet de décret 1928"
- Indo/NF/2194 "Lotissements en Cochinchine"
- Indo/NF/2195 "Affaire Sabatier et décret de 1927"
- Indo/NF/2197 "Rapport Richard"
- Guernut/25 et 28 "Commission Guernut"
- 3 Ecol/35-d-1 "Mémoire d'Emile Couzinet", Ecole coloniale, 1941-1942

♦ Fonds du Gouvernement général de l'Indochine

- Indo GGI//239 "Concession Mondange"
- Indo GGI//921 "Concession Gobert"

- Indo GGI//924 "Concession Bellan"
- Indo GGI//925 "Concession Peretti (1902-1916)"
- Indo GGI//1009 "Vente de la concession Peretti (1919-1920)"
- Indo GGI// 38.070 "Concession Peretti (1908-1921)"
- Indo GGI//955 "Affaire Marty"
- Indo GGI//999 "Concession Dupré"
- Indo GGI//44.920 "Dossier personnel de Sabatier"
- Indo GGI//60.741 "Affaire Chapuis"
- Indo GGI//60.744 "Application du décret de 1928"
- Indo GGI//60.751 "Application du décret de 1927"
- Indo GGI//60.755 "Questionnaire de 1933"
- Indo GGI//60.768 "Instructions Varenne de 1926"
- Indo GGI//60.871 "Modification de l'arrêté de 1913"
- Indo GGI//60.874 "Capacité financière"
- Indo GGI//60.878 "Arrêté de 1926"
- Indo GGI//60.888 "Contrats Maillot"
- Indo GGI//60.950 "Application du décret de 1928"
- Indo GGI//60.951 "Note de l'Agence économique"
- Indo GGI//60.953 "Application du décret de1928"
- Indo GGI//60.956 "Application du décret de 1928"
- Indo GGI//60.960 "Rapport Henry"

◆ Dépôt des papiers publics des colonies

- DPPC* Gr. 588 "Greffe du Tribunal civil de Hanoï"

◆ Fonds privés

- 9 PA/11 "Papiers Sarraut"

◆ Fonds iconographique

- 5Fi/3672 "Plantation d'aréquiers"
- 22Fi/42 "Fonds Bottini-Bao Dai et Khundjonob"

D) Bibliographie

1/ Articles

- BLANC, Paul, "A propos des concessions domaniales outre-mer sous l'Ancien Régime", *Revue juridique et politique de l'Union française 12*, 1958, pp.506-522.

- GIACOMETTI, Jean-Dominique, "La compétitivité des productions indochinoises et les plans de mise en valeur", *Outre-mers. Revue d'histoire*, 1er semestre 2001, pp. 71-89.
- PHAM CAO DUONG, "L'accaparement des terres au Viêt-Nam pendant la période coloniale", *Revue française d'histoire d'outre-mer 268*, 1985, pp. 257-290.

2/ Ouvrages

- BASTIER, Jean, "L'image de Rome et le modèle du droit romain dans la construction du droit colonial français", in KRYNEN, Jacques (dir.), *Droit romain, jus civile et droit français*, Toulouse, Presses de l'université des sciences sociales de Toulouse, 1999.
- BROCHEUX, Pierre, *L'économie et la société dans l'ouest de la cochinchine pendant la période coloniale (1890-1940)*, Paris, Thèse EPHE., 1969.
- BROCHEUX, Pierre, HÉMERY, Daniel, *Indochine, la colonisation ambiguë 1858-1954*. 2e éd., Paris, La Découverte (coll. "Histoire contemporaine"), 2001.
- BURDEAU, François, *Histoire du droit administratif*, Paris, PUF (coll. "Thémis"), 1995.
- CAREGHI, Jean-Christophe, *Le statut personnel des Vietnamiens en Indochine de 1887 à 1954*, Thèse Aix-Marseille III, 2001.
- CHAPUS, René, *Droit administratif général*, Paris, Montchrestien (coll. "Domat / droit public"), 1997.
- CHOLLET, Raoul, *Planteurs en Indochine française*, Paris, La pensée universelle, 1981.
- CLAUZEL, Jean (dir.), *La France d'Outre-Mer (1930-1960). Témoignages d'administrateurs et de magistrats*, Paris, Karthala, 2003.
- Commission française du guide des sources de l'histoire des nations, *Sources de l'histoire de l'Asie et de l'Océanie dans les archives et bibliothèques françaises*, Paris, K.G. Saur, 1981.
- (*Le) Contact colonial franco-vietnamien. Le premier demi-siècle (1858-1911)*, Aix-en-Provence, Publications de l'Université de Provence, 1999.
- DESCOURS-GATIN, Chantal, VILLIERS, Hugues, *Guide de recherches sur le Vietnam. Bibliographies, archives et bibliothèques de France*, Paris, L'Harmattan (coll. "Racines du présent"), 1983.

- DEVILLERS, Philippe, *Français et Annamites. Partenaires ou ennemis ? 1856-1902*, Paris, Denoël (coll. "L'aventure coloniale de la France"), 1998.
- *Dictionnaire de biographie française*, Paris, Letouzey, 1989, t.17.
- *Dictionnaire des parlementaires français 1899-1940*, Paris, PUF, 1972.
- DUBOIS, G., "Sabatier", *Hommes et destins, t.6, Asie*, Paris, Académie des Sciences d'Outre-Mer et Institut d'Asie du Sud-Est, s.d.
- DUBY, Georges (dir.), *Atlas historique*, Paris, Larousse, 1995.
- DURAND, Bernard, LANGLET, Philippe, NGUYEN CHANH TAM, *Histoire de la codification juridique au Vietnam*, Montpellier, Faculté de droit de Montpellier (coll. "Temps et droit"), 2001.
- FERRO, Marc (dir.), *Le livre noir du colonialisme XVIe-XXIe siècles : de l'extermination à la repentance*, Paris, Robert Laffont, 2003.
- FOURNIAU, Charles, *Les contacts franco vietnamiens en Annam et au Tonkin de 1885 à 1896*, Thèse, Université de Provence, 1983.
- FOURNIAU, Charles, *Annam-Tonkin 1885-1896. Lettrés et paysans viêtnamiens face à la conquête coloniale*, Paris, L'Harmattan (coll. "Recherches asiatiques"), 1989.
- GANTES, Gilles (de), *Coloniaux, gouverneurs et ministres. L'influence des Français du Viêt-Nam sur l'évolution du pays à l'époque coloniale (1902-1914)*, Thèse, Université Paris VII, 1994.
- GUILLAUME, Pierre, *Le monde colonial XIXe-XXe siècles*. 3e éd., Paris, Armand Colin, 1999.
- HÉDUY, Philippe, *Histoire de l'Indochine. La perle de l'Empire 1624-1954*, Paris, Albin Michel, 1998 (pour la chronologie en annexe).
- HICKEY, Gerald Cannon, *Sons of the Mountains. Ethnohistory of the Vietnamese Central Highlands to 1954*, New-Haven et Londres, Yale University Press, 1982.
- LAFON, Jacques, "Réflexions sur l'idéologie du droit colonial français", in *Pensée politique et loi*. Actes du Colloque d'Aix-en-Provence, 25 et 26 mars 1999, Presses Universitaires d'Aix-Marseille, 2000.
- LAFON, Jacques, "Le bonheur colonial", *Itinéraires. De l'histoire du droit à la diplomatie culturelle et à l'histoire coloniale*. Réimpression [1re éd. 2000], Paris, Publications de la Sorbonne, 2001.

- LE FAILLER, Philippe, MANCINI, Jean-Marie (dir.), *Viêt Nam. Sources et approches*. Actes du colloque international Euroviet à Aix-en-provence, 3-5 mai 1995, Publications de l'Université de Provence, 1996.
- MEYER, Jean, TARRADE, Jean, REY-GOLZEIGUER, Annie, THOBIE, Jacques, *Histoire de la France coloniale des origines à 1914*, Paris, Armand Colin, 1991.
- MORLAT, Patrice, *Les affaires politiques de l'Indochine (1895-1923)*, Paris, L'Harmattan (coll. "Recherches asiatiques"), 1995.
- NGÔ KIM CHUNG, NGUYEN DUC NGHINH, *Propriété privée et collective dans l'Ancien Viêtnam*, Paris, L'Harmattan, 1987.
- NGUYÊN THÊ ANH, *Monarchie et fait colonial au Viêt-Nam (1875-1925). Le crépuscule d'un ordre traditionnel*, Paris, L'Harmattan (coll. "Recherches asiatiques"), 1992.
- TA THI THUY, *Les concessions agricoles françaises au Tonkin de 1884 à 1918*, Paris, Thèse EHESS, 1993.
- TSUBOÏ, Yoshiharu, *L'Empire vietnamien face à la France et à la Chine, 1847-1885*, Paris, L'Harmattan (coll. "Recherches asiatiques"), 1987.
- VOGÜÉ, Arnaud (de), *Ainsi vint au monde la SIPH (1905-1939)*, Vichères, Amicale des Anciens Planteurs d'Hévéa, 1993.

INDEX des PRINCIPAUX NOMS PROPRES

R

S

T

V

W

TABLE DES MATIÈRES

www.ingramcontent.com/pod-product-compliance
Lightning Source LLC
LaVergne TN
LVHW050642051026
849532LV00002B/493
9782747568807